Bhutan

Bangla-
Desch

Birma

Thailand

olf von
ngalen

Andamanen

Andamanisches

Meer

Nikobaren

Malaysia

Malaya

① Penang
③ ④ ②

⑤

Sumatra

Ozean

Indonesien

1 Penang
2 Sembilan-Inseln
3 Pangkor
4 Pulau Jarak
5 Pulau Perak

N

NIKOBAREN

Car Nicobar

Batti Malv

Chaura

Teressa

Tillanchong

Bompoka

Camorta

Trinkat

Katchall

Nancowry

Sombrero-Kanal

Little Nicobar

Kondul Ganges
Harbour

Pingeon
Bay

Great Nicobar

0   25   50 km

Irenäus Eibl-Eibesfeldt   Die Malediven

Irenäus Eibl-Eibesfeldt

Die Malediven

Paradies im Indischen Ozean

R. Piper & Co. Verlag München · Zürich

KONRAD LORENZ
lehrte mich tierisches Verhalten lesen
HANS HASS
erschloß mir die Wunderwelt der Korallenriffe
Beiden widme ich dieses Buch in dankbarer Zuneigung

ISBN 3-492-02663-X
2., überarbeitete Auflage, 6.–8. Tausend 1985
© R. Piper & Co. Verlag, München 1982
Schutzumschlag, Einband und Layout: Dieter Vollendorf
Gesetzt aus der Times-Antiqua
Reproduktionen: Krammer, Linz
Papier: Praximatt, Hartmann + Mittler, München
Gesamtherstellung: Appl, Wemding
Printed in Germany

Inhalt

Umschlagbild:
Wimpelfische an einem
Riffabhang der
Malediven.
Photo: D. Reimer.

1
Schmuck liegen die
hellen Riffringe der
Malediven im Blau des
Indischen Ozeans.
Hunderte dieser Faros
bedingen eine vielge-
staltige Unterwasser-
landschaft.
Photo: M. Friedel.

Einführung

Die Maledivier nennen die Riffringe, die die Basis ihres Inselreiches bilden, »Atolu«. Der Name wurde zum Inbegriff romantischer Südseeidylle. Wir verbinden mit ihm die Vision von kleinen Inseln, Kokospalmen und blendend weißen Stränden, die zum Träumen einladen. Die Malediven entsprechen diesem Bild. Was sie aber über alle Koralleninseln der Tropen heraushebt, ist die Mannigfaltigkeit ihrer Rifflandschaften. Und so eignet sich dieses Inselgebiet wie kaum ein anderes dazu, dem Naturfreund die Welt der Korallenriffe zu erschließen. Wer die maledivischen Riffe kennt, hat den Schlüssel zum Verständnis aller Korallenriffe in der Hand! Korallenriffe werden nämlich überall von ähnlichen Tiergemeinschaften besiedelt. Wo immer ein Taucher ein Riff betritt, wird er Putzerfische antreffen und reitende Trompetenfische und Garnelen, die mit Grundeln leben.

Ich lernte Korallenriffe zunächst als Teilnehmer der beiden »Xarifa«-Expeditionen von Hans Hass kennen. Die Meeresabgründe, die wir damals betraten, waren taucherisches Neuland, und wohin wir blickten, entdeckten wir neue, bis dahin unbekannte Phänomene. In meinem Buch »Im Reich der tausend Atolle« habe ich darüber berichtet. – Mittlerweile hat eine Generation tauchender Zoologen unser Wissen um viele reizvolle Details bereichert, und auch ich lernte die meisten großen Riffgebiete unserer Erde aus eigener Erfahrung kennen. Dabei wuchs der Wunsch, mein Atollbuch in einer überarbeiteten Form herauszubringen. Die Malediven, schon damals Ausgangspunkt meiner Betrachtungen, bleiben im Zentrum der Erörterung.

Ich legte dem Buch die Rahmenschilderung der zweiten »Xarifa«-Expedition zugrunde, damit der Leser unsere Entdeckerfreuden und damit ein Stück Tauchgeschichte nachvollziehen kann. Durch Einarbeitung neuer Beobachtungen schlug ich die Brücke zur Gegenwart. Die biologische Frage nach Funktion und Ursache der mannigfaltigen Differenzierungen in Form und Verhalten steht im Vordergrund der Betrachtungen. Damit hoffe ich dem Leser die Augen für das Detail zu öffnen, das, einmal erkannt, eine nimmer versiegende Quelle der Freude ist.

Ein Buch über die Malediven, aber zugleich auch mehr! Ich nahm das reichste Riffgebiet unserer Erde zum Ausgangspunkt einer Einführung in die Biologie tropischer Korallenriffe – und ich führte so ein, wie ich es selbst erlebte, tauchend, mich von einer Entdeckung zur anderen vortastend, staunend die Vielfalt der oft bizarren Anpassungsformen erlebend, gewissermaßen ein Praktikum in Stammesgeschichte absolvierend. Das Staunen habe ich mir bis heute bewahrt – ebenso die Freude am Entdecken. Möge es mir gelingen, die Freude an beidem zu vermitteln!

2
Hans Hass und der Verfasser vor einem Abstieg bei den Amiranten (November 1980).

3
Eine Malediveninsel – verträumt und einsam. Und dennoch ein grüner Flecken voll Leben.
Photo: N. Schmidt.

4
Das Forschungsschiff »Xarifa«.
Photo: H. Hass.

Unternehmen
»Xarifa«

Die Technik des Schwimmtauchens hat der Meeresbiologie ein weites neues Arbeitsgebiet eröffnet. Wo man früher nur mit Dredsche und Bodengreifer hinabreichte oder bestenfalls als schwerfälliger Helmtaucher hinabstieg, kann man nunmehr als frei beweglicher Schwimmtaucher seine Forschungsobjekte in der natürlichen Umwelt filmen, beobachten und sammeln. Taucher bewegen sich heute so unbeschwert und selbstverständlich wie Fische unter Fischen, als wäre dies immer so gewesen. Und doch handelt es sich um eine relativ junge Entwicklung, die 1937 mit einem »Zufall« ihren Anfang nahm. Der junge Wiener Student Hans Hass hatte gerade seine Matura absolviert und wollte, bevor er mit dem Studium der Rechte begann, ein paar sonnige Urlaubstage an der französischen Riviera genießen. Als er über die Uferfelsen bei Juan-les-Pins kletterte, erspähte er einen Mann, der zwischen den Felsriffen umherschwamm, mit einem Stock in der Hand und einer eigenartigen Brille vor den Augen. Dann und wann tauchte er lautlos unter. Was suchte er in der Tiefe? Als der Taucher mit einem gespießten Fisch hochkam, ging Hass ein Licht auf – und er war beeindruckt. Er wartete den Mann am Ufer ab und unterhielt sich lange mit ihm. Der Mann war Amerikaner und hieß Guy Gilpatrik. Er war Schriftsteller und Korrespondent der »Saturday Evening Post«. Bereitwillig erzählte er Hass von der Welt unter Wasser und gab ihm auch Ratschläge für den Fall, daß er selbst einen solchen Ausflug wagen wollte. Hass widmete ihm später in Anerkennung sein Buch »Unter Korallen und Haien«.

Von diesem Tage an bemühte sich Hans Hass um die »Eroberung« des Meeres. Zunächst war das Mittelmeer sein Tauchrevier. Die Unterwasserwelt fesselte ihn so, daß er beschloß, dieses Neuland systematisch zu erkunden. Es ging ihm dabei in erster Linie darum, eine Technik und Ausrüstung zu entwickeln, die es dem Menschen ermöglicht, sich wie ein Fisch unter Fischen zu bewegen, um so die interessanten Meeresbezirke vor der Küste unmittelbar beobachten zu können. Dabei faszinierte ihn der Gedanke, eines Tages mit Maske und Flossen die Korallenriffe und Meeresabgründe der Tropen zu betreten, was bisher nur

5
In den Höhlen des Miladummadulu-Atolls bot sich uns ein überraschender Anblick. Dicht drängten sich hier die Husarenfische (Myripristis murdjan). Nahe dem Höhlendach schwammen viele rückenabwärts.
Photo: Verfasser.

13

einige mutige Helmtaucher, wie der amerikanische Forscher William Beebe, gewagt hatten.

1939 war es dann soweit. Mit selbstgebastelten Flossen, Taucherbrille und einer selbstangefertigten Unterwasserkamera reiste Hans Hass in die Karibische See. Viele erklärten den jungen Mann, der da in haiverseuchten Gewässern tauchen wollte, für verrückt. Hass wählte Bonaire und Curaçao als Basis für seine Unternehmung. Er und seine Gefährten, Alfred Wurzian und Jörg Böhler, entwickelten auf dieser Reise die Technik des Schwimmtauchens und der Unterwasserphotographie. Sie brachten die ersten Standbilder in Farbe und Schwarzweiß nach Hause und auch den ersten Unterwasserfilm. Außerdem zeigten sie, daß die Haie kein unmittelbares Hindernis für die Erforschung dieser Regionen darstellen.

Bei dieser Arbeit wurden sie vom Ausbruch des Krieges überrascht. Um einer Internierung zu entgehen, schlugen sich die jungen Leute über die USA, Japan, China und Rußland in ihre Heimat durch. Hans Hass bekam einen Arbeitsplatz auf der Biologischen Station in Neapel und begann mit seiner Arbeit über die Wachstumsgesetze der Reteporiden, einer marinen Moostiergruppe. Auf mehreren Expeditionen sammelte er tauchend Material und die ökologischen Daten.

Er erprobte auf diesen Expeditionen auch erstmals Tauchgeräte, die es erlaubten, sich unabhängig von der Oberfläche des Meeres zu bewegen, und half durch seine Vorschläge, diese Geräte zu verbessern. 1943 promovierte er an der Friedrich-Wilhelm-Universität in Berlin bei Professor Feuerborn. Bereits früh bewegte Hass der Gedanke eines deutschen Forschungsschiffes, das tauchenden Zoologen die Welt der Korallenriffe erschließen sollte: »Einmal, das weiß ich ganz bestimmt, wird der Tag kommen, an dem unser Schiff hinausfährt zum Roten Meer, durch den Indischen Ozean, zu den Korallenparadiesen der Südsee und dem großen Barriereriff von Australien. Dort möge es uns dann gelingen, allen Gefahren zum Trotz auch dieses Reich der Korallen und Haie zu erstürmen, seine Geheimnisse und Rätsel zu entschleiern und seine Schönheit dem Menschen im Photo und Film zu offenbaren!« So schrieb er 1941 in jugendlicher Begeisterung. Durch Vorträge und Veröffentlichungen erwarb er noch während des Krieges die Mittel zum Ankauf des Schiffes »Seeteufel« des Grafen Luckner. 1945 wurde es jedoch in Stralsund als Beutegut beschlagnahmt.

Die Idee des Forschungsschiffes hielt ihn weiter gefangen. 1949 und 1950 führte Hans Hass zwei Expeditionen ins Rote Meer. Ein abendfüllender Kulturfilm »Abenteuer im Roten Meer« und das Buch »Manta« entstanden. Mit diesen Mitteln und aufgenommenen Geldern erwarb er für 150 000 Dänische Kronen den Rumpf der »Xarifa«. Sie war 1927 als Luxusjacht erbaut worden und fuhr nach wechselvollen Schicksalen schließlich in Kopenhagen Kohle. Anstelle ihrer drei Masten hatte sie nur zwei ganz kurze Stümpfe und machte eher einen traurigen Eindruck. Für 450000 weitere Deutsche Mark ließ Hass das Schiff ausbauen. Drei Stahlmasten wurden aufgestellt, der höchste erreichte 33 Meter. Ferner wurden Labors, Dunkelkammer, Bad, Messe, Decksalon und sechs Kajüten für je zwei Expeditionsteilnehmer eingerichtet, der Dieselmotor erneuert und das Schiff mit 550 Quadratmetern besegelt. Der Dreimastsegelschoner war 44 Meter lang und hatte eine Wasserverdrängung von 350 Tonnen. Mit Motor lief er bis 9 Knoten, mit den Segeln unter günstigen Bedingungen bis zu 12 Knoten. So entstand ein schmuckes Forschungsschiff, in dem sich alte Segelschiffromantik und praktische Erfordernisse glücklich verbanden. »Xarifa« heißt auf arabisch »schöne Frau«; in ihrem neuen Kleid machte sie dem Namen wieder Ehre. Als Organisationsbüro gründete Hass das Internationale Institut für submarine Forschung in Vaduz.

Mir war es nun vergönnt, auf diesem formschönen weißen Segler die Expeditionen mitzumachen, die mittlerweile als erste und zweite »Xarifa«-Expedition in die Literatur eingegangen sind. Die »Xarifa« stach zur ersten Expedition am 23. August 1953 von Hamburg in See. Die zehnmonatige Reise führte über die Azoren in die Karibische See (Bonaire) und zu den Galápagosinseln, wo unsere Hauptarbeitsgebiete lagen. Kürzere Abstecher führten nach Los Roques, zu den San-Blas-Inseln und zur Kokosinsel im Pazifik. Außer Hans Hass und mir nahmen an dieser Reise als Wissenschaftler noch Georg Scheer und Heino Sommer teil. Kapitän Johannes Diebitsch führte das Schiff. Am 4. September 1953 erreichte unser Forschungsschiff die Inselgruppe Los Roques im Norden von Venezuela. Am folgenden Morgen betrat ich unter der Führung von Hass zum erstenmal ein tropisches Korallenriff. Ich hatte bis dahin noch nie getaucht. Die Eindrücke, die ich damals empfing, haben mein Leben bis zum heutigen Tag ganz entscheidend beeinflußt.

Ich sehe den leicht geneigten Hang noch deutlich vor mir. Zwischen den hohen Korallentürmen wuchsen zierliche Hecken von Hirschhornkorallen, zart gegitterte Venusfächer und Büsche violetter Hornkorallen, die sich in der Dünung wiegten.

Sieben Meter unter dem Meeresspiegel setzten wir uns nebeneinander auf den Grund; mit unseren leichten Tauchgeräten waren wir ja von der Oberfläche unabhängig. Hass nahm einen Seeigel und zerbrach ihn. Von allen Seiten kamen nun bunte Lippfische und Schmetterlingsfische herbei. Jeder wollte einen Brocken erhaschen. Mein erster Eindruck war, daß ich wohl nie eine Ordnung in dieser überwältigenden Fülle sehen würde; zuviel Neues stürmte auf mich ein.

Aber bereits dieser erste Tauchabstieg bescherte mir bemerkenswerte Beobachtungen, die meine Aufmerksamkeit in eine bestimmte Richtung lenkten. Da kam ein dicker grüner Papageifisch vorbei. Gemütlich fraß er an einer Hirnkoralle und be-

15

merkte gar nicht, wie sich einer der stabförmigen Trompetenfische aus einem Korallenstock heranschlich. »Schrab, schrab«
nagte er an der Hirnkoralle, während der Trompetenfisch immer
näher kam und sich schließlich – schwups – der Länge nach auf
den Rücken des Papageifisches legte. Dieser schwamm eilig davon. Aber sosehr er sich auch bemühte, es gelang ihm doch nicht,
den lästigen Reiter loszuwerden. Dann verschwand das seltsame
Gespann. Was hatte der Reiter wohl vor?

Wenig später sah ich einen großen Zackenbarsch, der mit weit
aufgerissenem Maul über einem Korallenstock lauerte. Bei genauerem Hinsehen bemerkte ich zwei winzige Fischlein, von
denen einer in das geöffnete Maul des Raubfisches hinein-
schwamm. Ein sicherer Todeskandidat, würde man meinen; aber
da kam der Kleine auch schon wieder unversehrt aus dem Maul
des Barsches geschwommen, ohne daß der auch nur einen Versuch machte, ihn zu schnappen. Was ging hier vor? Das Problem
der zwischenartlichen Beziehungen verschiedener Fische begann
mich zu fesseln.

Dann zeigte mir Hass einen kleinen, hellblau getüpfelten Riffbarsch, der direkt vor uns in einer Korallenhöhle hauste. Er war
ein recht unverträglicher Kerl. Wann immer ein anderer Fisch in
seine Nähe kam, griff er ihn an. Nicht einmal vor großen Barschen zeigte er Respekt: Er zwickte sie in die Flossen. Als ich ihm
meinen Fuß hinstreckte, zupfte dieses kleine Bündel Wut sogar
an meinen Beinen. Welch ein Gegensatz zu den friedlichen
Schwarmfischen, die vor uns im blauen Wasser auf und ab
schwammen! Warum war wohl ein Fisch so eigenbrötlerisch
und unverträglich, der andere wiederum gesellig? Warum war
einer bunt, der andere einfarbig? Wozu mochte wohl der auffällige Augenfleck dienen, der die Rückenflosse dieses kleinen
Schmetterlingsfisches zierte, und welche Aufgabe hatte die zu
einem langen Wimpel ausgezogene Rückenflosse? Hatte jede
dieser auffälligen Besonderheiten ihre spezifische Aufgabe? Immer neue Fischformen kamen in mein Blickfeld: dicke Kofferfische, hochrückige Engelfische, Schmetterlingsfische mit langen
Schnepfenschnauzen, schlanke Lippfische, Seebader, Seebarben
und viele andere mehr. Einmal umgaukelte uns sogar der wie ein
Clown gemusterte Königin-Drückerfisch. Jeder dieser Fische
war in anderer Weise an das Riff angepaßt, aber wie, das war nur
in ganz groben Zügen bekannt. Vor allem über das Verhalten
dieser Fische wußte man erstaunlich wenig. Das ist um so be-
greiflicher, als man ja bis vor kurzem nicht so ohne weiteres in
den Lebensraum der Fische eindringen konnte. Hier öffnete sich
für den Verhaltensforscher ein weites, noch kaum bearbeitetes
Feld.

Der Erfolg dieser ersten Reise ermunterte uns, ein langfristi-
ges Projekt auszuarbeiten, mit dem Ziel, die »Xarifa« als ständig
in tropischen Meeresgebieten tätige schwimmende Forschungs-
station zu etablieren. Die zweite »Xarifa«-Expedition, die wie-

derum Hans Hass führte und die ich als wissenschaftlicher Direktor mit planen durfte, führte in den Indischen Ozean. Die Expedition begann am 15. Oktober 1957 in Genua. Die Reiseroute führte durch das Rote Meer in den Indischen Ozean. Vom 21. Dezember bis zum 20. April tauchten wir bei den Malediven. Einen weiteren Höhepunkt bescherte uns der Besuch der Nikobaren und einiger Inseln (Pulo Perak, Pulo Jarak, Sembiloninseln) im malaiischen Archipel. Am 15. Oktober 1958 endete die Expedition in Singapur.

Außer Hass, seiner Frau Lotte und mir nahm an dieser Reise wieder Georg Scheer teil, der sich auf die Systematik und Ökologie der Riffkorallen spezialisiert hatte. Als neue Mitglieder hatten wir den Fischkundler Wolfgang Klausewitz angeworben, ferner den Ökologen Sebastian Gerlach, der sich vor allem auf die Erforschung der Kleintiere in Korallenstöcken spezialisiert hatte. Ludwig Franziket untersuchte Stoffwechsel und Wachstum der Riffkorallen am natürlichen Standort, und Wolfgang Luther, der die erste Etappe im Roten Meer mitmachte, bearbeitete dort eine Symbiose von Garnelen mit Grundeln. Kapitän des Schiffes war Hein Becker, der bereits die erste »Xarifa«-Expedition als Schiffsoffizier mitgemacht hatte. Die Expedition wurde zu drei Vierteln von Hans Hass finanziert. Ein Viertel der Kosten wurde gemeinsam von der Max-Planck-Gesellschaft und dem Land Nordrhein-Westfalen getragen.

Die Ergebnisse der »Xarifa«-Expeditionen fanden in über hundert Monographien und Einzelarbeiten ihren Niederschlag. Hans Hass berichtete in seinem Buch »Expeditionen ins Unbekannte« über die menschlichen und technischen Probleme und den Ablauf dieser bemerkenswerten Forschungsreise, mit der die Pionierzeit des Schwimmtauchens in gewisser Weise ihren glanzvollen Abschluß fand; denn nunmehr waren die Tore endgültig aufgestoßen. Die Methode hatte sich bewährt. Es hatte sich gezeigt, daß keineswegs nur Sportler, sondern daß jeder gesunde Mensch schwimmtauchend die Riffe erkunden kann. Heute gehören Tauchausrüstung und Unterwasserkamera zur selbstverständlichen Ausrüstung meeresbiologischer Stationen, und die Meeresgebiete, die wir damals als erste betraten, sind heute zum Teil auch begehrtes Reiseziel geworden. Das gilt insbesondere für die Malediven.

Viele der als Ergebnisse der »Xarifa«-Expedition zum erstenmal beschriebenen Erscheinungen sind mittlerweile von anderen Forschern weiter untersucht worden, und mancherlei verblüffende neue Fakten wurden erarbeitet. Ich selbst hatte mittlerweile oft Gelegenheit, in tropischen Meeresgebieten zu tauchen. So bereiste ich 1970 mit Hans Hass das Barriereriff von Australien. Anschließend tauchten wir bei Rangiroa und Tahiti, immer den Spuren Captain Cooks folgend, dessen Entdeckungsreise nach Australien und in die Südsee sich damals zum zweihundertsten Mal jährte. Ich tauchte ferner an vielen Riffen der Karibischen See und des warmen Atlantiks (Jamaika, Curaçao, Britisch-Honduras, Bahamas, Los Roques, Piscaderainsel, Bermudas u. a.) und des Indopaziifiks (Bali, Neuguinea, Bora-Bora, Majuro, Galápagos u. a.). Im November 1980 tauchte ich mit Hans und Lotte Hass als Gast von Hannes Dichand bei den Seychellen und Amiranten. 1981 besuchten wir die Malediven und feierten ein Wiedersehen nach 24 Jahren!

Der Wunsch des Verlages, meinen Bericht über die zweite »Xarifa«-Expedition in einer völlig überarbeiteten Ausgabe herauszubringen, entspricht daher voll meiner gegenwärtigen Gestimmtheit. Ich betrachte es als eine sehr reizvolle Aufgabe, die neuen Entwicklungen in der Riff-Forschung vorzustellen, anknüpfend an das, was wir als Pioniere vor vielen Jahren schauen und erleben durften. Ich habe bei meiner Darstellung versucht, die Rahmenschilderung der Reise zu erhalten, da sie die spontane Freude am Erleben vermittelt, die ich damals empfand. Dabei bewegt mich das Bedürfnis, anderen die Augen für Entdeckerfreuden, auch im kleinen, zu öffnen, so daß der eine oder andere meiner Leser statt zur Harpune zur Kamera greifen und beobachtend in einem Lebensraum verweilen wird, der sicher zu den spektakulärsten gehört, die unsere Erde bietet. Die Inseln und Riffe der Malediven bleiben im Vordergrund unserer Betrachtung. Der Vergleich mit anderen Riffgebieten wird zeigen, daß sie der Schlüssel zum Verständnis aller übrigen Riffgemeinschaften sind. In aller Welt weisen Riffe nämlich ganz ähnliche ökologische Nischen auf, ein karibisches Riff ebenso wie ein indopazifisches, und in den jeweils entsprechenden Nischen sitzen die gleichen Anpassungstypen, oft sogar Vertreter gleicher Gattungen. In diesem Sinne wendet sich das Buch keineswegs nur an Taucher, welche die Inselwelt der Malediven bereisen wollen, sondern an jeden, der sich über die Lebensgemeinschaft der Korallenriffe informieren will. Da Originalbeobachtungen wiedergegeben werden, legen wir die wissenschaftlichen Namen der genannten Tiere im Anhang vor. Wir nennen ferner weiterführende Literatur und Originalarbeiten zu den im Text beschriebenen Phänomenen und eine Zusammenstellung der bisher veröffentlichten Ergebnisse der »Xarifa«-Expeditionen.

Die Malediven sind in den letzten Jahren ein beliebtes Reiseziel geworden. 1984 bereiste ich mit Hans Hass und Marco Odermatt neuerdings die Malediven, um die Naturschutzprobleme zu studieren und den Aufbau einer meeresbiologischen Station zu betreiben. Die Schweizer Tauchorganisation Eurodivers hat unserem Internationalen Institut für Submarine Forschung (Vaduz) mittlerweile im Baa-Atoll auf Kunfunadhoo einen Bungalow zur Verfügung gestellt und damit den Grundstein zu einer Malediven-Station gelegt. Ich möchte Eurodivers und Herrn Odermatt herzlich für diese entscheidende Hilfe danken. Als ausgezeichneten Reiseführer empfehle ich das Buch »Malediven« von Norbert Schmidt (DuMont Buchverlag, Köln).

18

6

In den Riffen der Karibischen See wurde ich zum erstenmal mit der überwältigenden Formenmannigfaltigkeit und dem Individuenreichtum tropischer Riffe konfrontiert. Hier ein Schwarm des Prinzessinnenpapageifisches (Scarus taeniopterus) *zwischen den Ästen einer Hornkoralle* (Plexaurella dichotoma). *Die kleinen verzweigten Stöcke sind Brennkorallen* (Millepora). *Photo: Verfasser (Piscaderainsel, Karibische See).*

7

Der Königindrückerfisch (Balistes vetula) *gehört zu den bizarrsten Fischen der Karibischen See. Typisch für diese Region sind die großen Büsche der Hornkorallen* (Plexaurella dichotoma). *Die untere Hornkoralle dürfte eine* Plexaura homomalla *sein. Photo: Verfasser (Los Roques, Karibische See).*

Lebensraum Meer

Als Lebensraum übertrifft das Meer an Ausdehnung das Land um ein Vielfaches, weil es in allen Dimensionen bevölkert ist, während die Landbewohner im Grunde stets dem Boden verhaftet bleiben. Flächenmäßig sind genau 71 Prozent unserer Erde von jener zusammenhängenden Wassermasse bedeckt, die wir das Weltmeer nennen. Die Wassermenge wird auf 1,4 Milliarden Kubikkilometer geschätzt. Würde man die Erde zu einer glatten Kugel einebnen, dann würde diese Wassermasse den Planeten mit einer 2,5 Kilometer dicken Wasserschicht überziehen.

Dieser Lebensraum ist nun in allen Regionen bevölkert. Man hat aus der ewigen Nacht der Tiefsee eine Fülle erstaunlich aussehender Fischarten heraufgeholt, zum Beispiel Anglerfische mit leuchtenden Ködern, Vipernfische, die Beutetiere verschlingen können, welche sie um ein Mehrfaches an Größe übertreffen. Es gibt dort riesige Tintenfische. Bei den Azoren holten wir solche aus den Mägen der von Walfängern erlegten Pottwale, die im Leben sicher über 10 Meter lang waren. Die größten Exemplare, die ebenfalls aus Pottwalen herausgeholt wurden, maßen 18 Meter. Alle Tiefen sind besiedelt. Als Jacques Picard am 23. Januar 1960 in 11 278 Metern Tiefe den Boden des Challengertiefs erreichte, sahen die Forscher dort einen 30 Zentimeter langen Plattfisch und eine Garnele. Selbst in den eiskalten Gewässern der Antarktis trifft man auf reiches Leben – sogar unter dem Schelfeis, wo nie Licht das Dunkel erhellt. Man hat im Gebiet des Koettlitzgletschers, der selbst im Sommer 28 Kilometer vom offenen Meer entfernt ist, durch Gletscherspalten Bodenproben geholt und in ihnen Vertreter von acht Tierstämmen gefunden.

Auf einem Quadratmeter lebten hier Hunderte von Anemonen, Flohkrebsen, ja sogar Fische! Dabei ist der Raum wie gesagt absolut lichtlos, und die Temperaturen betragen minus 1,92 bis 1,95 Grad Celsius! Bei den Galápagosinseln entdeckten amerikanische Geologen mit Hilfe des Tauchbootes »Alvin« 1977 unterseeische Heißwasserschlote, um die sich ein buntes Leben drängte.

»Flimmerndes Wasser strömt an riesigen Röhrenwürmern vorbei, die nie zuvor von Menschen erblickt wurden. Eine Krabbe eilt über Lavafelder, die mit Napfschnecken überzogen sind. Ein rosa Fisch suhlt sich im Warmen.

Staunend beobachteten wir aus dem Tiefseeboot ›Alvin‹. Wir waren bereits eineinhalb Meilen (2,5 Kilometer) in die am Gefrierpunkt liegenden Tiefen des Pazifiks getaucht, aber jetzt registriert unser Thermometer 63 Grad Fahrenheit (17 Grad Celsius), während wir über einer phantastischen Lebensgemeinschaft schweben, die im Umkreis von einer warmen Seebodenquelle lebt.«

23

Mit diesen Worten schilderten John Corliss und Robert Ballard die bemerkenswerte Entdeckung einer bis dahin völlig unbekannten Tiefsee-Lebensgemeinschaft. In weiteren, 1979 durchgeführten, Expeditionen mit demselben Tauchschiff wurden diese Lebensstätten, von denen man bisher keine Ahnung hatte, genauer untersucht. Im Lichte der Scheinwerfer erblickten die Forscher Schlote, aus denen überhitztes Wasser von mehreren Hundert Grad Celsius in hohen Fontänen aus dem Boden schoß. Auf den Lavafelsen dieser unterseeischen Vulkanböden siedelten große Muscheln einer bis dahin unbekannten Art. Bartwürmer, die über zwei Meter lang waren, drängten sich in dichten Kolonien. Es wimmelte von augenlosen Krabben, Anemonen, Fischen und anderem Meeresgetier. Vieles war absolut neu, und manches konnte gar keiner bekannten Tiergruppe zugeordnet werden. Da gab es Tiere, die wie abgeblühte Löwenzahnköpfchen aussahen. Die kugelrunden Wesen hatten sich mit den nach allen Richtungen ausstrahlenden Filamenten in Lavahöhlen verankert. An manchen Stellen überzogen lange, dünne weiße Fäden den Boden, als hätte man Spaghetti ausgeschüttet. Vermutlich handelte es sich um Leimruten eines Wurmes, die dem Beutefang dienen. Den Motor für all das reiche Leben liefern Schwefelbakterien, die den durch den unterseeischen Vulkanismus produzierten Schwefelwasserstoff chemisch verarbeiten.

Nie zuvor hatte man in der Tiefsee eine derart üppige Lebensentfaltung gesehen. Und sicher warten hier noch viele weitere Überraschungen auf den mutigen Eindringling. Das Zeitalter der Entdeckungsreisen ist keineswegs zu Ende*. Ja, um Entdeckerfreuden zu erleben, braucht man keineswegs in so abgelegene Meeresregionen vorzudringen. In der heute jedermann zugänglichen Seichtwasserzone des Riffs gibt es unendlich viel Aufregendes zu sehen und vor allem im kleinen noch manch Neues zu entdecken. Im Detail offenbaren sich stets neue verborgene Wunder – gleich, ob man sich einen Uferfels der Brandungszone, einen Gezeitentümpel oder einen Korallenstock vornimmt.

Auch das freie Wasser ist in allen Tiefenregionen von eigens daran angepaßten Organismen bevölkert. Die chemische Zusammensetzung des Meerwassers ist recht einheitlich. Es sind etwa 35 Gramm Salze in einem Kilogramm Meerwasser enthalten. Kochsalz überwiegt mit 77,9 Prozent. Die Schwankungen des Salzgehaltes sind geringfügig, sieht man von einigen durch Flüsse stark ausgesüßten Nebenmeeren wie der Ostsee ab. Den höchsten Salzgehalt hat das Oberflächenwasser zwischen dem 20. und 40. Breitengrad. Man nimmt an, daß ein großer Teil des Meersalzes im Laufe der Zeit durch das Regenwasser aus den Kontinenten ausgewaschen wurde, daß die Meere also einst weniger salzig waren.

Die Temperaturunterschiede umfassen eine Spanne von minus 2 Grad Celsius bis plus 30 Grad Celsius. In Gezeitentümpeln kann das Wasser noch wärmer werden. Die tages- und jahres-

24

* Während der Drucklegung dieser Zeilen berichtete E. Clark (1981) von der Entdeckung eines ungewöhnlich aussehenden, mehrere Meter langen Haies. Er hatte vor Hawaii den Treibanker eines Marineschiffes verschluckt! Der Hai, der offenbar in großer Tiefe lebt, hat ein riesiges Maul, dessen Inneres mit einer eigenartigen Schicht bedeckt ist, die im Leben möglicherweise leuchtet und so Beute anlocken könnte. Der Hai ist keiner der bisher bekannten Familien zuzuordnen.

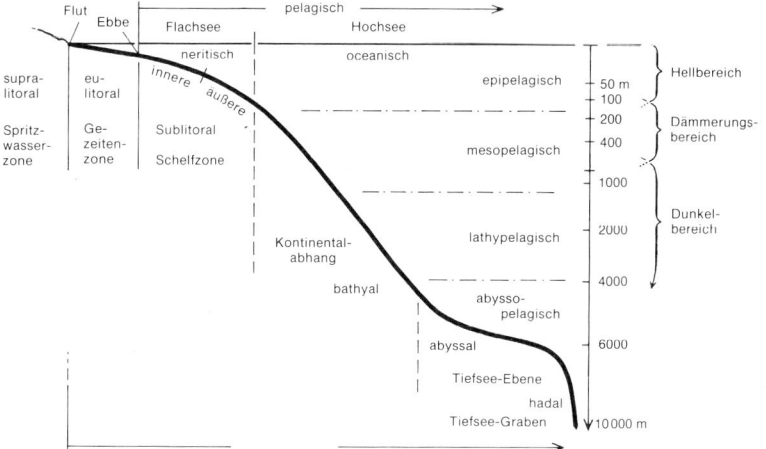

Flut | Ebbe | Flachsee | pelagisch →
supra-litoral | eu-litoral | neritisch | Hochsee
 | | innere außere | oceanisch
Spritz-wasser-zone | Ge-zeiten-zone | Sublitoral | epipelagisch | 50 m 100 | Hellbereich
 | | Schelfzone | | 200 400 | Dämmerungs-bereich
 | | | mesopelagisch | 1000
 | | | | 2000 | Dunkel-bereich
 | | Kontinental-abhang | lathypelagisch | 4000
 | | bathyal | abysso-pelagisch
 | | | abyssal | 6000
 | | | Tiefsee-Ebene | hadal | 10 000 m
 | | | Tiefsee-Graben

9
Die Lebensräume des Meeres von der Spritz- wasserzone bis zur Tiefsee.

zeitlichen Temperaturschwankungen einer Region sind im allge- meinen sehr gering. Sie gehen im offenen Meer nie über 10 Grad Celsius hinaus. Um den Äquator beträgt die Oberflächentempe- ratur 27,5 Grad Celsius, bei jahreszeitlichen Schwankungen von höchstens 2 Grad Celsius und tageszeitlichen von 0,2 bis 0,3 Grad Celsius. Unter 200 Meter Tiefe beobachteten wir keine jahreszeitlichen Schwankungen. Die Temperatur sinkt mit der Tiefe ab. In den Tropen beträgt sie in 200 Metern Tiefe um 20 Grad Celsius, bei 1200 Metern 5 Grad Celsius, in der Tiefsee schließlich nur noch 1 bis 2 Grad Celsius. In der Großgliederung des Meeres unterscheidet man die Bodenregionen, das soge- nannte Benthal, von der Freiwasserregion des Pelagial. Diese beiden Regionen fordern von den sie bevölkernden Tierarten grundsätzlich verschiedene Anpassungen. Am Boden findet man Möglichkeiten, sich festzusetzen, und im Notfalle bietet er auch Schutz. Man kann sich zum Beispiel in vorhandene Felsspalten zurückziehen oder in den Sand vergraben. Solchen Schutz findet man im freien Wasser nicht. Man kann dort auch nicht auf einer Unterlage ruhen. Da Eiweiß schwerer ist als Wasser, würden die Bewohner des Pelagial zum Meeresgrund absinken, verstünden sie es nicht, sich aktiv schwimmend oder mit Hilfe eigener, Auf- trieb erzeugender Strukturen in der Wasserschicht zu halten, an die sie angepaßt sind. In dem Bemühen, sich in einer bestimmten Wasserschicht zu halten, entwickelten verschiedene Tierarten in Konvergenz und auf ganz verschiedene Weise ähnliche Anpas- sungen. So haben viele Algen und Krebse verlängerte Körperan- hänge als Schwebefortsätze entwickelt. Das erhöht den Auftrieb. Mit Gas gefüllte Behälter entwickelten nicht nur die Fische mit ihrer Schwimmblase. Wulf Emmo Ankel beschrieb in einer sehr reizvollen Arbeit die parallelen Anpassungen der »blauen Flotte«. Es handelt sich um vier Hochseebewohner der warmen und gemäßigten Meere, die nahe der Oberfläche treiben. Sie sind alle zunächst einmal blau, ein Sichtschutz gegen Vögel. Alle ha- ben ferner gasgefüllte Hohlorgane entwickelt. Die Nackt-

25

schnecke *Glaucus,* die rückenabwärts an der Meeresoberfläche treibt, füllt ihren Darm mit Luft. Die Veilchenschnecke *Janthina* dagegen erzeugt ein Schaumfloß, auf dem sie rückenabwärts hängend treibt. Mit ihrem Fuß holt sie Luftblasen von der Oberfläche, hüllt sie mit ihrem Schleim ein und heftet sie ans Floß. Die wie Quallen aussehenden Hydrozoenstöcke *Velella* und *Porpita* entwickelten schließlich eigene Gaskammern in ihrer Glocke.

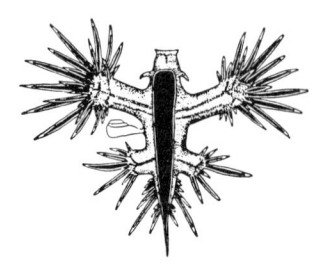

Die Lebensgemeinschaften des Bodens und des freien Wassers unterteilt man in vertikaler Richtung. Die Wasseroberfläche wird von Spezialisten besiedelt. Hier lebt zum Beispiel ein Verwandter unseres Wasserläufers, der Meerläufer *Halobatos.* Im Grenzraum zwischen Luft und Wasser treibt auch die Portugiesische Galeere, deren Schwimmglocke über die Meeresoberfläche ragt und so als Segel den Wind nutzt, während die langen nesselnden Fangarme im Meere fischen. Die obersten Millimeter des Meeres zeichnen sich ferner durch eine reiche und durch besondere Arten charakterisierte Kleinlebewelt (das Neuston) aus.

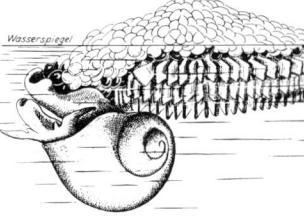

Die durchlichtete Region der Freiwasserregion bezeichnet man als Epipelagial. Es reicht bis in etwa 200 Meter Tiefe. Die Temperatur fällt in den tropischen Meeren bis dahin auf 20 Grad Celsius. Darauf folgt das Mesopelagial von 200 bis 1000 Meter Tiefe. Die untere Grenze wird in warmen Meeren durch die Temperatur von 10 Grad Celsius bestimmt. Darunter liegt dann das Bathypelagial der Tiefsee, in dem die Temperaturen auf 4 Grad Celsius absinken. Die untere Grenze liegt bei 3000 bis 4000 Metern. Daran schließt sich das Abyssopelagial, in dem die Temperatur unter 4 Grad Celsius sinkt.

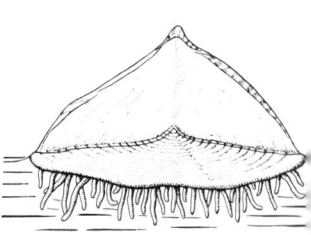

10
Die blaue Flotte: zuoberst die Nacktschnecke Glaucus; *darunter die Veilchenschnecke* Janthina *mit ihrem Schaumfloß und einem Gelege; zuunterst die Segelqualle* Velella.

Entsprechend gliedert sich auch das Benthal in eine Küstenzone (Litoral), die vom Ufer bis in 200 Meter Tiefe reicht. Dieses Litoral umfaßt den ganzen Kontinentalsockel und bedeckt zusammengenommen 28 Millionen Quadratkilometer. Das Litoral wird weiter untergliedert. Von besonderem Interesse ist die Gezeitenzone, das Eulitoral, die Grenze zwischen Land und Meer. Teile dieser Region sind dem Wellenschlag ausgesetzt, und sie liegen im Rhythmus der Gezeiten zweimal am Tage trocken, was von den hier überlebenden Organismen besondere Anpassung erfordert, auf die wir noch eingehen werden. Über der Gezeitenzone liegt die Spritzwasserzone, das Supralitoral. Sie wird nur bei Springfluten und starkem Wellengang befeuchtet. Felsen sind hier viele Stunden der Sonnenbestrahlung ausgesetzt. Dennoch gibt es selbst hier noch Meerestiere, wie zum Beispiel Seepocken. Unter der Gezeitenzone liegt das Sublitoral. Ihm folgt in 200 Metern Tiefe am Kontinentalabfall das Bathyal, das in 3000 bis 4000 Metern in das Abyssal übergeht. Mit 240 Millionen Quadratkilometern macht diese lichtlose, kalte Tiefsee den größten Lebensraum unserer Erde aus – ein weiterer praktisch unerforschter Raum.

Man glaubte lange Zeit, die Tiefseeorganismen würden sich im wesentlichen von dem ernähren, was in den durchlichteten Zonen produziert wird. Heute weiß man, daß es Nahrungsketten gibt, bei denen Bakterien eine große Rolle spielen. Das reiche Leben der bei den unterseeischen Heißwasserschloten entdeckten Lebensgemeinschaft beginnt zum Beispiel mit Schwefelbakterien, die Schwefelwasserstoff metabolisieren können. Sie oxydieren ihn und nutzen die dabei anfallende Oxydationsenergie für ihren Aufbau und Betriebsstoffwechsel. Die Bakterien dienen den anderen Tieren als Nahrung. Die Nahrungsketten der oberen Meeresregionen beginnen mit Algen. Die Produktivität der Meeresgebiete hängt von der eingestrahlten Kalorienmenge und den Mineralstoffen ab. Das Sonnenlicht wird bei einem Einfallswinkel von 5 Grad zu 40 Prozent reflektiert, bei einem Einfallswinkel von 50 Grad werden dagegen nur noch 3 Prozent zurückgestrahlt. Die Eindringtiefe hängt von der Wassertrübung ab, und dementsprechend liegt der Kompensationspunkt, bei dem Stoffaufbau (Assimilation) und Stoffabbau sich die Waage halten, in verschiedener Tiefe. Im klaren Wasser der Sargassosee liegt der Punkt bei 100 Meter Tiefe, in stark getrübtem Wasser dagegen bisweilen nur wenige Zentimeter unter der Oberfläche.

In manchen Gebieten, wie an der Küste Chiles und Perus, bringen aufsteigende Meeresströmungen Phosphate und Nitrate an die Oberfläche. Das regt den Algenwuchs an. Die Algen dienen der Vielzahl von Kleintieren als Nahrung, die wiederum die Lebensgrundlage für die großen Fischschwärme abgeben.

Die Produktivität des Meeres ist im Vergleich zu der des Landes gering. Im offenen Ozean werden pro Quadratmeter im Jahr durchschnittlich 100 Gramm trockene organische Substanz produziert. In der Küstenzone sind es 200 Gramm und in Gegenden mit Aufströmungen, wie an der schon erwähnten Küste Perus, 600 Gramm. Sehr produktiv sind Algen und Tangfelder mit 2600 Gramm und die Korallenriffe mit 4900* Gramm trockener organischer Substanz pro Quadratmeter und Jahr. Dazu im Vergleich einige Angaben über die Produktivität des Landes: Wälder der gemäßigten Zone erzeugen 1600 Gramm organischer Substanz pro Jahr und Quadratmeter, Grasland 3200 Gramm, Maisfelder 4000 Gramm, tropische Zuckerrohrfelder bis 9400 Gramm und tropische Regenwälder bis 9400 Gramm. Die mittlere Produktivität des Landes beträgt 1200 Gramm, die des Meeres dagegen nur 120 bis 150 Gramm organischer Trockensubstanz pro Jahr und Quadratmeter.

Das Weltmeer bedeckt zwar eine viel größere Fläche als das Land, seine Produktivität ist jedoch um insgesamt 25–50 Prozent geringer. Die fruchtbaren Zonen sind nur auf schmale Küstenstreifen beschränkt. Man kann also nicht sagen, das Meer könne eine unerschöpfliche Quelle für menschliche Nahrung sein. Würde man die assimilierenden Algen an der Meeresoberfläche ausbreiten, dann ergäbe das einen nur ein Viertel Millimeter

* Die Produktivität tropischer Riffe wechselt. Am Minicoiriff hat man 3000 Gramm getrockneter organischer Substanz pro Quadratmeter und Jahr gemessen, bei den Andamanen dagegen nur 1200 Gramm.

dicken Film! Im Haushalt unseres Planeten spielt dieser Algenfilm jedoch eine überragende Rolle. Wie in den Regenwäldern des Amazonas, so wird auch im Meer durch Assimilation Sauerstoff freigesetzt und damit ersetzt, was wir im Raubbau verbrennen. Das Meer sorgt in zunehmendem Umfange für die Reinigung und Regeneration der Atmosphäre. Heute regeneriert die Landfläche der Vereinigten Staaten von Amerika nur etwa 60 Prozent des dort verbrauchten Sauerstoffs. Da muß es bedenklich stimmen, wenn man erfährt, daß noch heute Schiffe mit allen möglichen Giften täglich ihren Unrat ins Meer ablassen. Die pflanzlichen Organismen haben die Eigenschaft, manche der Schadstoffe selektiv aufzunehmen und sie damit auch aus großer Verdünnung anzureichern. Das in den Nachkriegsjahren auf dem Land so vielfach eingesetzte DDT wurde über die Flüsse ins Meer getragen, reicherte sich in den Algen an und gelangte schließlich über die Nahrungskette in immer höheren Konzentrationen in die höheren Tiere. Man hat festgestellt, daß manche Pinguine der Antarktis so viel DDT in ihrem Fett speichern, daß sie nach unseren Standards für den Menschen ungenießbar wären. Von 1955 bis 1969 hat sich der DDT-Gehalt im pflanzlichen Plankton vor der amerikanischen Westküste verdreifacht.

Nun tötet DDT die Algen zwar nicht, aber es hemmt die Assimilationstätigkeit. Was aber, wenn wir einen anderen Schadstoff erzeugen, der sich in ähnlicher Weise anreichert, aber die Algen dabei schwer schädigt? Wenn wir das bemerken, könnte es bereits zu spät für eine Weichenstellung sein. Noch können wir uns an gesunden Riffen erfreuen, und in diese möchte ich den Leser führen.

Unser Arbeitsgebiet in den Malediven war in der Hauptsache die sonnendurchflutete obere Küstenzone. Wir tauchten mit Preßluftgeräten der Firma Dräger. Auf unserer ersten Expedition verwendeten wir Sauerstoffgeräte. Sie haben den Vorteil, leicht zu sein; außerdem passiert die ausgeatmete Luft im Kreislauf einen Filter, in dem das Kohlendioxyd gebunden wird, so daß keine Gasblasen ins Wasser abgegeben werden. Man kommt damit leichter an Fische heran. Mittlerweile hat sich jedoch herausgestellt, daß Sauerstoffgeräte ziemlich gefährlich sind. Wir selbst verloren 1954 vor der Insel Bonaire einen unserer besten Taucher, Lt. Comm. Henry James Hodges R. N. V. R., und auf der zweiten Reise Klaus Wissel, einen der besten deutschen Sporttaucher. Beide waren mit Sauerstoffgeräten unterwegs. Seit diesem letzten Unfall benutzen wir nur noch Preßluftgeräte, von denen mittlerweile eine Reihe erprobter Geräte auf dem Markt ist. Erfahrene Taucher können mit solchen Geräten ungefährdet 60 Meter tief tauchen. Bei 50 Meter Tiefe macht sich allerdings bereits der Tiefenrausch störend bemerkbar. Subjektiv äußert er sich in einer gehobenen Stimmung. Man wird aber leichtsinnig, vergeßlich, und gelegentlich kommt es auch zu Schwindelanfällen, geistiger Verwirrung und Ohnmacht. Als Ursache nimmt

28

man Sauerstoffübersättigung (zu hoher Sauerstoffpartialdruck) des Blutes an; sie behindert den normalen Sauerstoffaustausch im Gewebe. Man kann die Schwierigkeit umgehen, indem man mit zunehmender Tiefe den Sauerstoff zunehmend verdünnt. Da Stickstoff unter hohem Druck zähflüssig ist und daher schwer einzuatmen, nimmt man jetzt Helium an seiner Stelle. Man kann sich mit solchen Geräten heute bis zu sechs Stunden in Tiefen über 300 Metern aufhalten. Pionier dieser Entwicklung war der Schweizer Hannes Keller, der vor einigen Jahren zum erstenmal mit Helium-Sauerstoff-Gemischen die Tiefe von 300 Metern überschritt. Mittlerweile haben sich Taucher in Druckkammern unter Bedingungen aufgehalten, die einer Tiefe von über 600 Metern entsprechen. Die tieferen Meeresregionen werden damit dem Schwimmtaucher bald unmittelbar zugänglich sein. Man wird dabei von tiefer gelegenen Unterwasserbasen ausgehen. Hans Hass hat in seinem Buch »Welt unter Wasser« auch diese neuen Entwicklungen erörtert. Bei längeren Aufenthalten im tieferen Wasser löst sich im Blut eine größere Menge Stickstoff. Schwimmt man nach einem solchen Abstieg zu schnell hoch, dann perlt dieser Stickstoff in kleinen Bläschen aus und verstopft unter Umständen Blutgefäße, was zu Lähmungen führen kann. Man muß daher nach längeren Abstiegen Dekompressionspausen im Seichten einhalten, deren Länge von der Tauchzeit und der Tauchtiefe abhängt. In jedem der heute zahlreichen Tauchführer gibt es dazu genaue Tabellen. Im übrigen wirkt der Wasserdruck nur auf die mit Luft gefüllten Hohlräume, zum Beispiel auf das Mittelohr. Diesen Druck kann man aber leicht ausgleichen, wenn man kräftig durch die verschlossene Nase bläst und so Luft durch die Ohrtrompete (Eustachische Röhre) ins Mittelohr drückt.

Jeder Gerätetaucher sollte einen Schnorchel mit sich führen, denn es könnte einmal sein, daß er in einiger Entfernung von seinem Begleitboot auftauchen und dann an der Oberfläche schwimmen muß. Mit den Stahlflaschen auf dem Rücken kann man aber nur schwer den Kopf über Wasser halten, besonders wenn die See unruhig ist. Viele Taucher sind bereits bei solchen Gelegenheiten ertrunken. Gegen zudringliche Tiere schützen wir uns mit einem 1,30 Meter langen Holzstock mit glatter Eisenspitze. Im übrigen ist die Technik des Schwimmtauchens mittlerweile so gut bekannt, daß wir uns weitere Ausführungen dazu ersparen können. Jeder, der heute mit dem Gerät tauchen will, sollte ohnedies einen Tauchkurs in einer anerkannten Tauchschule absolvieren. Es gibt außerdem eine Reihe ausgezeichneter Tauchführer. Wichtige Angaben findet man in dem von Hans Hass u. Werner Katzmann herausgegebenen Tauchführer. Empfehlenswert ist ferner das Buch von S. Earle u. A. Giddings. Über die laufenden Entwicklungen informieren ferner die Zeitschriften »Tauchmagazin« (vormals »Submarin«) (Heering Verlag, München) und »Tauchen« (Jahreszeiten-Verlag, Hamburg).

11
Die Malediven bieten reichlich Gelegenheit, die Bildung von Faros und Inseln zu studieren. Von Riffflecken bis zu Kleinatollen gibt es alle Übergänge. Photo: M. Friedel (Male-Atoll).

Im Reich
der tausend Atolle

»Wenn sich der König von Malediven einen König von 12 000 Inseln nennt, so ist dies eine asiati-
sche Vergößerung. Die meisten Inseln sind unbewohnt und tragen nichts als Bäume. Andere sind
bloße Sandhaufen, die bei einer starken Flut unter
Wasser gesetzt werden. Die Malediver sind schön,
obschon olivenfarbig. . .«

Immanuel Kant,
Naturwissenschaftliche Kollegs

12
Die Wimpelfische (He-
niochus acuminatus)
trifft man an steilen
Riffwänden oft in
Schwärmen. Wozu ihr
langer Wimpel dient –
ob als Folgesignal oder
Rangsymbol –, weiß
man nicht. Viele über-
raschende Details aus
dem Leben der Riff-
bewohner haben wir in
den letzten Jahren aus
unmittelbarer Beob-
achtung kennengelernt;
dennoch hat man mit
ihrer Erforschung ge-
rade erst begonnen.
Photo: D. Reimer
(Malediven).

Drei Tage vor Weihnachten tranken unsere Augen endlich wieder frisches Grün. Zunächst deutete nur eine Wolkenbank am
Horizont die Nähe der Malediveninseln an. Nach einigen weiteren Stunden flotter Fahrt sahen wir eine Reihe niedriger sattgrü-
ner Streifen, vom blauen Meer durch einen weißen Strand abgesetzt.

Unsere nach langer Seefahrt des frischen Grüns entwöhnten
Augen hingen an diesen Streifen, die mehr und mehr Konturen
annahmen. Bald erhoben sich da und dort die Wedel der Kokospalmen auf sanft geschwungenen Stämmen aus dem dichten Unterwuchs; drei rot besegelte Fischerboote tanzten auf den blauen
Wellen. Wir waren vor dem Addu-Atoll, dem südlichsten der
Malediven-Atolle.

Keiner von uns blieb unter Deck. Jeder versuchte aus dem

Anblick der noch fernen Inseln zu lesen, was uns hier wohl erwarten würde: ein schöner Strand, freundliche Menschen, klares Wasser und üppige Riffe? Die Ferngläser wanderten von Hand zu Hand.

Vorsichtig umrundeten wir den weiten Inselbogen, an dessen Riffen sich in wildem Ansturm die Wellen brachen, bis wir im Süden die Einfahrt in die große Lagune fanden. Das Rasseln der Ankerkette durch die Klüse leitete eine neue aufregende Phase unserer »Xarifa«-Expedition ein.

Die Malediven liegen wie eine Kette von Smaragden im Indischen Ozean. Die 22 größeren Atolle sind aus 2000 Inseln und Kleinatollen aufgebaut, von denen die meisten mit Kokospalmen üppig bewachsen sind. Gegen das Meer grenzt sie ein blendend weißer Sandstrand ab. Die Inseln erstrecken sich über eine Länge von rund 1000 Kilometern und folgen dabei etwa dem 73. östlichen Längengrad von 0°45′ Süd bis 7°10′ Nord. Ein Blick auf die Karte lehrt, daß es sich bei den Malediven um ein System ineinandergeschachtelter Atolle handelt. Das ist eine Besonderheit, auf die wir gleich eingehen werden. Die Landfläche aller Inseln beträgt insgesamt knapp 300 Quadratkilometer. Nur 200 der Inseln sind bewohnt. 1973 zählte man 120000 Menschen, 1977 150000. Die Hauptstadt ist Male auf der gleichnamigen Insel. Die Bevölkerung entspricht dem hellhäutigen indischen Typ. Bis 1968 stand sie unter der Regierung eines Sultans. Seit September 1968 bilden die Malediven eine selbständige Republik, die allerdings von einigen führenden Familien verwaltet wird. Der islamische Staat ist seit 1965 Mitglied der UNO. Den Dörfern der bewohnten Insel steht ein Bürgermeister vor. Ihm und seinem Stellvertreter vorgesetzt ist in jedem Atoll ein von Male aus ernannter Hauptmann. Ferner gibt es in jedem Atoll einen Richter, der Bagatelldelikte aburteilen darf. Über schwerere Verfehlungen wird in Male gerichtet.

Die »Korallenrepublik« ist heute beliebtes Touristenziel. Die Besucher werden auf sogenannten »Touristen-Inseln« im Male-Atoll untergebracht und haben dort wenig Kontakt mit der einheimischen Bevölkerung. Der übrige Archipel ist so unberührt wie einst. Das Klima ist angenehm warm. Die Durchschnittstemperatur beträgt 27 bis 28 Grad Celsius. Nur im Juni und Juli gibt es gelegentlich Stürme, sonst herrscht das ganze Jahr über schönes Wetter. Von Ceylon kann man die Inseln mit regulären Fluglinien anfliegen. Die Flugzeit beträgt knapp eine Stunde. Seit 1981 gibt es eine direkte Flugverbindung Frankfurt–Male. Demnächst soll auch das Addu-Atoll angeflogen werden.

Der Name Malediven entstand aus einer Verschmelzung der Worte Mahal und Diva, was Palastinsel heißt. Die Malediven wären demnach die Inseln, die zur Palast- oder Sultaninsel gehören.

Zwischen der Bevölkerung der einzigen Stadt Male und den von Fischern bewohnten Inseln gibt es Spannungen, da die

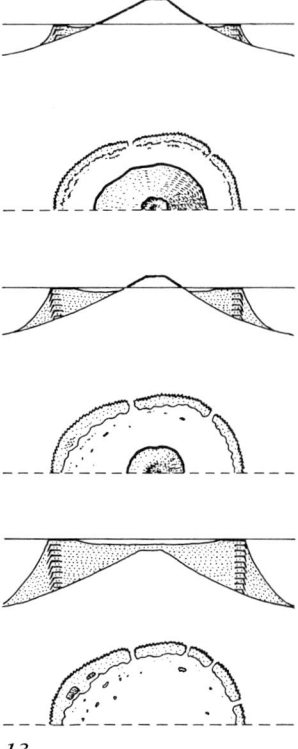

13
Atollentstehung durch Absinken einer vulkanischen Insel (nach Charles Darwin). Drei verschiedene Stufen des Absinkens und der Riffbildung werden im Querschnitt und in der Aufsicht gezeigt.

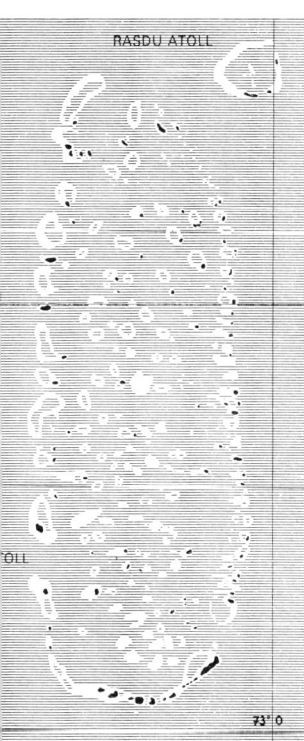

73° O

14
Das Ari-Atoll der Ma-
lediven – ein Groß-
atoll, das sich aus zahl-
reichen Faros (Klein-
atollen) und Riffstök-
ken zusammensetzt.

15
Bora Bora läßt deut-
lich erkennen, wie mit
dem Absinken der zen-
tralen Insel aus dem
Saumriff ein Riffring
entsteht. Ist die Insel
schließlich versunken,
bleibt nur dieser in die
Breite wachsende Ring
– ein Atoll.
Photo: E. Christian.

»Städter« auf die Fischer herabblicken. Es gab auch eine Unab-
hängigkeitsbewegung der Südatolle unter Afif Didi. 1958 erklärten sich die Südinseln als »Republik der Vereinigten Suvadiven«
für selbständig. Der Aufstand wurde jedoch im selben Jahr bru-
tal von der Zentralregierung in Male niedergeschlagen. Etwa
80 bis 90 Prozent der Bevölkerung leben direkt oder indirekt
vom Fischfang. Die Landessprache ist Divéhi, das dem Singhalesischen verwandt ist. Die Schrift ist eine Mischung aus ab-
gewandelten singhalesischen und arabischen Schriftzeichen.

Die Malediven schieben sich als natürlicher Riegel in den See-
weg nach Indien. Sie waren daher von den Seefahrern gefürchtet
– zu Recht, wie die zahlreichen Wracks bezeugen. Die Inseln
sind durchweg flach und bauen sich auf einem Riffkranz auf, der
meist eine zentrale Lagune umschließt. Ein solches Gebilde
nennt man Atoll. Das Wort leitet sich vom maledivischen
»atolu« ab.

Nach der klassischen Theorie von Darwin entsteht ein Atoll,
wenn eine vulkanische Insel allmählich im Meer versinkt. In gleichem Maße, wie die Insel absinkt, wächst nämlich das sie umgebende Saumriff in die Höhe, da die Korallen nur im warmen,
sonnendurchfluteten Wasser gedeihen. Wegen der nährenden
Strömungen an der meerwärts gelegenen Seite wachsen sie dort
besser als inselwärts, und so entsteht zwischen Insel und Riff ein
immer breiter werdender Kanal. Wenn schließlich die Insel ganz
versunken ist, bleibt eine zentrale Lagune, die von einem Riffring umschlossen wird. Stürme fegen dort Korallentrümmer zusammen, und es bilden sich Inseln, auf denen das Leben Fuß
fassen kann.

So entstanden viele Atolle der Südsee, wie Bohrungen im Eniwetok-Atoll erst vor kurzem bewiesen: Nachdem man 1200 Meter Korallenkalk durchbohrt hatte, stieß man auf vulkanisches
Gestein. Bei den Malediven liegen die Verhältnisse allerdings
anders. Die Besonderheit der ineinandergeschachtelten Atoll-
systeme kann nicht durch Absinken von Vulkaninseln erklärt
werden. Es ist selbst aus vielen Großatollen zusammengesetzt,
von denen jedes wiederum aus einer Reihe kleiner Atolle besteht. Besonders im Norden werden die Ringe der Großatolle
immer weiter; die Riffringe sind an vielen Stellen durchbrochen
und verbinden die zentrale Lagune mit dem offenen Meer.

Durch sie strömt frisches Meerwasser ein, und dieser Kreislauf
gestattet auch in der Lagune üppiges Korallenwachstum. An verschiedenen Stellen wachsen Korallenpilze bis knapp unter die
Oberfläche. Und nun folgt, wie Hans Hass nachwies, allein aus
den Gesetzmäßigkeiten des Korallenwachstums die Bildung
neuer Atolle. An ihrer Außenseite wachsen die Korallenpilze
weiter, immer mehr in die Breite. Das Zentrum dagegen verödet
und versandet, da die Lebensbedingungen für Korallen ähnlich
ungünstig sind wie an der inselwärtigen Seite eines Saumriffes. Je
größer der Korallenpilz, desto größer die versandete Zone, die

ökologischen Gründen am Rande der von der Insel verbliebenen unterseeischen Plattform. Mit dem langsamen Ansteigen des Wassers wuchsen die Riffe schließlich in die Höhe.

Hat sich einmal ein Atoll gebildet, wächst es nach außen weiter. Von einer bestimmten Größe an wird es von Riffkanälen durchbrochen, die frisches Wasser in die Lagune führen, so daß neue Miniaturatolle heranwachsen können.

Bei Stürmen werden die Korallen des Außenriffabhanges ab- und hochgerissen, über die Riffplatte gefegt und schließlich zu einem Wall aufgetürmt. So entstehen über die Wasseroberfläche reichende Geröll- und Sandbänke, die sich zu Inseln festigen. Haben erst einmal die stelzwurzelige Schraubenpalme *(Pandanus)*, der großblättrige Scaevolastrauch und die schlanke Kokospalme Wurzeln geschlagen, dann kommen auch die ersten Landtiere. Ein einziger Strauch genügt, um eine interessante Lebensgemeinschaft aufzubauen. Die ersten Pioniere der Tierwelt sind Landeinsiedlerkrebse, Seevögel und Insekten. Ihnen folgen Eidechsen, Landvögel und zuletzt auch der Mensch. Das überaus Reizvolle an Inseln ist die Überschaubarkeit ihrer Lebensgemeinschaften. Das gilt im besonderen für Atollinseln, die ja nur wenigen Tier- und Pflanzengattungen Lebensmöglichkeiten bieten. Dennoch finden wir verschiedene diskrete Lebensgemeinschaften mit einer Reihe besonderer Anpassungsformen. Aus diesem Grunde ist es für den Naturfreund immer ein besonderes Erlebnis, eine Insel anzulaufen.

Wir fuhren geradewegs auf die Insel Hittadu zu. Der Himmel spiegelte sich in einem tiefblauen Wasser, aus dem hin und wieder die Umrisse der Korallenstöcke schimmerten. Etwa 300 Meter vor uns dehnte sich ein weißer Strand, über den sich schlanke Kokospalmen neigten. Der Wind spielte in ihren Wedeln, die das Sonnenlicht in immer neuen Reflexen spiegelten. Eine Traumwelt, und doch so wirklich wie die schlanken Boote mit dem hochgezogenen Bug und dem vom Wind gebauschten roten Lateinersegel, die auf uns zueilten. In jedem wetteiferten acht sonnengebräunte Ruderer mit dem Wind. Als Bekleidung trugen sie den Sarong, einen Wickelrock, und manche hatten ein Tuch um den Kopf geschlungen. Im Aussehen erinnerten sie an Araber.

Sie begrüßten uns freundlich und geleiteten uns zum Strand, wo der Headman der Insel uns erwartete, ein zartgliedriger Mann mit einem schmalen Gesicht arabischen Schnittes. Auch er trug einen Sarong und eine sorgfältig gestärkte Jacke. Er führte uns zu einem aus Korallengestein erbauten, weiß getünchten Haus, das zu unserer Überraschung ganz europäisch eingerichtet war. Tische, Wandbänke und das Korbgestühl stammten wohl aus England. An der Wand hing eine Pendeluhr, daneben ein Kalender einer Schweizer Uhrenfirma mit schönen Gebirgslandschaften.

Jeder von uns bekam einen Trunk aus einer grünen Kokosnuß, dann unterhielten wir uns in englischer Sprache bei Curryhuhn,

Reis, Brotfrucht, Trockenfisch und einem Nachtisch aus geriebener Kokosnuß mit Zucker. Während man uns Löffel und Gabel gab, aß der Gastgeber nach Landessitte mit den Händen. Es war eine ruhige, kultivierte Atmosphäre, die nur kurz gestört wurde, als eine Eidechse in mein Blickfeld kam. Reptilien waren damals ein Spezialgebiet, das mich besonders interessierte, und so stürzte ich quer durchs Zimmer auf die schöne Echse zu, sehr zur Verblüffung des Gastgebers, der kurz stutzte, dann aber herzlich lachte. Von nun an war die Stimmung informell entspannt und von ungezwungener Herzlichkeit.

Nach dem Essen spazierten wir durchs Dorf. Es wurde von einer breiten, beiderseits mit einer weiß getünchten Mauer eingefaßten Straße durchzogen. Die Gärten und die aus Korallengestein oder geflochtenen Matten erbauten, mit Palmwedeln gedeckten Häuschen lagen hinter dieser Mauer. Kein Mensch war auf der Straße, denn sobald wir auftauchten, lief alles davon. Aber aus den Toreingängen schauten Kind und Kegel neugierig nach uns. Da wir nicht sonderlich furchterregend aussahen, kamen sie bald wieder heraus. Die Frauen und Mädchen trugen lange, hemdartige Kleider, einfarbig rot, blau oder grün, am Halsausschnitt und den kurzen Ärmeln mit hellen Stickereien verziert. Viele waren ausgesprochen hübsch. Als Schmuck trugen manche schöne Ketten aus Goldmünzen. Obgleich die Maledivier Moslems sind, gingen die Frauen unverschleiert.

Die kleinen Mädchen waren nur mit einem Rock bekleidet, und die kleinsten Krabbler liefen nackt umher. Nur um den Bauch oder um einen Arm trugen sie ein Silberkettchen mit einer Blechkapsel. Diese Kapsel enthält einen Koranspruch, der als Amulett Schutz gewähren soll.

Zu den kleinen, mit Palmwedeln gedeckten Häusern führten saubere, mit Korallensand bestreute Wege. In den grünen Vorgärten wuchsen außer Kokospalmen auch Baummelonen, Bananenstauden, Brotfruchtbäume, Jams und Süßkartoffeln. Auf den Baummelonen hingen in dicken Trauben große Achatschnecken. Sie wurden vor langer Zeit aus Indien eingeschleppt und sind heute eine Landplage. Die Landflora der Malediven ist ärmlich. Eine Bestandsaufnahme auf der Insel Wilingili im Addu-Atoll ergab nach Abzug der eingeführten »Exoten« 88 Arten (F. R. Fosberg und Mitarbeiter 1966). Diese Armut ist für Atolle typisch.

Aller Grund gehört dem Staat, der ihn gegen ein geringes Entgelt verpachtet. Will jemand ein Haus bauen, dann wird ihm der Grund vom Staat zugewiesen. Er muß dann innerhalb eines Jahres bauen. Der Grund bleibt auch dann Staatsbesitz. Nur auf Male gibt es einigen privaten Grundbesitz. Wir besuchten eine kleine Schmiede und eine Weberei. Alles machte einen freundlichen, verspielten Eindruck, und gerade deshalb sind die handwerklichen Leistungen wohl so vorzüglich. Im Schatten der Vordächer wiegten sich Jung und Alt verträumt in großen Schaukeln.

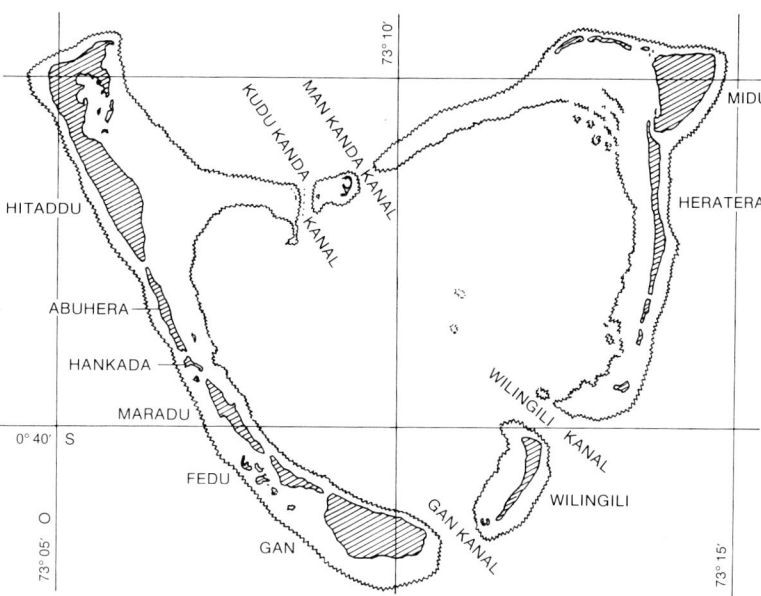

17
Das Addu-Atoll – der
südlichste Ausläufer
der Malediven.

An einer Stelle wurde gerade ein Haus gebaut. Man war schon an der Oberkante der Fenster angelangt; an den Holzpfählen des Baugerüstes hatten indessen üppige Triebe ausgeschlagen, so daß ein grünes Spalier den Rohbau umgab. Hektische Eile war diesem Völkchen fremd.

Und das ist heute noch so, denn der Tourismus beschränkt sich im wesentlichen auf die »Ferieninseln« des Male-Archipels.

Unterwegs begegneten wir einem etwa fünfjährigen Buben, der eine mit arabischen Schriftzeichen bemalte Holztafel trug. Schon sehr früh lernen die Malediver lesen und schreiben. Mit nur zehn Prozent Analphabeten ist ihr Bildungsstand recht hoch. Neben der arabischen pflegen sie auch ihre alte singhalesische Schrift.

Das Bildungswesen basiert auf Koranschulen, die man auf allen Inseln antrifft. Die Kinder lernen hier lesen, schreiben, rechnen und den Koran. Auf Male gibt es heute neben kleineren Privatschulen vier öffentliche Schulen, die den internationalen Ansprüchen gerecht werden. Zwei von ihnen führen zur Hochschulreife.

Leider waren viele Menschen krank. Es grassierte gerade eine infektiöse Bindehautentzündung der Augen, gegen die sich die Leute kaum zu helfen wußten. Mit unseren Medikamenten haben wir in den folgenden Wochen viele geheilt; gegen eine ganze Reihe von Krankheiten jedoch waren auch wir hilflos. Außer Malaria gibt es auf den Malediven Lepra und die Elephantiasis, eine Krankheit, bei der die Beine der von ihr Befallenen unmäßig anschwellen, da die Parasiten – winzige Fadenwürmer – die Lymphgefäße verstopfen.

Die Bewohner der Malediven kamen von Ceylon und gehören

41

als Singhalesen der europiden Rassengruppe an. Sie waren ursprünglich Buddhisten, wurden aber 1153 durch den arabischen Mönch A Hafiz Abul Barakathul Barbari zum Islam bekehrt. Sie galten zu allen Zeiten als liebenswürdig. Nicht gerühmt wurden sie nur von jenen Pechvögeln, die als Schiffbrüchige auf die Inseln verschlagen wurden. Da jedes gestrandete Schiff Eigentum des Sultans war, ließ man die Schiffbrüchigen oft verhungern. Der Franzose Pyrard, der 1602 hier strandete, hat ausführlich über die Notlage berichtet, in die er dadurch mit seinen Gefährten geriet. In der allgemeinen Historie der Reisen zu Lande und zu Wasser hat Antoine-François Prévost (1751) den Schiffbruch von 1602 so lebensvoll nach den ihm vorliegenden Quellen geschildert, daß ich seine Darstellung meinen Lesern nicht vorenthalten möchte. Er beschreibt die Malediver der damaligen Zeit und die nicht weniger interessanten Seeleute. Prévost berichtet:

»Den 2ten des Heumonats bemerkte man von weitem große Sandbänke, die eine Menge von kleinen Inseln umgaben. Der Befehlshaber und sein Bootsmann hielten diese Inseln für die Inseln des Diego dos Reys, ob man sie schon achtzig Seemeilen weit gegen Westen hatte liegen lassen. Es war umsonst, daß die Leute auf den Rahen behaupteten, es wären die maldivischen Inseln, und man müßte sich deswegen mit Vorsicht waffnen. Der Streit dauerte den ganzen Tag über. Die Hartnäckigkeit, womit der Befehlshaber auf seiner Meinung bestund, brachte denselben dahin, daß er unweislich einige kleine Barken zu erwarten versäumte, welche, wie man nachgehends erfuhr, herbeikamen, um ihm zu Führern zu dienen. Seine Absicht war, an der nördlichen Seite der maldivischen Inseln hin zu segeln, zwischen der Küste von Indien und dem Anfange dieser Inseln. Indem man aber seinen Befehlen folgte, lief man vielmehr mit einer blinden Dummheit in die Gefahr hinein. Damit die Unbesonnenheit vollends recht groß sein möchte: so brachte ein jeder die Nacht in einem tiefen Schlafe zu, ohne selbst diejenigen auszunehmen, welche für die übrigen wachen sollten. Der Steuermann und der Untersteuermann lagen in Trunkenheit begraben, welche von einem langen Schwelgen herrührte. Das Feuer, welches ordentlich den Kompaß erleuchtete, verlöschte, weil derjenige, der damals das Steuerruder hielt, zu allem Unglück ebenfalls eingeschlafen war. Indem nun also jedermann in einer unglücklichen Unempfindlichkeit lag, stieß das Schiff mit vieler Heftigkeit zweimal an; und indem man über die Geräusche erwachte, so stieß es zum dritten Male an und schlug auf der Sandbank um.

Wie fing hier nicht ein Haufen von Unglücklichen an zu schreien und zu seufzen, da sie sahen, daß sie mitten im Meere und in der Finsternis an einem Felsen gescheitert waren, wo der Tod ihnen unvermeidlich zu sein schien ... Bei Anbruch des Tages entdeckte man über den Sandbänken verschiedene Inseln aneinander, in einer Entfernung von fünf oder sechs Seemeilen.«

18
*Malediverboot, Addu-
Atoll.
Photo: Verfasser.*

19
*Die Vegetation der Ko-
ralleninseln ist arten-
arm. Die Lilie* Crinum
asiaticum *gehört wie
die Kokospalme zu den
typischen Inselpflanzen
der Malediven.
Photo: Verfasser.*

Der Bericht schildert dann im einzelnen, wie die Franzosen aus dem auf der Seite liegenden Boot Bretter entnahmen, um ein Floß zu bauen. Dabei erlebten sie den ersten Kontakt mit den Maledivern. Prévost schreibt:

»In dieser neuen Verzweiflung bekam man eine Barke zu Gesichte, die von den Inseln herkam und gerade auf das Schiff zu kommen schien, als ob sie dasselbe in Augenschein nehmen wollte. Zu allem Unglück aber blieb sie in einer Entfernung von einer halben Seemeile zurück. Dieser Anblick ging einem französischen Bootsknecht dermaßen zu Herzen, daß er gegen die Barke zuschwamm und diejenigen, die sie führten, durch Schreien und Zeichen anflehte, daß sie unglücklichen Fremden ihren Beistand angedeihen lassen möchten, von denen sie gewiß eine Erkenntlichkeit zu hoffen hätten, die dieser Wohltat gleichkäme. Als er aber sah, daß sie auf sein Bitten nicht achteten: so sah er sich genötigt, mit vieler Mühe und Gefahr wieder zurückzukehren. Pyrard erfuhr nachgehends, daß allen Insulanern auf das strengste verboten war, verunglückten Schiffen zu nahe zu kommen, wenn sie nicht ausdrücklichen Befehl vom König dazu hätten. Ob er schon dieses Gesetz für grausam hält: so findet er doch bei weitem nicht so viel Unmenschlichkeit dabei als bei dem Verfahren verschiedener Bootsknechte um ihn. Diese höreten, ungeachtet ihnen der Tod vor Augen schwebte, nicht auf zu fressen und zu saufen und wendeten vor, da sie sich am Ende ihres Lebens befänden: so wollten sie lieber unter wackerem Saufen sterben als in der See ertrinken. Nachdem sie sich vollgetrunken hatten: so fingen sie Händel unter einander an und stießen erschreckliche Flüche aus. Einige plünderten die Kupfer derjenigen, die sie beten und sich zum Tode bereiten sahen. Sie achteten nicht mehr auf das Ansehen des Hauptmannes, sondern sagten zu ihm: da ihre Reise vernichtet worden wäre, so wären sie nicht länger verbunden ihm zu gehorchen.«

Es gelang der Mannschaft schließlich, doch noch ein Beiboot aus dem Schiff zu bergen, mit dem sie die Insel Pulodu erreichten.

»Die Einwohner hatten sich am Ufer versammelt. Obschon ihr äußerliches Ansehen nichts Trauriges ankündigte: so gaben sie doch durch Zeichen zu verstehen, daß sie niemandem erlauben würden, auszusteigen, außer denjenigen, die sich würden entwaffnen lassen. Man mußte sich ihrer Willkür überlassen. Nachdem sie die Waffen auf die Seite geschafft hatten: so war ihre erste Bemühung diese, daß sie die Galion auf das Trockene zogen; das Steuerruder, den Mast und das übrige Takelwerk davon hinwegnahmen und diese Dinge in andere Inseln schickten … Pyrard merkte gar bald, daß man sich mit der Unterwerfung übereilet hatte.«

Die Schiffbrüchigen wurden zwar zunächst untergebracht und bewirtet; als man aber merkte, daß einige Geld gerettet hatten, gab man ihnen nur noch auf Bezahlung Nahrung. Man verteilte die Schiffsleute später auf verschiedene Inseln, wo sie große Not litten. Viele starben. Das Geld, das die Inselbewohner ihren Gefangenen abgenommen hatten, mußten sie später an einen Gesandten des Königs abliefern. Dieser fragte zunächst, wer von ihnen Geld genommen habe.

»Da niemand eben eilete, sich als einen Schuldigen anzugeben, so ließ er alle Bewohner auf der Insel, die Weiber nicht ausgenommen, greifen und binden und bedrohte sie mit den härtesten Leibesstrafen. Man steckte ihnen die Daumen zwischen gespaltene Stäbe, drückte sie zu, und band sie zusammen, nachdem man den Daumen recht eingepreßt hatte. Der Schmerz zwang sie zu reden ...«

Pyrard hatte das Glück, beim König von Male Gefallen zu finden. Dieser interessierte sich für die Gebräuche Europas, und desgleichen auch des Königs Frauen.

»Pyrard wurde auch den maldivischen Königinnen vorgestellt; und diese unterhielten ihn ebenfalls verschiedene Tage lang, um ihre Neugierde zu befriedigen. Sie taten tausend Fragen an ihn wegen der Gestalt, der Kleidung, der Ehen und der Eigenschaften des französischen Frauenzimmers. Oftmals ließen sie ihn auch alsdenn zu sich rufen, wenn der König nicht mit zugegen war, und solche Zusammenkünfte waren gar nicht eingeschränkt.«

Pyrard lebte fünf Jahre auf Male. Er genoß Ansehen und hatte aus Kokospflanzungen, die man ihm überantwortet hatte, ein gutes Einkommen. Seeräuber, die Male plünderten und den König töteten, brachten Pyrard und die wenigen verbliebenen Gefährten schließlich von den Inseln weg. Von den 40 gestrandeten Seefahrern lebten nur noch fünf.

Da auch Schiffe in den Besitz des Sultans übergingen, wenn der Kapitän während eines Aufenthaltes in einem maledivischen Hafen starb, hielt man die Schiffe des öfteren unter verschiedenen Vorwänden fest, in der Hoffnung, das maledivische Fieber würde den Kapitän ereilen.

Die Inseln waren kurze Zeit in portugiesischem Besitz. Aus dieser Zeit stammt eine Festung auf der Insel Male*. Im Jahre 1802 kamen die Inseln an England, und 1887 wurden sie englisches Protektorat. Als die Dynastie ausstarb, wurde ein Wahlsultanat eingeführt. 1953 wurde die Republik ausgerufen; sie hielt sich allerdings nur ein Jahr. Der große Reformer hieß Amin Didi. Er wollte die Malediven aus ihrer Verträumtheit erwecken, was ihm zum Glück nicht gelang. Als er einmal nach Ceylon fuhr, schrieben ihm die Volksvertreter, er möge doch dort bleiben. Er kam dennoch zurück und wurde erschossen. Heute gilt er als Volksheld. Die 15 Meter breiten Straßen, die er zur besseren Durchlüftung und zur Bekämpfung der Malaria quer durch einige der bewohnten Inseln anlegen ließ, zeugen noch von seiner Aktivität. Bis 1968 herrschte wieder ein Sultan. Im Herbst desselben Jahres wurde dann die zweite Republik gegründet.

* Im Zuge der »Modernisierung« Males wurde das Fort geschliffen.

Die Bevölkerung lebt hauptsächlich vom Fischfang. Ein großer Teil der Fänge wird als Trockenfisch nach Ceylon verfrachtet. Wir lernten dieses Landesprodukt genauer kennen, denn wir lebten eine Zeitlang davon. Unser Koch hatte uns im ersten Zeitabschnitt der Expedition zu reichlich gefüttert und überraschte Hans Hass eines Tages mit der Mitteilung: »Unser Proviant ist zu Ende.« Da es auf den Malediven kaum etwas anderes zu kaufen gibt als Kokosnüsse und Trockenfisch, mußten wir uns damit behelfen. Der Fisch stellte uns vor einige Probleme. Er war hart wie Holz, und so blieb er auch, wenn man ihn kochte. Daß wir ihn zuletzt dennoch essen konnten, verdanken wir unserem Schreiner, der ihn kurzerhand in seine Hobelbank spannte und in dünne Späne hobelte. So verarbeitet, schmeckte er sogar vorzüglich.

In dem kleinen Dörfchen, durch das wir spazierten, gab es auch einige interessante Tiere. Auf den Gartenmauern liefen überall Schönechsen *(Calotes)* umher, und auf sie machten Wolfgang Klausewitz und ich bald eifrig Jagd. Die Dorfbevölkerung sah uns interessiert, aber untätig zu. Da boten wir den Leuten für jede Eidechse eine Zigarette an; darauf war im Nu das ganze Dorf auf den Beinen. Die armen Eidechsen erlebten den unruhigsten Tag ihres Daseins. Zu Dutzenden brachte man sie herbei, und die Flut war nicht zu dämmen. Zuletzt suchten wir unter dem gutmütigen Gelächter der Bevölkerung das Weite. Es regnete noch eine Weile Eidechsen von allen Seiten, was den Tierchen zum Glück so wenig schadete wie uns. Sie nahmen ebenso eilig Reißaus wie wir.

Als nächstes fielen uns die zahlreichen Landeinsiedlerkrebse *(Coenobita clypeata)* auf. Viele krochen im Schatten der Büsche umher, und einige kletterten sogar in deren Gezweig. Das schwere Gehäuse schien sie dabei kaum zu behindern. Störte man sie, dann ließen sie sich einfach auf den Boden fallen und verschlossen mit einer Schere und einem Schreitbein fugenlos die Gehäuseöffnung. Diese genaue Einpassung geschieht nach der Häutung, wenn der Krebs noch weich ist. Das Reaktionsvermögen der Einsiedlerkrebse ist ausgezeichnet. Auf Erschütterung, Beschattung oder auf Lichtblitze reagieren sie unvermittelt mit Rückzug. Auf Eniwetok gehörten diese Krebse zu den Geschöpfen, die die Atombombenversuche am besten überstanden.

Die Einsiedlerkrebse waren alte Bekannte. Ich hatte auf Los Roques in der Karibischen See eine verwandte Art *(Coenobita rugosa)* kennengelernt. Sie bevölkerte die nur spärlich bewachsenen Sandbänke in unglaublichen Zahlen. Unter angeschwemmtem Treibholz und unter größeren Geröllplatten drängten sie sich zu Dutzenden. Sie mieden die Sonne, und daher hatte ich sie nicht gleich bemerkt und ahnungslos meinen Proviant und mein Hemd im Schatten eines kleinen Strauches abgelegt. Als ich wiederkam, wimmelte es von Einsiedlern aller Größen. Mein Hemd glich einem Sieb, und vom Proviant war nicht die Spur zu sehen!

Landeinsiedlerkrebse sind ausgesprochen wasserscheu. Setzt man sie ins Meer, dann streben sie sogleich wieder an Land. Sie würden schnell »ertrinken«, da ihr Kiemenraum zu einem Luftatmungsorgan umgebildet wurde. Dennoch bleiben die Einsiedlerkrebse immer ans Meer gebunden, denn dort entwickeln sich ihre Larven. Man meinte, die Weibchen würden zur Eiablage das Wasser aufsuchen. Sie tun dies jedoch nicht. Bei Ebbe steigen sie in die Gezeitenzone und deponieren dort die Eier, die dann bei Flut ins Meer geschwemmt werden. Sie können ihre Eier aber auch von den Felsklippen aus ins Meer »schießen«. Das ist experimentell nachgewiesen. Aber wie sie es machen, weiß man nicht genau. Mit dieser Methode können die Tiere ungefährdet für den Nachwuchs sorgen. Die Paarungsbiologie ist wenig bekannt. Einige Beobachtungen weisen darauf hin, daß die Einsiedler zur Paarung ihr Gehäuse verlassen; sie ziehen sich gewissermaßen aus. Das ist im Tierreich nicht gerade häufig. Bei den Landeinsiedlerkrebsen handelt es sich um eine beinahe komplette Anpassung an das Landleben. Sie leben das Jahr über an Land, oft in großer Trockenheit – die sie dann schlafend überdauern. Nur eines ist ihnen noch nicht gelungen, sich an Land fortzupflanzen.

Die zehnfüßigen Krebse haben wiederholt und mit vielen Gattungen das Land erobert, aber keine schaffte es, sich unabhängig vom Wasser fortzupflanzen. Dieser letzte entscheidende Schritt zur Eroberung des Landes ist ihnen nicht geglückt.

Auch zwei Säugetierarten lebten auf der Insel: Hausratten und Flughunde. Von der eingeschleppten Hausratte sahen wir nur die Spuren. Überall lagen ausgefressene Kokosnüsse auf dem Boden. Gut ein Drittel der Ernte wird von diesen Tieren vernichtet! Die Flughunde sind schädlich, weil sie sich von den wenigen Früchten der Malediven ernähren. Die krähengroßen Fledermäuse hingen tagsüber kopfabwärts in den Palmen.

In der Mitte der Insel stießen wir auf einen großen, flachen Teich. Kleine, weiße Reiher lauerten am Ufer. Im Wasser wogten dichte Schwärme kleiner Barben, unstet die Richtung wechselnd. Die Ursache ihrer Unrast waren große Schläfergrundeln, die sie jagten. Wir sahen eine Weile zu und fanden, daß dort, wo ein Raubfisch eine Barbe erbeutet hatte, für einige Zeit keine andere hinkam. Sie mieden diesen Platz und schwammen eilig aus dem Bereich, wenn sie zufällig hineingerieten.

Karl von Frisch hatte vor vielen Jahren entdeckt, daß verletzte Elritzen einen Schreckstoff absondern, der die Artgenossen warnt. Ich vermutete, daß auch hier eine solche soziale Schreckreaktion vorlag. Um mich davon zu überzeugen, tötete ich eine Barbe, zerrieb ein Stück Haut mit etwas Wasser und goß die Lösung sorgfältig zwischen einen Barbenschwarm. Sofort stoben alle Fische davon, die in den Bereich dieses Extraktes kamen. Normalerweise wird der warnende Schreckstoff frei, wenn ein Schwarmfisch von einem Raubfisch gefressen wird. So warnt er noch im Tode seine Gefährten. Wir kennen ähnliche Reaktionen

46

20
Die Brutgewohnheiten der Feenseeschwalbe sind höchst eigenartig. Der zierliche Vogel baut kein Nest. Er legt seine Eier in eine Astgabel oder frei auf die Delle eines Astes. Das gelingt nur in der windstillen Zeit und nur dort, wo Räuber fehlen. Wo die Maledivenkrähe vorkommt, brüten die Feenseeschwalben nicht. Photo: Verfasser.

auch von anderen Süßwassertieren, so zum Beispiel von den ebenfalls gesellig lebenden Kaulquappen der Erdkröten. Die Wasserschnecke *Heliosoma* vergräbt sich im Boden, wenn sie den Geruch eines verletzten Artgenossen wahrnimmt.

Scheer und Franzisket, unsere beiden Vogelliebhaber, trennten sich hier von uns. Sie wollten sich die Wäldchen weiter besehen, während Klausewitz und ich dem seeseitigen Ufer zustrebten. Schnell hatten wir die Insel überquert und befanden uns in einer ganz anderen, von Wind und Wellen geprägten Landschaft. Während an der Lagunenseite keine Brandung zu spüren war, rangen hier Meer und Land sichtlich miteinander. Ein hoher Uferwall aufgeworfenen Korallengerölls zeugte davon. Jetzt allerdings war Ebbe, und die Wogen brachen sich etwa 100 Meter vor der Küste am Riff. Ein frischer Wind trieb von dort feinen Salzstaub zu uns herüber.

Die Kokospalmen und die stelzwurzeligen Schraubenpalmen *(Pandanus)* machten einen zerzausten Eindruck. Vor uns dehnte sich eine weite Steinplatte mit Pfützen und Korallengeröll. In den seichten Tümpeln wuchsen derbe Korallenstöcke. Allerlei bunte Fische warteten hier auf die Flut. Als wir ein Stück hinausgingen, schnellte eine hellgrau und schwarz gezeichnete Muräne gegen meine Beine. Am liebsten wären wir noch ins Riff hinausgeschwommen, doch die Sonne neigte sich bereits zum Horizont.

Auf dem Rückweg trafen wir Franzisket und Scheer. Scheer hatte einen Reiher geschossen. Wie sich später herausstellte, war es eine bisher noch unbekannte neue Rasse. Franzisket hatte das Gelege einer Feenseeschwalbe entdeckt, das er uns stolz zeigte. Hoch auf einem weit ausladenden Ast eines Baumes balancierte völlig frei das weiße Ei des Vogels, den ich schon von früher kannte. Das Gelege hatte ich aber noch nie zuvor gesehen. Die Feenseeschwalbe baut kein Nest, sondern legt ihr einziges Ei frei auf Dellen dicker Äste oder in Astgabeln. Das kann sie sich allerdings nur dort leisten, wo Eiräuber fehlen. Auf den nördlichen Malediven, wo die große Maledivenkrähe vorkommt, fehlt dieser Vogel.

Auf dem anderen Ende der Insel hatte Franzisket auch Leute getroffen. Aber er hatte nichts von ihnen gesehen, sondern nur das Knacken der Zweige im Gebüsch vernommen. Dabei habe er dauernd »Salem aleikum« gerufen und auch auf Maledivisch »Eidechsen, Vögel, Fische, Schlange, gut«. Aber sosehr er sich auch um Kontakt bemüht habe, die Leute hätten sich nicht gemeldet. Uns hat das weniger gewundert als ihn.

Das Singen der Moskitos trieb uns an Bord, und wir kamen gerade zum Sonnenuntergang zurecht. In einer breiten, auf die Sonne zulaufenden Bahn gleißten die Wellen wie pures Gold; die Wolken verfärbten sich violett und rot. Dann versank die glühende Scheibe riesengroß hinter den dunklen Silhouetten der Palmen, und für Augenblicke schien es, als stünde die Welt in Flammen.

21–24
Die zierlichen Maledi-
ver stammen von den
Singhalesen Ceylons
ab. Sie leben in saube-
ren kleinen Siedlungen.
Kokospalmen und
Fische bilden ihre
Existenzgrundlage:

21 Häuser am Strand
von Wilingili.

22 Messerschmied.

23 Traditionell
gekleidete Frau mit
Säugling.

24 Flechtender Male-
diver.

Photos: Verfasser
(Addu-Atoll).

Grundelkrebse und Röhrenaale – Entdeckungen auf Sandböden

Unser erster Tauchabstieg im Addu-Atoll der Malediven sollte eigentlich nur der Erprobung der Geräte dienen, er bescherte uns aber außerdem einige zoologische Überraschungen. Wir hatten uns eine ruhige Stelle am Innenriff ausgesucht, nahe am Riffkanal zwischen den Inseln Gan und Hittadu. Das Riff war hier wegen der Strömungen bis in größere Tiefen versandet. Nur vereinzelt wuchsen knollige Poritesstöcke auf der leicht geneigten Sandfläche. Diese Korallenblöcke waren selten über einen Meter hoch, meist kleiner. Sie waren stets von einer Wolke von Fischen umgeben. Wie ein Magnet zogen sie diese an, wohl weil sie zerklüftet und ausgehöhlt waren und daher Zuflucht bei Gefahr boten. Um diese Poritesblöcke lebte so eine eigene kleine Tiergemeinschaft. Husarenfischchen hausten in den Höhlen, Seebader strichen um die Blöcke; manchmal drängte sich ein Schwarm kleiner Kardinalfischchen in eine Spalte. Kleine Riffbarsche verteidigten an der Basis einer solchen Koralle ihre Reviere. Weidegänger – Schmetterlingsfische und Seebader – kamen zu Besuch. Um so einen Korallenblock sammelte sich das Leben wie um eine Oase in der Wüste. Die umgebenden Sandflächen dagegen schienen auf den ersten Blick öd und leer.

Da und dort lag zwar ein größerer muschelfressender Sandstern (*Astropecten*) auf dem Sand, aber sonst sah ich zunächst herzlich wenig. In der Tat ist die sogenannte aufliegende Fauna (Epifauna) des Sandbodens arm. Sand bietet wenig Festsetzungsmöglichkeiten und kaum Schutz, und er scheint daher wenig bevölkert. Aber dieser Eindruck täuscht. Wenn man genauer hinsah, entdeckte man zahlreiche Lebensspuren, die eine reiche im Boden lebende Fauna verrieten. Da gab es kleine Krater mit einem Loch in der Mitte, die irgendein Sandbewohner ausgeworfen hatte, dort Kriechspuren eines anderen. Hans Hass verfolgte eine solche Spur bis ans Ende, grub dort im Sand und hatte eine

schöne rot-weiß gemusterte Bischofsmütze in der Hand. Ich begann daraufhin zu wühlen und erwischte eine Nabelschnecke.
Diese Schnecken gehören zu den ständig vergrabenen Sandbe-
wohnern, die sich durch An- und Abschwellen des Fußes durch
den Sand pflügen. Sie machen auf Muscheln Jagd, in deren Schalen sie ein kreisrundes kleines Loch bohren, durch das sie ihr
Opfer ausfressen. G. Richter hat genau beschrieben, wie eine
nah verwandte Nabelschnecke Muscheln fängt. Die in der Nordsee beheimatete Mondschnecke fesselt ihre Beute zuerst durch
ein Schleimband. So verhindert sie, daß die Muschel davon-
kriecht und die an ihr bohrende Schnecke im Sande abstreift.

Vom Zentrum eines kleinen Trichters gingen dünne, klebrige
Fäden nach allen Seiten auseinander. Ganz langsam bewegten sie
sich auf der Unterlage. Als ich sie berührte, wurden sie eingezogen. Es waren die klebrigen Fangtentakel eines Röhrenwurmes,
die wie Leimruten Nahrung fingen.

Nachdem die Augen sich auf das Unauffällige eingestellt hatten, sahen wir eine ganze Menge Sandbewohner; auch Fische
waren darunter. Da gab es zum Beispiel eine kleine, völlig weiße
Schläfergrundel, die nur auf der Spitze ihrer ersten Rückenflosse
einen schwarzen Fleck trug. Die Fische saßen meist paarweise
völlig frei auf dem Sand, meist in der Nähe ihrer unter einem
abgestorbenen Korallenstück angelegten Wohnhöhle. Erst durch
ihr Ausreißen machten sie uns auf sich aufmerksam, und von da
ab sahen wir sie regelmäßig. Wir fingen später zwei Exemplare,
die Wolfgang Klausewitz als neue Art beschrieb. Der Fisch
wechselt in der Umgebung seines Heimes öfter seinen Standort
und frißt Kleinlebewesen, die er nicht nur aus dem Wasser fängt,
sondern auch aus dem Sande siebt.

In den seichteren Regionen war auch ein sandfarbener Lippfisch häufig. Näherte man sich ihm, dann verharrte er zunächst,
S-förmig gekrümmt, regungslos über dem Sand und schoß
schließlich mit einer überraschend schnellen Bewegung in den
Boden. Nur eine leichte Delle im Sand deutete an, wo er sich
vergraben hatte. Diese Art, sich kopfüber in den Sand zu stürzen,
habe ich später noch bei einer ganzen Reihe von anderen Sand-

lippfischen beobachten können, beispielsweise beim *Novaculichthys.*

Wieder eine andere Methode, sich im Sand zu verbergen, führten uns die ebenfalls zahlreichen Eidechsenfische vor. Diese sandfarbenen, länglichen Raubfische ruhten frei auf dem Sand. Bemerkten sie uns, dann wühlten sie sich, mit den Bauch- und Brustflossen schaufelnd, in Sekundenschnelle in den Sand ein. Ohne ihren Körper zu bewegen, versanken sie, bis nur mehr die Augen heraussahen.

So schwammen wir langsam die Sandhalde hinab, immer neue Formen der Anpassung an diese Sandwüste entdeckend. Die meisten Tiere waren sandfarben und viele abgeflacht wie die Seezungen, die mit einer Körperseite auf dem Boden ruhten, oder die Plattköpfe, die auf dem Bauch lagen. Man sah sie erst, wenn man sie aufscheuchte. Bei einem Krokodilfisch war sogar die dunkle Pupille durch einen gezackten Pupillenrand getarnt.

Wo abgestorbene Korallentrümmer Deckung boten, gab es als einzigen bunten Bewohner der Sandzone den schön gemusterten Picassofisch.

Ein großer Stachelrochen wühlte wie ein Bagger den Sand auf. Er suchte nach Muscheln, die er mit seinen Pflasterzähnen zertrümmerte. Eine sandfarbene Meerbarbe folgte ihm und schnappte nach aufgewühlten Kleintieren. Ein seltsames Gespann! Ein noch seltsameres zeigte mir Hass gleich darauf.

28
Die Grundel-Krebs-Symbiose. Während der Krebs wie ein Schaufelbagger den Sand ausbaggert, wacht die Grundel im Eingang der gemeinsamen Fluchthöhle.

Aus einem kleinen Loch sah eine Grundel *(Cryptocentrus)* heraus. Auf einmal bewegte sich etwas neben ihr. Ein kleiner Krebs *(Alpheus)* erschien, der auf seinen gerade vorgestreckten Scheren einen großen Haufen Sand trug. Den lud er vor der Höhle ab; gleich lief er wieder zurück und holte eine neue Sandladung. Er arbeitete genau wie ein Löffelbagger. Mit vorgestreckten Scheren fuhr er, den Körper mit den Hinterbeinen und Schreitbeinen vordrückend, in den Sand, hob dann die vollgeladenen Scheren und transportierte den Sand weg. Manchmal drehte er sich auch um und erzeugte mit den ruderartigen Hinterleibsbeinen einen kräftigen Wasserstrom, durch den er den Sand herausschwemmte. Er war emsig tätig, während die Grundel unterdessen im Eingang lag und aufpaßte. Bei der geringsten

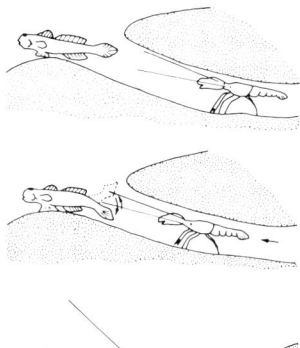

29
Die Verständigung zwischen Krebs und Grundel: Der Krebs (Alpheus djiboutensis) *verläßt mit vorgestreckten Antennen die Höhle (oben). Berührt eine Antenne den Schwanz des Fisches* (Cryptocentrus cryptocentrus), *dann antwortet dieser mit rhythmischen Schwanzschlägen (Mitte). Außerhalb der Höhle hält die Garnele mit einer Antenne Kontakt zum Fisch (unten). Nach Karplus, Szlep und Tsurnamal (1972).*

Störung verschwand sie in der Höhle und ebenso die Garnele, die offenbar sehr schlecht sieht und darauf angewiesen ist, vom Fisch gewarnt zu werden. Als Gegenleistung schaufelt sie die Zuflucht.

W. Luther und W. Klausewitz haben über diese Krebs-Grundel-Symbiosen zum erstenmal ausführlicher berichtet. Das Kommunikationssystem der beiden unterschiedlichen Partner untersuchte neuerdings I. Karplus. Bei den meisten der mittlerweile bekannt gewordenen Krebs-Grundel-Symbiosen sitzt die Grundel auf der vor dem Höhleneingang durch den eifrig baggernden Krebs aufgeworfenen 10 Zentimeter hohen, 20 bis 30 Zentimeter langen Halde. Der Krebs ist ja unentwegt am Werke, die 20 bis 30 Zentimeter tiefe Höhle freizuhalten und auszubessern, da bei jeder Wellenbewegung Sand nachrutscht. Von seiner Warte stößt der Fisch immer wieder vor, um da und dort eine Beute zu erhaschen, kehrt aber sogleich wieder zu seinem Ausgangspunkt zurück. Befindet sich der Krebs im Inneren der Höhle, dann tasten die Antennenspitzen fortwährend kontrollierend nach dem Schwanz der vor der Höhle lauernden Partnergrundel. Während der Arbeit außerhalb der Höhle, also beim Abtransport des Sandes und bei der Rückkehr, hält die Garnele mindestens mit einer Antenne den Kontakt zu ihrem Fisch. Dieser informiert sie durch besondere Bewegungen. So signalisiert ein weiches Undulieren der Schwanz- und Rückenflosse, daß keine Gefahr droht. Kurze, schnelle Flossenausschläge warnen die Garnele vor Gefahr und zeigen an, daß der Fisch sich sofort fluchtartig zurückziehen wird. Die Garnele flieht auf dieses Signal hin rückwärts in die Röhre und kommt erst wieder hervor, wenn die Grundel durch weiche Schlängelbewegungen des Schwanzes »entwarnt«. Schwimmt der Fisch weiter weg, dann bleiben die Garnelen zu Hause. Sie kommen erst wieder hervor, wenn der Fisch das Signal gibt: alles ist in Ordnung.

Das Wissen um diese Art der Kommunikation und viele andere reizvolle Details verdanken wir vor allem den Untersuchungen von I. Karplus und D. Magnus. Man kennt mittlerweile eine ganze Reihe von Grundeln, die mit Garnelen zusammenleben. Wie sie einander finden, ist allerdings noch unbekannt. Die Garnelen leben meist paarweise in einer Höhle mit einer Grundel. Männchen und Weibchen sind gleicherweise mit dem Höhlenbau beschäftigt. Im Roten Meer kam bei der Zählung ein *Alpheus*-Paar auf den Quadratmeter.

Magnus fand, daß in dem Gebiet vor Al-Ghardaqa mehr *Alpheus*-Krebspaare als Grundeln lebten. Da die Krebse nur den Boden verlassen, wenn sie von einem Fisch als Wächter die entsprechenden Signale erhalten, müssen die Krebse, die keine Grundel haben, unter dem Sand leben. Das war wohl ihre ursprüngliche Lebensweise und erklärt auch, weshalb sie so schlecht sehen. Erst durch den Zusammenschluß mit der Grundel konnte der Krebs auch die nahrungsreiche Sandoberfläche in sein Weidegebiet einbeziehen.

Im Roten Meer lebt die Garnele *Alpheus djiboutensis* nicht nur mit den bodenbewohnenden Grundeln der Gattung *Cryptocentrus* zusammen, sondern auch mit der von Klausewitz entdeckten und nach Lotte Hass benannten *Lottilia graciliosa*. Diese besonders schöne Grundel liegt nicht auf dem Boden, sondern steht 10 bis 15 Zentimeter über ihrer von der Garnele geschaffe-

30
Der Fisch Lottilia graciliosa *schwimmt frei umher, während sein Symbiosekrebs* (Alpheus djiboutensis) *Sand aus der Höhle schafft.*
Aus W. Klausewitz (1960).

nen Wohnhöhle im freien Wasser. Wie sie auf Distanz mit ihrem Krebs kommuniziert, weiß man nicht. Sie schwimmt, deutlich pendelnd, durch alternierendes Schlagen der Brustflossen. Vielleicht nimmt der Krebs diese auffälligen Bewegungen wahr.

Fisch-Krebs-Symbiosen finden wir in allen Weltmeeren. Die im südkalifornischen Küstengebiet lebende zarte und blinde Höhlengrundel *(Typhlogobius californiensis)* lebt in den Gängen des Maulwurfkrebses *(Callianassa)* und ist von diesem so abhängig, daß sie zugrunde geht, wenn der Krebs stirbt.

Man kennt auch eine Symbiose zwischen einer grabenden Garnele und einer Anemone: Bei den Bahamainseln lebt die nah verwandte Garnele *Alpheus armatus* mit der Anemone *Bartholomea annulata.* Der Krebs schaufelt für sich und die Anemone einen Bau. Droht Gefahr, dann zieht sich zuerst der Krebs und dann die Anemone zurück, die mit ihrem Körper das Loch verschließt.

Von den verschiedenen Sandanpassungen hat sich die Strategie zwischenartlichen Zusammenschlusses zum Überleben auf deckungslosen Flächen offenbar besonders gut bewährt. Wir werden in den Seeigelfischen noch ein weiteres Beispiel kennenlernen.

Langsam schwammen wir die Sandschräge hinab, und als wir in etwa 15 Meter Tiefe angelangt waren, bot sich uns ein erstaunlicher Anblick. Soweit wir sehen konnten, war der Sandboden mit seltsamen Gebilden bewachsen. Etwa fingerdicke, 30 bis

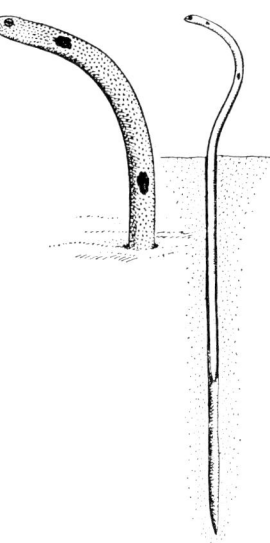

31
Der von uns entdeckte Röhrenaal Xarifania hassi.

32
Das paarweise Zusammenstehen der Röhren von Nystactichthys halis *bei den Kanarischen Inseln.*
Aus H. Fricke (1976).

40 Zentimeter hohe Stengel ragten aus dem Boden und wiegten sich in der leichten Strömung. Wir dachten wirklich zunächst, das seien Pflanzen. Erst als die Wesen sich vor uns in den Sand zurückzogen, wußten wir, daß es Tiere waren. Welcher Tiergruppe sie jedoch zugehörten, blieb uns zunächst verborgen. Die uns nächsten Tiere hatten sich ganz im Sand versteckt, so daß nur ein kreisrundes Loch zu sehen war. Wir legten uns regungslos auf den Boden und warteten. Ein großer, vielborstiger Wurm, eine sogenannte Seemaus, kam eilig herangekrabbelt und erkletterte meine linke Wade, wo er an einer Hautabschürfung zu nagen begann. Ein zweiter gesellte sich bald dazu. Es tat zwar recht weh, aber wir regten uns nicht.

Nach ein paar Minuten schoben sich winzige Köpfe mit großen, dunklen Augen aus den Löchern. Aufmerksam sahen sie nach links und rechts, schreckten wieder ein Stückchen zurück und rutschten dann ein kleines Stück weiter aus ihrer Röhre. Es waren Fische, Aale, eine ganze Wiese von Aalen. Jeder Aal steckte mit seinem Körperende in einer Röhre; die vorderen beiden Körperdrittel ragten frei ins Wasser, das oberste Ende leicht gekrümmt, der Kopf gegen die Strömung gerichtet. Langsam pendelten die Tiere mit dem Oberkörper hin und her und haschten da und dort ein Kleinlebewesen aus der Strömung. Eine Bewegung von uns, und sie verschwanden wieder in ihren Löchern.

Die Röhren wurden von den Tieren nie freiwillig verlassen. Sie umschlossen eng den Aalkörper; die Röhrenwände waren durch ein schleimiges Hautsekret fest zusammengekittet, so daß sie nicht einstürzten, wenn der Fisch sich zurückzog. Die Röhren waren 20 bis 60 Zentimeter voneinander entfernt.

Wir versuchten die Tiere auszugraben, aber vergebens. Sie wühlten sich schneller ein, als wir grabend folgen konnten. Nur einen scheuchten wir auf. Schlängelnd schwamm er davon, drehte sich dann schnell um und bohrte sich, den Schwanz voraus, in den Sand, noch ehe ich zugreifen konnte.

Erst am folgenden Tag gelang es uns, einige Röhrenaale zu erbeuten. Sie waren hell sandfarben mit schwarzen Sprenkeln und zwei auffallenden schwarzen Flecken in der Höhe der Kiemenöffnung und kurz dahinter. Es war eine neue Art und neue Gattung aus der Gruppe der Röhrenaale, die aus dem Indischen Ozean bis dahin noch nicht bekannt waren. Wir widmeten die Art Hans Hass, und um auch unserem Expeditionsschiff ein Denkmal zu setzen, nannten wir den Röhrenaal *Xarifania hassi.* Wir begegneten ihm auf unserer Reise durch die Malediven wiederholt, und zwar immer auf Sandflächen, über denen eine gleichmäßige, nicht zu starke Strömung herrschte. Am Außenriff der Insel Gan bedeckten sie in etwa 50 Meter Tiefe viele hundert Quadratmeter. Bei den Nikobaren entdeckten wir verwandte, ebenfalls noch unbekannte Röhrenaale. Die braune, unscheinbare Art *(Xarifania obscura)* siedelte weniger dicht in etwa

57

15 Meter Tiefe auf dem schlammigen Boden des Gangeshafens von Großnikobar. Die Art *Gorgasia maculata* bewohnte dagegen Geröllböden in 30 Meter Tiefe vor der Castlebucht der Insel Tillanchong. Sie trat in ausgedehnten »Aalwiesen« auf. Auf feinerem Sandboden unmittelbar daneben siedelte die Art *Xarifania hassi nicobarensis.* Das kolonienartige Auftreten könnte eine Anpassung an Feinde sein, nach dem Prinzip: mehr Augen sehen mehr. Einen einzelnen kann man leichter überraschen als eine Gruppe. Auffällig war, daß sich alle von uns beobachteten Röhrenaal-Kolonien aus etwa gleich großen Tieren zusammensetzten. Wir fragten uns damals, wo die Kleinen und die Larvenformen wohl leben mochten.

Mittlerweile sind über zwei Jahrzehnte vergangen, und wir wissen mehr über Röhrenaale. Ich selbst habe sie vor einigen Jahren bei Curaçao genauer studiert. Hans W. Fricke beschrieb das Verhalten von *Gorgasia sillneri* bei Eilat, einer Art, die Klausewitz kurz zuvor vom Roten Meer beschrieben hatte. Fricke fand auch Jungtiere von etwa 4 bis 6 Zentimeter Länge in den Kolonien. Die hauchdünnen, winzigen Tiere verhielten sich wie die Alten. Ihre Wohnröhren lagen zwischen denen der Alten verteilt. Jungtiere waren allerdings sehr selten. Wo sich die Larven aufhalten, weiß man bis heute nicht. Aale haben bekanntlich durchscheinende planktontische Larven, die man als *Leptocephalus* beschrieben hat und die meist in tiefen Wasserschichten weit verdriften. Sie sind blattförmig und seitlich zusammengedrückt und weichen sehr von der späteren Aalform ab. Ob die Röhrenaale ein solches Larvenstadium durchlaufen, ist fraglich. Fricke beschreibt, daß die großen, dotterreichen Eier beim Ablaichen auf den Boden fallen. Sie eignen sich nicht für planktontische Verbreitung. Sollte es eine Bodenlarve geben, wäre dies eine weitere Besonderheit der Röhrenaale. Die Röhrenaale sind tagaktiv und haben ihren Aktivitätsgipfel in den frühen Morgenstunden (6 bis 8 Uhr); sie haben einen weiteren Gipfel um 18 Uhr. Die Kolonien sind recht groß. Fricke berichtet von solchen mit über 5000 Tieren. Er beobachtete auch ihr Sozialverhalten. Die größeren Männchen hielten etwa einen Meter Abstand zueinander. Weibchen hatten ihre Röhre meist nur 20 Zentimeter von einem Männchen entfernt. Auf dem Quadratmeter lebten fünf erwachsene Röhrenaale. Zur Paarung umschlingen die Männchen das Weibchen mit einigen Windungen. Beide bleiben dabei mit dem Hinterende in ihrer Röhre. Die Vereinigung kann mehrere Stunden dauern. Männliche Tiere bedrohen einander und kämpfen, wobei sie sich in den Kopf zu beißen versuchen. Der Verlierer zieht sich in seine Röhre zurück und wird von oben durch den Sieger noch eine Weile bedroht. Auch dabei verläßt keiner der Kontrahenten seine Röhre ganz.

Mit dem Röhrenaal hatten wir eine ganz besondere Sandanpassung kennengelernt, nämlich das einzige sessile Wirbeltier. Das war ein ermutigender Beginn.

58

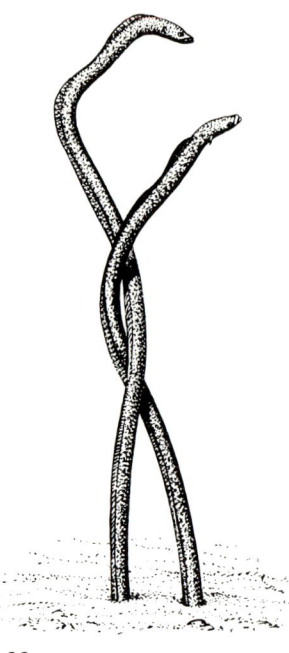

33
Paarung von Gorgasia sillneri. *Das kleine Weibchen schlang sich um den Bauch des größeren Männchens. Die Röhren sind 3 bis 5 Zentimeter voneinander entfernt. Die Paarung dauert 4 bis 6 Stunden. Aus H. Fricke (1976).*

34
Grundel und Garnele, symbiotisch vereint. Photo: B. Wood (Großes Barriereriff).

35
Ein Feld von Röhrenaalen (Gorgasia maculata). *Photo: Verfasser (Tillanchong, Nikobaren).*

Gärten aus Stein

»Zwei Bäumen verdanken die Maledivier ihre
Heimat und Existenz. Der eine – die Acropora –
wächst verborgen im Meer, schafft Riffe und lie-
fert Baumaterial für Inseln und Häuser. Der andere – die Kokospalme – erhebt sich graziös zum
Himmel, spendet Schatten, Nahrung, Trunk – und
ein Leben von geringen Sorgen.«

Hans Hass,
Expedition ins Unbekannte

36
Auf den steilen und
überhängenden Au-
ßenriffen der Maledi-
ven siedelt eine unge-
mein bunte Lebensge-
meinschaft von Weich-
korallen, Schwämmen,
Tubastrea-Korallen,
Hydrozoen und Man-
teltieren. Ein wahrer
Mikrokosmos! In der
Bildmitte drei Husa-
renfische. Photo: Ver-
fasser (Malediven).

Wenn wir an schönen Frühlingstagen durch Wiesen und Wälder
streifen, wird uns kaum entgehen, daß jede dieser Landschaf-
ten ihre eigenen charakteristischen Bewohner hat. Vergebens
schauen wir im Hochwald nach einer Lerche oder auf einer
Wiese nach einem Eichhörnchen aus. Gehen wir ins Detail, dann
stellen wir bald fest, daß Wald und Wiese ihrerseits wiederum in
zahlreiche kleinere Lebensbereiche unterteilt sind: An jener sonnigen Wiesenböschung leben Grabwespen, die auf dem weniger
stark geneigten Boden unmittelbar daneben fehlen. Und auf dem
kleinen Steinriegel nebenan, aber nur dort, sonnen sich ein paar
Eidechsen. Im großen wie im kleinen bieten diese verschiedenen
Lebensräume jeweils andere Möglichkeiten der Existenz und erfordern daher von ihren Bewohnern jeweils andere Anpassungen.

Eine vergleichbare Mannigfaltigkeit an Lebensräumen finden
wir auch unter Wasser. Da gibt es Tangwälder, Seegraswiesen,
öde, unbewachsene Sandflächen und reich zerklüfteten Fels-
grund, um nur ein paar Beispiele zu nennen. Auf den Felsen
kann man sich festsetzen, und in den Spalten und Höhlen kann
man sich verstecken. Solche Möglichkeiten fehlen auf dem Sand.
Dort muß man sich vergraben oder flach auf den Boden legen
können und eine passende Tarnfarbe haben. Auf welch mannig-
fache Art die Tiere sich an die unterseeischen Sandwüsten an-
paßten, haben wir im vorigen Kapitel erörtert.

Von der Verschiedenartigkeit der Lebensräume unter Wasser
gibt uns ein Atoll eine besonders gute Vorstellung; bevor wir
aber in die einzelnen Zonen beobachtend eindringen, wollen wir
uns einen Überblick verschaffen.

Ein Atoll weist eine sehr charakteristische Großgliederung
auf. Wie Abbildung 37 zeigt, können wir ein windausgesetztes
Außenriff, ein leeseitiges Innenriff, eine Lagune mit Lagunenrif-

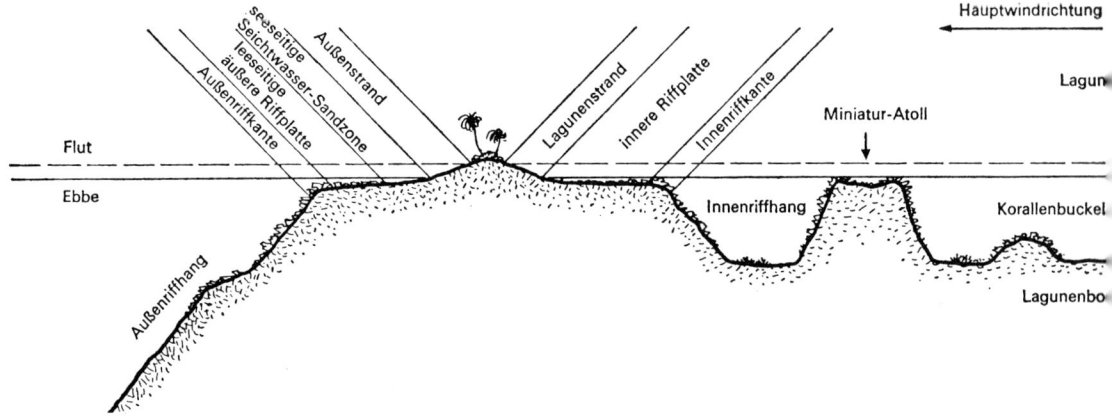

Labels in figure: Hauptwindrichtung, Lagune, seeseitige Seichtwasser-Sandzone, seeseitige äußere Riffplatte, Außenstrand, Außenriffkante, Lagunenstrand, innere Riffplatte, Innenriffkante, Miniatur-Atoll, Korallenbuckel, Flut, Ebbe, Innenriffhang, Außenriffhang, Lagunenboden

fen, ein windseitiges Innenriff und ein leeseitiges Außenriff unterscheiden. Die unterschiedliche Stärke der Wellenbewegungen und Strömungen schafft unterschiedliche Lebensbedingungen, die besonders daran angepaßte Lebensgemeinschaften erfordern. In der Lagune ist das Wasser relativ ruhig, das Innenriff ist daher weniger starkem Wellenschlag ausgesetzt als das Außenriff. Bei größeren Atollen allerdings kann auch das luvseitige Innenriff einer stärkeren Brandung ausgesetzt sein. Leeseitige Innenriffe sind meist sehr ruhig. Heftige Wasserbewegungen prägen dagegen den Charakter des windausgesetzten Außenriffes. Ganz besondere Bedingungen herrschen in den Riffkanälen, durch die bei Ebbe und Flut das Wasser mit wechselnder Richtung in die oder aus der Lagune strömt.

In jedem Riff kann man eine Vielzahl einander durchdringender Klein- und Kleinstlebensräume unterscheiden. Auf Felsen leben andere Tier- und Pflanzengemeinschaften als auf dem Sande und im Seichten wieder andere als in der Tiefe. Um eine senkrechte Felswand, die von frischem Meerwasser umströmt wird, lebt eine andere Tiergemeinschaft als um einen nur leicht geneigten Hang. Und wieder andere Tiere finden wir in den Höhlen. Eine Hirschhornkoralle in drei Meter Tiefe dient anderen Fischen als Wohnsitz als ein zerklüfteter Korallenstock in vergleichbarer Lage und so fort.

Geht man erst ins Detail, dann wird man entdecken, daß selbst auf Tieren Lebensgemeinschaften zu finden sind. Auf den Zakkenaustern, die gerne senkrechte Felswände besiedeln, fand ich auf der Deckschale oft mehrere Korallenarten, Muscheln, Röhrenwürmer, Schnecken, Manteltiere, Krebschen und noch einiges andere mehr. Ein wahrer Mikrokosmos tut sich den Blicken des aufmerksamen Betrachters auf. In die Vielfalt der Beziehungen der einander als Konkurrenten bekämpfenden oder auch einander gegenseitig fördernden Organismen beginnen wir eben erst Einblick zu nehmen. Manche der festsitzenden tierischen Organismen schließen zum Beispiel Bündnisse. So lebt das krustenbildende kalifornische Moostierchen *Celleporaria* mit Hydroidpolypen der Gattung *Zanclea* zusammen. Die Moostierchen

37
Schnitt durch ein Atoll. Er zeigt die verschiedenen Riffzonen der Außenriffe, Innenriffe und der Lagune. Zeichnung: H. Kacher.

64

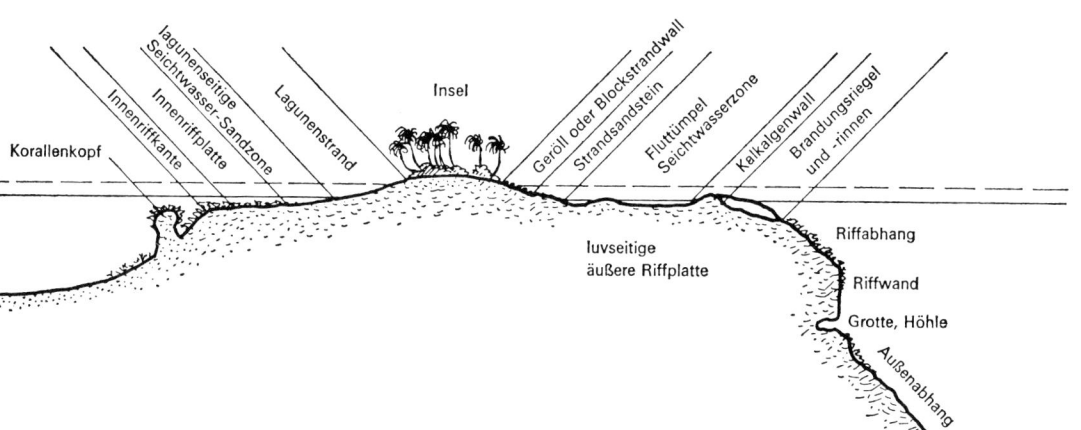

Korallenkopf · Innenriffkante · Innenriffplatte · lagunenseitige Seichtwasser-Sandzone · Lagunenstrand · Insel · Geröll oder Blockstrandwall · Strandsandstein · Fluttümpel Seichtwasserzone · Kalkalgenwall · Brandungsriegel und -rinnen · Riffabhang · Riffwand · Grotte, Höhle · Außenabhang · luvseitige äußere Riffplatte

bieten den auf ihnen wachsenen Nesseltieren durch ihre Skelett-
strukturen Schutz. Die Nesseltiere nesseln kleine Raubfeinde
und Konkurrenten und helfen dadurch den Moostierchen, über
konkurrierende Arten zu wachsen. Noch ein Beispiel für einen
ungewöhnlichen Lebensraum: Auf den Zähnen von neun Papa-
geifischarten, die R. T. Tsuda und seine Mitarbeiter (1972) in
mikronesischen Riffen fingen, wuchsen zwölf Algenarten aus den
Gruppen der Blaualgen, Rotalgen, Grünalgen und Braunalgen.
Auf den Zähnen des Papageifisches *Scarus microrhinus* wuchsen
sogar fünf Arten nebeneinander. Was an Tieren in diesen Minia-
turalgenwäldern haust, hat man noch nicht untersucht, aber sicher finden sich auch hier einige bemerkenswerte Spezialisten.
Wir kommen auf diese sehr reizvollen Kleinlebensräume noch
ausführlich zu sprechen. Zunächst wollen wir uns mit den Lebensgemeinschaften des Außenriffes vertraut machen.

Am luvseitigen Außenriff peitscht bei Flut eine donnernde
Brandung die Wellen am Ufer hoch, Korallentrümmer und
Treibgut vor sich herfegend. An der Luvseite der Außenriffe
finden wir einen richtigen Wall aufgeworfenen Materials. Bei
Ebbe dagegen rauschen die Brecher etwa 100 bis 200 Meter vom
Ufer entfernt über die Riffkante. Wandern wir meerwärts, dann
betreten wir zunächst die Riffplatte. Kalkalgen haben Korallentrümmer und Sand oft zu einer festen Platte zusammengekittet;
dazwischen liegen lose Korallentrümmer und Sandinseln. Teile
der Riffplatte liegen bei Ebbe trocken. Hier klettert der Schleimfisch *Istiblennius periophthalmus* auf den nassen Felsen umher
und weidet Algen. Die helloliv- bis sandfarbenen Fischchen
schnellen sich in kleinen Sprüngen mit dem Schwanz vorwärts.
Kommt eine Welle, dann saugen sie sich mit dem Maul fest, so
daß sie nicht weggespült werden. Aufmerksam mustern sie mit
ihren großen, vorquellenden Augen die Umgebung, mit ihrem
runden Kopf richtig umherblickend. Bei Gefahr flüchten sie zwischen das Geröll, bleiben aber immer am Ufer. Bei tiefer Ebbe
warten sie in flachen Gezeitentümpeln auf die Flut. Oft bleibt ihr
Oberkörper der Luft ausgesetzt. Sie befeuchten ihn, indem sie
sich schnell auf die Seite wälzen.

In den flachen Gezeitentümpeln der Riffplatte warten Grundeln, kleine Riffbarsche, junge Sträflingsseebader, Schmetterlingsfische, Schnecken, Seeigel und anderes Getier auf die Flut. An sonnigen Tagen erwärmt sich das Wasser in solchen Tümpeln auf 38 bis 40 Grad Celsius, und das halten nur einige Fische aus.

Es bereitet Vergnügen, den Grundeln und Schleimfischen zuzusehen, weil sie sich so »intelligent« benehmen. Grundeln und Schleimfische haben eine Reihe bemerkenswerter Anpassungen an das Bodenleben entwickelt. Bei einigen Arten hat man zum

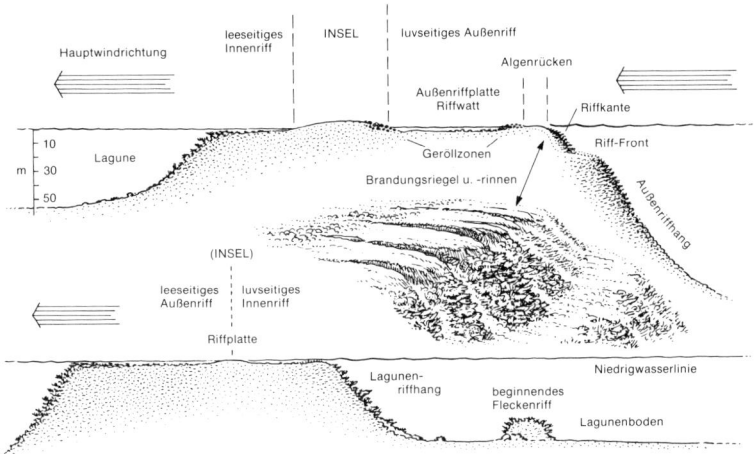

38
Querschnitt durch den luvseitigen Riffring eines Atolls. Unter dem Schema als Detail herausgezeichnet die Brandungsrinnen, über die das Wasser von der Riffplatte bei Ebbe abläuft. Darunter Lagunenriff. Zeichnung: H. Kacher.

Beispiel ein ganz erstaunliches Lernvermögen nachgewiesen. Der *Bathygobius soporator* lebt in Gezeitentümpeln an der Ostküste Amerikas. Bei Ebbe sind diese vom Meer abgeschnitten. Überrascht man bei Ebbe eine Meergrundel, dann springt sie aus dem Tümpel heraus in Richtung Meer. Ist dieses weiter entfernt, dann nutzt sie auf dem Wege liegende Tümpel als Zwischenstationen. Von Tümpel zu Tümpel springend, erreicht sie das Meer. Ihr Verhalten beweist, daß sie die Lage der Tümpel offenbar zentral gegenwärtig hat. Die Leistungen sind beachtlich. Man hat beobachtet, daß die Tiere eine Kette von zehn Tümpeln über eine Strecke von elf Metern ohne jeden Irrtum auf der Flucht zum Meere nutzten. Die Tiere merken sich die Wege über lange Zeit. Vierzehn Tage im Aquarium gehaltene Grundeln, die Lester Aronson wieder in ihr Gebiet zurückbrachte, kannten es noch. Hatte man aber unterdessen etwas an ihrem Weg verändert, zum Beispiel einen Tümpel trockengelegt, dann sprangen die Tiere ins Trockene. Die Meergrundeln lernen ihren Weg bei Flut, und sie merken sich das Gelernte bis zu 40 Tagen!

Die zentrale Repräsentanz des Raumes, die diese Fische durch ihr Verhalten belegen, ist erstaunlich. Das Verhalten mutet einsichtig-intelligent an. Der Eindruck verstärkt sich, wenn man diese Fische beobachtet. Als Bodenfische, die in einer reich strukturierten Umgebung leben, haben die Tiere die Fähigkeit entwickelt, Einzelheiten auch der unbelebten Umgebung, in der sie sich bewegen, beidäugig zu fixieren. Die Grundeln haben

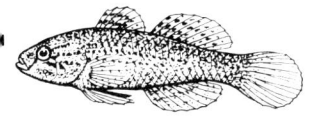

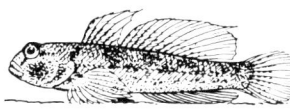

39
Konvergente Anpassung der Augenstellung an beidäugiges Fixieren der Unterlage bei Gobiiden (Grundeln) und Blenniiden (Schleimfischen). Die freischwimmenden Formen, der Gobiide Dormitator *(a) und der Blenniide* Petroscirtes *(b), haben eine Kopfform wie die meisten freischwimmenden Fische. Die bodenbewohnenden Formen, wie* Gobius jozo *(c) und* Blennius rouxi *(d), haben ein steiles Kopfprofil, das starke Konvergenz der Augen nach vorne ermöglicht. Bei dem landbewohnenden Gobiiden* Periophthalmus *(e) ist diese Anpassung am weitesten gediehen. Aus K. Lorenz (1973).*

dazu konvergent mit bodenbewohnenden Schleimfischen ein steil abfallendes Kopfprofil entwickelt, das eine starke Konvergenz der Augen nach vorne ermöglicht. Außerdem ist der Kopf gegenüber dem Rumpf beweglich, so daß sich nicht der ganze Fisch zum Fixieren auf ein Objekt einstellen muß. Freiwasserfische können zwar auch fixieren, müssen aber dazu den ganzen Körper in die Symmetrieebene zwischen den Blickrichtungen ihrer beiden Augen einstellen. Und sie fixieren meist nur bewegte Objekte (Beute). Eine Ausnahme bilden Substratweider. Auch hier ist es Nahrung, die fixiert wird. Bei der Orientierung im Raume spielt das beidäugige Fixieren von Objekten dagegen eine geringe Rolle. Konrad Lorenz hat die Intelligenz – das räumlich einsichtige Verhalten – dieser Fischchen diskutiert und dabei sehr anschaulich das Verhalten eines Schleimfisches beschrieben:

»Sieht man einen Blennius« – so schreibt er – »der ›zu Fuß‹ an einen hohen Stein herangehüpft kommt, sich dann auf den weit vorn eingelenkten Bauchflossen hoch aufrichtet, den Kopf – der bei fast allen anderen Fischen starr mit dem Rumpf verbunden ist – stark nach oben abwinkelt und die obere Kante des Felsstückes beidäugig fixiert, ehe er sich mit genau gezieltem Sprunge hinaufschwingt, so wirkt dies immer wieder unwiderstehlich komisch. Noch erheiternder wirkt der zu den Gobiiden gehörige Periophthalmus, der es im beidäugigen Fixieren unbelebter Gegenstände und auch im Klettern noch weiter gebracht hat als alle Blenniiden. Er ist imstande, das Wasser zu verlassen, an Mangrovewurzeln emporzuklettern und gezielt von einer zur anderen zu hüpfen.« (K. Lorenz 1973, S. 167)

Lorenz zitiert in diesem Zusammenhang auch einen sehr treffenden Ausspruch seines Biologielehrers Heinrich Josef, der scherzhaft gesagt hatte: »Der Blennius gehört überhaupt nicht zur Klasse der Fische, sondern zu den Dackeln.«

Zu den häufigsten Bewohnern der flachen, von den Wellen oft wie leergefegten Riffplatte gehören die Schlangensterne. Bei Ebbe kriechen unglaubliche Mengen von ihnen aus Spalten und Höhlen, um nun an der Oberfläche der verbliebenen flachen Tümpel zu fressen. Die Technik ist sehr eigenartig. Mit zwei Armen bleibt das Tier in seiner Spalte oder Wohnhöhle verankert, in die es sich auch bei Gefahr schnell zurückzieht. Die verbliebenen drei Arme breiten sich mit der Unterseite flach unter der Wasseroberfläche aus und fischen nun, indem sie sich mit einer komplizierten Koordination gegeneinander zu und weg bewegen, an der Oberfläche Treibendes. Streut man gefärbtes Pulverfutter auf das Wasser, dann sieht man, daß die Partikelchen in Schleim gebunden und danach durch koordinierte Bewegungen der Ambulakralfüßchen als Schleimwurst zum Munde transportiert werden. Die Schlangensterne sind übrigens territorial. Sie schubsen einander mit den Armen, und der Schwächere zieht sich zurück oder weicht aus.

40
Erläuterungen und Na-
men der in der Über-
sicht gezeigten Fische:

Die Darstellung zeigt einen Querschnitt durch ein Außenriff von der Gezeitenzone bis zur Riffwand und dem Außenabhang. Am unteren Ende der Riffwand befinden sich die im Text erwähnten Höhlen. Der Höhlenboden liegt 35–40 m tief. Die Riffplatte ist verkürzt dargestellt und der Gezeitenhub übertrieben. Gestrichelt: Wasserstand bei mittlerem Hochwasser; ausgezogen: Wasserstand bei mittlerem Niedrigwasser. Die relativen Größen der Fische konnten nur ungefähr angedeutet werden, und bei der großen Fülle mußten wir uns auf eine Auswahl beschränken. Es mag jedoch genügen, um ein anschauliches Bild von der Verteilung der verschiedenen Anpassungsformen zu vermitteln. Weitere Einzelheiten im Text. Da deutsche Artnamen meist fehlen, gaben wir oft statt dessen den Namen der Gruppe.

1 *Abudefduf sordidus* (Korallen-barsch)
2 *Acanthurus triostegus* (Sträflingsseebader, Jungtiere)
3 *Istiblennius periophthalmus* (Strand-Schleimfisch)
4 und 5 Diverse Grundeln und Schleimfische (*Gobiidae* und *Blenniidae*)
6 *Bothus* (Scholle)
7 *Abudefduf saxatilis* (Feldwebelfisch)
8 *Abudefduf leucozona* (Korallen-barsch)
9 *Mulloidichthys sp.* (Seebarbe)
10 *Amphiprion percula* (Clownfisch)
11 *Siphamia versicolor* (Seeigel-Kardinalfisch)
12 *Abudefduf glaucus* u. *A. bio-cellatus* (Korallenbarsche)
13 *Ecsenius bicolor* (Zweifarben-schleimfisch) und andere Schleimfische *(Runula usw.)*
14 *Mugil* (Meeräsche)
15 *Acanthurus triostegus* (erwachsene Sträflingsseebader)
16 *Acanthurus leucosternon* (Weißbrustseebader)
17 *Dascyllus aruanus* (Preußen-fisch)
18 *Holocentrus* (Husarenfisch)
19 *Gymnothorax pictus* (Muräne)
20 *Rhinecanthus aculeatus* (Picassofisch)

21 *Thalassoma hardtwicke* (Lippfisch)
22 *Sphyraena* (Barrakuda)
23 *Strongylura* (Hornhecht)
24 *Hemiramphus* (Halbschnabel-hecht)
25 *Manta birostris* (Teufels-rochen, Manta)
26 *Gomphosus coeruleus* (Vogelfisch)
27 *Labroides dimidiatus* (Putzer-lippfische), einen Kaiserfisch *(Pomacanthodes imperator)* säubernd
28 *Naso unicornis* (Nasenfisch)
29 *Chromis dimidiatus* und darunter *Chromis coeruleus* (Riffbarsche, die in Schwarm-wolken über Korallen stehen und in diese flüchten)
30 *Hemitaurichthys zoster* (Engelfisch)
31 *Forcipiger longirostris* (Pinzettfisch)
32 *Pygoplites diacanthus* (Pfauenkaiserfisch)
33 *Balistapus undulatus* (gestreifter Drückerfisch)
34 *Chaetodon auriga* (Schmetter-lingsfisch)
35 *Callyodon* (Papageifisch)
36 *Odonus niger* (blauer Drückerfisch)
37 *Atherina* (Ährenfische)

38 *Anthias squamipinnis* (Rötlinge)
39 *Ostracion* (Kofferfisch)
40 *Cephalopholis argus* (Pfauenaugenbarsch)
41 *Heniochus* (Wimpelfisch)
42 *Acanthurus* (Seebader)
43 *Arothron* (Kugelfisch)
44 *Naso tapeinosoma* (nasenloser Nashornfisch)
45 *Caesio* (Füsiliere)
46 *Zanclus cornutus* (Halfterfisch)
47 *Caranx* (Stachelmakrele)
48 *Scorpaena* (Skorpionfisch)
49 *Lutianus kasmira* (Goldstreifen-Schnapper)
50 *Pterois* (Rotfeuerfisch, rücken-abwärts in Höhle)
51 *Apogon* (Kardinalfische)
52 *Myripristis murdjan* (Husarenfische)
53 *Rhabdosargus* (Meer-Brasse)
54 *Carcharhinus melanopterus* (Schwarzflossenhai)
55 *Carcharhinus menisorrah* (Grauhai)
56 *Epinephelus* (Judenfisch)
57 *Nebrius concolor* (Ammenhai)
58 *Himantura* (Stachelrochen)
59 *Opisthognathus, Gnathypops* (Kieferfische)
60 *Pomacentrus breviceps* (Steckmuschelfisch)
61 Garnelengrundel
62 *Xarifania hassi* (Röhrenaal)

Schlangensterne gehören zu den häufigsten Stachelhäutern des Riffes. Dreht man einen Korallenblock um oder zerschlägt man ihn, dann findet man sie stets darin. Sie sind aber scheu und verstecken sich schnell wieder. Auf Schlick- und Sandböden vergraben sie sich tagsüber im Boden. Nachts verlassen sie ihr Versteck und halten zwei oder drei ihrer Arme senkrecht vom Boden weg in die Strömung, um Plankton zu fischen. Hans Fricke hat davon eindrucksvolle Bilder gemacht: Man sieht ein ganzes Feld von Armen, die sich vom Boden emporstrecken.

In Mulden der Riffplatte stößt man bisweilen auf große Korallentrümmer. Sie sind tot und veralgt. Dreht man sie um, dann entdeckt man kleine Krabben, Anemonen, eilig davonlaufende Schlangensterne und kleine Kaurischnecken. Man verwendete sie früher als Geld. Ist die Unterseite genügend ausgehöhlt, dann wachsen auf der Riffplatte auch bunte Schwämme. Kurz, der tote graubraune Felsblock beherbergt eine reiche Lebensgemeinschaft.

Seewärts senkt sich die Riffplatte allmählich bis zu einem halben Meter. Hier wachsen bereits knollige Korallenstöcke, in deren Höhlen sich Husarenfische, Muränen, kleine Schleimfischchen und Riffbarsche verbergen. Auch Schmetterlingsfische, Lippfische und Papageifische trifft man an. Auf den Sandflächen leben Grundeln und Schleimfische. Seebarben durchsieben den Sand nach Nahrung, Sträflingsseebader, Picassofische und andere weiden Algen. Räuberische grüne Lippfische mit rosa gemustertem Kopf *(Thalassoma hardtwicke)* huschen eilig über die weite Fläche. Weiterschreitend kommen wir zuletzt an einen bis zu einem Meter hohen aus Kalkalgen aufgebauten Wall. Er bezeichnet die Außenriffkante, und hier brechen sich die Wellen bei Niedrigwasser. Bis zu drei Meter tiefe und ebenso breite Brandungsrinnen durchbrechen den Wall. Dieses Rinnensystem wird durch das ablaufende Wasser ausgewaschen. Diese Kanäle erlauben es dem Taucher, die Brandung an der Riffkante zu untertauchen. Ohne sie wäre das Außenriff von der Landseite

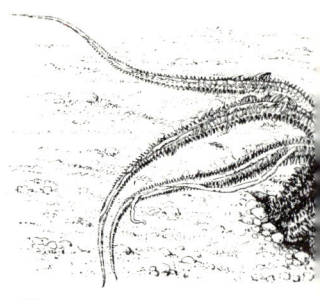

41
Ein von der Wasseroberfläche fischender Schlangenstern. Der Körper steckt noch in der Wohnspalte der Riffplatte. Drei Arme haben sich mit der Unterseite nach oben auf der Wasseroberfläche ausgebreitet. Sie fischen durch gegeneinander geführte Bewegungen an der Wasseroberfläche Treibendes, das sie in einer Schleimwurst binden und mit den Ambulakralfüßchen zum Munde transportieren.
Aus D. B. E. Magnus (1962).

42
Der Bewuchs einer Felswand: Muscheln, Weichkorallen, Schwämme; rechts im Bild ein filternder Seestern. Jeder dieser Organismen ist wiederum Substrat für eine Lebensgemeinschaft, jede Muschelschale, jeder Schwamm ein Mikrokosmos.
Photo: Verfasser (Malediven).

her oft unzugänglich, und auch so ist das Tauchen hier gelegentlich noch riskant genug.

Am Kalkalgenwall fällt das Riff als steile Böschung oder sogar als senkrechte Wand in die Tiefe ab. Hier entfalten sich Stein-, Horn- und Lederkorallen zu üppigster Pracht, und ein buntes Fischleben umspielt diese unterseeischen Gärten. Erst ab 30 Meter Tiefe werden die Korallen wieder seltener, dafür entfalten sich die Schwämme üppiger. Schließlich verschwinden die Korallen ganz. Sie brauchen das Sonnenlicht, da sie in ihrem Weichkörper Algen beherbergen, die ihnen durch die Verarbeitung giftiger Stoffwechselprodukte nützen.

Bei den Malediven enden die steileren korallenbewachsenen Hänge in etwa 40 Metern Tiefe. Es folgt eine öde Schutthalde. Sand, Korallentrümmer und Muschelschalen bedecken den Boden, in dem bisweilen Röhrenaale siedeln. Vereinzelt sieht man auch noch Peitschenkorallen wie verbogene Drähte ins Wasser ragen. Das dämmerige Licht erlaubt keine weitere Sicht.

Wir sind dennoch bisweilen tiefer geschwommen. Wenn sich dann oben eine Wolke vor die Sonne schiebt, wird es hier unten auf einmal sehr dunkel, und man ist froh, einen Gefährten an seiner Seite zu wissen. Große Haie treiben sich in dieser Zone herum.

Und gerade hier, wo größere Vorsicht geboten ist, weicht die Vernunft dem Tiefenrausch. Angstlosigkeit und ein Hochgefühl des Glücks lassen einen die Vorsicht vergessen, und erst wenn man wieder hochschwimmt, taucht man wieder in bewußte Gegenwart. Hass schilderte die Empfindung:

»Das Gefühl, wieder ins Leben, in Angst und Wirklichkeit zurückzukehren, gleicht einer bewußt erlebten, sich lawinenhaft entfaltenden Geburt. Druck und Kälte und Nebel lösen sich. Ein brennendes, prickelndes, drängendes Gefühl bricht sich Bahn und breitet sich aus. Die Luftblasen, die einen begleiten, platzen auseinander, perlen, torkeln trunken, tanzen hinauf zum Licht. Eine dieser lebenstrunkenen Blasen ist man selbst. Alles dehnt sich aus. Es wird heller, wärmer. Das Leben, plötzlich wiedergewonnen, wird einem beinahe schmerzhaft bewußt. Der Abhang, mit Gewächsen und Tieren, gleitet wie ein sich senkender Vorhang an einem vorbei. Er senkt sich über eine Betäubung, die abklingt, über eine Gefahr, der man entronnen ist, die nicht von außen, sondern aus einem selbst kam.« (H. Hass 1961, S. 58)

Oft trafen wir in 30 bis 40 Meter Tiefe auf große Höhlen, die Hass als alte Brandungskehlen deutete. Während der Eiszeit war ja in den Polkappen viel Wasser gebunden; als Folge senkte sich der Meeresspiegel, je nach dem Ausmaß der Vereisung zu den verschiedenen Kaltzeiten.

Die Höhlen selbst waren bisweilen unbeschreiblich schön, so jene des Miladummadulu-Atolls, die mir unvergeßlich bleiben. Um die gewaltigen Höhleneingänge wuchsen meterhohe violette Venusfächer, auf denen entfaltete Haarsterne wie Blüten saßen.

Im dämmerigen Licht einer solchen Höhle schlief ein vier Meter langer Ammenhai. Das gemütliche Riesentier erschrak noch mehr als ich und schwamm rasch davon, begleitet von einem Schwarm kleiner Lotsenfische, die eilig vor seiner Schnauze einherschwammen. Für lange Zeit ließ der Hai sich übrigens nicht vertreiben. Nachdem er einen weiten Bogen geschwommen war, kam er wieder zurück und legte sich auf dem Boden zur Ruhe.

Die ganze Höhlenwand war mit roten und violetten Schwämmen, gelben und weißen Weichkorallen, Zackenaustern und anderen Tieren besetzt. Im Blitzlicht erschienen die Höhlenwände als rot und gelb gemusterte Palette. In den tiefen Klüften drängten sich Hunderte von roten Husarenfischen.

Diese großäugigen, 30 bis 40 Zentimeter langen Fische scheuen das Tageslicht. Erst nachts schwimmen sie umher. Es fiel mir auf, daß viele auf dem Rücken schwammen. Offenbar orientieren sie sich mit Hilfe des sogenannten Licht-Rücken-Reflexes. Sie kehrten ihren Rücken der Lichtquelle zu. Da hier das Licht vom Sandboden des Höhleneinganges ins Innere der Höhlen geworfen wurde, drehten sie sich auf den Rücken. Eine solche Art der Orientierung scheint mir für einen in Höhlen lebenden Fisch ganz zweckmäßig zu sein. Er richtet sich nach dem Höhleneingang und findet so immer hinaus. Wassertiere, die sich nach diesem Prinzip orientieren, kann man im Aquarium mit einer Lichtquelle in jede beliebige Lage bringen. Beleuchtet man das Aquarium zum Beispiel von unten, dann kippen die Tiere auf den Rücken.

43
Verschiedene Ansichten fliegender Fische (Cypselurus), *wie sie von der Oberfläche starten und gleiten. Nach Photos von H. Kacher gezeichnet. Aus K. Lorenz (1973).*

Tiefer in den Höhlen saßen unglaublich viele Langusten. Ihre langen Fühler wedelten einladend. Viele Stunden saßen wir in der Mitte des Außenriff-Abhanges und sahen in das freie Wasser hinaus. Fischschwärme zogen dort auf und ab: silbrige Füsiliere, räuberische Stachelmakrelen, Ährenfischchen und viele andere, von denen wir noch mehr hören werden. Knapp unter der Ober-

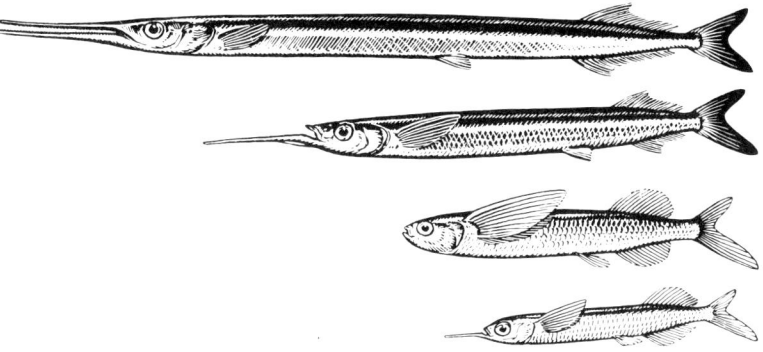

44
Die Differenzierungsreihe oberflächenlaufender Meeresfische. Von oben nach unten:
Hornhecht *(Belone* belone), *etwa 70 Zentimeter;* Halbschnabelhecht *(Hemirhamphus), 40 Zentimeter;* Flughalbschnäbler *(Oxyrhamphus micropterus), erwachsenes Tier 138 Millimeter, Jungtier derselben Art 40 Millimeter. Keine dieser Arten kann durch die Luft gleiten, doch leiten sie zu solcherart »fliegenden« Fischen über.*
Aus K. Lorenz (1963); Zeichnung: H. Kacher.

fläche lauerten einzelne große Pfeilhechte und Trupps von Halbschnabelhechten und Hornhechten. Auch Haie waren an solchen Außenriffen regelmäßig anzutreffen.

Während alles Leben über Wasser an die Erdoberfläche gebunden ist – auch der Vogel erhebt sich nur vorübergehend in die Lüfte –, entfaltet sich das Leben im Wasser in allen drei Dimensionen. Auch im freien Wasser gibt es eine wohlausgewogene Gemeinschaft von Lebewesen, die zeitlebens vom Boden unabhängig sind. Man nennt diese Lebensgemeinschaft das Pelagial, zum Unterschied von Benthal, der Lebensgemeinschaft der Meeresböden. Die Grenze ist natürlich keineswegs scharf. Viele Formen des Bodens machen ihre Entwicklung im freien Wasser durch, und eine ganze Reihe von Fischen und anderen Tieren sucht sowohl im freien Wasser wie am Riff Nahrung. Halbschnabelhechte und Hornhechte sah ich jedoch noch nie am Grunde fressen. Sie bewohnen, wenn auch stets in Riffnähe, die oberste Wasserschicht. Eine ganze Reihe von Tieren lebt schließlich weitab von jedem Riff auf hoher See. Das erfordert wiederum besondere Anpassungen. Viele tarnen sich durch ein bläuliches Farbkleid, das an ihrer der Wasseroberfläche zugekehrten Körperseite dunkler ist als unten. Die fliegenden Fische entwickelten besondere Fluchtmethoden, indem sie über die Wasseroberfläche hinausspringen und auf Gleitflossen dahinsegeln.

Wie sich dieses Verhalten entwickelt haben mag, kann man durch den Vergleich des Verhaltens verschiedener Fischarten rekonstruieren. Zunächst einmal gibt es sehr viele Fische, die sich durch einen Sprung über Wasser dem Zugriff eines Raubfisches kurzfristig entziehen. Viele dieser Fische tauchen dabei wieder Kopf voran ins Wasser ein, wie zum Beispiel die Meeräschen. Manche allerdings tauchen nach dem Sprung den Schwanz voran

73

ins Wasser. Sie vermögen nun durch sehr schnelle Schläge der nach unten verlängerten Schwanzflosse diesen Unterstützungspunkt so rasch vorwärtszutreiben, daß er den Schwerpunkt des schräg in die Luft ragenden Körpers beinahe einholt. Innerhalb der Unterordnung der Flugfische kann man Übergangsreihen von solchen flugunfähigen Oberflächenläufern zu fliegenden Fischen aufstellen. Am Anfang dieser Entwicklungslinie stehen Formen wie etwa der Hornhecht *(Belone belone),* am anderen Ende die verschiedenen Gattungen der fliegenden Fische, die mit Hilfe ihrer zu Tragflächen verbreiterten Brustflossen zum Gleitflug befähigt sind. Mit eingetauchtem Schwanz auf der Wasseroberfläche laufend beschleunigen sie ihr Tempo, bis sie sich schließlich in die Luft erheben. Sinken sie wieder ab, dann tauchen sie zuerst ihren Schwanz ins Wasser ein und können, ohne ganz einzutauchen, neuerlich Anlauf für einen Gleitflug nehmen. Fliegende Fische können bis zu 50 Metern segeln. Sie entwickeln dabei Geschwindigkeiten von 55 Kilometer pro Stunde. Mit wiederholten Anläufen können sie mehr als 200 Meter in der Luft gleiten. Beim Oberflächenlaufen schlägt die Schwanzflosse bis zu 50mal pro Sekunde.

L. Franzisket hat den Flug eines fliegenden Fisches *(Cypselurus)* nach Aufnahmen ausgemessen. Der Fisch sprang bei ruhiger See mit einer errechneten Geschwindigkeit von etwa 28 Kilometer pro Stunde aus dem Wasser. Er tauchte nach 0,2 Sekunden (nach 1,6 Metern) mit der Schwanzflosse wieder ins Wasser ein und beschleunigte nun durch schnelles Schlagen der Schwanzflosse über eine Strecke von 14,46 Metern seine Fluggeschwindigkeit um das 2,2fache und innerhalb von 1,1 Sekunden auf 61,7 Kilometer pro Stunde. Er flog danach 5,7 Meter frei, in diesem Falle also eine verhältnismäßig kurze Strecke. Die erreichte Fluggeschwindigkeit war höher als die des Gleitfluges vergleichbar großer Vögel.

Alle Organismen der hohen See müssen sich in einer für sie günstigen Wasserschicht halten können. Das »Wie« ist auf ganz verschiedene Weise gelöst worden. Kleine Tierchen, die Fisch- und Krebslarven, vermindern die Absinkgeschwindigkeit durch die Ausbildung von langen Körperfortsätzen, die den Reibungswiderstand im Wasser erhöhen. Fast alle Tiere, die vom Bodenleben zu einem Leben im freien Wasser übergehen, bauen ferner ihre Skelette ab. Das leichte Knorpelskelett der Haie ist dafür ein Beispiel. Und viele nehmen große Wassermengen in ihren Körper auf, um ihr Gewicht dem umgebenden Wasser anzugleichen. Eine Rippenqualle besteht zu 99 Prozent aus Wasser. Es gibt Tintenfische, die so wasserhaltig sind, daß man durch ihren Körper hindurch eine Schrift lesen kann.

Darüber hinaus lagern viele Tiere Stoffe ein, die spezifisch leichter sind als Wasser. Viele Krebschen speichern Öltröpfchen, Haie und andere Fische Fett; viele Wassertiere schließlich verwenden Luft als Auftriebmittel. Einige Beispiele für bemerkenswerte Parallelentwicklungen haben wir bei der Besprechung der »blauen Flotte« vorgestellt: so die Veilchenschnecke, die sich mit einem Schaumfloß, das sie selbst herstellt, an der Oberfläche hält; die Nacktschnecke *(Glaucus),* die Gasblasen im Darm hat. Das Perlboot *(Nautilus),* ein Tintenfisch, besitzt ein gekammertes luftgefülltes Gehäuse, das äußerlich an eine Schneckenschale erinnert. Schließlich kann man in diesem Zusammenhang noch einmal auf die Schwimmblase der Fische verweisen, die allerdings zunächst eine ganz andere Funktion hatte. Sie wurde nämlich gar nicht im Meere entwickelt, sondern von Süßwasserfischen, die als Bewohner sauerstoffarmer Gewässer ein zusätzliches Atmungsorgan benötigten, wie das bei den Lungenfischen heute noch der Fall ist. Nachdem jedoch diese »Erfindung« einmal gemacht worden war, konnte der Fisch sie auch anders nutzen. Es bildete sich die Schwimmblase, die viele Fische heute noch durch Luftschlucken füllen. Bei anderen steht die Schwimmblase nicht mehr mit der Außenwelt in Verbindung, sie wird vielmehr durch eine Gasdrüse gefüllt. So ausgerüstet, haben viele Knochenfische das Meer erobert.

Wir haben uns etwas länger am Außenriff aufgehalten und wollen uns nun dem Innenriff zuwenden. Den schönen weißen Lagunenstrand peitschen keine heftigen Wellen. Allmählich fällt der Sandboden ab. Die sandige Innenriffplatte ist oft mit Seegras bewachsen, einer Blütenpflanze aus der Familie der Laichkrautgewächse, die unter Wasser richtige Wiesen bildet. Viele Fische dieser Wiesen sind grün, wie einige Papageifische der Gattung *Leptoscarus,* einige Lippfische (*Cheilio* und andere), Schleimfische *(Pavoclinus)* und manche Schildbäuche *(Gobiesocidae),* die sich wie Grundeln mit ihren zu Saugnäpfen umgewandelten Bauchflossen an den Pflanzen festsaugen. Dazu kommt eine ganze Reihe von Besuchern, die man auch im Korallenriff antrifft, so vor allem Kaninchenfische und Seebader. Schmetterlingsfische und Engelfische sind hier seltener.

Bereits in ein bis zwei Meter tiefem Wasser gedeihen Korallen. Zunächst sind es meist runde Poritesblöcke von ein bis zwei Metern Durchmesser, um die, ganz ähnlich wie am Außenriff, eine bunte Fischgesellschaft lebt. Solche Korallenblöcke sind richtige Oasen in der Sandwüste. Hier trifft man bereits Engelfische, Schmetterlingsfische und Papageifische, die nebenan auf dem Sande fehlen.

Nahe der Innenriffkante ist der Korallenwuchs üppig. Dichte Hecken und Büsche von Hirschhornkorallen bedecken den Boden, so daß man von einem Korallendickicht sprechen kann. An der Innenriffkante fällt das Riff als steile Böschung zu dem etwa 40 Meter tiefen Lagunenboden ab. Die Korallen sind zunächst sehr üppig entwickelt, und zwar wiederum mit vielen zart verästelten Formen. Einzelne mächtige Korallenstöcke können sich pilzartig am Abhang erheben. Der Lagunenboden ist meist mit Sand bedeckt. Nur wenige Korallen siedeln verstreut in kleinen

Gruppen. Wo allerdings Riffkanäle den Atollring zersprengt und der Lagune frisches Wasser zugeführt haben, wachsen große Korallenblöcke vom Lagunenboden hoch und bilden Miniaturatolle.

Die Fischwelt des Innenriffs unterscheidet sich von der des Außenriffs in mancher Weise. Kugelfische, Igelfische und Kofferfische kommen am Innenriff in seichtere Regionen als draußen. Der Riffbarsch *Dascyllus aruanus* ist am Innenriff häufiger als am Außenriff. Dagegen findet man dort große Schwärme der Riffbarsche *Chromis dimidiatus*, Rötlinge *(Anthias squamipinnis)* und blaue Drückerfische *(Odonus niger)*, die alle in dichten Wolken über der Riffwand stehen, in deren Höhlungen sie bei Gefahr flüchten.

Auch hinsichtlich der Wassertiefe sind viele Fische auf bestimmte Zonen beschränkt. So gibt es bei den Malediven zwei Pfauenaugenbarsche: Der braune, blau gefleckte Pfauenaugenbarsch *(Cephalopholis argus)* wird in 15 bis 20 Metern Tiefe von einem roten, blau gefleckten *(Cephalopholis miniatus)* abgelöst. Das soll nicht heißen, daß man nicht bisweilen einen Bewohner des seichten Wassers auch in größerer Tiefe antrifft und umgekehrt. Im allgemeinen haben jedoch die verschiedenen Arten ihre bevorzugten Zonen. Daß die verschiedenen Riffzonen verschiedene Fischgemeinschaften beherbergen, haben auch Erhebungen in anderen Riffgebieten gezeigt, so jene von B. Goldman und H. Talbot (1976) am australischen Barriereriff.

Die Erforschung der Lebensgemeinschaften der Riffzonen hat große Fortschritte gemacht. Beispielhaft sind die Beiträge von H. Mergner (1974–1981). R. Riedl berichtet in einem ausgezeichneten Beitrag über Werdegang und neue Entwicklungen der Meeresökologie.

Wir haben bei der Besprechung der Maledivenriffe wiederholt Beobachtungen aus anderen Riffgebieten zum Vergleich herangezogen. Wir können dies tun, weil in anderen Riffgebieten in der Tat prinzipiell gleiche Verhältnisse herrschen. Ein Saum- oder Uferriff der Luvseite einer indopazifischen Insel ist einem luvseitigen Außenriff eines Atolls bis in viele Einzelheiten gleich. Wir finden hier wie dort eine Riffplatte mit Riffkanälen, einen Kalkalgenwall, Brandungsriegel und -rinnen und einen Riffabhang, der von ganz ähnlichen Korallengemeinschaften besiedelt ist. Ein Außenriff des großen Barriereriffs von Australien entspricht einem Außenriff eines Atolls, während das dem Festlande zugewendete Innenriff dem Innenriff eines Atolls entspricht. Das gilt im Prinzip auch für die Riffe der Karibischen See. In aller Welt zeigen die Korallenriffe einen grundsätzlich ähnlichen Aufbau. Die Artenzahl wechselt, aber die Zonen und Biotope sind vergleichbar und von parallelen Tiergemeinschaften besiedelt, eine Tatsache, auf die wir noch bei Besprechung der Lebensgemeinschaft deckungsfreier Sand- und Schlammböden (S. 209) zurückkommen werden.

Die Bewohner eines Riffes haben sich aber nicht nur räumlich eingenischt. Sie teilen ihren Lebensraum auch zeitlich. Tagsüber sind andere Fische unterwegs als nachts. Die Papageifische und Seebader verstecken sich nachts. Dafür kommen die Kardinalfische, Großaugenbarsche und Muränen aus den Verstecken, in denen sie tagsüber verweilten. Die Muränen beschleichen ihre Beute im Schutze der Dunkelheit. Sind sie aus irgendeinem Grunde einmal tagsüber unterwegs, dann lösen sie bei vielen Fischen die Reaktion des »Hassens« aus. Bei den Malediven sah ich zum Beispiel, wie ein Schwarm von Füsilieren *(Caesio)* von allen Seiten auf eine frei im Riff liegende Muräne herabstieß, so lange, bis sie sich versteckte. In einer interessanten Parallele werden Eulen von Singvögeln angegriffen, wenn man sie am hellen Tage ins Freie setzt.

Als Jäger der Nacht orientiert sich die Muräne vor allem mit ihrem Geruchssinn. Daran ist die Verteidigungstaktik der Tintenfische angepaßt, die zu ihren Opfern gehören. Die Tintenfische stoßen auf der Flucht eine Flüssigkeit aus, die den Geruchssinn des Räubers vorübergehend betäubt. Einige Male bin ich nachts mit der Taschenlampe im Riff herumgeschwommen. Von dem bunten Gewimmel der Fische ist dann nicht viel zu sehen. Die Schmetterlingsfische, Seebader, Korallenbarsche und Kaninchenfische schlafen zwischen den Korallenzweigen und in Korallenhöhlen. Viele andere, wie die Lippfische, verkriechen sich im Sand und hüllen sich in ein Nachthemd aus Schleim. Dafür schwimmen die durchscheinenden Kardinalfischchen und die großäugigen Husarenfische herum. Ein solcher nächtlicher Ausflug ins Riff ist etwas eigenartig Erregendes. Stößt man an die Korallenstöcke, dann leuchten viele kleine Tiere grünlich auf; wie ein Funkenregen huscht die Erscheinung über den Stock. Manchmal kann es aber auch unangenehm werden. Einmal wurde ich zum Beispiel von einem ganzen Schwarm parasitischer Krebse überfallen. Diese einen Zentimeter langen Tiere stachen mich mit ihren Mundwerkzeugen, was brennend schmerzte. Ich war sehr schnell aus dem Wasser und blutete aus vielen kleinen Wunden. Ich zog es daraufhin doch vor, die Korallenriffe in den Tagesstunden zu erforschen.

Jeder größere Korallenstock ist eine Welt für sich. Auf den abgestorbenen Teilen wachsen rote, gelbe, violette und grüne Schwämme, Lederkorallen, Hornkorallen, Moostierchen und Manteltiere. Röhrenwürmer entfalten hier ihre rot und weiß geringelten Tentakelkränze wie Blüten. Berührt man sie, dann zucken sie in ihre Röhren zurück, deren Eingang oft mit einem scharfen Dorn bewehrt ist. In den Nischen sitzen Seeigel und Schlangensterne, und am Abend kriechen die Seegurken aus ihren Verstecken und halten von einem Vorsprung aus ihre klebrigen Tentakel fischend in die Strömung. Die Wurmschnecken fischen mit Schleimfäden, die sie von Zeit zu Zeit einziehen und samt den daran haftenden Tierchen auffressen.

Wie erstaunlich viel um solch einen Korallenstock herum lebt, merkt man eigentlich erst, wenn man einen Stock abmeißelt und an Bord zerlegt. Da findet man zwischen den Korallenzweigen Fischchen, die man vordem nicht sah, so versteckt hausen sie. Kleine Grundeln *(Gobiodon)* sind es und Pelzgroppen *(Caracanthus)*, die sich durch Abspreizen der stachelbewehrten Kiemendeckel so fest zwischen die Korallen verklemmen, daß man Ast für Ast wegbrechen muß, um sie unversehrt herauszuholen. Man findet von einer Art immer nur ein paar auf einem Korallenstock. Die Fischchen sind territorial. Jedes Paar verteidigt gemeinsam seine Wohnkoralle.

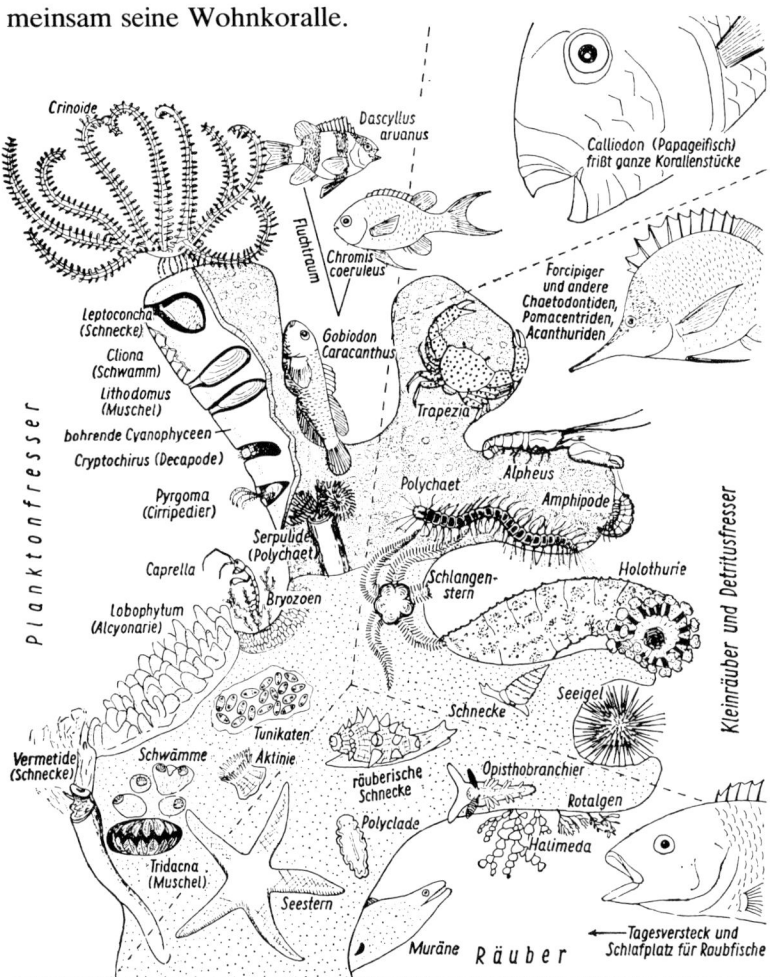

45
Das Tierleben um
einen Korallenstock.
Zeichnung: S. Gerlach.

Ähnliche Verspreizeinrichtungen haben sich auch bei vielen anderen Riff-Fischen entwickelt. Bei den Drückerfischen wird der erste, besonders kräftige Strahl der Rückenflosse aufgerichtet und in dieser Stellung durch den zweiten Rückenflossenstrahl fixiert, ohne daß der Fisch dazu weitere Kraft aufwenden müßte. Es ist kaum möglich, einen versprezten Fisch unversehrt aus seinem Loch zu ziehen, zumal er sich auch mit einem Dorn der Bauchseite festklemmt.

Beim Zerlegen einer Koralle entdeckt man auch regelmäßig

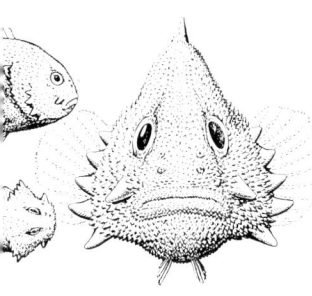

kleine Krabben, wie zum Beispiel die rot getüpfelten Korallenkrabben der Gattung *Trapezia* sowie Vertreter der Gattung *Tetralia.* Erstere findet man auf pocilloporiden Korallen, letztere auf akroporiden. Auf einem Korallenstock lebt immer nur ein »verheiratetes« Paar. Die Tiere kennen sich individuell. J. Knudsen beschrieb, daß diese Krabben mit besonderen an den Beinen befindlichen Bürstenorganen den Schleim der Korallenpolypen abbürsten. Sie nehmen dabei den Schleim auf, von dem sie sich ernähren. Ich vermute, daß sie dabei auch von Kleintieren zehren, die auf dem Schleim der Korallenpolypen kleben geblieben sind.

Merkwürdige Korallenbewohner sind die Pistolenkrebschen. Mit ihrer fast körperlangen Schere betäuben sie Fische, die ihnen als Nahrung dienen. Sie halten dem Fisch ihre Schere wie eine Pistole entgegen. Ist der Krebs nahe genug an sein Opfer herangekommen, dann klappt der aufgerichtete Finger der Schere rasch zu; ein Fortsatz des Scherenfingers drückt indessen Wasser aus dem Gegenlager, das durch eine Rinne nach vorne herausspritzt. Die Erschütterung ist bisweilen so stark, daß Akkumulatorengläser, in denen man die höchstens fünf Zentimeter langen Krebschen hielt, zersprangen. Das Treiben dieser Krebse erfüllt das Riff mit Knistern und Knacken. Auch sie besiedeln immer paarweise einen Korallenstock.

B. Lassig machte die interessante Beobachtung, daß die auf einem Korallenstock paarweise lebenden Grundeln *(Paragobiodon echinocephalus),* Garnelen *(Alpheus lottini)* und Krabben *(Trapezia cymodoce),* die, wie gesagt, außer ihrem Ehepartner keinen anderen Artgenossen auf dem Stock dulden, sich gegenseitig beim Kampf gegen fremde Eindringlinge unterstützen. Die artverschiedenen Ortsansässigen können sich mit Hilfe eines Signalsystems verständigen. So teilen die Fische den Krebsen durch bestimmte Zitterbewegungen mit, daß sie hier wohnhaft sind.

Aber nicht nur die Korallen, jeder Seeigel, jede Muschel, jeder Schwamm beherbergt eine eigene Lebewelt an Fischen und Krebschen. In Seegurken und Muscheln leben zum Beispiel die schlanken, durchscheinenden Eingeweide-Fischchen *(Carapus,* früher *Fierasfer).* Über das Verhalten des Eingeweidefisches *Carapus acus* liegen Untersuchungen von H. Klingel, M. Leiner und anderen vor, so daß wir über das merkwürdige Verhalten dieser Fische recht gut unterrichtet sind. Nach einem kurzen planktontisch verbrachten Larvenstadium (Vexillifer genannt) dringt der Fisch im zweiten Larvenstadium (Tenuis) in die Seegurke ein und verwandelt sich in eine Jugendform, die die Wasserlunge der Seegurke durchstößt, um in deren Leibeshöhle zu gelangen. Während Jungfische kopfvoran in die Seegurke einschlüpfen, haben erwachsene Fische eine ganz besondere Methode entwickelt. Der Fisch prüft zunächst mit Hilfe seines Geruchssinnes die Seegurke und sucht die Afteröffnung, die er am ausströmenden

Wasser erkennt. Er steckt zunächst die Schnauzenspitze in deren After, dann biegt er seinen Körper so, daß die Schwanzspitze am Kopf vorbei in den After der Seegurke eindringt. Dann wartet er, wohl damit die Seegurke sich an den Reiz gewöhnt. Nach fünf bis dreißig Minuten schlüpft er dann zügig ein. Zuletzt schaut nur der Kopf heraus, dann verschwindet das Tier ganz in der Wasserlunge und dringt von dort in die Leibeshöhle ein, wo es als Parasit von den Geschlechtsdrüsen frißt. Der bis zu fünfzehn Zentimeter lange Fisch ist also ein Parasit. Er verteidigt seine Seegurke gegen Rivalen. Es gibt Arten, die paarweise eine Seegurke bewohnen.

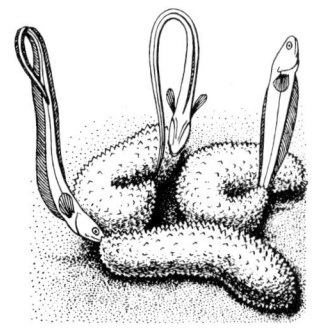

47
Der Nadelfisch (Carapus acus) *beim Einschlüpfen in eine Seegurke.*
Nach Norman aus D. Matthes (1978).

Eine ganze Reihe von Korallenbewohnern hat sich in den Kalk eingebohrt, zum Beispiel Muscheln *(Lithodomus)*, die den Kalk mit Hilfe von Kohlensäure auflösen, bohrende Schnecken und der Bohrschwamm *(Cliona)*, der die Oberfläche des Gesteins porös durchsetzt. Die Weibchen der Gallenkrabben *(Hapalocarcinus)* lassen sich von den Korallen umwachsen. Zeitlebens sitzen sie in ihrer Kammer, nur durch ein kleines Loch mit der Außenwelt verbunden, durch das sie ihre Nahrung hereinstrudeln. Die viel kleineren Männchen können sie dort besuchen. Damit ist die Liste der Bewohner noch keineswegs erschöpft, aber wir wollen ja hier nicht alle nennen, sondern auf einige Anpassungstypen hinweisen.

Die Einnischung der Wirbellosen in die verschiedensten Kleinlebensräume ist erstaunlich. Erst kürzlich fand ich in den Ambulakralrinnen großer *Astropecten*-Seesterne winzige Garnelen. Sie hatten sich farblich perfekt an diese Rinne angepaßt. Der Seestern war gelb, nur die Rinne war violett, und ebenso violett waren die Krebschen. Auf Seeigelstacheln wiederum findet man Garnelen, die in Form und Farbe geradezu perfekt an die Stacheln angepaßt sind.

48
Der von S. Gerlach entdeckte Korallengewebe fressende Krebs Xarifia maldivensis. *Oben Männchen, unten Weibchen.*

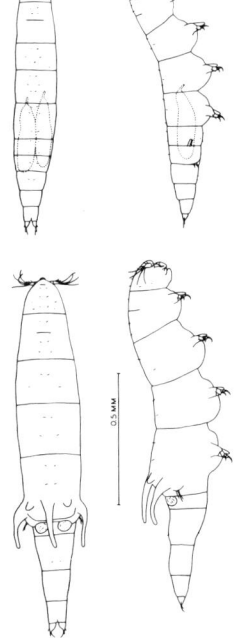

Kürzlich beschrieb H. Schuhmacher eine interessante Vergesellschaftung einer *Periclimenes*-Garnele *(Periclimenes imperator)* mit einer großen, auffällig rot gefärbten marinen Nacktschnecke. Er fand auf den bis zu 28 Zentimeter großen Schnecken immer ein Pärchen jener Garnele. Die Krebschen weideten, was sich im Schleimteppich an der Körperoberfläche der Schnecke verfing, und sie untersuchten auch den Schneckenkot nach Genießbarem. Sie verließen die Schnecke nur bei deren Tod freiwillig. Gescheucht versteckten sie sich zwischen den Kiemen. Sie waren in ihrer Färbung der Schnecke gut angeglichen und machten auch deren Variabilität durch Farbwechsel mit. Bemerkenswert ist, daß sich diese Krebschen auch auf der schwimmenden Schnecke zu halten vermögen. Sie spazieren sogar während des Schwimmens auf ihrem Rücken umher! Die Schnecken sind offenbar ungenießbar und bieten damit ihren Gästen zusätzlich zum Weidegrund auf ihrer Körperoberfläche einen sicheren Aufenthalt. Ob auch die Schnecke aus dieser Beziehung Vorteile gewinnt, ist noch ungeklärt.

Gerade die dekapoden Krebse haben eine Fülle höchst bemerkenswerter Anpassungsformcn entwickelt. Wir werden noch einige kennenlernen. Es würde sich lohnen, dieses reizvolle Gebiet einmal monographisch darzustellen!

Sebastian Gerlach hat die Kleinlebewelt um einen Korallenstock untersucht und dabei einen winzigen, wurmartig gestreckten Krebs entdeckt, der einer bis dahin unbekannten Familie *(Xarifiidae)* angehört. Dieses Tier *(Xarifia maldivensis)* kriecht mit raupenartigen Bewegungen auf den *Pocillopora*-Korallen umher und zerfetzt mit seinen scharfen Klauen das Korallengewebe.

Die meisten Korallenbewohner nähren sich, wie die Korallen selbst, von Kleinlebewesen, die sie herbeistrudeln, herausfiltern oder mit Leimruten erbeuten. Andere leben als Kleinräuber, wie die Seesterne, die Muscheln fressen. Die Korallen selbst dienen nur einigen Spezialisten als Nahrung, wie den großen, bunten Papageifischen und manchen Kugelfischen, die ganze Stücke davon abbeißen und verschlingen. Im Enddarm des Einstachlers *Amanses pardalis* fand ich zum Beispiel mehrere einen Zentimeter lange Korallensprossen *(Acropora)*. Der kleine Einstachler *Oxymonacanthus longirostris* hat sich darauf spezialisiert, einzelne Korallenpolypen abzuzupfen. Auch von einigen Schmetterlingsfischen ist bekannt, daß sie Korallenpolypen abweiden.

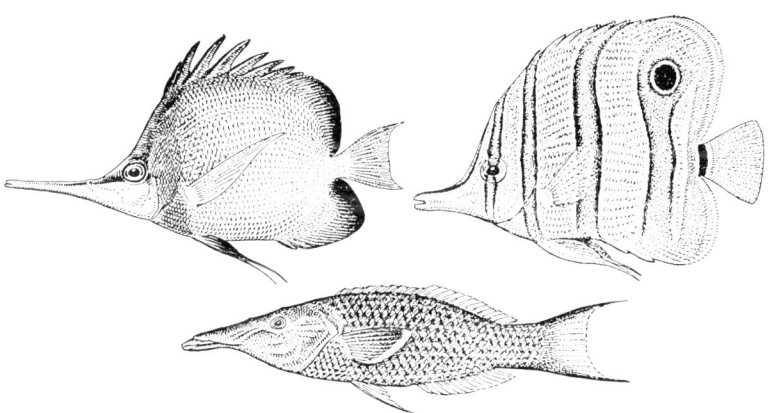

49
Sogenannte »Pinzettfische«, die ihre Nahrung zwischen Korallenästen und -spalten hervorholen. Links oben: Forcipiger longirostris; *daneben* Chelmon rostratus; *darunter* Gomphosus coeruleus.

Auf den abgestorbenen Teilen der Korallen wachsen Algen, die von Seebadern, Kaninchenfischen und anderen gefressen werden. Büschelbarsche benutzen den Korallenstock als Warte, und Zackenbarsche und Muränen lauern im Schutze der Höhlen, in denen auch nachtaktive Fische den Tag verbringen.

Für die meisten Tiere bedeutet ein Korallenstock ein günstiges Versteck. In Schwarmwolken stehen die Schwalbenschwänzchen *(Chromis)* über Korallenbüschen. Kommt man heran, dann flüchten sie zwischen die Zweige. Steht ein Korallenstock einzeln da, dann kann man ihn abbrechen und mitsamt seinen Bewohnern nach oben nehmen. Je größer die Gefahr, desto enger schmiegen sich die Fischchen zwischen die Korallenäste. Erst wenn man den Stock aus dem Wasser hebt, verlassen sie ihre Zuflucht.

Schwimmt man die Riffwand entlang, dann sieht es aus, als würde sie die Fischschwärme über ihr förmlich einsaugen. Schwalbenschwänzchen, Rötlinge und blaue Drückerfische, sie alle tauchen zu den schützenden Korallen und in die Höhlen der Riffwand. Dabei kennt jeder einzelne Fisch seinen Schlupfwinkel. Von den größeren Drückerfischen schauen oft noch die Zipfel der Schwanzflosse heraus. Man kann sie daran herausziehen, wogegen sie durch lautes Grunzen heftig protestieren.

Ganz in Sicherheit kann sich jedoch keiner wähnen, mag er sich noch so tief verkriechen. In einem ständigen Wettlauf der Anpassungen haben Jäger und Gejagte immer neue Methoden des Angriffs und der Verteidigung erfunden. So züchteten jene Kleintiere, die sich in feinste Spalten der Korallenstöcke verkrochen, Raubfische mit röhrenartig verlängerten Schnauzen. Solche »Pinzettfische« sind zum Beispiel die Schmetterlingsfische *Chelmon* und *Forcipiger* und die Lippfische der Gattung *Gomphosus,* die man auch Vogelfische nennt.

Die Vielfalt der Fische, die um so ein Korallenriff leben, bezeichnet man oft auch als »Korallenfische«. Das ist nicht ganz exakt, denn nur eine beschränkte Zahl davon ist wirklich von den Korallen abhängig, so jene oben erwähnten Korallenfresser. Viele findet man auch um Felsriffe, und daher ist es wohl besser, von Riff-Fischen zu reden. Allen ist gemeinsam, daß sie in der Nähe des Riffes leben, selbst wenn sie dort, wie etwa die Halbschnabelhechte, das freie Wasser über dem Riff bevölkern. Jene, die zwischen den Korallen umherschwimmen, haben eine andere Schwimmtechnik als die Fische des freien Wassers, die sich vor allem durch Schläge der Schwanzflosse vorantreiben. Sie schwimmen entweder bevorzugt durch Schlagen der Brustflossen (Seebader, Papageifische, Lippfische, Schmetterlingsfische), durch Wellenbewegung der Rücken- und Afterflosse (Einstachler, Drückerfische) oder auch durch Schlagen der Brustflossen und Wedeln der Rücken- und Afterflosse (Kugelfische, Kofferfische). Sie alle sind daher sehr manövrierfähig und können plötzlich anhalten, auf der Stelle wenden und oft auch rückwärts schwimmen.

Im übrigen ist ihre Vielfalt erstaunlich. Der außerordentlich starke Konkurrenzdruck hat mannigfaltige Anpassungstypen herausgezüchtet, von denen wir noch viele kennenlernen werden. Hier sei nur erwähnt, daß wir in den Riffen der Malediven über 400 verschiedene Arten von Knochenfischen sammelten und noch einige mehr beobachteten. Und man bedenke: dies alles in einem relativ schmalen Streifen vom Ufer bis zu 50 Metern Tiefe! Mir ist kein anderer Lebensbereich bekannt, der eine vergleichbare Fülle nah verwandter und zugleich so verschiedener Lebewesen auf so engem Raum vereint. Für einige Monate war dieser Raum auch unsere Welt.

50
Der farblich hervorragend angepaßte Krebs Periclimenes imperator *auf dem Rücken der großen Nacktschnecke* (Hexabranchus marginatus). *Die Schnecke zeigt als Warnverhalten (gegenüber dem Photographen) den auffällig rot und weiß gemusterten Körpersaum, der sonst (außer beim Schwimmen) seitlich eingerollt ist.*
Photo: H. Schuhmacher (Großes Barriereriff).

51
Das Große Barriereriff gehört zu den Naturwundern dieser Erde. Bei Ebbe liegen die Akroporenstöcke frei. Man sieht hier mehrere Arten, die als Tische und derbe verzweigte Stöcke wachsen.
Photo: Verfasser.

Riffkorallen

Die Gärten aus Stein, von denen wir eben berichteten, sind das Werk von relativ kleinen Polypen. Aus dem befruchteten Ei eines Korallenpolypen entwickelt sich eine kleine allseits bewimperte Larve ohne Körperöffnungen und innere Organe, nicht viel mehr als ein von einer Zellschicht umgebener, längsovaler Zellhaufen. Diese Larve dient zur Verbreitung. Sie frißt nicht und erlebt keinen Zuwachs an organischer Masse. Nach einer kurzen Zeit planktontischen Lebens setzt sich die Larve mit einem Körperpol fest. Es knospen Tentakel, der Magenraum bildet sich, und ein kleiner Polyp entsteht. Er ist einfach gebaut. Der Körper besteht nur aus zwei Zellschichten, einer Außenhaut (Ektoderm) und einer Innenhaut (Entoderm). In der Außenhaut der Fangarme sitzen Nesselzellen verschiedener Bauart. Es handelt sich bei diesen Gebilden um die kompliziertesten Zellen im ganzen Tierreich, was im Kontrast zu dem sonst recht einfachen Aufbau dieser Organismen steht. In den Nesselzellen befindet sich eine Kapsel mit eingestülptem Faden, der verschiedene Zusatzstrukturen aufweisen kann. Ein fadenartiger Anhang der Nesselzelle, das sogenannte Flagellum, ist berührungsempfindlich. Bei Berührung reißt ein Pol der Kapsel auf, und der eingestülpte Faden schnellt hervor. Bei den Nematozysten ist der Faden mit Dörnchen besetzt, so daß er die Panzerung von Kleinstorganismen durchschlagen kann. Dabei injiziert er ein lähmendes Gift. Es gibt verschiedene Typen von Nematozysten. Ferner gibt es Spirocysten, die lange, klebrige Fäden ausstoßen, mit denen sie ihre Beute fesseln.

Der Korallenpolyp sitzt mit einer Basisplatte auf dem Untergrund. Er hat Fangarme, ein kurzes Schlundrohr und einen großen Magenraum, der durch Mesenterien – in den Magenraum hineinragende, häutige Scheidewände – in Fächer geteilt wird. In diesen Mesenterien liegen Muskeln und die Keimdrüsen der eingeschlechtlichen oder zwittrigen Polypen. Die Mundöffnung ist zugleich die Öffnung, durch die die Geschlechtsprodukte und unverdauliche Nahrungsreste ausgestoßen werden. Ein diffuses Nervensystem dient der Reizleitung und Verhaltenssteuerung.

52
Ein Hornkorallen-fächer, auf dem zwei Haarsterne ihre Arme fischend ausbreiten. Photo: Verfasser (Malediven).

87

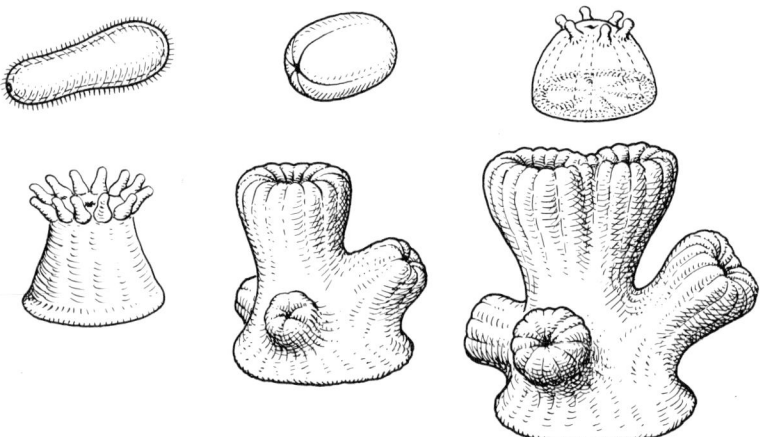

53
Der Werdegang eines Korallenstockes beginnt mit einer bewimperten Larve, die einige Zeit frei umherschwimmt. Sie setzt sich schließlich mit einem Pol fest und wächst zu einem Polypen aus, der an seiner Basis ein Skelett abscheidet. Durch Wachstum, Teilung oder Knospung entsteht schließlich ein Korallenstock.
Zeichnung: H. Kacher.

Die Polypen der Steinkorallen gleichen demnach im generellen Aufbau dem der Anemonen, sie sind nur kleiner und leben außerdem von kleinen Beutetieren. An ihrer Basis scheiden die Polypen der Steinkorallen überdies ein Kalkskelett ab. Es entsteht dabei zunächst eine Basisplatte, die im weiteren Verlauf des Wachstums an sechs radiären Streifen so verdickt wird, daß sich dort senkrechte Grate bilden, die sich in den Magenraum vorwölben. In einem zweiten Wachstumszyklus werden dann noch weitere sechs Septen zwischen den bereits vorhandenen angelegt, und schließlich können in einem dritten Zyklus noch zwölf weitere Zwischensepten wachsen. Die Außenkanten der Septen sind nahe der Peripherie durch einen Ringwall verbunden. Der Polyp schafft sich damit eine Sasse, in die er sich bei Gefahr zurückziehen kann. Das Skelett ist ein Außenskelett, da es ja außerhalb des Körpers von der Basisplatte ausgeschieden wird. Sind die Septen auf eine bestimmte Höhe herangewachsen, dann legt der

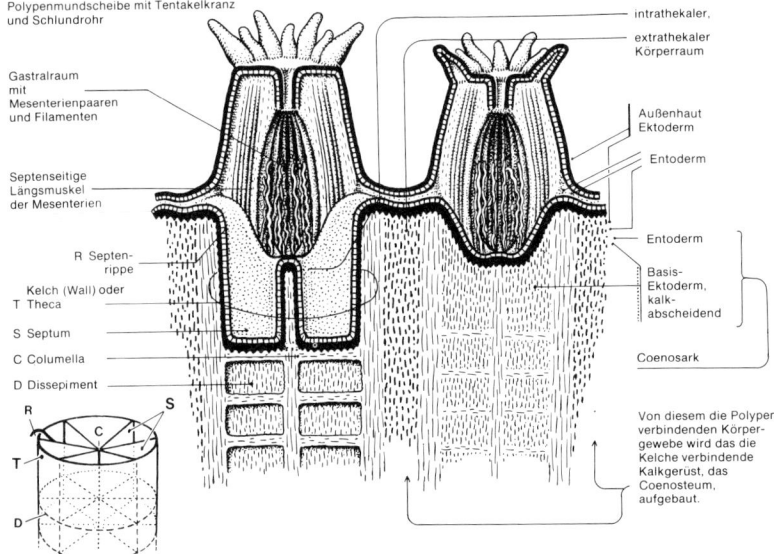

Polypenmundscheibe mit Tentakelkranz und Schlundrohr

intrathekaler, extrathekaler Körperraum

Gastralraum mit Mesenterienpaaren und Filamenten

Außenhaut Ektoderm

Entoderm

Septenseitige Längsmuskel der Mesenterien

R Septenrippe

Kelch (Wall) oder T Theca

S Septum

C Columella

D Dissepiment

Entoderm

Basis-Ektoderm, kalk-abscheidend

Coenosark

Von diesem die Polypen verbindenden Körpergewebe wird das die Kelche verbindende Kalkgerüst, das Coenosteum, aufgebaut.

54
Längsschnitt durch zwei Korallenpolypen. Er zeigt die Anatomie der Weichteile und die Struktur des von der ektodermalen Basisplatte abgeschiedenen Kalkskeletts.
Zeichnung: H. Kacher.

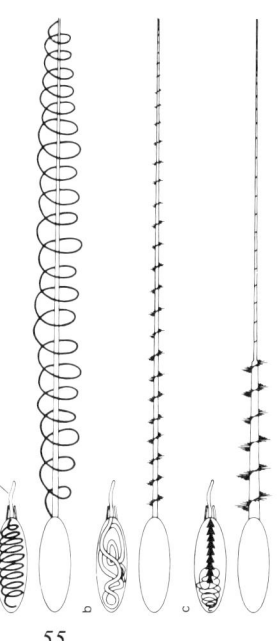

Polyp über ihnen eine neue Basisplatte an. Ob dabei der untere Polypenteil abgeschnürt wird oder ob er die alte Sasse verläßt, weiß man nicht. Auf jeden Fall werden immer neue Etagen angelegt, und der Korallenstock wächst in die Höhe. Dabei vermehrt er sich durch Knospung, wobei es zu arttypischen Mustern der Verzweigung und damit der Stockbildung kommt. Die Polypen bleiben dabei durch ihre Haut verbunden. Sie können daher auch als Einheit reagieren. Berührt man einige Polypen eines Stockes, dann breitet sich der Reiz langsam nach allen Seiten aus; auch die nichtberührten Polypen ziehen sich zurück. Allerdings gibt es einen starken Leitungsverlust, und weiter entfernte Polypen reagieren schließlich nur noch schwach oder gar nicht.

Eine sehr übersichtliche Darstellung des Korallenwachstums durch Knospung verdanken wir Georg Scheer, dessen Ausführungen ich hier mit geringen Änderungen übernehme.

Es gibt drei Typen der ungeschlechtlichen Polypenvermehrung: die intratentakuläre und die extratentakuläre sowie die Vermehrung durch Querteilung.

55

Verschiedene Typen von Nesselkapseln, jeweils geschlossen (mit Auslöseflagellum) und entladen: a) Spirocyste, ein lockerer Klebfaden windet sich um den Zentralstrang; b) Nematocyste mit gleichförmig bedornten Nesselfäden; c) Nematocyste mit verdicktem und dörnchenbesetztem Basalschaft. Aus H. Schuhmacher (1976) nach H. Schmidt (1974).

Typ I: *Die intratentakuläre Knospung* erfolgt immer innerhalb des Tentakelkranzes der Polypen. Es gibt dabei mehrere Typen. Beim Typus der Gabelung wächst der obere Teil des Polypen nach einer Richtung in die Breite, so daß sein Querschnitt oval wird. Die nachwachsenden Skeletteile folgen dieser Form. Schließlich entstehen innerhalb des Tentakelkranzes zwei, bisweilen auch drei Mundöffnungen. Der Polyp schnürt sich durch und gabelt sich. Durch Wiederholung dieses Prozesses entstehen umfangreiche Korallenstöcke. Scheidet die die Polypen verbindende Haut ebenfalls Kalk aus, dann werden die Räume zwischen den Korallenästen ausgefüllt, und es entstehen massive Blöcke. Man spricht dann von *verdeckter Gabelung.* Bei einer Abwandlung des Typus bilden sich innerhalb des Tentakelkranzes mehrere in einer

56

Obere Hälfte: Querschnitt durch einen Korallenpolypen, Fächer, Septen und Mesenterien mit Muskelfahnen zeigend. Untere Hälfte: Skelettelemente der Basalplatte. Zeichnung: H. Kacher.

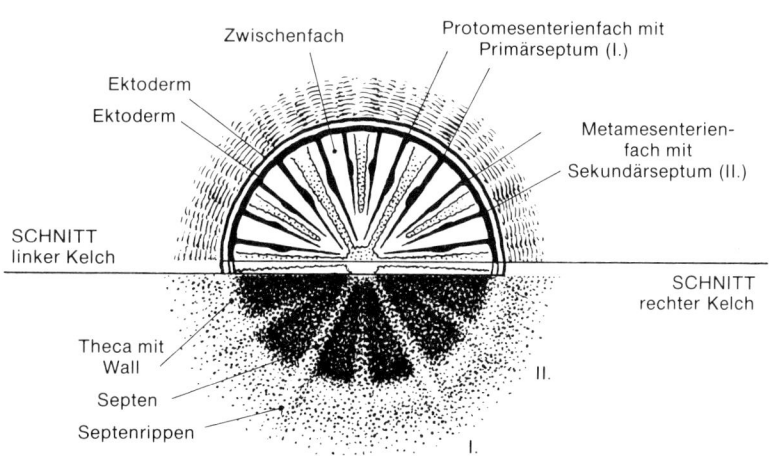

Reihe liegende Mundöffnungen, ohne daß sich der Polyp einschnürt *(Mäanderknospung)*. Auf diese Weise entstehen zum Beispiel die Hirnkorallen. Weitere Varianten sind die *Rundhügelknospung* und die *Rundmundknospung*. Bei der Rundhügelknospung stehen die Münder als »Mundstraßen« um Hügelchen, die oft Grate aufweisen, die aber von der die Polypen verbindenden Haut abgeschieden werden und nicht mit den Septen verwechselt werden dürfen, die in den Gastralraum der Polypen hineinragen. Die Spitzen der Hügel markieren also nicht den Mittelpunkt eines Polypen. Bei der Rundmundknospung entstehen neue Mundöffnungen um eine zentrale Mundöffnung.

Typ II: Bei der *extratentakulären Knospung* entstehen die neuen Polypen außerhalb des Tentakelkranzes. Entspringt der Tochterpolyp aus der Seitenwand des Mutterpolypen, dann spricht man von *Kelchknospung*. Offene Kelchknospung ergibt bäumchenartige Korallenstücke. Bei der verdeckten Kelchknospung scheidet die die Polypen verbindende Haut Kalk ab, und es ergeben sich die spießförmigen, sich oft hirschgeweihartig verzweigenden Korallenstöcke. Bilden sich die jungen Polypen zwischen den Kelchen der Alten, dann spricht man von *Zwischenkelchknospung*. Erwähnt sei schließlich noch, daß einige Korallen sich durch *Ausläuferknospung* verbreiten.

Typ III: Vermehrung durch *Querteilung* finden wir bei den Pilzkorallen. Die junge Koralle ist zunächst festgewachsen. Sie breitet sich pilzförmig aus, bricht dann ab und wächst, frei auf dem Boden liegend, oft zu beträchtlicher Größe heran. Ein Exemplar, das ich im Roten Meer sammelte, hat einen Durchmesser von 32 Zentimetern, und das Kalkskelett wiegt 1600 Gramm! Ein Exemplar von den Amiranten hatte einen Durchmesser von 49 Zentimetern! Das ist beachtlich, wenn man bedenkt, daß diese Skelette das Werk eines einzigen Polypen sind. Die Pilzkorallen sind die größten solitären Korallen.

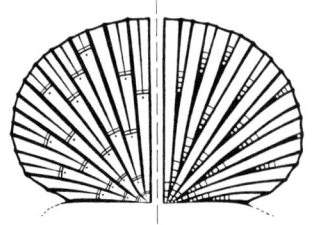

57
Korallenwachstum durch ungeschlechtliche Polypenvermehrung. Links: »intratentakuläre Knospung«, genauer gesagt intrathekale Polypenteilung, mit Trennwandbildung im bisherigen Kelch. Rechts: »extratentakuläre Knospung« (= extrathekale Polypenneuknospung) mit Kelchneubildung zwischen den bestehenden Kelchen.
Zeichnung: H. Kacher.

58
Die verschiedenen Knospungstypen der Steinkorallen: 1. offene intrathekale Polypenteilung (= intratentakuläre Knospung) mit freibleibenden Zwischenräumen; 2. verdeckte intrathekale Knospung (= verdeckte Gabelung); 3. verdeckte extrathekale Knospung (= extratentakuläre Knospung); die offene extrathekale Polypenneuknospung ist in Abb. 61 gezeigt; 4. Mäanderknospung.
Zeichnungen: H. Kacher.

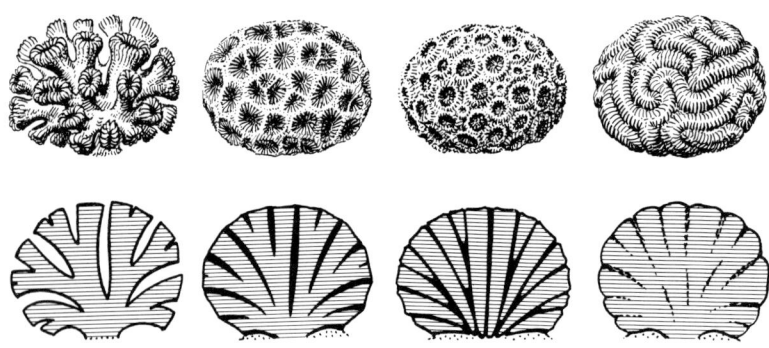

Bei vielen Korallen finden wir mehrere Vermehrungstypen nebeneinander. So vermehrt sich *Dendrophyllia* durch Ausläufer und Zwischenkelchknospung. Bei *Fungia* kommt es am Stammpolypen zu extrathekaler Knospung. Außerdem werden Ableger durch Querteilung erzeugt, nachdem der obere Polypenteil sich pilzartig ausbreitete.

Das gegenwärtige Schema vereinfacht die Verhältnisse. Bei blockartigen Korallen gibt es auch den Typus der *Oberflächensprossung*. In diesem Falle entstehen auf der freien Fläche zwischen den Polypen durch Knospung neue. Das könnte mit der verdeckten Zwischenkelchknospung leicht verwechselt werden.

Das Skelett der Korallen besteht im wesentlichen aus Kalk (Calciumcarbonat). Die Wachstumsgeschwindigkeit hängt von der Temperatur ab. Je wärmer das Wasser, desto schneller ist bis zu einer gewissen Grenze das Wachstum. Das zeigt etwa ein Vergleich der bei Hawaii und Samoa wachsenden Korallen.

| Korallengattung | Jährliche Höhenzunahme von Korallenstöcken in Millimetern | |
	Hawaii	Samoa
Pocillopora	14,4	23
verzweigte Porites	8–10	30
kopfige Porites	8–10	17
Psammocora	5,7	14
mittlere Jahrestemperatur	ca. 23	ca. 26
mittlere Temperatur des kältesten Monats in Grad Celsius	ca. 21	ca. 25

Aus der Tabelle wird ersichtlich, daß die kopf- oder blockartigen Korallen, in Zentimetern gemessen, weniger zunehmen als die verzweigten Arten. Das zeigen auch Messungen am großen Barriereriff. Ein besseres Maß ist sicher die Gewichtszunahme. Auch hier ergibt sich, daß Korallen mit dichten, massigen Skeletten den geringsten prozentualen Zuwachs aufweisen. Die Werte variieren, wie der Zusammenstellung von Georg Scheer zu entnehmen ist, ganz erheblich:

a) Gewichtszunahme 20–80 Prozent
   Cyphastraea, Favia, Leptoria
   Montastraea
b) Gewichtszunahme 110–210 Prozent
   Pocillopora, Porites, Acropora, Montipora
   Psammocora
c) Gewichtszunahme 230–270 Prozent
   Stylophora, Galaxea
d) Gewichtszunahme etwa 430 Prozent
   Acropora
e) Gewichtszunahme etwa 1200 Prozent
   Montipora

60
Die Formenmannigfaltigkeit der Korallenstöcke. Bei 1 bis 4 erkennt man den Aufbau des Stockes aus den Abscheidungen der Einzelpolypen, wobei 1 die verdeckte intrathekale, 2 und 3 die verdeckte extrathekale Polypenknospung erkennen lassen. 4 leitet zu den Mäanderknospungen 5–7 über, 8 zeigt eine Variante des in 4 vorgeführten Übergangstyps, bei dem die in Gruppen sich abgrenzenden Skelette der Einzelpolypen noch erkennbar sind. 9: Rundhügelknospung. 10–12: Ausschnitte der Stammzone verzweigter Stöcke. Die Verzweigung betrifft jedoch nur die Großmorphologie. Die Po-

lypenknospung ist verdeckt. Die Polypen bilden sich extrathekal, vor allem in der Wachstumszone am Ende der Korallenäste, die jeweils unter diesen Abbildungen (13–15) gezeigt wird. Die Skelette sind hier porös und variabel, wohl eine Folge raschen Wachstums. 16–18: Drei Arten von Hirschhornkorallen, die die langen Röhren der Einzelpolypen zeigen. Man sieht auch gut die extrathekal neu sprossenden Polypen. Gegen die Basis zu wird auch vom extrathekalen Gewebe, das die Polypen verbindet, Kalk ausgeschieden, so daß die Äste in die Dicke wachsen und Festigkeit erhalten. 19: Beispiel für offene intrathekale Knospung. 20: Offene

extrathekale Knospung. 21: Skelett einer sogenannten solitären Koralle, deren Schirm von einem einzelnen Polypen gebildet wird. An der Basis des Stiels Neusprossung von Korallenpolypen.
Arten:
1 Favia favus *(R)*;
2 Siderastrea siderea *(K)*;
3 Montastrea annularis *(K)*;
4 Isophyllastrea rigida *(K)*;
5 Diploria clivosa *(K)*;
6 Diploria clivosa: *Blick auf die Bruchkante (Seitenansicht) (K)*;
7 Dendrogyra cylindricus *(K)*;
8 Siderastrea radians *(K)*;
9 Hydnophora microconus *(N)*;
10 Stammzone und

59
Kalkskelette von Korallen, deren Erscheinungsbild den Aufbau durch die einzelnen Polypen nicht mehr erkennen läßt. Oben: Agaricia agaricites; *unten:* Meandrina meandrites.
Photo: H. Kacher (Karibische See).

13 *Wachstumszone von* Madracis decactis *(K);*
11 *Seitenansicht, Stammregion und Wachstumszone an den Sprossenenden –* und 14 *Wachstumszone von oben – der* Porites divaricata *(K);*
12 *Stammzone – und* 15 *Wachstumszone – von* Pocillopora damicornis *(G);*
16 Acropora palmata *(K);*
17 Acropora capillaris *(R);*
18 Acropora palifera *(M);*
19 Eusmilia fastigiata *(K);*
20 Tubastrea tenuilamellosa *(K);*
21 Fungia fungites *(M).*
G = Galápagosinseln, K = Karibische See, M = Malediven, N = Nikobaren, R = Rotes Meer.
Photos: H. Kacher. Die untere Bildkantenlänge der Aufnahmen 1–20 entspricht in der natürlichen Größe jeweils folgenden Werten (in mm): 80, 12, 13, 85, 60, 60, 49, 16, 56, 24, 55, 23, 10, 20, 23, 23, 24, 38, 110 und 60. Der Schirm der Fungia *in der Aufnahme 21 hat einen Durchmesser von 35 mm.*

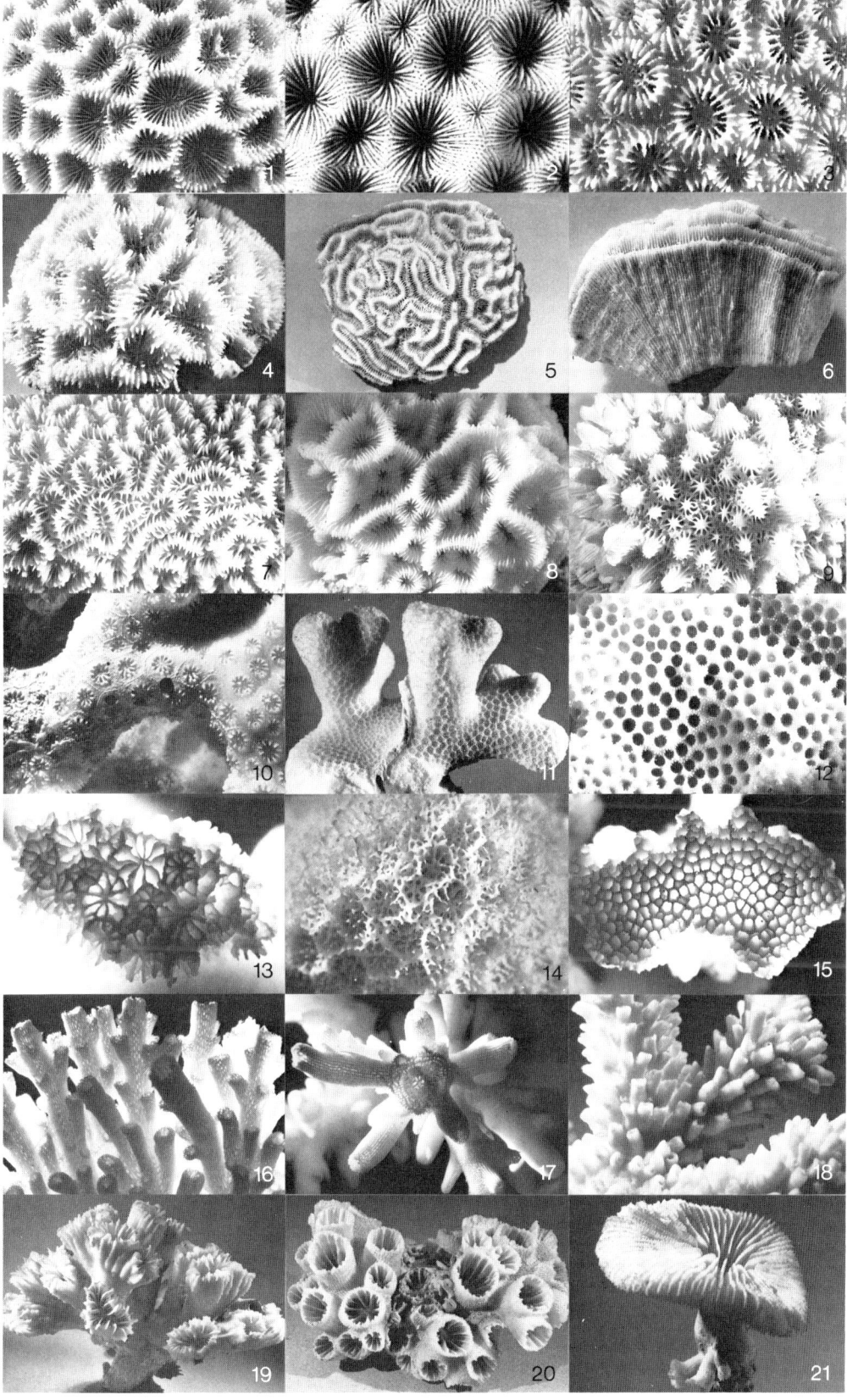

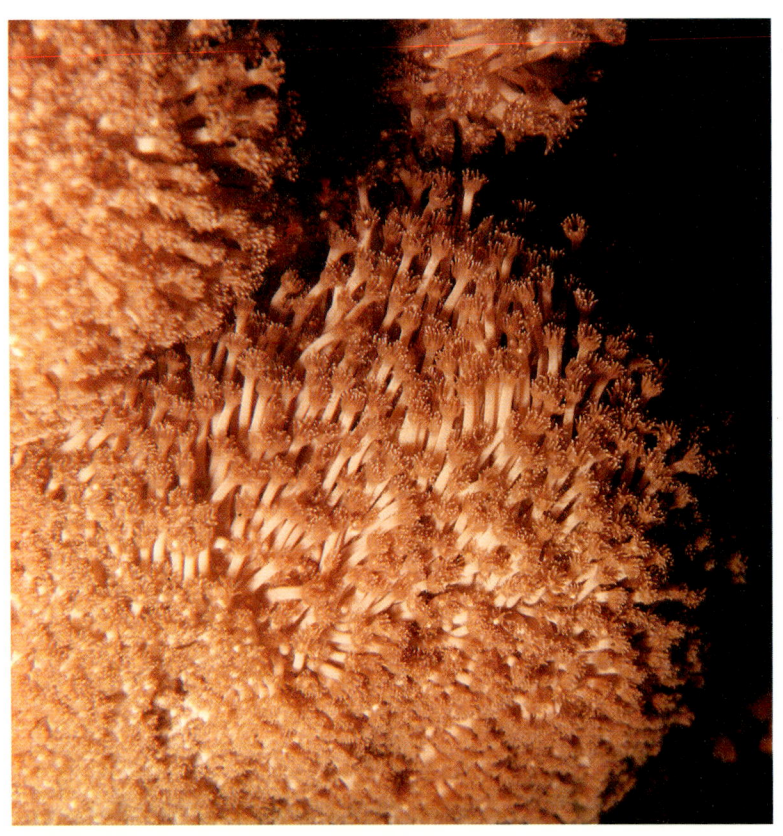

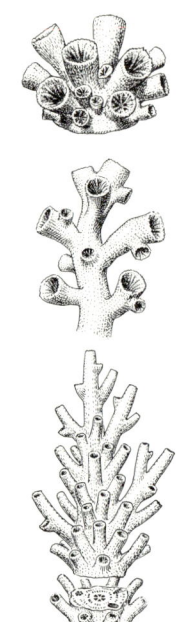

61
Drei Typen extratheka-
ler Knospung. Von
oben nach unten:
Tubastrea *und* Den-
drophyllia *(offene ex-*
trathekale Polypenneu-
knospung); zuunterst
Acropora.
Zeichnung: H. Kacher.

62
Korallenstock (Gonio-
pora) *mit ausgestreck-*
ten Polypen. Nach Be-
rührung haben sich die
Polypen im Vorder-
grund (untere Aufnah-
me) zurückgezogen.
Photo: Verfasser
(Malediven).

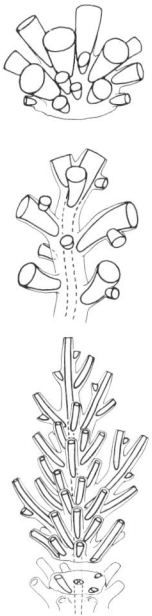

Beim Aufbau des Korallenskeletts spielen, nach den Untersuchungen von T. Goreau, symbiontische Algen, die sogenannten Zooxanthellen, eine große Rolle. Die an sich im Meerwasser reichlich vorhandenen Kalziumionen vereinigen sich nur zum geringen Teil zu Kalziumkarbonat, da sich ein Teil der Reaktionsprodukte wieder löst. Erst wenn CO_2 entfernt wird, verändert sich das Gleichgewicht so, daß mehr Kalk ausfällt, als in Lösung geht. Die Zooxanthellen verbrauchen nun laufend CO_2, und damit steigert sich die Kalkbindungsrate um durchschnittlich auf das Zehnfache des Wertes algenfreier Korallen.

Die symbiontischen Algen haben also eine Schlüsselrolle bei der Riffbildung, denn nur durch die mit ihrer Hilfe mögliche hohe Kalkbindungsrate können die Korallen Sturmschäden und Verletzungen durch normalen Brandungsschlag rasch ausgleichen und damit schließlich auch mächtige Riffe aufbauen. Bekanntlich bilden Korallenkalke den Grundstock einiger Gebirge unserer Alpen! Nur Korallen mit Algensymbionten treten riffbildend auf. Nachts sinkt die Kalkbindungsrate auch bei ihnen auf das Niveau der Algenlosen, weil dann eben keine Photosynthese stattfindet.

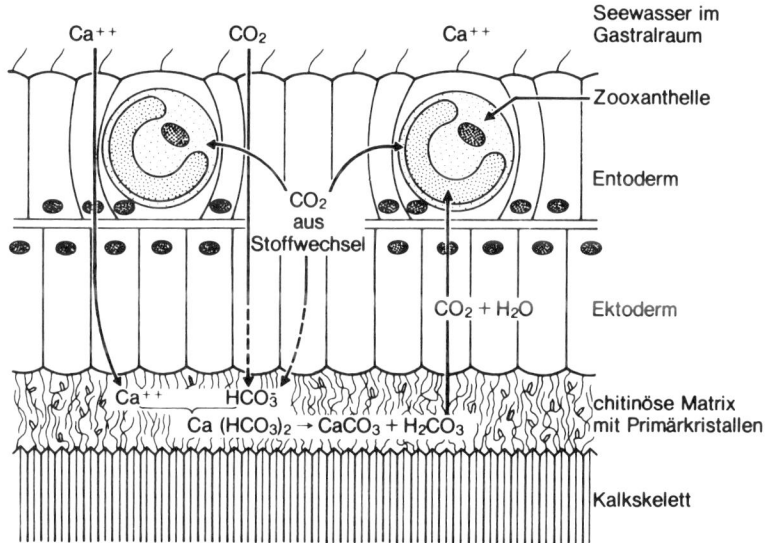

63
Schema der Kalkbildung bei Steinkorallen (Erläuterung im Text). Aus H. Schuhmacher (1976).

Zur Kalksynthese scheiden die Ektodermzellen der Basis Chitinfäden ab, die nur ein hunderttausendstel Millimeter Durchmesser haben. Sie füllen locker den Raum zwischen Polypen und bereits fertigem Skelett und dienen als Kondensationskerne und Leitstrukturen für die sich in der mit Kalziumionen übersättigten Lösung heranbildenden Kalkkriställchen, die zu Kristallfibern und Bälkchen verschmelzen.

Riffkorallen gedeihen am besten in Tiefen von 2 bis 6 Metern und bei einer Wärme von 25 bis 27 Grad Celsius. Mit der Wärme nimmt auch die Artenzahl zu. So gibt es am Barriereriff am 35. südlichen Breitengrad nur eine Korallengattung. Die Temperatur schwankt dort zwischen 10 und 25 Grad Celsius. Am 20. südlichen Breitengrad bei einer Temperatur von 20 bis 30 Grad Celsius findet man bereits 40 Gattungen und am 10. südlichen Breitengrad bei einer Temperatur von 24 bis 32 Grad Celsius 60 Gattungen. Unter 20 und über 30 Grad Celsius ist kaum noch ein Kalkzuwachs zu verzeichnen. Die Temperaturabhängigkeit spiegelt sich auch in der Verbreitung wider. Verbindet man die Punkte mit 20 Grad Celsius Mitteltemperatur im kältesten Monat des Jahres, dann sieht man, daß die Riffgebiete unserer Erde im wesentlichen innerhalb dieser 20-Grad-Isothermen liegen. Zusammengenommen bedecken die Korallenriffe eine Fläche von rund 150000 Quadratkilometern.

Im Weichkörper der Koralle findet man durch die Algen etwa genausoviel pflanzliches wie tierisches Protoplasma. Da überdies auch im Kalkskelett bohrende Algen vorkommen, überwiegt das Pflanzenmaterial im Korallenstock das tierische Material nach den Schätzungen von E. Odum im Verhältnis von drei zu eins.

64
Der zwischen den 20-Grad-Isothermen liegende Korallenriff-gürtel der Erde.

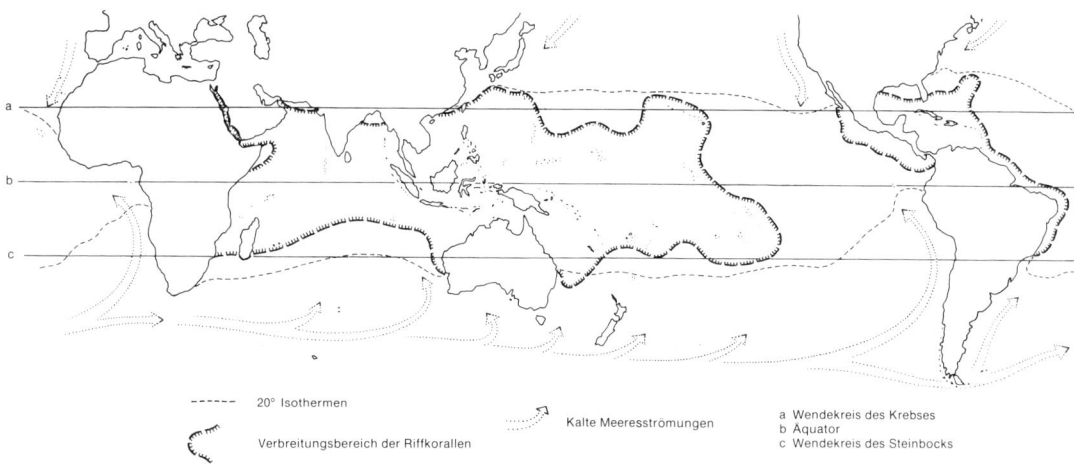

        ------ 20° Isothermen   ····· Kalte Meeresströmungen   a Wendekreis des Krebses
                                                                                     b Äquator
        Verbreitungsbereich der Riffkorallen   c Wendekreis des Steinbocks

Die Zooxanthellen erzeugen Assimilate, die dem Polypen als Nahrung dienen können. Sie binden ferner Phosphate und wahrscheinlich auch Stickstoffabbauprodukte – fungieren also gewissermaßen auch als »Exkretionsorgane« der Polypen. Die Annahme, die Korallen würden gelegentlich bei Not auch Algen verdauen, hat sich nicht bestätigt. Es fehlt den Polypen das Zellulose lösende Enzym. Die meiste Nahrung fischen die Korallen aus dem Wasser. Meist handelt es sich um sehr kleine tierische Planktonorganismen. Sie werden bei vielen Arten im Schleim gebunden, durch Wimpern zur Mundöffnung gestrudelt. Korallenpolypen können schließlich auch im Wasser gelöste organische Stoffe (Aminosäuren) aufnehmen. Korallen, die man in Aquarien hielt, aus denen alles Plankton ausgefiltert war, gediehen dank diesem Vermögen und mit Hilfe der Zoochlorellen ohne jede Planktonnahrung.

Bei den Korallen handelt es sich um eine alte, erfolgreiche Tiergruppe. Wir kennen sie bereits aus dem Erdaltertum. Da der Zuwachs nicht nur tageszeitlich, sondern auch mit den Jahreszeiten wechselt, konnte man durch röntgenographische Untersuchungen der periodischen Zuwachsstreifen fossiler Korallen nachweisen, daß das Jahr im Devon 400 Tage hatte. Die Tage waren demnach kürzer als heute: ein interessanter Nachweis der durch astronomische Berechnungen aufgestellten These von der allmählichen Verlangsamung der Erdrotation. Korallenpolypen fressen vor allem nachts Zooplankton. Tagsüber ziehen sich die meisten Arten in ihre Kelche zurück. Die meisten fischen passiv, mit ausgebreiteten Tentakeln.

In den dem Licht ausgesetzten Teilen assimilieren die Algen. Höchst bemerkenswert ist das Regenerationsvermögen der Korallen. Bei abgebrochenen Acroporenästen (Hirschgeweihkorallen) wird die Bruchstelle innerhalb von ein bis zwei Tagen mit lebendem Polypengewebe überzogen. Das ist äußerst wichtig, denn sonst würden sich Algen und viele Tiere festsetzen, und das könnte zur Erkrankung und zum Absterben des Stockes führen. Die mannigfaltigen Korallenformen entstanden sowohl in Anpassung an die physikalischen Bedingungen der Umwelt, wie Wellenschlag, Strömung, Gezeitenwechsel, Sonneneinstrahlung, wie auch als Antwort auf Freßfeinde.

Die Wuchsformen ein und derselben Korallenart können nach Standort recht unterschiedlich sein. Die pazifische Koralle *Synaraea convexa* bildet im gut durchlichteten seichten Wasser derbe verzweigte Stöcke. An überhängenden Steilwänden, Aushöhlungen und in größerer Tiefe bilden sich je nach den Lichtverhältnissen blattartige bis dünne plattenartige Wuchsformen aus. Plattenartige Formen findet man ferner an Höhlendächern, die nur wenig Licht erhalten. Die Oberfläche der dünnen Platten ist so ausgerichtet, daß sie das Maximum des spärlich eingestrahlten Lichtes auffangen (J. Jaubert 1977).

Nicht zuletzt sind die verschiedenen Wuchsformen der Korallen Ergebnis einer scharfen zwischenartlichen Konkurrenz. Blockförmige Korallen widerstehen leicht dem Wellenschlag und der aufgerührten See. Sie können theoretisch endlos weiterwachsen, vorausgesetzt, sie werden nicht unterwachsen und unterhöhlt. Das Wachstum dieser massiven Stöcke ist jedoch langsam. Die schnellwachsenden, verästelten und verzweigten Stöcke sind ihnen darin überlegen. Wie schnellwachsende Pflanzen können sie die anderen überschatten und ihnen damit das Licht rauben, das alle für die assimilierenden Algen brauchen. Sie können auch einen Teil des Planktons wegfischen. Allerdings sind die verzweigten Formen bei Stürmen gefährdeter. Sie werden leicht vom Wellenschlag zertrümmert, obgleich sie auf regelmäßige Wasserbewegung durch Standortvarianten reagieren. Im seichten, bewegten Wasser haben Hirschhornkorallen im allgemeinen derbere, gedrungenere Äste als Formen derselben Art, die im wenig bewegten Wasser leben. Auch ist die Lebensdauer von Stockkorallen begrenzt. Die Äste sterben in der Basis ab, und nach etwa zehn Jahren schließlich zerbricht so ein Stock unter seinem eigenen Gewicht. Dafür hat die hoch emporragende Koralle weniger unter Sinkstoffen und Sandablagerungen zu leiden als ein Korallenblock, der noch klein ist.

Alle Korallen können sich zwar von Sedimenten befreien. Sind jedoch ständig Sinkstoffe im Wasser, dann gehen sie daran zugrunde. Das ist auch der Grund, weshalb es in der weiteren Umgebung der Amazonasmündung keine Korallen gibt.

Korallen zeigen eine deutliche Unverträglichkeit gegenüber Korallenstöcken anderer Arten. Kommen die Polypen mit denen eines anderen Stockes in Berührung, dann kommt es zu Unverträglichkeiten, die in den von W. Hildemann und seinen Mitarbeitern untersuchten Fällen zur Ausscheidung von Giften führen, die das Gewebe des Nachbarn zerstören. Dabei kann eine Art deutlich über die andere Art dominieren. Es gibt ferner Korallen, welche die Polypen des Nachbarstockes, der zu nahe kommt, mit Hilfe ihrer Mesenterialfilamente außerhalb ihres Magens verdauen. *Acropora cervicornia* greift so nach J. Lang *Montastrea annularis* an. Die Heftigkeit der gegenseitigen Ablehnung wechselt. Es gibt auch Arten, die anderen stets überlegen sind. Bemerkenswerterweise bekämpfen sich auch Stöcke ein und derselben Art, wenn sie verschiedenen Kolonien angehören. Nur innerhalb einer Kolonie herrscht Verträglichkeit zwischen Artgleichen. Man kann in solchen Fällen ein Korallenstück von einem Stock auf einen anderen derselben Kolonie verpflanzen. Die Gewebe verschmelzen dann in der Kontaktzone, und das Stück wächst fest. Offenbar wird nur genetisch identisches Material akzeptiert.

Korallen sind einer Reihe von Feinden ausgesetzt. Die größten und wohl auch aktivsten sind die Papageifische, die mit ihren harten Zähnen die Oberfläche von Korallenblöcken richtiggehend abnagen können. Sie nehmen von verzweigten Arten auch ganze Sprossen auf. Man schätzt, daß ein Drittel der von den Korallen produzierten Kalksubstanz durch den Magen der Papageifische wandert und als Sand ausgeschieden wird. Papageifische wären damit die Hauptproduzenten des Korallensandes. Allerdings hat man festgestellt, daß die Hauptnahrung vieler Papageifische der Algenbewuchs abgestorbener Korallenteile ist. Korallen werden ferner von Kugelfischen (*Tetraodontidae*), Feilenfischen (*Monocanthidae*) und Drückerfischen (*Balistidae*) angegriffen. Dazu kommt noch eine Reihe von Schmetterlingsfischen (*Chaetodontidae*), die ebenfalls Korallenpolypen abweiden. Wir wiesen auf sie bereits hin.

65
*Die in Korallenstöcken
lebende Schnecke*
Entoconcha. *Sie steht
nur mit einem dünnen
Kanal mit der Außen-
welt in Verbindung.
Durch ihn erhält sie
Atemwasser und Nah-
rung. Im aufgebroche-
nen Korallenskelett er-
kennt man eine grüne
Zone. Die im Skelett
der Korallen wachsen-
den Algen stellen einen
bedeutenden Anteil der
pflanzlichen Biomasse
eines Riffs.
Photo: Verfasser
(Malediven).*

* Als weitere Feinde des
Sonnensterns treten
Fische auf. Große Ku-
gelfische *(Arothron
hispidus)* und Drücker-
fische *(Pseudobalistes
flavimarginatus* und
Balistoides viridescens)
führen erfolgreiche
Beißattacken selbst auf
ausgewachsene Son-
nensterne aus. Die
Harlekingarnele *(Hy-
menocera picta)* kann
nur kleinere Seesterne
bewältigen. Als Feind
der Sonnensterne
spielt sie keine Rolle.

Aber nicht nur Fische, die Korallen fressen, wirken an deren Zerstörung mit. Der karibische Dreipunktriffbarsch *(Eupomacentrus planifrons)* beißt in die lebenden Gewebeteile von *Acropora cervicornia* und *Montastrea annularis* und bringt sie damit systematisch zum Absterben. Innerhalb weniger Tage wächst auf den abgestorbenen Korallenteilen ein Algenrasen, den der territoriale Fisch durch Angriffe gegen die Koralle erweitert und pflegt. Man kennt Ähnliches auch von Seebadern.

Unter den Wirbellosen hat neuerdings die Dornenkrone *Acanthaster plancii* als Korallenzerstörer Aufsehen erregt. Dieser große Seestern erklettert Korallen, stülpt seinen Magen aus und bedeckt diese damit. Die Korallenpolypen werden so außerhalb des Seesternkörpers verdaut. Zurück bleibt das blendend weiße tote Kalkskelett.

In den frühen siebziger Jahren stellte man bei Guam und danach auch am großen Barriereriff stellenweise ein Massenauftreten dieses vielarmigen, von Armspitze zu Armspitze bis zu einen Meter spannenden Seesterns fest. Über die Ursachen dieses massenhaften Vorkommens, unter dem ganze Riffabschnitte zugrunde gingen, war man geteilter Meinung. Man glaubte, Schneckensammler hätten die Tritonsschnecken *(Charonia tritonis)* dezimiert, die als Hauptfeinde die Sonnensterne anbohren und ausfressen.* Das mag ein Faktor sein. Wir haben aber gesehen, daß auch kaum besuchte Riffe von dieser Plage befallen sind, und daher halte ich es für möglich, daß es sich um normale Fluktuationen im Rahmen der Räuber-Beute-Tierzyklen handelt. Dafür spricht, daß die Sonnensterne ebenso plötzlich wieder verschwinden, wenn das Gebiet abgeweidet ist, und die Korallen sich danach schnell wieder regenerieren.

Ein weiterer Korallenfresser ist der Kissenstern *(Culcita coriacea)*. Von den kleineren Korallenfeinden sei die Schnecke der Gattung *Drupella* genannt, die Korallenpolypen abweidet. Den kleinen wurmartigen Krebs, den S. Gerlach als Zerstörer von Korallengewebe entdeckte, erwähnten wir bereits.

Korallen können auch erkranken. Ein gefährlicher Krankheitserreger ist die Blaualge *Oscillatoria submembranacea*. Die im Wasser allgegenwärtigen mikroskopisch kleinen Algen setzen sich nach A. Antonius in frischen Verletzungen der Korallenoberfläche fest. Von hier aus schreitet die Zerstörung des Korallengewebes schnell voran. Das Korallengewebe wird aufgelöst und dient der Alge als Nahrung. Es entsteht ein kreisrunder Fleck. Vom Rand dieses Flecks schreitet die Krankheit nach allen Richtungen voran. In einer Woche schiebt sich dieses lebende Algenband um einige Zentimeter weiter. In der Karibischen See stellte Antonius fest, daß in manchen Riffteilen bis zu 100 Prozent aller toten Korallenstöcke an der Blaualgenkrankheit zugrunde gegangen waren. Auf Hornkorallen *(Gorgonia tubulina* und andere) verursacht eine Fadenalge tumorartige Bildungen.

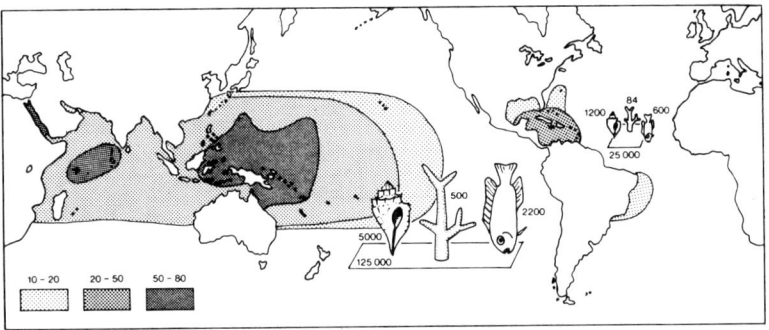

66
Vergleich der Artenfülle indopazifischer und atlantischer Riffe. Beschalte Mollusken 5000 : 1200 Arten, Steinkorallen 500 : 84 Arten, Fische 2200 : 600 Arten; Gesamtfläche der Riffe 125 000 : 25 000 km².
Die verschiedenen Raster geben die Anzahl der Korallengattungen in den Riffen wieder. Über 50 Gattungen finden wir nur im Roten Meer, dem westlichen Indischen Ozean und dem westlichen Pazifik.
Aus H. Schuhmacher (1976).

Die Riffe der Welt kann man in zwei große geographische Regionen einteilen, die sich durch verschiedenen Artenreichtum ganz auffällig unterscheiden (s. Aufstellung unten):

Was mag die Ursache dieses unterschiedlichen Artenreichtums sein? Ich vermute, daß die eiszeitliche Auskühlung des tropischen Atlantiks zu der heute beobachteten Verarmung führte. Diese Vermutung drängte sich mir bereits 1964 auf, als ich die Anemonenfischsymbiosen und Putzsymbiosen des Indopazifiks mit jenen der Karibischen See verglich. Mir fiel das Fehlen spezialisierter Anemonenfische (Gattung *Amphiprion* und Verwandte) und spezialisierter Putzerlippfische *(Labroides)* auf. Ich stellte aber fest, daß in der Karibischen See viele verschiedene Putzer um die Nische des Putzerfisches konkurrierten, wobei der erfolgreichste dem Putzerlippfisch im Erscheinungsbild recht ähnlich war, was mir den Gedanken nahelegte, es könnte einst so einen Putzerlippfisch im tropischen Atlantik gegeben haben. Dies könnte die auffällige Parallelentwicklung erklären. Wenn es nämlich so einen Putzer mit einer entsprechenden »Putzeruniform« gegeben hat, dann darf man annehmen, daß sich auch der Wirt an diese Uniform seines Symbiosepartners angepaßt und Detektoren entwickelt hat, die es ihm erlauben, angeborenermaßen seine Putzer als solche zu erkennen. Ein solcher angeborener Erkennungsmechanismus könnte das Aussterben des Putzers überdauert haben und nun als modischer »Geschmack« der Wirtsfische die Entwicklung einer Putzeruniform bei den sich neu entwickelten Putzern ausrichten. Ich komme darauf noch im Putzerkapitel zurück.

Es spricht in der Tat nichts dafür, daß die beobachteten Unterschiede im Artenreichtum der beiden Regionen ursprünglicher Art sind. Die Panama-Landbrücke, die heute den tropischen Atlantik vom tropischen Pazifik trennt, hob sich erst im Miozän. In der davorliegenden Zeit des Tertiärs waren die beiden Meere verbunden. Und wie man, nach J. Wells, an den fossilen Korallen ablesen kann, hatten beide Bereiche im Tertiär etwa die gleiche Korallenfauna. Die heute nur im Indopazifik vorkommenden Gattungen *Pocillopora, Stylopora, Seriatopora, Montipora, Goniopora, Goniastrea, Hydnophora, Astreopora* und *Fungia* gab es damals auch im heutigen tropischen Atlantik, ebenso die Orgel-

Anzahl der Atolle
Anzahl der Barriereriffe (ohne Einzelriffe des Großen Barriereriffes)
Anzahl der Korallengattungen
Anzahl der Korallenarten
Anzahl der *Acropora*-Arten
Anzahl der *Porites*-Arten
Anzahl der *Fungia*-Arten
Artenzahl der beschalten Mollu (Schnecken und Muscheln)
Artenzahl der Fische

67

Die Dornenkrone
(Acanthaster planci)
gehört zu den riffzer-
störenden Seesternen.
Auf den Korallenstök-
ken ruhend, stülpt sie
ihren Magen aus und
verdaut die Polypen, so
daß nur das gebleichte
tote Skelett übrigbleibt.
Die Art ist überdies gif-
tig. Ein Stich der Sta-
cheln ist daher höchst
schmerzhaft.
Photo: Verfasser (Li-
zard Island, Großes
Barriereriff).

	opazifik	Atlantik
	00	10
	r 30	2
	0	35
	0	84
	0	3
	0	6
	6	–
	0	1200
	0	600
	lkalgen	kcine
	festigen das	vergleichbare
	fdach	Verfestigung
		des Riffdaches
		durch
		Kalkalgen
	ichkorallen	Hornkorallen
	cyonacea)	(Gorgonacea)
	Sekundär-	als Sekundär-
	dler	siedler

korallen *(Tubipora)* und die blaue Koralle *(Heliopora).* Nach der Landhebung müssen sich die eiszeitliche Abkühlung und das Absinken des Meeresspiegels um 120 Meter in dem kleineren Raum des tropischen Atlantiks für viele Riffbewohner verheerend ausgewirkt haben. Und es gab sicher weniger Rückzugsgebiete als im weiten indopazifischen Raum, in dem sich nach der Erwärmung die alte Lebensgemeinschaft wiederhergestellt hatte. Im äußeren Erscheinungsbild hat sich jedoch mit dem vorhandenen Artenmaterial wieder eine parallele Lebensgemeinschaft aufgebaut, wobei wir verfolgen können, wie sich neue Arten, noch miteinander wettstreitend, in freie Nischen drängen.

Systematisch gehören die Steinkorallen zur großen Gruppe der Hohltiere, deren Körper aus nur zwei Zellschichten besteht. Diese Gruppe zerfällt in die zwei Stämme der Rippenquallen *(Ctenophora)* und der Nesseltiere *(Cnidaria),* die sich, wie schon der Name ausdrückt, unter anderem durch den Besitz beziehungsweise Mangel von Nesselzellen voneinander unterscheiden.

Es gibt drei Klassen von Nesseltieren. Die erste Klasse bilden die *Hydrozoa,* zu denen unter anderem die Staatsquallen *(Siphonophora)* und die Hydroidpolypen gehören, die zarte, oft federartige Polypenstöcke bilden. Massige Kalkskelette bilden die Milleporen, dem Taucher auch als Brennkorallen unangenehm vertraut. Sie sehen äußerlich Steinkorallen sehr ähnlich und bilden senkrechte Platten und Grate, die mitunter auch verzweigt und durchbrochen sind. Bei den Hydrozoen finden wir vielfach einen Generationswechsel von Quallen und Polypen. Ein festsit-

101

zender kleiner Polyp schnürt an seinem oberen Ende Quallen ab. Diese pflanzen sich geschlechtlich fort. Aus den befruchteten Eiern entsteht eine Larve, die sich festsetzt, zum Polypen wird, der wieder ungeschlechtlich Medusen erzeugt. Es gibt jedoch Arten, bei denen das Medusenstadium entfällt – unser Süßwasserpolyp gehört dazu.

Die Klasse der *Scyphozoa* oder Schirmquallen hat recht unscheinbare Polypen. Die Medusen sind groß, und viele können arg nesseln.

Die dritte Klasse ist die der *Anthozoa* oder Blumentiere. Sie zerfällt in die beiden Unterklassen der *Octocorallia*, die, wie der Name ausdrückt, acht Arme und acht Mesenterien aufweisen, und der *Hexacorallia*, die sechs Tentakel und Septen beziehungsweise ein Mehrfaches davon besitzen. Oktokorallen spielen in der Lebensgemeinschaft des Korallenriffes eine große Rolle. Zu ihnen gehören die Hornkorallen oder *Gorgonacea*, die sich nach Zerstörung der Riffkorallen schnell auf den frei gewordenen Felsen ansiedeln und den Steinkorallen zunächst den Raum nehmen. Sie dominieren in manchen Riffen der Karibischen See, wo sie große Büsche bilden. Die Venusfächer *(Rhipidogorgia)* bilden oft meterhohe Fächer quer zur Hauptströmung. Sehr merkwürdig sehen die Peitschenkorallen *(Ellisella)* aus, die von Riffwänden als unverzweigte lange Stiele wegwachsen, als hätte jemand Drähte hineingesteckt. Ein schönes rotes Kalkskelett bildet schließlich die ebenfalls zu den Hornkorallen gehörende Orgelkoralle *(Corallium rubrum)*.

Die Weichkorallen (Alcyonaria) sind in den Riffen ebenfalls in großer Zahl anzutreffen. Bekannt ist die Tote Mannshand *(Alcyonium)*. Schließlich ist noch die Oktokorallenordnung der *Coenthecalia* zu erwähnen wegen der im Indopazifik verbreiteten blauen Koralle *(Heliopora)*.

Die Unterklasse der Hexakorallen zeichnet sich durch die Sechszahl von Septen und Tentakeln aus. Zu dieser Unterklasse zählen die Ordnungen *Ceriantharia* (Zylinderrosen), *Actinaria* (Seerosen, Aktinien), *Zoantharia* (Krustenanemonen), *Antipatharia* (Dörnchenkorallen) mit *Antipathes*, die als »Schwarze Koralle« in der Schmuckindustrie verwendet wird, und schließlich die uns mittlerweile vertrauten *Madreporaria* oder Steinkorallen. Die Krustenanemonen aus der Gattung *Palythoa* erzeugen das herz- und kreislaufwirksame Gift Palytoxin, das zu den schwersten uns bekannten Giften gehört. Bereits 0,1 Millionstel Gramm (100 Nannogramm) auf 1 Kilogramm Körpergewicht wirken tödlich. Das Gift ist also hundertmal so giftig wie das der Königskobra. An Giftigkeit kommt diesen Krustenanemonen nur noch die Qualle *Chironex fleckeri* gleich, die als Seewespe traurigen Ruhm erlangte. Die Qualle kommt auf der Nahrungssuche in die Buchten Australiens. Sie hat bereits viele Todesopfer gefordert. Bereits wenige Minuten nach der Nesselung kommt jede Hilfe zu spät. Grundsätzlich hüte man sich vor Quallen und Anemonen.

102

Die Barbierstube im Riff

» Trochylus das voegele und der groß Crocodyl habend sondere fründtschafft und anmutig zusammen, nämlich dieweyl der Crocodyl ein wasserthier, hat er immerdar in seinem rachen äglen, und diweyl es fleischfrässig, stäckt im immerdar sein gebissz voll fleisch, welches den vogel wol bewüßt, so der Crocodyl sich an die Sonnen gelegt, zeschlaffen mit offenen rachen, schleufft das vöglein sein rachen, bickt und raumpt oder schoret im das fleisch aus den zänen, darob der Crocodyl ein großen Lust empfacht, haltet dem vögele still den rachen offen, und so er wil daß es auß fliege, so es sein gnug ist, so bewegt er den oberen Kiffbaggen snafftigklich und laßt also das vögele unerletzt hinfliegen.«

Konrad Gessner, 1583

70
Putzergarnelen (Lysmata grabhami), *die von ihrem Versteck zwischen* Porites-*Korallen aus Rötlinge* (Anthias squamipinnis) *putzen. Die Garnelen betasten die Fische, während sie diese putzen, mit den Antennen und teilen ihnen so ihre Anwesenheit mit.*
Photo: H. Fricke (Rotes Meer).

Vor Gessner hat bereits Herodot diese nette Geschichte vom Krokodilwächter erzählt, aber so recht vermochte ich sie nicht zu glauben, bis ich eines Tages unter den blauen Wogen der Karibischen See Zeuge einer vergleichbar merkwürdigen Begebenheit wurde; allerdings waren die Akteure hier Fische.

Ich saß auf einem Korallenblock und sah den bunten Fischen zu. Da schwamm ein alter Zackenbarsch herbei. Gemächlich ruderte er mit seinen lappigen Brustflossen zu einer Koralle und stellte sich über ihr auf. Langsam öffnete er sein furchterweckendes Maul, und auf einmal, ich traute meinen Augen kaum, kamen kleine Fischchen herbeigeschwommen. Einige begannen die Körperoberfläche des großen Fisches abzusuchen, andere verschwanden im Maul und unter dem abgehobenen Kiemendeckel des Raubfisches. Und zu meinem großen Erstaunen kamen sie unverletzt wieder hervor! Als der Zackenbarsch schließlich ge-

107

nug hatte, schloß er das Maul mit einem Ruck, aber nicht ganz, um es gleich wieder weit aufzusperren. Und auf dieses Signal hin verließen die Putzer das Maul des Barsches. Der schüttelte sich noch einige Male; daraufhin kehrten auch jene, die seine Körperoberfläche abgesucht hatten, zu ihrer Wohnkoralle zurück. In den folgenden Monaten beobachtete ich diese merkwürdige Begebenheit immer wieder und fand schließlich heraus, daß die kleinen Fische die großen von Parasiten befreiten. Sie fraßen außerdem noch abgestorbene Gewebeteile und reinigten so Wunden. Der Putzergilde gehörten in der Karibischen See verschiedene Fischarten an: Grundeln, Lippfische, Süßlippen- und Riffbarsche. Als »Kunden« trat eine Vielzahl von Fischen aus ganz verschiedenen Familien auf, Papageifische in gleicher Weise wie Zackenbarsche oder zierliche Schmetterlingsfische. Ich studierte diese zwischenartlichen Vergesellschaftungen, lernte, daß es sich dabei um eine echte Symbiose zu beiderseitigem Nutzen handelte und daß beide Teile mit Hilfe einfacher Signale miteinander kommunizierten. Da zu diesem Phänomen bis dahin nur vereinzelte verstreute Notizen in der Literatur bekannt waren, beschrieb ich den Vorgang zum erstenmal genauer und führte bei dieser Gelegenheit die Begriffe Putzsymbiose und Putzer ein.

Als ich die Riffe der Malediven betrat, war ich gespannt, ob ich meinen alten Freunden, den Putzerfischen, wieder begegnen würde. Bereits bei meinem zweiten Abstieg an der Schuttinsel entdeckte ich sie. Es waren blaue Putzerlippfische mit einem schwarzen Längsstreif *(Labroides dimidiatus)*. Ein Pärchen säuberte gerade einen Süßlippenbarsch. Er verhielt sich genauso wie die Barsche der Karibischen See. Als ihn ein Putzer am Maulwinkel stupste, sperrte er das Maul auf und hob auch einen Kiemendeckel ab; hatte er schließlich genug, dann forderte er durch Maulschließen und Schütteln des Körpers seine Gäste auf, ihn zu verlassen. Eine Gruppe von Dicklippen wartete schon darauf, nun an die Reihe zu kommen, und wirklich wurde einer nach dem anderen sorgfältig gesäubert. Ich hatte eine richtige Barbierstube im Riff entdeckt.

Diesen Platz besuchte ich nun täglich. Die Putzer waren hier immer am Werk. Die Dicklippen gehörten zu den regelmäßigen Kunden, aber es kamen auch viele andere, selbst Meeräschen aus dem freien Wasser. Sie strömten im Schwarm herbei, stellten sich leicht kopfabwärts geneigt mit abgehobenen Kiemendeckeln über dem Riff auf und warteten. Papageifische stellten sich dagegen meist kopfaufwärts hin, wenn sie zum Putzen aufforderten. So hatte jeder Fisch seine Eigenheiten. Manche wechselten die Farbe, wenn sie geputzt wurden. So die dunklen Nashornfische *(Naso tapeinosoma),* die dann hellblau wurden. Das hatte den Vorteil, daß sich die Parasiten dann deutlicher von der Haut der Fische abhoben. Ein weit verbreiteter Parasit ist der Isopode *Gnathia.* Die Putzer entfernen auch blutsaugende Ruderfußkrebse *(Copepoda).*

108

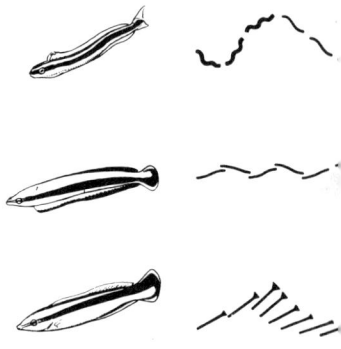

71
Schematische Darstellung des Putzertanzes (unten); darüber die Fortbewegungsweise des Putzernachahmers (Aspidontus) *und zuoberst das Schlängelbogenschwimmen des Säbelzahnschleimfisches* (Runula), *aus dem sich das Wippschwimmen des Nachahmers entwickelte. Aus W. Wickler (1963).*

Der Putzerlippfisch zeigte einige Eigentümlichkeiten, die ich vom karibischen Putzer nicht kannte. Er war zum Beispiel viel wendiger und beweglicher als jener. Wenn er einen großen Fisch zum Putzen einlud, dann tanzte er mit auffällig wippenden Bewegungen vor ihm auf und ab. So forderte er übrigens auch mich wiederholt zum Putzen auf, aber ich konnte ja schlecht den Mund unter Wasser aufsperren, und so wurde es mit uns halt doch nichts.

Bei einladendem Tanz spreizte der Putzer seine Schwanzflossen und wippte vor allem mit dem Hinterkörper in der Vertikalen auf und ab. Es fiel nun auf, daß er vor kleineren Fischen und vor den ihm offenbar gut bekannten Süßlippen kaum wippte. Vor ihm neuen Gästen, wie etwa dem Taucher, wippte er dagegen besonders heftig. Hatte er sich beruhigt, dann konnte man ein intensives Tanzen sofort wieder auslösen, wenn man ihn erschreckte. Der Tanz entstand offenbar aus einem Konflikt zwischen der Intention, heranzuschwimmen, oder der, zu den schützenden Korallen hinunterzutauchen.

Während der Putzer die Körperoberfläche des Wirtes absuchte, betrillerte er diesen mit den Bauchflossen. So teilte er ihm mit, wo er gerade tätig war, und der Wirt richtete sich danach. Er hielt die Flossen an der entsprechenden Stelle still oder hob den Kiemendeckel. Kam der Putzer an eine zusammengefaltete Flosse, dann bestupste er sie mit dem Maul, und der Wirt richtete sie auf. So verständigten sich beide ausgezeichnet. Der amerikanische Forscher G. Losey fand, daß die Wirtsfische die taktile Reizung durch den Putzer als angenehm empfinden. Bei den karibischen Arten lernt der Wirt auf diese Weise die verschiedenen Arten, die ihn putzen, kennen und merkt sich deren Aussehen. Fische haben übrigens eine deutliche »Appetenz«, sich putzen zu lassen. Selbst völlig parasitenfrei im Aquarium gehaltene drängen sich um einen ihnen zugesellten Putzerlippfisch, wenn sie längere Zeit Putzer entbehren mußten.

Beim Putzen beachteten die Putzer jede Unregelmäßigkeit der Körperoberfläche. Jedes helle Pünktchen und jede kleine Warze versuchten sie wegzuputzen, und dabei kam es bisweilen zu Irrtümern. Einmal hielten wir in einem Aquarium einen Spitzkopfkugelfisch *(Canthigaster margaritatus),* den die Natur mit schönen weißen Sprenkeln versehen hat. Von allen Seiten stürzten sich die Putzer auf dieses herrliche Objekt und versuchten aus Leibeskräften, die hellen Sprenkel wegzupicken. Zum Schluß hing der geplagte Kugelfisch japsend an der Oberfläche und versuchte das Becken zu verlassen. Er wäre in seiner Verzweiflung wohl an Land gekrochen, wenn er gekonnt hätte. Ein anderes Mal setzten wir einen kleinen Igelfisch, auf dessen Stacheln kleine Hautfetzen wuchsen, in das Becken. Auch hinter denen waren die Putzer her, bis sie sich einige Male gestochen hatten.

In Gefangenschaft entwickeln sich zwischen Putzern und Geputzten bisweilen persönliche Freundschaften. Wir hatten einen

Schmetterlingsfisch, der sich daran gewöhnt hatte, von einem mittelgroßen Putzerfisch gesäubert zu werden. Als wir einen etwas größeren Putzer zusetzten, der den kleineren verjagte, ließ sich der Schmetterlingsfisch nicht mehr säubern. Wir mußten den neuen Putzer wieder herausnehmen. Als dann der kleinere wieder seine Tätigkeit aufnahm, ließ sich auch der Schmetterlingsfisch wieder putzen.

Ich habe mich oft gefragt, wie es wohl kommt, daß die spannenlangen Putzerfische nicht gleich bei ihren ersten Annäherungsversuchen von den Raubfischen gefressen werden. Sicher ist dabei zunächst einmal von Bedeutung, daß der Putzer nicht flüchtet. Flucht löst ja bei vielen Raubfischen geradezu reflektorisch die Beutefanghandlungen aus. Wir haben es einmal im Aquarium erlebt, daß ein Putzer, den wir frisch einsetzten und der erschreckt an einem Schnapper vorbeifloh, von diesem geschnappt wurde.

Wenn der Putzer jedoch vor einem Raubfisch tanzt, dann besteht bei diesem eine offensichtliche Hemmung, ihn zu fressen. Aber woran wird er erkannt? Ich vermutete, daß die auffällige Uniform und der Tanz Erkennungszeichen der Putzer des Indischen Ozeans seien. Das wurde mir schließlich auch auf sehr merkwürdige Weise bestätigt.

Hin und wieder fiel mir auf, daß die Wirtsfische, die eben noch mit abgespreizten Kiemendeckeln auf den Putzer gewartet hatten, zurückzuckten, wenn er sie berührte, und eilig flohen. Und auch der Putzer benahm sich in solchen Fällen etwas abweichend. Er tanzte zwar richtig wippend heran, aber dann stürzte er sich eher heftig auf seinen Wirt, und er schien ihn dabei zu beißen. Das alles vermochte ich lange nicht zu deuten; ich dachte schon an entartete Putzer, bis ich eines Tages einen von ihnen fing. Da erst sah ich, daß ich gar keinen Putzer, sondern einen Säbelzahnschleimfisch *(Aspidontus taeniatus)* in der Hand hatte. Er sah allerdings dem Putzerfisch verblüffend ähnlich. Wie dieser trug er einen dunklen Längsstreif und war auch so blau gefärbt. Am Gebiß erkannte ich gleich, daß ich einen Verwandten jenes Säbelzahnschleimfisches gefangen hatte, den ich bei den Galápagosinseln dabei beobachtet hatte, wie er andere Fische überfiel und ihnen mit seinem scharfen Gebiß Stücke aus Haut und Flossen stanzte. Der Säbelzahnschleimfisch, den ich da gefangen hatte, machte genau das gleiche, mit dem Unterschied, daß er einen Putzer nachahmte, um sein Opfer zu täuschen. Seine Nachahmung erstreckte sich nicht allein auf die Tracht. Auch das Tanzverhalten der Putzer war ihm eigen.

Die Fische lassen sich durch diese Ähnlichkeit wirklich täuschen. Sie erwarten den vermeintlichen Putzer, und unerfahrene Fische lassen sich wiederholt beißen, ehe sie die Täuschung merken. Da die Nachahmer viel seltener sind als die Putzer, kommt es nicht gleich zu einer Abdressur.

Die Putzerfische versuchen den Nachahmer zu vertreiben,

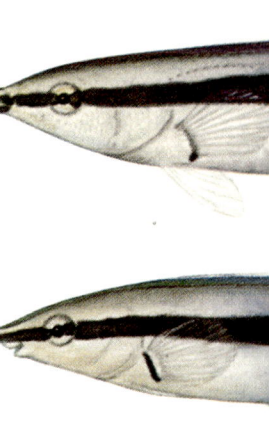

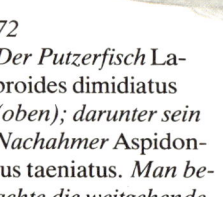

72
Der Putzerfisch Labroides dimidiatus *(oben); darunter sein Nachahmer* Aspidontus taeniatus. *Man beachte die weitgehende Übereinstimmung der »Uniform«. Zuunterst die Karibische Putzergrundel* Gobiosoma oceanops.

wenn er in ihr Gebiet eindringt. Ob sie ihn dabei von Artgenossen unterscheiden, ist noch nicht geklärt, denn fremde Artgenossen verjagen sie in der gleichen Weise. Kein anderer Fisch verteidigt hier sonst Besitzrechte. Die Barbierstuben sind gewissermaßen Allgemeingut, wo sich selbst solche Fische verträglich treffen, die sonst ihresgleichen heftig bekämpfen.

Es muß wohl ein großer Konkurrenzdruck herrschen, damit eine Fischart eine so ausgefallene Planstelle wie die eines Putzernachahmers besetzt. Der Nachahmer folgt in seinen Anpassungen offenbar sehr schnell jeder Änderung seines Vorbildes. Wir kennen mehrere Rassen des Putzerlippfisches. Jene, die wir bei den Malediven beobachteten, hatte einen dunklen Längsstreif an der Basis der Brustflosse. Auch dieses kleine Detail war beim Nachahmer zu finden. Dort, wo dem Putzer dieser Streifen fehlt, fehlt er auch dem Nachahmer; der Putzer der Tuomoutusinseln im Pazifik hat einen orangeroten Fleck in der Körpermitte, ein Merkmal, das nach J. Randall auch der Nachahmer in diesem Gebiet besitzt. Er muß offenbar stets dem Vorbild sehr ähnlich sein, damit ihn die Fische von diesem nicht unterscheiden.* Es ist interessant, darüber zu spekulieren, wie die weitere Entwicklung dieser Mimikry verläuft. Der Nachahmer parasitiert ja gewissermaßen an der Ähnlichkeit des Vorbildes und schädigt dieses, es sei denn, er tritt so selten auf, daß die positiven Erfahrungen der Wirtsfische überwiegen. Seiner Individuenzahl sind dadurch Grenzen gesetzt.

Eine andere Möglichkeit der Weiterentwicklung bestünde darin, daß der Nachahmer allmählich in die Planstelle eines Putzers hineingleitet. Dann könnte er vielleicht größere Individuenzahlen erreichen. Tatsächlich sah ich des öfteren, daß er seine Angriffe auch gegen größere Parasiten richtete, die sich deutlich von der Haut der Fische abhoben. Seinem scharfen Gebiß wären jene Parasiten zugänglich, die sein Putzervorbild nicht mehr beseitigen kann. Höchst reizvolle Probleme harren hier noch der weiteren Erforschung.

Junge Putzerlippfische findet man unter überhängenden Korallenstöcken und an Höhleneingängen. Sie vermeiden durch diese Ortswahl die Konkurrenz mit erwachsenen Artgenossen. Sie weichen von diesen auch in ihrer Färbung ab: Sie sind viel intensiver leuchtend blau. Sie haben nach H. Fricke und S. Holzberg ebenfalls einen Nachahmer gefunden. Der Säbelzahnschleimfisch *Runula rhinorhynchus* schleicht sich gerne an seine Wirte an. Seinen Körper ziert ebenfalls ein leuchtend blauer Längsstreif.

Wenn ich meine Erfahrungen über Putzerfische im Indischen Ozean mit meinen Beobachtungen im karibischen Raum und auf den Bermudas vergleiche, fällt mir auf, daß im Indischen Ozean nur wenige Arten als Putzerfische tätig sind. Der weitaus häufigste ist der Putzerlippfisch *(Labroides dimidiatus)*. Die verwandte Art *Labroides bicolor* sah ich einen Grauhai säubern. Der Hai

* Mittlerweile hat man auch in der Karibischen See eine Putzernachahmung entdeckt. Der Schleimfisch *Hemiblemaria simulus* ahmt die gelben Farbstadien des Putzerlippfisches *Thalassoma bifasciatum* nach.

schwamm im Kreis um einen hohen Porites-Stock, und jedesmal, wenn er an einer bestimmten Stelle vorbeikam, schwamm der Lippfisch herbei und pickte an ihm, ein Stück mitschwimmend. Dann kehrte er zum Block zurück und wartete auf das Wiederauftauchen des Hais. Wenn er in der Nähe von dessen Kiemenspalten putzte, dann sah man, daß der Hai die Kiemenspalten öffnete. Nun hatte der Hai auch einen Schiffshalter als Begleitfisch, jenen merkwürdigen schlanken Fisch, der sich mit der zu einem Saugapparat umgestalteten Rückenflosse an dem Hai festheften kann. Und dieser mochte den Putzer offenbar gar nicht leiden, denn wenn immer er ihn am Hai putzen sah, stürzte er auf ihn zu und vertrieb ihn. Er faßte ihn offenbar als einen Konkurrenten auf, und mir kam damals der Gedanke, daß der Schiffshalter möglicherweise der Putzer des Hais sein könne. Da die Haie oft Hochseebewohner sind und die Putzstationen im Riff nicht immer aufsuchen können, wäre es ja naheliegend, daß sie ihre Putzer mit sich führen.

Die Vermutung wurde wenige Wochen darauf durch ein sehr spaßiges Erlebnis bestätigt. Wir tauchten gerade an einem Innenriff im Seichten, als unser Ingenieur K. Hirschel einem 25 Zentimeter langen einzelnen Schiffshalter begegnete. Der begann sich auch gleich für Hirschel zu interessieren. Wahrscheinlich hatte er seinen Hai verloren und suchte jetzt Anschluß. Wir fanden das alle riesig nett, wie der Fisch da am Taucher auf und ab schwamm, wobei er sich dessen Körper genau ansah, als suche er daran nach etwas. Aufgeregt schwamm er die Beine entlang bis zu den Flossen und wieder aufwärts, bis er schließlich unter Hirschels breitem Brustkorb landete. Dort schwamm er schnurstracks auf eine der beiden Brustwarzen zu und zwickte ihn wiederholt recht kräftig hinein. Und als der erschreckte Hirschel die eine Seite schützte, da hatte er ihn schon an der anderen erwischt. Mit vor der Brust gekreuzten Armen schwamm unser Ingenieur eilig zum Boot, von einem kleinen Fisch verfolgt. Wir bogen uns vor Lachen, daß uns das Wasser in den Tauchbrillen hochstieg. »Der hat ein Maul wie ein Reibeisen«, gestand uns Hirschel später. Dem Schiffshalter hatte es bei Hirschel offensichtlich ausnehmend gut gefallen. Er begleitete ihn bis zum Boot und suchte noch lange ratlos nach seinem neuen Gefährten, der sich so unfischgemäß an die Luft zurückgezogen hatte.

Der Schiffshalter hatte die dunklen Warzen offenbar für Parasiten gehalten und wollte seinem neu gefundenen Wirt einen kleinen Dienst erweisen. Als ich drei Jahre danach Dr. Straßburg auf Hawaii von dieser Begebenheit erzählte, da sagte er mir, daß er im Magen von Schiffshaltern wiederholt Haiparasiten (Egelreste) gefunden habe.

Ich kenne aus dem Indopazifik nur Lippfische als Putzer. Wahrscheinlich gibt es noch andere, aber sie sind sicher nicht häufig. Man hat vielmehr den Eindruck, daß in diesem Bereich die Planstelle des Putzers vor allem von der Gattung *Labroides* fest besetzt ist, so daß nur geringe Chancen bestehen, sich in diese Nische zu drängen. Der Putzerlippfisch ist offenbar eine lange eingebürgerte Form, sowohl im Verhalten wie auch im Körperbau auf das Putzen spezialisiert, was ja auch die Existenz eines Nachahmers zeigt. In Gefangenschaft frißt der Putzer auch Krebschen und Würmer, die man ihm bietet, im Freien dagegen sah ich ihn über viele Stunden nur putzen. In dem mit dem Indischen Ozean zusammenhängenden tropischen pazifischen Bereich ist ebenfalls die Gattung *Labroides* Putzer. Bei Hawaii beobachtete ich zum Beispiel nur *Labroides phtirophagus* beim Säubern von Riff-Fischen.

Ganz anders ist die Situation im tropischen Westatlantik (Karibische See und Bermudas). In der Karibischen See beobachtete ich fünf Arten, die alle recht häufig als Putzer tätig waren und zu vier verschiedenen Familien gehörten. Es handelte sich um die Neongrundel *(Gobiosoma oceanops)*, den Feenbarsch *(Gramma hemichrysos)*, die Schweinsfische *(Bodianus rufus* und *Anisotremus virginicus)* und den Blaukopf *(Thalassoma bifasciatum)*. Die Neongrundel hatte sich am weitesten von allen als Putzer spezialisiert, was sich unter anderem darin äußerte, daß sie auch Raubfische putzte und sich sogar in deren Mundhöhle wagte. Die Schweinsfische putzten nur als Jungtiere, *Bodianus rufus* wagte sich dabei auch an Zackenbarsche und Barrakudas, schlüpfte aber nicht in deren Maul, Blauköpfe mieden Raubfische, und das, wie eine neuere Untersuchung von G. Darcy, E. Maisel und J. Ogden zeigte, aus gutem Grund. Sie werden nämlich von Raubfischen gefressen. Die Genannten sperrten zu einer Reihe von fischfressenden Raubfischen *(Epinephelus guttatus, Epinephelus striatus, Lutjanus apodus, Gymnothorax moringa* und *Petrometopon curentatum)* Anchovis, Blauköpfe und Neongrundeln. Die Anchovis und Blauköpfe wurden schnell gefressen, die Neongrundeln dagegen überlebten – eine weitere Stütze für unsere These, daß es sich bei dem auffälligen Farbkleid um eine Putzeruniform handelt.

Bei den Bermudas sah ich zwei weitere Putzer: den Riffbarsch *(Abudefduf saxatilis)* und den Schmetterlingsfisch *(Chaetodon striatus)*. Wir kennen also aus diesem Bereich sieben Arten von Putzern aus sechs Familien. Der Putzerlippfisch *(Labroides dimidiatus)* fehlt in diesem Raum, obgleich die beiden Ozeane über die längste Zeit des Tertiärs durch die damals offene Panamapassage in Verbindung standen, was ja unter anderem daraus hervorgeht, daß wir hüben und drüben auch heute noch viele gleiche Fischgattungen antreffen. Einige der im indopazifischen Bereich weit verbreiteten Gattungen, wie der Putzerlippfisch oder die Anemonenfische *(Amphiprion, Premnas)*, fehlen jedoch im Karibischen Meer.

Das läßt zwei Deutungen zu. Entweder haben sich die Anemonenfische und die Putzerlippfische einschließlich des Nachahmers erst nach der Hebung der Panama-Landbrücke im mittleren Miozän entwickelt, oder diese Fischgattungen waren einst auch im Bereich der Karibischen See zu Hause, starben aber aus irgendeinem Grund nach der Hebung der Panama-Landbrücke aus. Ursache für ein solches Aussterben könnte zum Beispiel die eiszeitliche Abkühlung gewesen sein, die sich in dem kleineren Raum des tropischen Atlantiks sicherlich stärker auswirkte als im indopazifischen Bereich. Ich neige dazu, das zweite anzunehmen, denn es schiene mir doch verwunderlich, wenn sich die mehrere Arten zählende Gattung *Amphiprion* erst relativ spät entwickelt haben sollte. Und die Tatsache, daß sich zum Putzerfisch noch ein Nachahmer entwickelt hat, spricht ebenfalls dafür, daß es sich um eine lange eingebürgerte Form handelt.

Wenn nun der Putzer im karibischen Raum ausstarb, dann war diese Planstelle frei geworden, und wir erleben nun, wie verschiedene Arten versuchen, diese Stelle neu zu besetzen. Daß sich noch keiner ausschließlich darauf spezialisierte, zeigt die Tatsache, daß sich eine Reihe von Fischen um diese Stellung »bemüht«.

Auffällig ist, daß der am meisten als Putzer spezialisierte karibische Fisch, die Putzer- oder Neongrundel *(Elacatinus oceanops),* in Zeichnung und Färbung dem Putzerlippfisch der indopazifischen Region ähnelt. Wie kommt es zu dieser überraschenden Konvergenz? Sie ist vielleicht so zu erklären: Der ursprünglich in beiden Meeren beheimatete Putzerlippfisch hatte bereits die typische Putzeruniform, die heute noch der indopazifische Putzerlippfisch zeigt. Nun wissen wir, daß auf solche Signale im Tierreich oft auch der Empfänger so angepaßt ist, daß er sie, ohne es lernen zu müssen, versteht. Solche im Erbgut verankerten stammesgeschichtlichen Anpassungen werden nun oft sehr konservativ beibehalten, bisweilen dann noch, wenn der Gegenspieler ausfällt. Ich erinnere nur an die in meinem Galápagos-Buch erwähnte Galápagos-Taube, die sich lahm stellt, wenn man an ihr Nest tritt, und den Menschen täuscht, so wie viele unserer Vögel ihre Feinde vom Nest weglocken. Dies, obgleich auf den Inseln eingeborene raubende Landsäugetiere fehlen. Die Tauben haben die Reaktion ebenso wie die Kenntnis des sie auslösenden Objektes, nämlich des Landsäugetiers, vom Festland herübergebracht, als sie vor vielleicht Jahrmillionen die Inseln besiedelten, und behielten sie bei.

Im Cephalisfluß im westlichen Nordamerika haben sich die Stichlinge an den räuberischen Hundsfisch *Novumbria hubbsi* angepaßt, indem die Männchen das auffällige rote Prachtkleid verloren. Ihr Bauch ist schwarz. Diese Anpassung fand vor etwa 6000 bis 8000 Jahren statt. Dennoch hat sich bei den Weibchen die Präferenz für rotbäuchige Männchen erhalten. Bietet man ihnen schwarze und rotbäuchige Männchen zur Wahl, dann ziehen sie letztere vor. Ihr angeborener Auslösemechanismus, der auf den roten Auslöser geeicht ist, hat die Änderung des Signals überlebt. Die erhalten gebliebene Präferenz würde heute noch

114

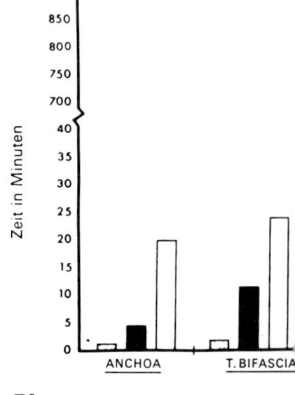

73
Die Ergebnisse von Aquarienversuchen, die anzeigen, wie lange es dauerte, bis eine mit einem Raubfisch zusammengesperrte Sardelle, ein in der Karibischen See oft als Putzer auftretender Lippfisch (Thalassoma bifasciatum) *und schließlich die Karibische Putzergrundel* (Gobiosoma oceanops) *gefressen wurden. Die Putzergrundel erwies sich als am besten geschützt. Nur eine der vier geprüften Raubfischarten fraß eine Putzergrundel nach langer Zeit. Aus G. H. Darcy und Mitarbeiter (1974).*

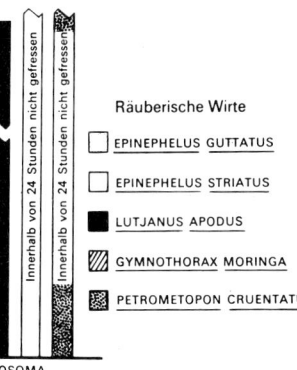

rotbäuchige Männchen heranzüchten, stünde dem nicht der gegensinnige Selektionsdruck seitens des Raubfisches entgegen. Wenn nun in ähnlicher Weise auch bei den Wirtsfischen der Karibischen See eine angeborene »Kenntnis« des Putzerkleides überlebt hat, dann würde dies die Konvergenz der Putzergrundel mit den indopazifischen Putzerlippfischen erklären. Es würde dann auch jenen Arten die Annäherung an den Wirt am leichtesten glücken, die, quasi als Voranpassung, bereits ein dem ursprünglichen Putzer ähnliches Farbkleid besitzen. Daß die Putzergrundeln und der Putzerlippfisch auch den Fischen ähnlich erscheinen, haben wir im Aquarium oft festgestellt. Karibische Fische forderten einen indopazifischen Putzerlippfisch sofort zum Putzen auf, obgleich sie ihm bis dahin nie begegnet waren; und umgekehrt luden indopazifische Wirte die karibischen Putzergrundeln dazu ein.

Höchst ausgefallene Putzer beobachtete ich schließlich im Norden der Malediven. Ich tauchte im Rasdu-Atoll, an einem Riff der östlichen Atolleinfahrt. In 25 Meter Tiefe drang ich in eine geräumige Höhle ein. Fünf Meter vom Höhleneingang leuchteten aus dem dämmrigen Dunkel vom Höhlendach zwei helle Punkte, deren jeder von einem Halbkreis runder heller Flecken umgeben war. Helle, radiär verlaufende Strahlen faßten das Ganze ein. Ich schwamm näher heran und sah, daß hier an der Decke rückenabwärts ein Pfauenaugenrotfeuerfisch saß. Wie eine Blüte hatte er die Brustflossen entfaltet, deren jede an der Basis den hellen Punkt und die Augenflecken trug und deren Strahlen so auffallend das Licht reflektierten.

Was mich aber am meisten überraschte, war eine schlanke, weiß-dunkel gebänderte Garnele, die neben dem Fisch stand und ihn mit ihren langen Scheren absuchte. Es gelang mir davon eine Aufnahme – die auch deshalb wertvoll ist, weil der Rotfeuerfisch, den ich anschließend fing, bisher nur in einem einzigen Exemplar bekannt war. Wenig später beobachtete ich, wie eine Gruppe von solchen Putzergarnelen *(Stenopus)* eine Muräne säuberte. Beide Male spielte sich das in Höhlen ab, die vom Putzerlippfisch nicht besucht werden. Die Putzergarnele tritt hier offenbar an seine Stelle. Die jungen Putzerlippfische, die, wie gesagt, auch an Höhleneingängen putzen, machen ihnen gelegentlich Konkurrenz. In tiefere Höhlen wagen sie sich allerdings nicht. Hier bewähren sich die Putzergarnelen, die überdies auch in der Lage sind, mit ihren Scheren Zysten zu öffnen und in die Haut eingebohrte Parasiten herauszuschälen.

Beobachtungen von C. Limbaugh und anderen belegen, daß Putzergarnelen weit verbreitet sind. Man kennt mittlerweile sieben Arten, die sich auf die Gattungen *Periclimenes, Leandrites, Hippolysmata* und *Stenopus* verteilen. *Periclimenes pedersoni* lebt an der Küste Floridas bis zu den Virginseln auf der Seeanemone *Bartholomea annulata.* Das schützt sie vor Räubern. Zugleich fällt die Putzstation den Fischen auf. Kommt ein Fisch

heran, dann wedelt die nur vier Zentimeter lange Garnele auffällig mit den Antennen und wiegt den Körper vor und zurück. Ist
der Fisch auf ein paar Zentimeter herangekommen, besteigt die
Garnele ihn und putzt ihn, wobei sie auch in der Haut verankerte
Parasiten herauszwickt. Sie kriecht auch unter die Kiemendeckel
und ins Maul der Wirte. Bei Gefahr spuckt der Wirtsfisch die
Garnele aus, ehe er weiterschwimmt.

Leandrites cyrtorhynchus lebt im Roten Meer in Höhlen am
Riffabhang. S. Holzberg beobachtete sie an der Decke und Hin-
terwand einer Höhle in 14 Metern Tiefe. In Abständen von wenigen Minuten lösten sich immer zwei bis drei Tiere vom Substrat
und schwebten gut sichtbar im freien Wasser. Barsche *(Aethaloperca rogaa)* besuchten diese Stellen und ließen sich von den
Garnelen säubern. *Lysmata californica* lebt an der kalifornischen
und mexikanischen Küste. Sie putzt, wie auch unsere Abbildung
zeigt, die kalifornische Muräne, ferner den Garibaldifisch und
Langusten. Vor der Muräne ist sie noch nicht ganz sicher. Sie
wird manchmal von dieser verspeist. Die verwandte *Lysmata
grabhami* dagegen scheint besser an das Putzergewerbe angepaßt. Die leuchtend rot gebänderten Garnelen sitzen paarweise
auf Korallenstöcken und locken ihre Kunden durch heftige Bewegungen der auffallend weißen Antennen. Die Art kann man
an den Küsten Floridas, der Bahamas, Hawaiis und Madeiras
beobachten. Im Aquarium wurden sie von Fischen sogar während der Häutung geschont.

Stenopus hispidus ist mit 7,5 Zentimetern die größte aller bekannten Putzergarnelen. Sie bewohnen paarweise Höhlen unter
Korallenstöcken, und zwar sitzen sie so an der Decke des Eingangs, daß die Antennen sichtbar vorgestreckt werden können.
Die Wirtsfische dürfen sich den Garnelen nur rückwärts schwimmend nähern. Kommt der Wirtsfisch anders angeschwommen,
wird er durch ruckartiges Auf- und Vorschnellen bedroht. Die
Art lebt im Indopazifik und westlichen Atlantik sowie in der
Karibischen See.

Wir erwähnten bereits, daß sich auch Knorpelfische (Haie,
Rochen) putzen lassen. Sehr überrascht hat uns jedoch, daß auch
die oft auf hoher See anzutreffenden Teufelsrochen *(Manta)*
Putzstationen im Riff besuchen, die sie offenbar gut kennen. Ein
geradezu unbeschreibliches Erlebnis verbindet uns mit dem südlichen Riffkanal das Addu-Atolls. Wir tauchten dort; der Boden
schien durch die starken Strömungen wie glattgefegt. Nur in der
Mitte des 15 Meter tiefen Kanals erhob sich ein mächtiger Korallenblock, und um ihn kreisten mehrere Mantas, jeder gut vier
Meter spannend. Wie Riesenvögel kamen sie mit langsamen
Flossenschlägen an; die breiten Lappen rechts und links vom
Maul krümmten und streckten sich langsam. Sie wirkten unheimlich in dem trüben, dämmerigen Licht. Nur die großen, beweglichen Augen, mit denen sie uns neugierig betrachteten, erwiesen
sie als Wesen dieser Welt. Über dem Korallenblock standen sie

116

74
Ein Zackenbarsch
(Plectropoma macula-
tum) *lädt einen Putzer-
lippfisch ein, unter sei-
nen Kiemendeckel zu
schlüpfen.*
*Photo: B. Wood (Gro-
ßes Barriereriff).*

75
*Ein Schmetterlings-
fisch* (Chaetodon) *läßt
sich von einem Putzer-
lippfisch säubern. Sein
Partner wartet hinter
ihm darauf, ebenfalls
gesäubert zu werden.*
*Photo: H. Kacher
(Aquarienaufnahme).*

kurz flossenschlagend auf der Stelle. Schwärme von Lippfischen der Gattung *Thalassoma* und auch Putzerlippfische kamen herbei und pickten am Bauch und an den Mundlappen der Mantas herum. Diese öffneten die Kiemenspalten weit und gewährten den Putzern Einlaß. H. Hass und K. Hirschel stiegen am folgenden Tag noch einmal in den Riffkanal ab und fanden die Mantas wieder an der gleichen Stelle. Es waren acht Tiere.

Welche große Bedeutung die Putzer im Leben der Riff-Fische haben, stellte C. Limbaugh fest. Er fing an zwei Riffen der Bahamas alle ihm bekannten Putzer weg. Daraufhin wanderte ein großer Teil der Riff-Fische ab, so daß das Riff deutlich verwaiste. Nur wenige ortstreue Fische blieben, und diese zeigten nach zwei Wochen allerlei Haut- und Flossenschäden, wie offene Wunden, Geschwüre und verpilzte Stellen. Mit der Zeit wanderten junge Putzer zu und mit ihnen auch wieder neue Putzkunden. Durch Dauerbeobachtung haben Limbaugh und Pederson ferner festgestellt, daß ein Putzerfisch in sechs Stunden von über 300 Kunden besucht wurde.

Seit meiner ersten Beschreibung der Putzsymbiosen haben sich viele Forscher mit dieser Erscheinung befaßt, und man hat Putzsymbiosen in allen Meeren gefunden, auch in der Nordsee und im Mittelmeer. In beiden ist vor allem der Lippfisch *Crenilabrus melanocercus* als »Gelegenheitsputzer« tätig. Er präsentiert den Wirtsfischen die schwarze Schwanzflosse als Signal und befreit sie im Mittelmeer von den parasitischen Krebschen der Gattung *Gnathia*, die auch die Hauptbeute der indopazifischen Putzerlippfische ausmachen. Das Netz der Putzerstationen ist an den Mittelmeerküsten nach den Beobachtungen von David Senn ziemlich dicht. Senn hat dieselben Putzerstationen über mehrere Jahre registriert, so daß auch hier die Fische mit regelmäßiger Hilfe gegen die Parasiten rechnen können. Erwähnt sei, daß sich auch mitteleuropäische Süßwasserfische von anderen säubern lassen, doch sind diese Beziehungen viel weniger ritualisiert. Im Aquarium beobachtete man sogar, daß Hechte sich von Stichlingen säubern ließen. Gelegentlich allerdings fressen die Hechte ihre Wohltäter, das Geschäft ist also riskant und die Symbiose wohl erst angebahnt.

Vor einigen Jahren bereiste ich Tanganjika und Uganda. Ich wollte das Vögelein *Trochylus* sehen. Im Amboseli-Park, am Fuße des Kilimandscharo, beobachtete ich Kuhreiher an Büffeln und Elefanten. Sie saßen auf dem Rücken dieser Großtiere oder liefen neben ihnen her. Dabei fingen sie sowohl Insekten, die das Großwild beim Weiden aufscheuchte, als auch dessen eigene Parasiten. Ich sah aber nichts, was auf eine Art Verständigung zwischen Kuhreihern und den Großtieren hinwies.

Im selben Nationalpark saßen auf den Nashörnern viele kleine Madenhacker. Wie Kleinspechte kletterten sie auf dem Rücken und an den Seiten ihrer Wirte umher. Man könnte sie geradezu als Spechte des Großwildes auffassen. Und wie unsere Spechte

aus der Rinde der Bäume ihre Nahrung holen, so holen sich diese Madenhacker ihre Nahrung, die Larven der Dasselfliegen, in erster Linie aus der dicken Haut der Nashörner. Sie gingen dabei recht robust vor, und beim Öffnen der Dasselbeulen floß manchmal Blut; ich sah einmal, daß der Vogel davon trank. Die Madenhacker nahmen selbst den Nasenschleim ihrer Wirte. Die Nashörner duldeten die Vögel, und eine Beobachtung wies darauf hin, daß zwischen diesen beiden Arten eine Verständigung angebahnt scheint. Ich sah, wie ein Madenhacker die Flanke eines Nashorns etwas hinter der Schulter bearbeitete. Die Stelle war wund und schien zu jucken, denn der Dickhäuter warf sich wiederholt auf die Seite und wälzte sich auf dem Boden. Jedesmal mußte der Vogel auffliegen, um nicht zermalmt zu werden. Stand das Nashorn, nahm er seine Tätigkeit wieder auf. Nachdem es sich zum drittenmal gewälzt hatte, blieb der Madenhakker eine Weile neben ihm auf dem Boden sitzen und zeterte laut. Das Nashorn blieb vollkommen still; der Vogel landete auf seiner Flanke, zeterte wieder und rutschte erst danach zu der Wunde, wo er seine unterbrochene Tätigkeit fortsetzte.

Krokodilwächter sah ich nicht, wohl aber Krokodile, die mit offenem Maul am Ufer lagen, als wollten sie Vögel zur Säuberung einladen. Man weiß, daß die Krokodilwächter *(Pluvianus aegypticus)* vor allem Blutegel entfernen, die sich in der Mundhöhle der Krokodile festsetzen. Die ebenfalls afrikanischen Sporenkiebitze *(Hoplopterus spinosus)* und Flußuferläufer *(Actitis hypoleucos)* suchen blutsaugende Insekten von der Oberfläche der Krokodile ab, meiden aber deren Maul.

Gerade in den letzten Jahren hat man eine Fülle von Beobachtungen über Putzsymbiosen zusammengetragen. Ich selbst beschrieb solche zwischen Darwinfinken, Echsen und Schildkröten in meinem Galápagos-Buch. Als Kuriosum könnte ich noch hinzufügen, daß W. Koste eine Putzsymbiose zwischen dem Rädertier *Proales daphnicola* und Wasserflöhen beschrieb. Das Rädertier weidet den Glockentierchenbewuchs der Daphnien ab.

Wie Fische wohnen

In der Verlängerung der Insel Hittadu konnten wir von unserem Ankerplatz aus den weiten Riffbogen des Addu-Atolls als weiße Gischtlinie verfolgen. Im Norden wurde der Bogen durch einen Riffkanal unterbrochen, und diese Stelle war durch zwei winzige Inseln gekennzeichnet. Die größere hatte einen Durchmesser von vielleicht dreißig Metern. Sie war aus grobem Korallengeröll zusammengesetzt; nur in ihrer Mitte wuchs ein einsamer grüner Busch als erster Pionier. Um ihn hatten sich bereits einige Landtiere versammelt. Schmetterlingsraupen fraßen an den Blättern, und Landeinsiedlerkrebse krabbelten in seinem Schatten umher. Im Mulm um die Wurzel herum fand Sebastian Gerlach eine reiche Bodentierwelt.

Die zweite Insel lag am lagunenseitigen Ende des Riffkanals. Sie war nach Angaben der Eingeborenen erst vor einigen Jahren bei einem Sturm entstanden. Bei Hochwasser ragte nur ein drei Meter langer Haufen von Korallenschutt aus dem Wasser, auf dem eine Uferkrabbe zwischen angeschwemmten Palmwedeln und alten Kokosnüssen hauste. Die Insel erhob sich von einem stets von frischem Wasser umströmten Riffplateau. Hier wuchsen bereits zwei Meter unter dem Meeresspiegel üppige Korallengärten; diese waren einige Wochen lang unser bevorzugtes Arbeitsgebiet. Täglich kamen wir am Morgen hierher, füllten unsere Tauchgeräte und wärmten uns an der Sonne, wenn uns die Kälte aus den Tiefen vertrieb. Die Schuttinsel, wie wir sie nannten, war unser freundlicher Stützpunkt; die Uferkrabbe war bald so zahm, daß sie von unserem Proviant fraß, was wir ihr manchmal erlaubten.

Ein paar Flossenschläge genügten, um uns für eine Stunde in alle Pracht einer Märchenwelt zu befördern.

Die von einem bläulichen Licht überstrahlte, leichtgewellte Unterwasserlandschaft war von Formen erfüllt, wie sie sich keine Phantasie zu erträumen vermag. Da gab es Kofferfische mit Kuh-

78
Ein Papageifisch (Sparisoma viride), *der sich zwischen den weichen Ästen eines Gorgonienbusches* (Plexaurella dichotoma) *»einemst«. Ich vermute, daß sich Papageifische so durch Übernahme des Gorgonienschleims geruchlich tarnen. Das mag sie vor Parasiten und Räubern schützen. Photo: Verfasser (Los Roques, Karibische See).*

125

hörnern und Engelfische mit blauen, gelben und weißen Farbmustern, die mit kaum minder bunten Seebadern wetteiferten.
Es wimmelte von vielgestaltigen, bunten Geschöpfen. Sie waren
meist stumm. Schwamm ich aber an einen Engelfisch heran, gab
dieser ein kurzes, metallisches »tock tock« von sich, und der
Warnruf veranlaßte dann auch die anderen Fische, zu den schützenden Korallen hinunterzutauchen.

Auf dem Boden wuchsen zierliche gelbe bis goldbraune Büsche aus Stein mit rosenroten Zweigenden neben grobgelappten
violetten Korallen und horizontalen Fächern, die aus zierlichen,
zum Teil miteinander verwachsenen Korallensprossen gebildet
waren. Manche dieser Tische wuchsen von einer zentralen Säule
aus wie kleine Rundtische.

Wo Korallen fehlten, bedeckte weißer Sand den Boden. An
solchen Stellen mußte man auf Rochen achten, die mitunter nur
ganz oberflächlich eingegraben im Sande ruhten. In ihrem
Schwanzstachel besitzen sie eine gefährliche Waffe.

Bereits nach wenigen Tagen kannte ich eine Reihe von Fischen
persönlich. Mit einem gefleckten Zackenbarsch schloß ich bald
Freundschaft. Er lag immer in demselben Loch unter einem Korallenstock und ließ sich ganz gerne über die Kiemendeckel strei-
chen. Die großen Zackenbarsche sind oft erstaunlich arglos,
wahrscheinlich weil ihnen normalerweise niemand etwas anha-
ben kann. In seiner Höhle kann dem großen Fisch kein natürlicher Feind auf den Leib rücken. Von der Zutraulichkeit der
Zackenbarsche hat auch Jacques-Yves Cousteau eine nette Geschichte erzählt. Bei den Seychellen fütterte seine Gruppe einen
großen Barsch. Zuletzt wurde der Fisch durch sein zutrauliches
Betteln so lästig, daß sie ihn in einen Käfig einsperren mußten,
wenn sie ungestört arbeiten wollten. Danach ließen sie ihn immer
wieder frei. Eine Begebenheit, die übrigens für diese Taucher-
gruppe spricht. Andere hätten den Barsch harpuniert, bevor es je
zu einer solchen Fütterung gekommen wäre. Ich will damit keineswegs die Unterwasserjagd pauschal verurteilen; nur sollte sie
ebenso weidmännisch betrieben werden wie die Jagd an Land.

Ähnlich ortstreu wie mein Zackenbarsch war auch eine ganze
Reihe anderer Fische. Die meisten Schmetterlingsfische, Igelfische, Kofferfische, Korallenbarsche, Seebader und noch viele
andere waren immer im selben Revier anzutreffen. Die Größe
wechselte von Art zu Art. Manche lebten nur in einem Korallenstock, andere bewohnten ein größeres Gebiet. So hielt ich einige
Arten zunächst für Vagabunden, bis ich darauf kam, daß sie
regelmäßig wieder in ein bestimmtes Gebiet zurückkehrten. Täglich etwa um zehn Uhr tauchte zum Beispiel ein großer Grauhai
(Carcharhinus menisorrah) an der Schuttinsel auf, den ich stets
an einer Verletzung der Rückenflosse wiedererkannte. Langsam
schwamm er eine Runde und verschwand wieder. Ein großer
Barrakuda stand täglich am gleichen Fleck im freien Wasser.
Viele Fische durchwandern weite Gebiete auf festen Routen. Es

126

dürfte aber auch Vagabunden geben. Dazu gehören zum Beispiel die Goldstreifenschnapper *(Lutianus kasmira),* die in großen Schwärmen durch das Riff ziehen, und manche Bodenäser. Einmal beobachteten wir, wie ein Schwarm Sträflingsseebader die Reviere von Weißbrustseebadern überfiel und mit hundert gierigen Mäulern leerfraß. Vergeblich mühten sich die Ortsansässigen, den Heuschreckenschwarm abzuweisen. Manche Papageifische halten es ähnlich und brechen in großen Schwärmen wie ein Ungewitter über einen Riffteil herein, den sie in Kürze kahlfressen.

Im allgemeinen ist jedoch der »frei« lebende Fisch keineswegs so frei, wie man vielleicht glaubt. Er kann sich meist nicht x-beliebig im Raume bewegen, sondern ist an ein bestimmtes Wohngebiet gebunden, in dem er nach einem fest umrissenen Tagesplan lebt. Das Gebiet, in dem sich dieses Leben abspielt, nennt man den Aktionsraum des Tieres, und jenen Ausschnitt daraus, den er auch gegen seinen Artgenossen verteidigt, sein Revier.

Aktionsraum und Revier sind oft weiter untergliedert. So wie wir Verkehrswege benutzen, die wir mit unseren Mitmenschen teilen, und andere Wege, die nur wir selbst und unsere nächsten Angehörigen gehen, so wie wir uns mit anderen verträglich etwa in einer Barbierstube treffen, dagegen unser eigenes Bad oder Schlafzimmer besitzen, so teilt auch der Fisch seinen Aktionsraum weiter ein. Da gibt es Weidegründe und Jagdreviere, Putzstationen, an denen man sich mit anderen verträgt, und Wohnhöhlen, die man gegen Artgenossen heftig verteidigt, manchmal aber auch mit seinesgleichen teilt. Ich erinnere nur an die Schwalbenschwänzchen, die als Schwarm zwischen die Äste einer

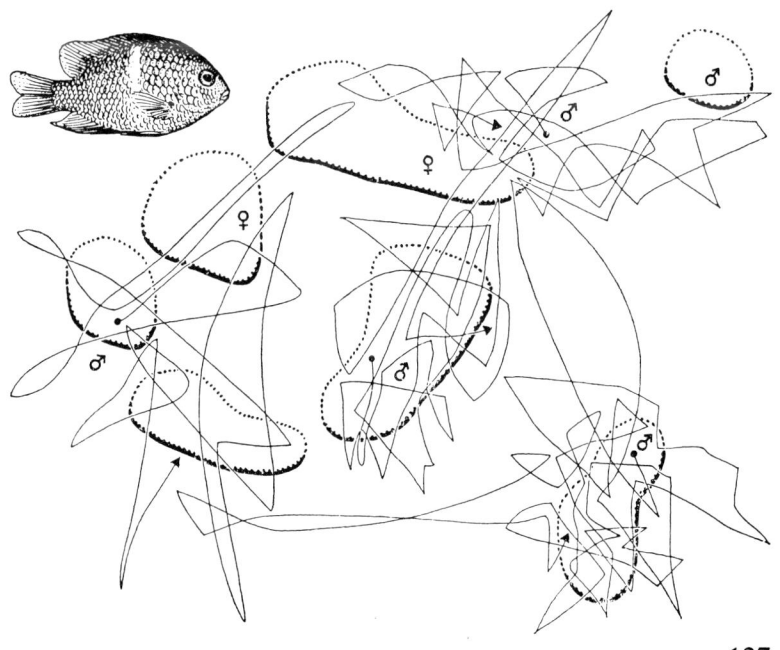

79
Reviere von vier Männchen des Riffbarsches (Plectroglyphiodon = Abudefduf leucozona), *erkenntlich an den eingetragenen Fischwegen. Man sieht, daß die Fische in einem engeren Gebiet bleiben. Weitere Exkursionen kamen bei der Verfolgung eines eindringenden Nachbarn zustande. Jeder Fisch wurde fünf Minuten lang beobachtet.*

Koralle flüchten, oder an die roten Husarenfische, die in größeren Schwärmen den Tag über in Höhlen bleiben. Nachts verlassen sie ihren Schlafplatz und streifen dann weiter umher, während sich umgekehrt manche Tagfische, wie die Papageifische, nachts an bestimmten Schlafplätzen zusammenfinden. Wie Howard Winn beobachtete, machen sie dabei oft weite Wanderungen und benutzen zu ihrer Orientierung die Sonne als Kompaß, eine Erscheinung, die wir noch später besprechen wollen.

Viele Fische sind jedoch recht unverträglich. Einzeln oder paarweise besetzen sie ein bestimmtes Riffgebiet und verteidigen es gegen jeden fremden Artgenossen.

Auf der Riffplatte der Insel Weligandu beobachtete ich den unscheinbaren Riffbarsch *Abudefduf leucozona*. Der sandige Bo-

Beobachtete Dauer der Residenz individueller Korallenfische

Familie und Art	Dauer in Monaten	Art der Residenz	Ort	Autor
Chaetodontidae				
Chaetodon triangulum	4	Territorium	Heron Island	Reese
Chaetodon trifasciatus	4	Aktionsraum (Schweifgebiet)	Heron Island	Reese
Chaetodon unimaculatus	12	Aktionsraum	Eniwetok-Atoll	Reese
Megaprotodon strigangulus	4	Territorium	Heron Island	Reese
Pomacantridae				
Abudefduf zonatus	einige Wochen	Territorium	Heron Island	Keenleyside
Amphiprion sp.	30	Territorium	Eniwetok-Atoll	Allen
Dascyllus aruanus	6 – 7	Aktionsraum	Heron Island	Sale
Hypsipos rubicunda	48	Territorium	Kalifornien	Clarke
Pomacentrus flavicauda	5	Territorium	Heron Island	Low

den war mit einigen größeren abgestorbenen Korallen bedeckt. Unter jeder größeren Platte hatte ein solcher Barsch eine kleine Höhle gegraben, in die er bei Gefahr flüchtete. Die meiste Zeit fischten sie über ihrem Heim, wobei sie sich in einem ganz engen Raum aufhielten, in dem sie keinen gleichgeschlechtlichen Artgenossen duldeten. Die beigefügte Skizze zeigt einen Riffausschnitt von 6 mal 6 Meter, in dem fünf Männchen und zwei Weibchen wohnten. Welche Gebiete die Männchen jeweils innerhalb von fünf Minuten abschwammen, ist aus der Zeichnung ersichtlich. Sie waren übrigens in Balzstimmung und vielleicht deshalb besonders unverträglich. Nur sehr kurz entfernte sich einer etwas weiter von seinem Wohngebiet; vor allem, wenn er gerade einen anderen verfolgte, schoß er im Eifer der Verfolgung über seine Gebietsgrenzen hinaus.

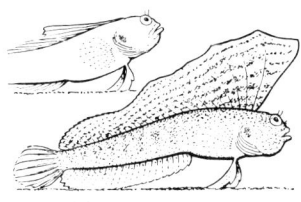

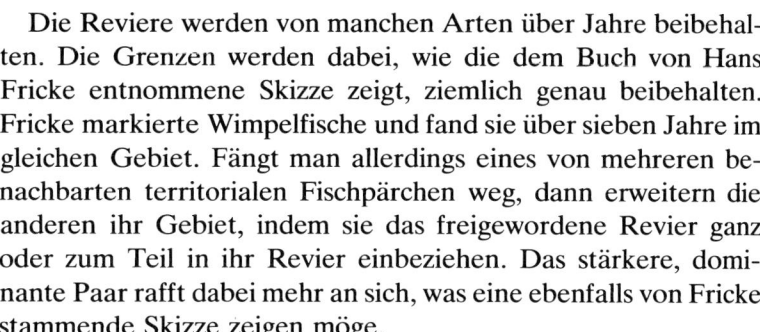

80
*Der Segelflossen-
schleimfisch* (Emble-
maria) *droht durch
Aufrichten der segel-
artigen Rückenflosse.
Es handelt sich um eine
Bildung im Dienste des
Imponierens. Für die
Fortbewegung ist die
Flosse eher hinderlich.
Darunter: Beim
Kampf versuchen die
Gegner einander am
Kopf zu packen. Ge-
lingt es einem, dann
zieht er sich rückwärts-
schwimmend in seine
Wohnröhre zurück
und hält den hilflosen
Gegner ins Freie. In
dieser Stellung ist die-
ser seinen Feinden aus-
geliefert.
Aus W. Wickler
(1972).*

Die Reviere werden von manchen Arten über Jahre beibehalten. Die Grenzen werden dabei, wie die dem Buch von Hans
Fricke entnommene Skizze zeigt, ziemlich genau beibehalten.
Fricke markierte Wimpelfische und fand sie über sieben Jahre im
gleichen Gebiet. Fängt man allerdings eines von mehreren benachbarten territorialen Fischpärchen weg, dann erweitern die
anderen ihr Gebiet, indem sie das freigewordene Revier ganz
oder zum Teil in ihr Revier einbeziehen. Das stärkere, domi-
nante Paar rafft dabei mehr an sich, was eine ebenfalls von Fricke
stammende Skizze zeigen möge.

Daß Territorien von bestimmten Individuen über lange Zeiten
besetzt werden können, geht auch aus einer Aufstellung von Ernie Reese hervor. In all diesen Fällen (s. Tabelle) fällt die beobachtete Dauer der Residenz eines Tieres mit der Gesamtzeit der
betreffenden Studie zusammen. Es handelt sich also um Mini-
mumwerte.

Wimpelfische schwimmen zu festliegenden Zeiten die Reviergrenzen ab, um an bestimmten Stellen den Nachbarn zu bedrohen. Das ist ein Ritual der Grenzmarkierung. Zu Kämpfen
kommt es dabei nie. Revierbesitzer respektieren die Grenzen der
Nachbarn. Nur wenn ein Artgenosse in ein bereits besetztes Revier eindringt, kommt es zum Kampf. Solche innerartlichen

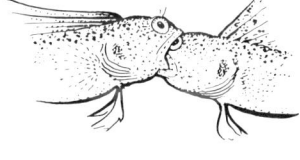

81
*Kämpfende Wimpel-
fische* (Heniochus acu-
minatus).

Kämpfe laufen nach einem artspezifischen Zeremoniell ab. Wir
beobachteten auch hier die bereits in meinem Galápagos-Buch
ausführlich erörterten Turnierkämpfe, auf die ich an dieser Stelle
nicht näher eingehen will. Nur ein paar Beispiele solcher unbluti-
gen Kämpfe bei Riff-Fischen seien erwähnt.

Die Rotmaulbarsche *(Haemulon)* drohen mit weit geöffnetem Maul und kämpfen schließlich, Maul gegen Maul drückend. Kämpfende Schmetterlingsfische schieben einander Stirn gegen Stirn vom Platz. Doris Zumpe hat einen solchen Kampf der Pinzettfische gefilmt. Manche Wimpelfische haben als Anpassung an diese Kampfesweise Hörnchen auf der Stirn entwickelt. Bei besonders heftigen Auseinandersetzungen stößt der in die Enge getriebene Schmetterlingsfisch auch mit den Rückenstacheln nach seinem Gegner.

Eine ganz andere Technik, die Wolfgang Wickler beschrieb, verwendet der kleine Segelfisch *Emblemaria.* Er hat eine besonders hohe Rückenflosse, die er wie ein Segel aufrichten kann. Normalerweise ist sie zusammengefaltet. Kommt ihm aber ein Rivale in die Quere, dann zeigt der Revierbesitzer seine Breitseite und klappt die Segelflosse auf. Die Rivalen beißen einander nicht in die Seiten, sondern nur in den Kopf, und dann folgt ein Ringkampf, der damit endet, daß der Stärkere den Schwächeren am Kopf in seine Wohnröhre zieht. Rückwärts kriecht er in sein Loch und hält den zappelnden Verlierer aus seiner sicheren Zuflucht ins Freie hinaus. Wenn man an die vielen Raubfische denkt, kann man sich durchaus vorstellen, daß dem hilflos Ausgesetzten wenig behaglich zumute ist. Begreiflich, daß dessen Kampfesmut schnell sinkt und er bei erster Gelegenheit das Weite sucht.

Riff-Fische bekämpfen aber nicht nur Artgenossen. Jeder Konkurrent wird angegriffen – Artfremde ohne weiteres Ritual mit Beißangriff. Bemerkenswerterweise erkennen viele Fische, wer von den Fremden Konkurrent ist und wer nicht. Der algenfressende Riffbarsch *Abudefduf lacrymatus* im Roten Meer greift nach Hans Fricke alle Algenfresser an, selbst 60 Zentimeter

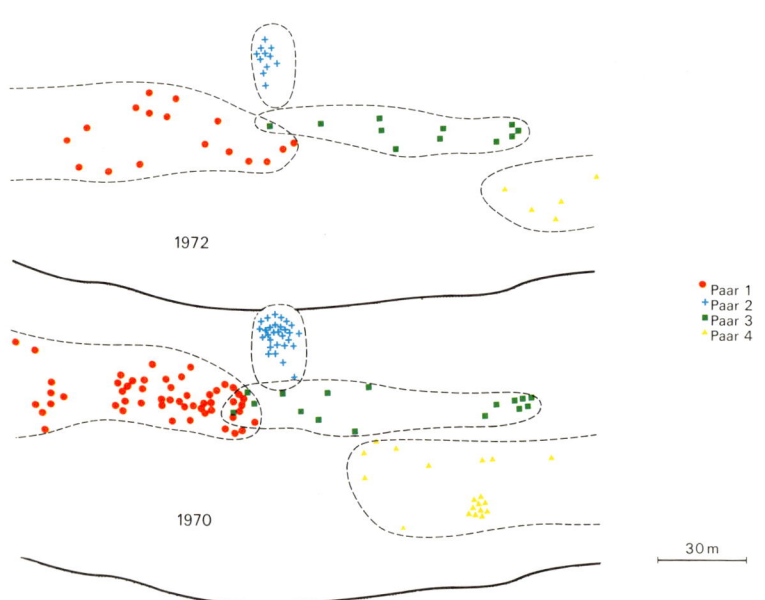

82
Reviergrenzen von vier markierten Wimpelfischpaaren (Heniochus intermedius) *im Verlauf von zwei Jahren. Jeder Punkt bedeutet einen Wiederfund an verschiedenen Tagen. Die Reviere werden über Jahre beibehalten.*
Aus H. Fricke (1976).

Paar 1
Paar 2
Paar 3
Paar 4

30 m

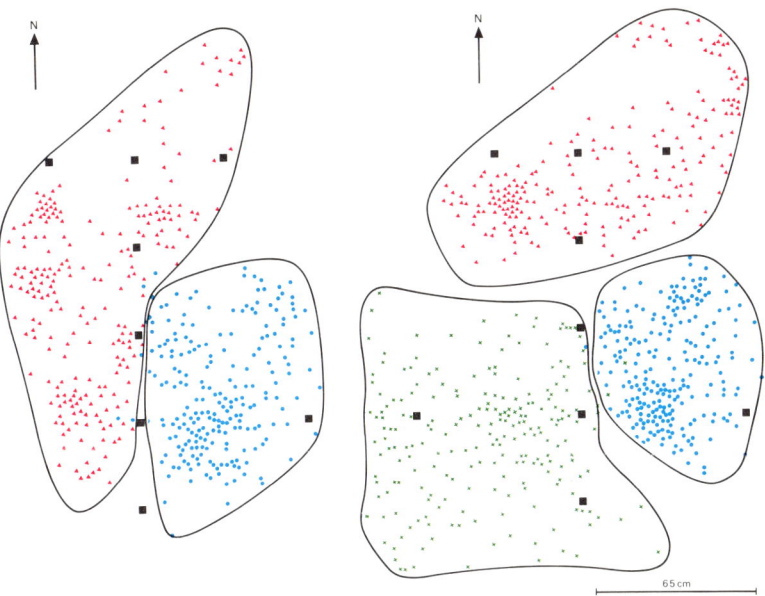

83
Territoriale Dominanz zwischen drei benachbarten, unterschiedlich großen Paaren von Dascyllus aruanus. *Das dominierende Paar (grün) wurde weggefangen. Das im Rang folgende Paar (rot) übernahm das nunmehr freie Revier. Die Reviergrenzen des rangniederen Paares (blau) änderten sich nicht. Aus H. W. Fricke (1974).*

65 cm

84
Ein Büschelbarsch (Paracirrhites forsteri), *der auf einer Koralle lauert. Man nennt diese Fische wegen ihres typischen Aufenthaltsortes auch »Korallenwächter«. Bei Gefahr verstecken sie sich zwischen den Korallenästen. Photo: Verfasser (Malediven).*

131

große Papageifische, ferner Doktorfische und Kaninchenfische, die ebenfalls viel größer als der nur zehn Zentimeter lange Riffbarsch sind. Eine noch genauere Erhebung machte der Australier Richard Low. Er fand, daß der algenfressende *Pomacentrus flavicauda* 38 Fische anderer Arten aus zwölf Familien angriff. Alle waren Algenfresser! Die Tiere müssen eine spezielle Lernbegabung besitzen: zunächst ein Programm, jeden anzugreifen, der auf ihrem Grund weidet, und außerdem die Fähigkeit, sich solche Übeltäter auf Grund weniger Erfahrungen zu merken, um sie beim künftigen Zusammentreffen sogleich anzugreifen. In dem verteidigten Gebiet wachsen die Algen zu schönen Rasen heran. Der Fisch verhindert durch seinen aggressiven Einsatz, daß der Grund in seinem Gebiet überweidet wird.

Nicht gegen jeden Eindringling allerdings können sich die Riffbarsche erfolgreich behaupten. Wiederholt sah ich, daß Sträflingsseebader *(Acanthurus triostegus)* im Schwarm in die Reviere anderer Arten einfielen und die Weiden kahlfraßen. Gegen eine solche Vielzahl von Eindringlingen waren die Revierverteidiger machtlos. Sie bissen zwar hin und her flitzend nach den Konkurrenten, konnten aber wenig ausrichten. Allerdings fiel auf, daß die Seebader sehr hektisch weideten. Offenbar trieben die Attacken sie zur Eile an, und man kann vermuten, daß sie durch die Angriffe zum schnelleren Weiterziehen veranlaßt wurden, als es ohne solche der Fall gewesen wäre.

Die nahe am Boden lebenden Fische haben also einen bestimmten Wohnbezirk, ein Revier, das sie verteidigen. Die Größe wechselt. Schmetterlingsfische haben recht große Territorien. Für *Chaetodon fasciatus* stellte Hans Fricke eine Reviergröße von 10 000 Quadratmetern fest – ein beachtliches Gebiet für einen 20 Zentimeter großen Fisch! Aber Nahrungsspezialisten, die Anemonen- und Korallenpolypen fressen, wie dieser Schmetterlingsfisch, brauchen ein großes Weidegebiet. Natürlich können sie es nicht ständig kontrollieren; es genügt aber, wenn sie an bestimmten Punkten ihres Gebietes regelmäßig Präsenz demonstrieren.

Die Reviere der Schmetterlingsfische sind aber nicht als großer, flächig ausgedehnter Besitz aufzufassen. Nach Ernie Reese schwimmt *Chaetodon auriga* im Eniwetok-Atoll paarweise Gebiete ab, die sich als relativ schmales Band in einer bestimmten Tiefe (fünf bis zehn Meter) über die Riffböschung dahinziehen.

Planktonfresser dagegen, die aus dem freien Wasser über ihrem Wohngebiet Nahrung fischen, brauchen nur ein kleines Territorium, gerade groß genug, um eigene Zuflucht bei Gefahr zu sichern oder den Eiablageplatz, wenn sie einen solchen brauchen, oder den Schlafplatz für die Nacht.

Fische des freien Wassers, von denen viele im Schwarm ziehen, sind nicht territorial. Das heißt aber nicht, daß sie nicht ebenfalls an bestimmte Gebiete gebunden sind. Ich habe in bestimmten Gebieten immer wieder an gleichen Stellen Füsilierschwärme,

85
Auch die weichen Fächer der Hornkorallen bieten Schutz. Schwärme der Jungfische von Pempheris *und* Parapriacanthus *sowie Apogoniden drängen sich an die Fächer. Bricht man den Fächer ab, dann sind sie ihres Heimes beraubt und werden schnell Beute von Raubfischen. Photo: Verfasser (Pulau Jarak).*

Trupps von Stachelmakrelen oder Nasenfischschwärme angetroffen, und ich vermute, daß es sich dabei um dieselben Schwärme handelte, die ich vorher dort angetroffen hatte. Ganz gewiß gilt dies für die Schwärme der Rötlinge (Anthias) der Chromis-Fische, die man an bestimmten Stellen in Wolken über dem Riff sieht und die bei Gefahr zu den schützenden Korallen hinabtauchen, zwischen deren Ästen und Spalten sie sich verstecken und wo sie auch schlafend die Nacht verbringen.

Zur räumlichen Aufteilung des Riffes haben die meisten Fische also eine feste Beziehung. Nicht alle verteidigen einen Raumbezirk als ihr Territorium. Viele kommen aus der Hochsee sogar nur als gelegentliche Besucher, wie die Mantas, die, wie wir schon berichteten, bestimmte Putzstationen besuchen, um sich dort von anderen Fischen säubern zu lassen. Sie beweisen durch diese regelmäßigen Besuche Ortskenntnis.

Der räumlichen Aufteilung des Riffes entspricht auch eine zeitliche. Man kann Tag- und Nachtfische unterscheiden. Schwimmt man nachts durch ein Riff, dann sieht man eine völlig andere Fischwelt. Husarenfische und Kardinalfische, die tagsüber in Höhlen rasten, sind unterwegs. Die Vielzahl der Fische, die man tagsüber antrifft – die Engelfische, Lippfische, Füsiliere, Schmetterlingsfische, Papageifische, Seebader, Zackenbarsche, Riffbarsche, um nur einige zu erwähnen –, verstecken sich nachts. Sie schlafen in Korallenhöhlen, zwischen Ästen der Korallenbüsche oder im Sand vergraben. Papageifische ziehen sich zum Schlafen sogar ein »Nachthemd« an. Howard Winn entdeckte das bei den Bahamas. Dort sah er nachts, wie die Papageifische, von einer Schleimschicht umgeben, wie in einem Schlafsack am Boden ruhten. Die Schleimhülle war nur vorne und hinten frei, damit das Atemwasser passieren konnte, sonst umhüllte sie wie eine Röhre den ganzen Körper. Wie Michael Casimir feststellte, wird die Schleimhülle von Drüsen abgeschieden und tritt mit dem Atemwasser durch die Kiemenspalten aus. Die Drüse arbeitet tagesperiodisch. Auch bei Dauerlicht gehaltene Fische legen nach einem etwa zwölf Stunden währenden Tag für die Zwölf-Stunden-Nacht eine Schleimhülle an. Das tun auch Lippfische. Die Hülle dient als Schutz gegen die nachts mit Hilfe ihres Geruchssinnes jagenden Muränen. Die Schleimhülle bildet eine geruchliche Barriere. Sie tarnt die Fische vor den Räubern. Versuche zeigten, daß Papageifische ohne Schleimhülle in Aquarien schneller und öfter Muränen zum Opfer fielen als solche mit Schleimhemd.

Große Papageifische ziehen kein Schleimhemd an. Vielleicht brauchen sie es nicht, weil sie für die Muränen zu groß sind. Ich beobachtete in der Karibischen See, wie sich ausgewachsene Exemplare von Sparisoma viride am späteren Nachmittag ausgiebig in Gorgonienbüschen suhlten, als wollten sie sich einschleimen. Das könnte dazu dienen, den Räubern den Geschmack zu vergällen.

134

86
Der Säbelzahnschleimfisch (Runula rhinorhynchus), *aus seiner Wohnröhre, einer Wurmschneckenröhre, blickend.*
Photo: D. Reimer (Malediven).

Wozu sind Fische bunt?

Beim Anblick der Farbenpracht vieler Riff-Fische drängt sich die Frage auf, wozu die bunten Farben und vielerlei Muster wohl dienen mögen. Tragen sie überhaupt in irgendeiner Weise zum Überleben der Fische bei, oder sind sie zweckfrei schön, so wie die Eisblumen am Fenster?

Der Biologe geht im allgemeinen von der Annahme aus, daß die Merkmale, die er an einem Tier feststellt, bestimmte Funktionen erfüllen. Er kann sich dabei natürlich irren, denn nicht alles erfüllt eine Aufgabe – manches ist funktionsloses Beiwerk –, aber in den meisten Fällen lassen sich Merkmale doch als Anpassung deuten. Es ist also vernünftig, grundsätzlich nach ihrer Funktion zu fragen.

Damit wir uns in der bunten Welt der Korallenfische leichter zurechtfinden, möchte ich einige Ergebnisse der Verhaltensforschung voranstellen, die zeigen, daß Musterung und Färbung bei den Tieren in verschiedenen Funktionsbereichen verschiedene Aufgaben erfüllen. Im innerartlichen Verkehr funktionieren sie vielfach als Auslöser, das heißt als Signale, die dem Artgenossen etwas mitteilen und bei diesem eine Antwort auslösen. Stichlingsmännchen zum Beispiel bekommen zur Fortpflanzungszeit einen roten Bauch. Sie unterscheiden sich in diesem Merkmal auffällig von den Weibchen, deren Bauch aufgetrieben und silbrig ist. In den nun schon klassischen Versuchen an dieser Art hat Niko Tinbergen nachgewiesen, daß der Rivalenkampf der Männchen durch das Merkmal roter Bauch, die Balz ums Weibchen durch das Merkmal aufgetriebener silbriger Bauch ausgelöst wird. Eine Wachswurst, die unterseits rot ist, löst beim Stichling vollintensive Kampfhandlungen aus, auch wenn ihr Flossen und andere Merkmale des Stichlings fehlen. Eine naturgetreue Attrappe eines Stichlings, der der rote Bauch fehlt, wird dagegen kaum beachtet. Eine Wachswurst mit silbrig aufgetriebenem Bauch wird andererseits wie ein Weibchen umworben. Stichlingsmännchen, die vom Ei an isoliert aufgezogen wurden und die demnach keinerlei soziale Erfahrungen sammeln konnten, reagierten ganz entsprechend auf Männchenattrappen mit Kampf und auf Weibchenattrappen mit Balz. Ihre damit erwiesene Fähigkeit, angeborenermaßen zu erkennen, lehrt, daß sie mit Detektoren ausgestattet sind, die im Laufe der Stammesgeschichte auf die Wahrnehmung bestimmter Signale abgestimmt wurden und die mit anderen Instanzen des Zentralnervensystems

87
Wahrlich plakatfarben ist der Herzogfisch (Pygoplites diacanthus), *auch Pfauenkaiserfisch genannt. Er gehört zu den buntesten Kaiserfischen des Roten Meeres und des Indopazifiks.*
Photo: Verfasser (Rotes Meer).

137

zu einem funktionellen System so zusammengeschaltet sind, daß beim Eintreffen spezifischer Auslöserreize bestimmte Verhaltensweisen in Gang gesetzt werden. Wir sprechen von angeborenen Auslösemechanismen.

Die Signale, die diese Mechanismen aktivieren, nennen wir Auslöser. Die verschiedenen sozialen Verhaltensweisen der Tiere (zum Beispiel Balz, Kampf, Brutpflege) werden im allgemeinen durch jeweils verschiedene Auslöser aktiviert. Dazu kennt man viele schöne Beispiele von Fischen, Vögeln und Säugern. Wir wollen uns hier auf das Verhalten von Fischen beschränken.

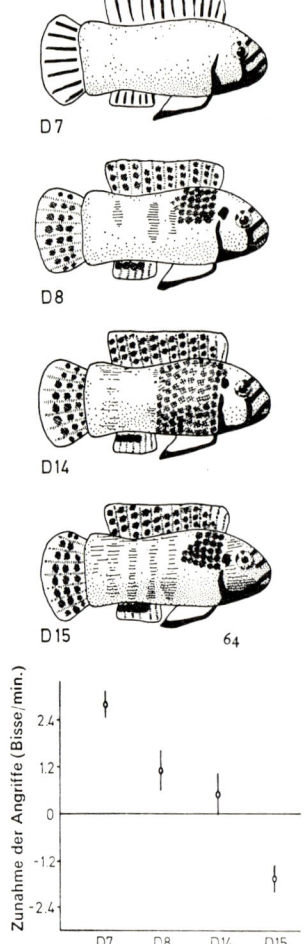

Der Eifleckbuntbarsch *Haplochromis burtoni* trägt einen schwarzen vertikalen Streif in der Kopfzeichnung und auf der Seite einen orangeroten Fleck, den der Fisch durch Farbwechsel in der Stärke variieren kann. Die beiden Merkmale beeinflussen das aggressive Verhalten des Fisches in gegensätzlicher Weise. Der vertikale Fleck steigert die Aggressivität eines Rivalen, der orangerote Fleck hemmt sie. Das hat C. Leong in einer Serie von Experimenten gezeigt. Sie isolierte Männchen, setzte ihnen aber Jungfische als Prügelknaben zu. Die isolierten Männchen reagierten ihre Aggressionen durch gelegentliche Angriffe (Beißattacken) gegen die zugesetzten Fische ab. Zeigte man ihnen nun vor der Glasscheibe ihres Behälters für kurze Zeit eine Attrappe, die den schwarzen Kopfstreif aufwies, dann war die Bißrate gegen die im Aquarium anwesenden Jungfische anschließend um 2,79 Bisse pro Minute gegenüber dem Ausgangswert erhöht. Die Männchen waren also durch den Anblick der Attrappe aggressiver geworden. Bot man eine Attrappe zur Ansicht, die nur einen orangeroten Fleck auf der Seite trug, dann senkte das die Bißrate gegen die »Prügelknaben« um 1,77 Bisse pro Minute gegenüber dem Ausgangswert. Und bot man schließlich beide Merkmale, Kopfstreif und orangeroten Fleck, in einer Attrappe, dann ergab sich ein Anstieg der Bißrate um 1,08 Bisse pro Minute. Die Zahl entspricht etwa der Summe aus beiden Werten. Die aggressionssteigernde Wirkung des schwarzen Streifens vermindert sich etwa um die hemmende Wirkung des orangeroten Flecks. Durch Farbwechsel und Art der Darbietung kann der Fisch das eine Mal mehr Angriffslust, das andere Mal mehr Unterwürfigkeit signalisieren.

Der männliche Eifleckzichlide verfügt aber nicht bloß über Farb- und Zeichenmuster, die das aggressive Verhalten des Rivalen steuern. Er kann auch seinem Weibchen signalisieren. Dabei spielen orangefarbene Flecke auf der Afterflosse eine bedeutende Rolle. Wolfgang Wickler hat festgestellt, daß es sich dabei um Eiattrappen handelt. Und mit ihnen hat es eine besondere Bewandtnis. Die Eifleckbuntbarsche gehören zu den Maulbrütern, bei denen die Weibchen die Eier nach der Ablage ins Maul nehmen und bis zum Schlüpfen im Maul vor Feinden schützen. Die Aufnahme der Eier erfolgt bei den meisten dieser Maulbrü-

138

88

Der Fischkörper trägt oft Farbmuster, die beim Partner entgegengesetzte Intentionen auslösen. Durch Farbwechsel können die Signale verschieden stark geboten werden, so daß einmal das eine, dann wieder das andere Verhalten des Partners gefördert wird. Beim Eifleckbuntbarsch Haplochromis burtoni *fördert ein vertikaler Strich in der Kopfzeichnung als aggressionsauslösendes Signal die Kampfbereitschaft eines mannlichen Artgenossen; orangerote Flecken auf der Seite hemmen sie. Zeigt man einem Fisch Attrappen mit vertikalem Kopfstrich ohne orangeroten Fleck (D 7), dann steigert das die Aggressivität (gemessen an Bissen pro Minute gegen zugesellte blinde Fische) um einen bestimmten Betrag. Eine Attrappe, die einen orangeroten, aber keinen vertikalen Kopfstrich aufweist (D 15), vermindert die aggressive Handlungsbereitschaft. Zeigt die Attrappe beide Merkmale (D 8), dann verrechnen sich aggressionsfördernde und aggressionshemmende Wirkung additiv. Aus C. Y. Leong (1969).*

ter, nachdem das Männchen die Eier befruchtet hat. Während dieser Zeit liegen die Eier frei auf dem Boden und sind dort natürlich auch für Feinde zugänglich. Daher besteht ein Auslesedruck, der auf eine Verkürzung dieser Zeit der Exposition hinwirkt. Beim *Haplochromis burtoni* ist diese Entwicklung am weitesten vorgeschritten. Das Weibchen legt hier die Eier ab und nimmt sie unmittelbar danach auf. Das Männchen kommt also gar nicht mehr dazu, die Eier auf der Unterlage zu besamen. Die Befruchtung wird hier auf andere Weise gewährleistet. Hat das Weibchen das letzte Ei aufgeschnappt, legt sich das Männchen vor ihm auf die Seite und hält ihm die gespreizte Afterflosse so vor, daß die orangeroten Eiflecken deutlich sichtbar sind. Das Weibchen hält diese Eiflecken offenbar für Eier, stürzt sich auf sie und schnappt nach ihnen. Das ist für das Männchen das Signal abzusamen. In dem Bemühen, die Eiattrappen aufzunehmen, nimmt das Weibchen die Samenflüssigkeit zu den bereits dort befindlichen Eiern ins Maul. Die Eiflecken auf der Schwanzflosse des Männchens steuern als Eiattrappen den Ablauf der Sexualhandlungen. Das Männchen nutzt dabei die Bereitschaft des Weibchens, Eier aufzunehmen. Es fälscht die Eisignale, auf die das Weibchen anspricht. Die lockende Wirkung der Eiflecken setzt das Männchen auch zu Beginn des Werbens ein. Es zeigt dem Weibchen die gespreizte Afterflosse und lockt es so zur Laichgrube.

Wie unser Beispiel wohl deutlich macht, ist ein Fisch Träger sehr verschiedener Signale, die beim Artgenossen jeweils verschiedene Verhaltensweisen auslösen. Zu ergänzen ist noch, daß solche auslösenden Signale nicht bloß in der Form von Farb- und Zeichnungsmustern existieren. Auch Verhaltensweisen dienen als Signale. Wir sprechen in solchen Fällen von Ausdrucksbewegungen und haben im Putzertanz ein Beispiel dafür kennengelernt.

Recht auffällig ist das Balzschwimmen der Riffbarsche der Gattung *Dascyllus*. Es entwickelte sich (ähnlich wie der Putzertanz) aus der Verschmelzung der Intentionsbewegungen des Hin- und Wegschwimmens – in diesem Falle allerdings eines sexuell motivierten Anschwimmens, auf das ein Hinführen zum eigenen Revier folgt.

Fische verfügen außerdem über Lautäußerungen, die ebenfalls Signale darstellen, und schließlich gibt es noch die wenig erforschte Sprache der chemischen Signale. Uns interessiert hier allerdings zunächst die Buntheit der Korallenfische. Mit ihr wollen wir uns nunmehr etwas näher befassen. Wir gehen dabei von der Annahme aus, daß, ähnlich wie bei den Süßwasserfischen, auch bei den Riff-Fischen das Farbenspiel Verschiedenes signalisiert – was aber im einzelnen?

Viele der Riff-Fische sind bunt, manche sogar ausgesprochen plakatfarben, das heißt durch große, auffällig bunte Farbflächen charakterisiert. Wer sich so auffällig gibt, will nicht unscheinbar bleiben. Er signalisiert zweifellos, aber wem? Betrachten wir dazu einmal die Schmetterlingsfische genauer. Die nebeneinander im gleichen Riffgebiet lebenden Arten unterscheiden sich wirklich sehr deutlich voneinander, sie sind auffällig und unverwechselbar. Ihr Farbkleid signalisiert zunächst einmal Artzugehörigkeit. Daß die Fische einander wirklich am Farbkleid erkennen, hat unter anderem Hans Fricke gezeigt, der mit Attrappen im Riff experimentierte. Männliche Schmetterlingsfische greifen immer nur Attrappen an, die die arteigenen Muster aufweisen.

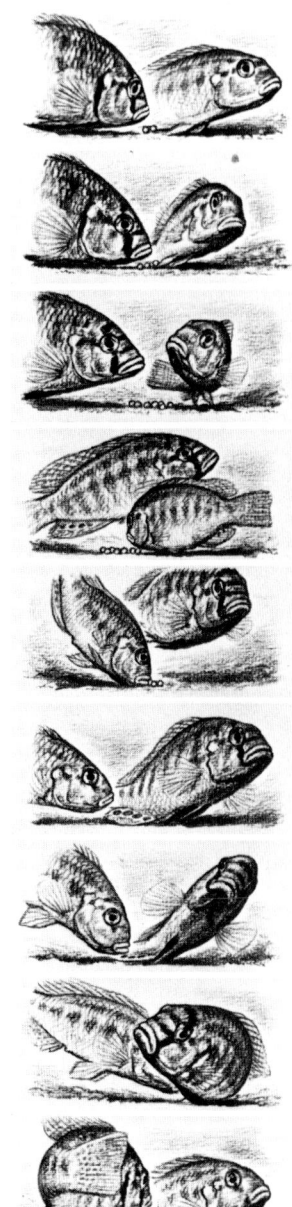

Wenn wir die verschiedenen Schmetterlingsfische betrachten, dann fällt uns aber auch manche Gemeinsamkeit bei den verschiedenen Arten auf. So befinden sich bei sehr vielen Arten auf dem hinteren Körperdrittel ein auffälliger dunkler Fleck und eine dunkle Binde, die von oben nach unten über den ganzen Kopf zieht und das Auge so einschließt, daß es in der schwarzen Binde fast unsichtbar wird. Durch die Experimente von Wolfgang Wickler wissen wir, daß die Binde dazu da ist, das Auge zu tarnen und es damit vor Angriffen anderer Fische zu schützen. Es gibt nämlich Raubfische, die es unter anderem auf die Augen abgesehen haben. Schon bei meinen ersten Tauchabstiegen bei den Galápagosinseln fiel mir auf, daß der Säbelzahnschleimfisch *Runula albolinea* andere Fische, auch solche, die ihn an Größe um ein Vielfaches übertrafen, angriff und ihnen Stücke aus den weichen Flossenteilen biß. Es stellte sich dann heraus, daß Säbelzahnschleimfische in allen tropischen Riffen anzutreffen sind und überall mit ihrem scharfen Stanzgebiß Teile aus anderen Fischen herausbeißen. Der Putzernachahmer (S. 110) gehört zu dieser Gruppe. Unter anderem greifen diese Raubfische auch die Augen ihrer Opfer an. Hält man einem solchen Säbelzahnschleimfisch nun eine Attrappe vor, die eine schwarze Augenbinde und einen dunklen Augenfleck am Körperende zeigt, dann stellt man fest, daß der Augenfleck die Angriffe auf sich zieht. Er lenkt also die Angriffe vom richtigen Auge auf sich ab. Die schwarze Augenbinde wird ebenfalls angegriffen, doch weniger oft. Auch verteilen sich die Angriffe über die ganze Binde. Das Auge erweist sich damit als gut getarnt.

Wie wichtig der Augenschutz ist, kann man daran sehen, daß sehr viele andere Riff-Fische in ähnlicher Weise ablenkende Augenflecken und tarnende Augenbinden entwickelten. Es handelt sich dabei um reine Funktionsähnlichkeiten (Analogien oder Konvergenzen) und nicht um Verwandtschaftsähnlichkeiten, also Ähnlichkeiten, die sich vom gemeinsamen Erbe einer Stammform ableiten lassen (Homologien).

Die Augenflecken haben allerdings oft eine Doppelfunktion. Sie lenken einerseits die Aufmerksamkeit bestimmter Feinde ab; bei *Chaetodon capistratus* und *Chelmon rostratus* signalisieren sie überdies dem rivalisierenden Artgenossen Angriffsbereitschaft. Beim Paralleldrohen orientieren sich diese Fische so, als würden sie gegenseitig ihre Augenflecken ins Auge fassen. Sie stehen

140

89

Für die Steuerung des Paarungsgeschehens entwickelte der männliche Eifleckbuntbarsch (Haplochromis burtoni) *auf seiner Afterflosse besondere Signale in Form von Eiflecken, die als Eiattrappen das Weibchen anlocken, das ja als Maulbrüter bemüht ist, Eier in sein Maul zu nehmen. Hat das Weibchen abgelaicht (oberstes Bild der Bildreihe), dann nimmt es sogleich die Eier ins Maul. Unterdessen schiebt sich das Männchen auf den Eiablageplatz und zeigt dem Weibchen seine Afterflosse mit den Eiflecken. Das Weibchen bemüht sich, diese aufzuschnappen, und nimmt dabei den Samen auf, den das Männchen auf diesen Reiz hin abgibt (6. und 7. Bild von oben). Die Eier werden so im Maul des Weibchens befruchtet. Anschließend laicht sie die nächste Portion, und der Zyklus beginnt damit von neuem.*

also Kopf an Schwanz nebeneinander und erteilen sich Schwanzschläge. Geben die Fische auf, dann wird der Augenfleck unauffälliger: bei *Chelmon,* indem der Fisch die Rückenflosse zusammenfaltet, wodurch sich der Fleck verkleinert, bei *Chaetodon capistratus,* indem der den Fleck umgebende Ring weniger deutlich wird.

Bei den Schmetterlingsfischen gibt es im Farbkleid keine deutlichen Geschlechtsunterschiede. Die Partner unterscheiden einander an Verhaltensmerkmalen und wahrscheinlich auch an geruchlichen Signalen. Haben sich Schmetterlingsfische jedoch einmal gefunden, dann halten sie paarweise in Einehe zusammen, und sie erkennen einander »persönlich« an den individuellen Unterschieden. Bei genauerem Hinsehen wird auch der Beobachter feststellen, daß kein Fisch dem anderen wirklich gleicht.

Oft sind die Farbkleider der Jungfische von denen der Erwachsenen in auffälliger Weise unterschieden. Das ist zum Beispiel bei den Kaiserfischen der Fall. Sie tragen eine farbenprächtige gelb-blaue Streifung, und diese löst Aggressionen aus. Die Fische gleichen wandernden Kriegsflaggen; allerdings signalisieren sie nur der gleichen Flagge Krieg. Bald müssen auch die Jungtiere

90

Oben: Bei der Balz lockt das Männchen des Eifleckbuntbarsches sein Weibchen durch Zeigen der Eiflecken der Afterflosse und führt es so zur Laichgrube. Darunter: Das Darbieten der Eiflecken durch das Männchen vor dem Absamen.
Aus W. Wickler (1964), gemalt von H. Kacher.

141

a   b

91
Männchen der Korallenbarsche (Dascyllus) führen besonders während der Balz auffällige Signalsprünge aus. Es handelt sich um ein ritualisiertes Führungsschwimmen, mit dem das Männchen das Weibchen in sein Territorium zum Ablaichen einlädt.
Aus H. Fricke (1976).

einen Platz im Riff finden. Hätten sie die gleichen Farbmuster wie die Erwachsenen, dann würden sie von diesen angegriffen. In ihrem abweichenden Farbkleid werden die jungen Kaiserfische aber nicht als Artgenossen und Konkurrenten erkannt. Sie tarnen sich, wie Hans Fricke feststellte, als andere Art und können daher in den Revieren der Erwachsenen leben. Fricke wies dies durch sehr reizvolle Freilandexperimente nach. Er bemalte gleich große Attrappen aus Balsaholz – die eine mit dem Kreismuster der Jungfische, die andere mit dem Linienmuster der Erwachsenen. Beide Attrappen stellte er im Revier eines Kaiserfisches auf. Nur die Attrappe mit dem Erwachsenenmuster wurde angegriffen. Beide Attrappen hatten die Größe von Jungfischen. Nicht die Größe entscheidet also, sondern das Farbkleid.

Es gibt im Riff natürlich auch eine große Anzahl von geschlechtlich dimorphen (also unterschiedlich aussehenden) Fischarten. Bei den Papageifischen und Lippfischen sind zum Beispiel die Männchen im allgemeinen auffallend bunter. Hier wird Geschlechtszugehörigkeit signalisiert. Männchen greifen Männchen an, die anders aussehenden und oft unscheinbaren Weibchen dulden sie.

Bei manchen Arten hat man einen auffälligen Geschlechtswandel festgestellt, so beim karibischen Lippfisch *Thalassoma bifasciatum*, dessen erwachsene Männchen einen blauen Kopf besitzen, der gegen den grünen Rumpf durch drei breite Farbbänder in der Reihenfolge Schwarz, Weiß, Schwarz abgesetzt ist. Ein solches Männchen herrscht über einen Schwarm weiblicher Artgenossen, in deren Körperfarbe Gelb dominiert. Fängt man es weg, dann entwickeln sich Rangkämpfe unter den Weibchen, aus denen eines als Sieger hervorgeht, sich »umzieht« und zu einem physiologisch voll funktionsfähigen Männchen wird.

Auffällige Farbkleider dienen aber nicht immer nur dazu, dem Artgenossen zu signalisieren. Wir lernten bereits in der Putzeruniform ein Farbkleid kennen, das sich im Dienste der zwischenartlichen Verständigung entwickelte. In den ablenkenden Augenflecken lernten wir ferner täuschende Signale kennen. Eine ganze Reihe von wehrhaften Fischen machen sich nun rich-

92
Ein Halfterfisch (Zanclus cornutus) *und die beiden Schmetterlingsfische* Chaetodon bennetti *(mit Ocellarfleck) und* Chaetodon falcula *(mit zwei dunklen Sattelbinden). Ihr plakatfarbenes Äußeres dient der Arterkennung. Sie gleichen wandelnden Flaggen.*
Photo: Verfasser (Rangiroa).

93
Die Zeichnung dieser Kaninchenfische (Siganus) *ist körperauflösend bis auf den auffälligen gelben Fleck, der ein Folgesignal für den Artgenossen ist. Photo: Verfasser (Pulau Jarak).*

94
Die im freien Wasser über dem Riff schwimmenden Nasenfische (Naso tapeinosoma) *sind einfarbig unauffällig. Wirbt ein Männchen, dann erstrahlt in Sekundenschnelle ein hellblauer Sattelfleck auf seinem Vorderrücken, die Schwanzflosse wird hellblau, und an den Seiten erscheinen ebenso gefärbte Binden. Hört der Fisch zu werben auf, dann werden diese Signale sogleich wieder abgeschaltet. Photo: Verfasser (Malediven).*

tiggehend auffällig, damit sie nicht gefressen werden. Sie stellen sich ähnlich zur Schau wie die Wespen. Der giftige Rotfeuerfisch zum Beispiel denkt zunächst einmal nicht daran, vor dem Taucher davonzuschwimmen. Er plustert sich auf, indem er alle Flossen spreizt. Die mit je einer Giftdrüse an der Basis ausgestatteten harten Strahlen der Rückenflosse wedeln nach links und rechts, und zwar genau im Takt der Wellenbewegung, die einst über die zusammenhängende Flosse lief. Die weißen Säume der Strahlen und Flossen machen das Tier selbst in dunklen Tiefen sehr auffällig. Jeder Fisch, der sich einmal an einem Rotfeuerfisch verletzte, wird ihn sicher wiedererkennen und meiden.

Vielleicht findet die auffällige Musterung und Färbung einiger Anemonenfische eine ähnliche Erklärung. Die Tiere bewohnen ja nesselnde Anemonen. Wer immer sich bei dem Versuch, einen Anemonenfisch zu schnappen, seine Schnauze an den nesselnden Tentakeln verbrannte, wird den auffälligen Fisch meiden. In ähnlicher Weise sind bekanntlich die Wespen geschützt. Auch ihre auffällige Zeichnung erleichtert das Wiedererkennen. Wurde ein Vogel einmal von einer Wespe gestochen, dann meidet er sie nachweislich. Er lehnt dann auch die ähnlich geringelten Nachahmer ab, zum Beispiel so manche Schwebfliegen, die unerfahrene Vögel ohne weiteres fressen.

Übrigens werden auch giftige und wehrhafte Fische in ähnlicher Weise von ungiftigen nachgeahmt. Die gewöhnliche Seezunge *(Solea vulgaris)* ahmt mit ihrer Brustflosse die dunkle Rückenflosse des giftigen Petermännchens *(Trachinus draco)* nach. Sie erhebt diese ebenfalls dunkle Flosse, wenn man sie bedroht. Der Schlangenaal *(Myrichthys colubrinus)* macht die giftige Seeschlange *(Platurus colubrinus)* so täuschend in ihrer Zeichnung und Färbung nach, daß man beide erst nach genauer Untersuchung unterscheiden kann. Der kleine Feilenfisch *(Paraluteres prionurus)* des Roten Meeres ähnelt nach A. M. Clark dem giftigen Spitzkopfkugelfisch *(Canthigaster cinctus)* verblüffend und schwimmt auch in dessen Schwärmen mit. *Centrogenys vaigiensis* – ein ungiftiger Barsch des australischen Barriereriffs – ähnelt täuschend dem giftigen Skorpionsfisch *Sebastapistes bynoensis loatale.*

Weitere Beispiele solch nützender Ähnlichkeit (Mimikry) bei Fischen hat Jack Randall zusammengestellt.

Parallelen dazu gibt es bei Wirbellosen: Die marinen nackten Fadenschnecken tragen am Rücken auffallend gefärbte Fortsätze, die Nesselkapseln besitzen. Schnappt ein Fisch diese Schnecken, dann wird er genesselt und meidet künftig das – warnfarbige – Objekt. Die Schnecken kommen übrigens auf sehr merkwürdige Art in den Besitz der Nesselzellen. Sie wachsen ihnen nicht von selbst, sondern werden – gestohlen: Die Schnecken fressen nesselnde Hohltiere und verdauen alles, bis auf die Nesselkapseln, die in die Fortsätze wandern und dort funktionsfähig bleiben.

Welche von den verschiedenen Merkmalen des Fisches nun im einzelnen Signal wofür sind, müssen Beobachtung und Versuch in jedem einzelnen Fall entscheiden. In diesem Zusammenhang muß auch erwähnt werden, daß Fische einander oft ganz anders sehen, als wir sie wahrnehmen, wenn wir sie frisch gefangen oder im Aquarium betrachten. Der vor allen in tieferen Riffregionen beheimatete Lippfisch *Lepidaplois diana* sieht frisch gefangen oder mit Blitzlicht photographiert wunderschön aus. Kopf und Rücken sind weinrot, Rücken- und Afterflosse hell weinrot, die Iris leuchtend rotorange, die Seiten sind orange bis gelb. Auf dem Rücken trägt der Fisch vier helle Flecken. All das schöne Rot und Orange hat jedoch als Signal sicher keinerlei Bedeutung, und zwar einfach deshalb, weil man es normalerweise nicht sieht. Das Wasser wirkt ja wie ein dicker Blaufilter und hält zunächst einmal alle roten Lichtstrahlen ab. Rotes erscheint in größerer Tiefe dunkelbraun bis schwärzlich und wird daher auch von vielen im tieferen Wasser lebenden Tieren als Schutzfarbe genutzt. Was uns jedoch am Lippfisch auffällt, wenn wir ihm in größerer Tiefe begegnen, sind die vier leuchtend hellen Punkte am Rücken; und ich gehe mit der Vermutung kaum fehl, daß diese Auslöser sind. Von dem bunten Pfauenaugen-Rotfeuerfisch, den ich unter einem Höhlendach entdeckte (S. 115), waren nur die stark reflektierenden hellen Flecken und die hellen Flossenstrahlen zu sehen. Wie schön bunt er sonst war, sah ich erst später auf der Blitzlichtaufnahme. Gleiches gilt für die anderen Rotfeuerfische.

Während rote Lichtstrahlen vom Wasser schnell absorbiert werden, durchdringen gelbe, grüne und blaue Strahlen dickere Wasserschichten. Viele der plakatfarbigen Fische, vor allem Schmetterlingsfische, Engelfische, Seebader und Korallenbarsche, verwenden daher Kombinationen dieser Farben als Arterkennungszeichen. Der Weißbrustseebader hat einen blauen Körper mit weißlicher Brust und schwarzem Kopf und eine zitronengelbe Rückenflosse; der Streifenseebader trägt auf bläulichem Grund gelborangene Linien; Schmetterlingsfische sind meist gelb, weiß und schwarz gezeichnet. Bei so plakatfarbigen Tieren hat man den Eindruck, sie seien als Ganzes ein Signal. Ihre Zeichnung ist meist einfach, auffällig und unverwechselbar, durchaus den menschlichen Flaggen vergleichbar. Als Arterkennungszeichen spielt ihre Tracht, wie Konrad Lorenz wiederholt betonte, bei der Paarbildung und bei der Revierabgrenzung eine wichtige Rolle. Viele Riff-Fische sind ja ortstreue Einzelgänger, die ihresgleichen als Konkurrenten vertreiben. Jeder hat sein Revier. Die bunte Tracht signalisiert auf Distanz, daß das Gebiet besetzt ist.

Wie an den verschiedenen Beispielen wohl deutlich wurde, ist Signalisieren eine wichtige Aufgabe der Fischtracht. Wer jedoch durch Farben und Muster signalisiert, sich also auffällig macht, begibt sich in Gefahr, auch von Freßfeinden gesehen zu werden.

95
*Jugendkleid (oben),
Übergangskleid (Mit-
te) und Erwachsenen-
kleid des Kaiserfisches*
Pomacanthodes annu-
laris. *Dadurch, daß die
Jungfische anders aus-
sehen, können sie sich
unangefochten in den
Revieren der Erwach-
senen aufhalten.
Photo: H. Kacher.*

Das können sich nur jene Fische leisten, die entweder durch giftige Stacheln oder dergleichen geschützt sind oder zwischen den Korallen hausen und sich dort praktisch dem Zugriff eines Feindes schnell entziehen können. Tatsächlich finden wir nur dort die ausgesprochen plakatfarbigen Fische, und zwar nur ortstreue Arten, die ihre Schlupfwinkel genau kennen. Wo es an Deckung mangelt, erzeugt die natürliche Auslese seitens der Freßfeinde sichtgeschützte, wenig auffällige Tiere. Sandbewohner sind meist sandfarben, Felsbewohner ähneln oft veralgten Felsen, und Fische, die im freien Wasser schwimmen, sind oft silbrig oder blau wie das sie umgebende Wasser. Sie haben eine Tarntracht, und manche von ihnen gleichen sich dem Untergrund noch durch Farbwechsel an. Selbst ortstreue aggressive Einzelgänger sind tarnfarbig, wenn sie an exponierten Stellen leben. Bei der Galápagosinsel Duncan beobachtete ich auf sandigem Boden Hechtschleimfische *(Chaenopsis)*. Die schutzgefärbten Tiere standen über ihren Wohnröhren. Kam ein Artgenosse zu nahe, dann bedrohten sie ihn mit offenem Maul, und da sah man erst, daß das Maulinnere ganz auffällig bunt gefärbt war, ebenso die Rückenflosse, die sie wie ein Segel entfalteten. Nach der Auseinandersetzung waren sie wieder so unscheinbar wie zuvor. Und ähnlich wie diese Hechtschleimfische tragen auch viele andere tarnfarbige Fische ihre Signale auf normalerweise zusammengelegten Flossen oder im Maul. Manche bieten diese Signale in besonders auffälliger Weise, zum Beispiel viele Schleimfische und Grundeln, die durch rhythmisches Aufrichten und Niederlegen der Flossen winken. Die Tarnfarbigen müssen den Bunten keineswegs an Aggressivität nachstehen. Der schon erwähnte Riffbarsch *(Abudefduf leucozona)* der Seichtwasserzone der Malediven verteidigt sein Revier gegen Artgenossen genauso heftig wie die ortstreuen bunten Fische des Korallenriffes. Da der Fisch über relativ deckungsarmem Grund lebt, ist er recht unscheinbar gefärbt. Mit diesen Einschränkungen gilt die von Konrad Lorenz aufgestellte Regel, daß plakatfarbig bunte Fische meist aggressiv sind, während die unscheinbaren oft verträglich sind.

Andere tarnfarbige Fische besitzen die Fähigkeit zu raschem Farbwechsel. Sie erglühen beim Balzen oder Kämpfen in Sekundenschnelle in den auffallendsten Farbmustern und erblassen sogleich wieder, wenn sie nicht mehr signalisieren wollen. Da gibt es zum Beispiel die Nashornfische *(Naso tapeinosoma)*. In großen Schwärmen ziehen sie vor den Riffabhängen durchs freie Wasser, unscheinbar düster gefärbt. Wirbt jedoch einer um ein Weibchen, dann bekennt er Farbe, indem er in Sekundenschnelle seine Tracht ändert. Die Lippen, die Schwanzflosse, ein Sattelfleck auf dem Vorderrücken und einige helle Querbinden erstrahlen im hellsten Blau. Sowie sich der Fisch jedoch von seinem Partner abwendet, bekommt er wieder sein unscheinbares Kleid. Er wechselt seine Tracht wie wir unsere Bekleidung. Dauernd farbenprächtig zu sein wäre für diese Fische zu gefährlich.

In all diesen Fällen wurden von der Umwelt zwei gegensätzliche Anforderungen gestellt: unauffällig sein wegen der Freßfeinde, auffällig sein für den Partner. Das Resultat ist in solchen Fällen ein Kompromiß.

Darauf hinzuweisen ist ferner, daß es auch Buntheit gibt, die tarnt. Der Wimpelfisch *(Heniochus varius)* ist einzeln betrachtet mit seinen Binden und Mustern wohl recht auffällig. Aber wenn diese Fische im Schwarm gegen den Hintergrund der Korallenkulisse stehen, ist die Körperform des einzelnen aufgelöst, und die Fische verschwinden gegen den Hintergrund. Das ist das Prinzip des körperauflösenden Tarnanstriches eines Kriegsfahrzeugs. Solche körperauflösenden Zeichnungen sind weit verbreitet. Sie können uns recht auffällig erscheinen. Der Körper des Pfauenaugenbarsches ist zum Beispiel mit hellen blauen Tupfen übersät. Wenn dieser Fisch in einer Höhle sitzt, dann muß man schon zweimal hinsehen, bis man erkennt, daß sich hinter diesem Punktegewimmel ein Raubfisch verbirgt. Und zum zweiten Hinsehen kommt der kleine Beutefisch eben nicht, der sich in die Nähe des lauernden Räubers verirrte. Zum Pfauenaugenbarsch *(Cephalopholis miniatus),* der auf bräunlicher Körpergrundfarbe die hellblauen Punkte trägt, gibt es noch eine Schwesterart, die im gleichen Gebiet in etwas tieferem Wasser lebt. Sie trägt die blauen Punkte auf prachtvoll rotem Grund. Nur den sieht man zunächst im Blitzlicht, denn Rot erscheint ja, wie gesagt, in größerer Tiefe als unscheinbares Braun.

Tarnung durch Angleichung an die Umgebung ist schließlich eine weit verbreitete Funktion des Farbkleides. Die Plattfische passen sich an ihre jeweilige Unterlage durch Farbwechsel so täuschend an, daß man sie wirklich übersieht. Fische des freien Wassers zeigen Gegenschattierungen. Sie sind oberseits blau wie die See, so daß sie ein Raubvogel schwerer sieht; unterseits sind sie meist heller silbrig, so daß sie von unten gegen die helleren oberen Wasserschichten schwerer wahrzunehmen sind. Man hat nun bei sehr vielen Freiwasserfischen, die in Tiefen zwischen 200 und 600 Metern leben, festgestellt, daß deren Körperunterseite mit zahlreichen kleinen Leuchtorganen übersät ist, deren Licht genau der Wellenlänge des Lichtes entspricht, das tagsüber noch in diese Tiefen dringt. Der Anglerfisch *Myctophum punctatum* erzeugt ein Licht der Wellenlänge von 470 Nanometer, die Leuchtkrebse *Thysanoessa raschii* und *Euphausia pacifica* ein Licht von 476 Nanometer beziehungsweise 472 Nanometer. Sie bewegen sich dabei so auf und ab, daß sie sich tagsüber im konstanten Dämmerlicht halten. In all diesen Fällen erfolgt eine Aufhellung von unten, die das Tier gegen Sicht von unten tarnt — eine funktionelle Entsprechung der Gegenschattierung, die wir von oberflächennahen pelagischen Fischen kennen.

So erfüllen die vielerlei Muster und Farbmerkmale der Fische eine Vielzahl von Funktionen, die zu enträtseln zu den reizvollsten Aufgaben des Zoologen zählt.

96
Ein Schwarm von Heniochus varius *zwischen Korallenstöcken. Dank ihrer körperauflösenden (somatolytischen) Zeichnung sind die Fische schwer wahrzunehmen. Photo: Verfasser (Malediven).*

97

Männchen und –
Abb. 98 – Weibchen
des Papageifisches
(Sparisoma viride).
Diese Fische beginnen
ihre Laufbahn als
Weibchen. Im späteren
Leben werden sie zu
voll fruchtbaren
Männchen. Sie färben
dann auch in das
männliche Prachtkleid
um. Ein derartiger Ge-
schlechtswandel ist bei
Meeresfischen ver-
schiedener Familien
beobachtet worden.
Photo: Verfasser (Los
Roques, Karibische
See).

99

Der Engelfisch Poma-
canthodes paru *er-*
wachsen und –
Abb. 100 – in seiner
Jugendform mit abwei-
chendem Farbkleid.
Photo: Verfasser (Los
Roques, Karibische
See).

101–103
Die Farbkleider der Schmetterlingsfische sind plakatartig auffällig und zugleich einfach und unverwechselbar:

101
Ein Schwarm des Schmetterlingsfisches Chaetodon lunula. *Photo: Verfasser (Rangiroa).*

102
Der Schmetterlingsfisch Chaetodon ephippium. *Photo: Verfasser (Bora Bora).*

103
Der Schmetterlingsfisch Chaetodon ornatissimus. *Photo: Verfasser (Rangiroa).*

104, 105
Cephalopholis miniatus *in einer Höhle, die bunt bewachsen ist, und* Cephalopholis argus. *Die beiden Blaupunktbarsche unterscheiden sich im wesentlichen nur durch die unterschiedliche Körpergrundfarbe. Bei der in Höhlen und in tieferen Riffregionen häufigen Art* (miniatus) *ist sie rot. Diese Farbe nimmt man dort nur als dunkles Braun wahr. Die Körpergrundfarbe des Fisches ist daher ebenso unauffällig wie die der braunen Art, die man oft frei im seichteren Wasser antrifft. Die blauen Punkte lösen in beiden Fällen die Körperform des Fisches auf. Photos: Verfasser (Malediven).*

149

Die Strategien der Raubfische

Wir saßen nebeneinander am Riffabhang und schauten den vor-
beiziehenden Fischen zu. Da deutete Hans Hass auf einen hohen
Hornkorallenbusch zu meiner Linken. Ich sah hin und fand den
Busch, der violett gegen das Wasser stand, durchaus schön und
sehenswert, aber das war es offenbar nicht, was er mir zeigen
wollte. Denn als ich mich vom Hornkorallenbusch abwandte,
wies er noch einmal eindringlich mit dem Stock dorthin. Und
jetzt erst sah ich den etwa 80 Zentimeter langen stabförmigen
Trompetenfisch, der kopfabwärts zwischen den biegsamen Korallenästen stand. Der olivbraune Fisch war vorzüglich gegen
Sicht getarnt, zumal er jede Bewegung der Zweige mitmachte, so
daß er immer parallel zu den Ästen stand. Sein Kopf war zu einer
röhrenartigen Schnauze verlängert. Die weit nach hinten ge-
rutschten Rücken- und Afterflossen wedelten dauernd. Wach
musterte der Fisch die Umgebung. Er war mir schon aus den
Büchern meines Freundes Hass und aus der Karibischen See ein
alter Bekannter.

Und da passierte auch schon, worauf wir gewartet hatten. Ein
großer Kaninchenfisch kam gemütlich vorbeigeschwommen.
Kaum hatte ihn der Trompetenfisch erspäht, schoß er aus seinem
Versteck. Mit einer Gewandtheit, die man dem steifen Kerl gar
nicht zugetraut hätte, legte er sich flach über den Rücken des
Kaninchenfisches. Der suchte eilig das Weite, aber der Trompetenfisch schwamm über ihm mit und ließ sich nicht abschütteln.
Nach kurzer Flucht fand sich der Kaninchenfisch mit seinem lästigen Reiter ab. Er weidete weiter, den seltsamen Reiter dul-
dend. Das Ganze war ihm wohl nicht neu.

153

Zu dem harmlosen Weidegänger gesellten sich bald einige Fischchen, die nach kleinen Tierchen haschten, die der Große bei seiner Freßtätigkeit aufscheuchte. Genau darauf hatte der Trompetenfisch gewartet. Schnell glitt er von seinem Pferd herab und schnappte sich einen der Kleinen. Noch schluckend nahm er seine Reitstellung wieder ein.

Der Trompetenfisch ist ein Räuber, den alle kleinen Fische fürchten. Läßt er sich sehen, dann flüchtet alles. Er lauert daher

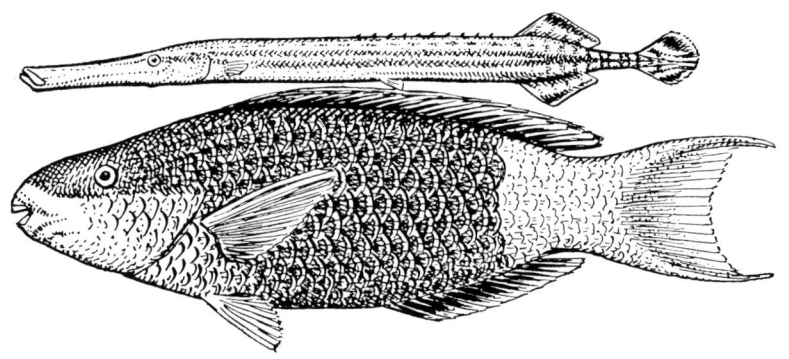

107
Trompetenfisch, der auf einem Papageifisch reitet. Darunter: Er tarnt sich in einem Schwarm gelber Seebader.

meist ruhig in Korallenstöcken oder an den Pfählen einer Mole. Von Zeit zu Zeit muß er aber sein Versteck wechseln, denn bald wissen die Kleinfische, wer hinter dieser Deckung lauert. Will er nun beim Ortswechsel jagen, benutzt er Friedfische zur Tarnung. Kommt ein Papageifisch oder ein anderer großer Friedfisch vorbei, so legt er sich der Länge nach über dessen Rücken und schwimmt mit. Frißt nun der Papageifisch, dann kommen von allen Seiten kleine Fische herbei, um abfallende Brocken oder aufgescheuchte kleine Beutetiere zu schnappen. Den gefürchteten Trompetenfisch nehmen sie nicht wahr, und so werden sie dessen leichte Beute.

Bis zu einem gewissen Grade können sich die Trompetenfische in ihrer Farbe an ihr Roß anpassen. Wir sahen auf dunklen Kaninchenfischen dunkle Trompetenfische reiten, auf gelben dagegen gelbe. Bei der Kokosinsel (Costa Rica) beobachtete ich einen gelben Trompetenfisch, der sich in einem Schwarm ebenso gelber Seebader tarnte.

Ich kenne sonst nur noch einen Raubfisch, der andere als Tarnung benutzt. In unserem Institut hielten wir einen Säbelzahnschleimfisch der Gattung *Runula* mit vielen anderen Fischen in einem großen Aquarium. Bald hatten diese Fische den kleinen Räuber erkannt, und er kam deshalb immer schwerer zum Biß. Da erfand er eine Reihe von Listen, die Wolfgang Wickler in der »Zeitschrift für Tierpsychologie« beschrieben hat. Zuerst beschlich er seine Opfer, indem er wie eine Schlange ganz flach über dem Boden auf die weidenden Schmetterlingsfische zukroch. Wurde er entdeckt, dann schwamm er sogleich frei schlängelnd im Wasser, den Rücken dem Schmetterlingsfisch zugewandt, und stellte sich ganz harmlos. Manchmal schlich er sich auch knapp unter dem Wasserspiegel an seine Opfer heran und überfiel sie von oben. Als das schwieriger wurde, stellte er sich bei der Fütterung in die Wolke des hineingeworfenen Futters. Dort lauerte er auf die Fische, die zum Fressen herbeikamen und den Räuber dabei übersahen.

Schließlich lernte er einen großen Anemonenfisch der Gattung *Premnas,* der ohne Anemone im Aquarium lebte und den er aus irgendeinem Grunde nie biß, als Tarnung zu gebrauchen. Neben oder unter ihm schwimmend, näherte er sich den ahnungslosen Fischen, fast nach der Art des Trompetenfisches. Bemerkenswert war die Schläue, mit welcher der Säbelzahnschleimfisch all diese verschiedenen Jagdmethoden erfand. Bei den Malediven beobachtete ich einen Säbelzahnschleimfisch *(Runula),* der in der Nähe einer Putzstation auf Opfer lauerte, die er immer dann angriff, wenn sie gerade geputzt wurden und daher abgelenkt waren.

Zwischen Jägern und Gejagten ist in einem Korallenriff ein ständiger Wettlauf im Gange. Durch immer neue Anpassungen im Körperbau und im Verhalten trachtet sich der Verfolgte dem Zugriff zu entziehen und fordert dadurch wiederum neue Anpassungen des Jägers heraus. So hat die natürliche Auslese ganz erstaunliche Beutefangtechniken herangezüchtet. Viele Raubfische verlegten sich aufs Lauern. Irgendwo unter einem Stein verborgen oder sichtgetarnt auf dem Sande liegend, warten sie darauf, daß ein Beutefisch in die Nähe kommt. Dann reißen sie ihr Maul auf und erzeugen zugleich durch Erweiterung des Rachens einen kräftigen Sog, der die Beute ins Maul reißt.

Daß sich einige dabei besonderer Listen bedienen, wußte bereits Konrad Gessner im Jahre 1557: »Vil der fischen sind die sich mit sonderem list / und betrug so inen von natur gäben weidend und speysend. In sölchem sol dise Meerkrott andere übertreffen / dann als gehört / so habend sy vornen an ihrem maul züttele oder hörnle / welche sy bewegend / in dem lätt oder kadt verschloffen / als ob es würmle wärend / welchen so die

155

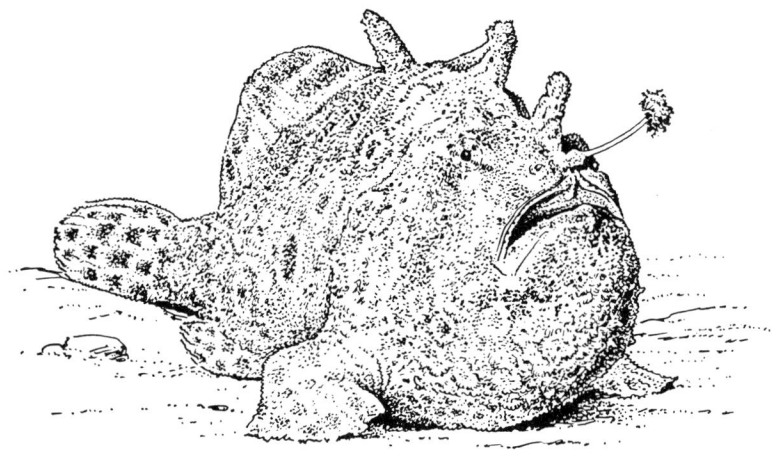

108
Anglerfisch (Antenna-
rius): *Der erste Rük-
kenflossenstrahl ist zur
frei beweglichen Angel
mit Köder umgewan-
delt worden.*

109
*Galopp (a) und Kreuz-
gang (b) bei einem
Angler, schematisch
von unten und jeweils
klein darunter von der
Seite gesehen.
Aus W. Wickler
(1973).*

kleinen fisch nachhaltend als würmlen / werdend sy von inen
gefrässen.«

Die sogenannten Anglerfische ködern in der Tat ihre Beute.
Regungslos sitzen die gut sichtgetarnten Tiere auf dem Grund
oder zwischen den Tangen. Nur der erste Strahl der Rückenflosse, der weit auf die Stirn gerückt ist, bewegt sich auffällig hin
und her und schwenkt den an seinem Ende befindlichen Köder,
ein von Art zu Art verschieden geformtes Hautgebilde. Kleine
Fische werden durch den vermeintlichen Wurm angelockt. Sind
sie mit ihrem Kopf nahe genug herangekommen, reißt der Angler seine Angel zurück, öffnet das Maul und saugt seine Opfer
ein. Er schnappt seine Beute nur, wenn sie mit dem Kopf zu
seinem Maul steht, und er schätzt auch die Größe der Beute
genau ab. Manche Fische schützen sich, indem sie durch besonders hohe Flossen einen größeren Körper vortäuschen.

In Anpassung an die besondere Jagdmethode haben die Anglerfische auch besondere Fortbewegungstechniken entwickelt,
die es ihnen ermöglichen, langsam über den Grund zu gehen und
sich anzuschleichen. Sie entwickelten eine Art Kreuzgang, eine
interessante Analogie zum Kreuzgang vierfüßiger Wirbeltiere.
Die Vorderbeine sind allerdings in diesem Falle die nach vorne
vor die Brustflosse gerückten Bauchflossen. Etwas schneller geht
es im Galopp. Schließlich können sich manche Angler auch mit
Rückstoß voranjeten. Das Atemwasser wird nach der Passage
durch düsenartige Öffnungen hinter den Brustflossen ausgestoßen. Damit können sich die Tiere langsam vorschieben, ohne daß
die Beute etwas merkt.

Zu den Anglern gehören auch viele Tiefseefische. Sie haben
das Angeln wohl unabhängig voneinander erfunden, da ihre Angeln, die sämtlich einen leuchtenden Köder tragen, einmal am
Oberkopf, ein anderes Mal am Unterkiefer sitzen. Ein Tiefsee-
angler, den die dänische Galathea-Expedition ans Tageslicht

110
*Verschiedene Köder
auf den Angeln von
Anglerfischen. Oben:*
Antennarius nummi-
fer; *Mitte:* Ogcocepha-
lus; *unten:* Phrynelox
scaber. *Mit diesen ver-
schiedenen Ködern ha-
ben sich die Angler auf
jeweils andere Beute
spezialisiert.
Aus W. Wickler
(1973).*

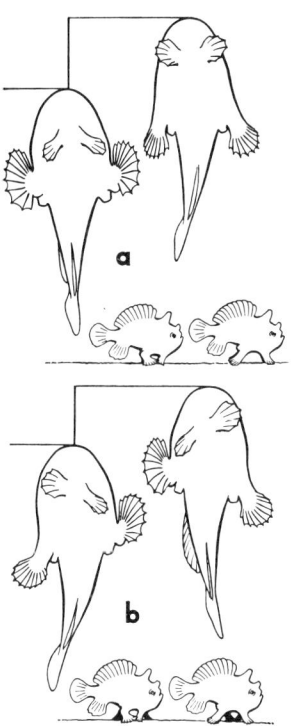

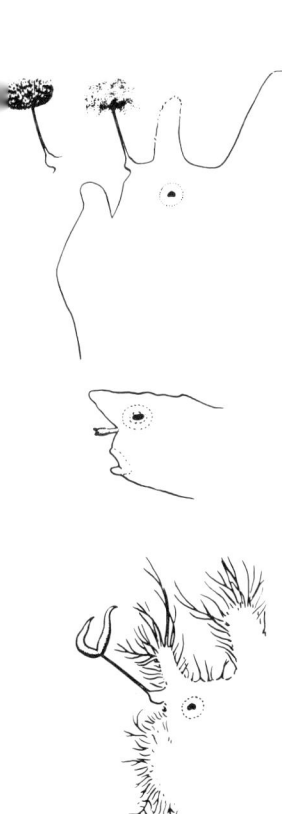

brachte, läßt den Leuchtköder vom Dach des weit aufgerissenen Maules herabbaumeln. Die Beute wird ihm wohl direkt ins Maul spazieren. Der Fisch heißt *Galatheathauma axeli*; man fischte ihn aus 3590 Meter Tiefe vor der amerikanischen Küste.

Wie so oft, sind solche »Erfindungen« nicht auf eine Tiergruppe beschränkt. Es angeln auch andere Tiere. Die im Südosten der USA lebende Geierschildkröte beispielsweise liegt ruhig mit geöffnetem Maul auf dem Grund ihres Wohngewässers und gleicht so einem veralgten Stein. Nur ihre rötliche, wurmförmige Zungenspitze ist in Bewegung, und die Fische fallen darauf herein.

Konrad Lorenz hat auf die interessante Jagdtechnik der Rotfeuerfische hingewiesen. Sie breiten ihre Brustflossen wie einen Fächer aus und drängen kleine Fische gegen den Hintergrund in die Enge. Transparente Fenster an der Basis der Brustflossen täuschen Durchlässe vor. Kleine Fischchen, die in ihrer Bedrängnis durchflüchten wollen, werden vom Rotfeuerfisch aufgeschnappt.

Die meisten Riff-Fische beschleichen ihre Beute oder lauern ihr auf. Nur selten sieht man, daß ein Zackenbarsch oder ein Hai richtig jagt. Um dabei erfolgreich zu sein, muß er einen Riff-Fisch durch plötzlichen Angriff überraschen und ihm den Weg zu den schützenden Korallen abschneiden. Einmal sah ich zum Beispiel, wie Grauhaie einen Riffabhang der Malediven heraufgeschossen kamen. Sie schoben sich durch diesen überraschenden Angriff zwischen die Beutefische und das Riff und fingen einige der Abgesprengten. Im allgemeinen erwischt ein Barsch oder Hai, der über einem Riff dahinschwimmt, kaum einen der dort beheimateten Fische, die ja mühelos zu den Korallen hinabtauchen können. Gleitet ein Hai ruhig über das Riff, zeigen die Riff-Fische auch keinerlei Anzeichen von Furcht; nur die allernächsten tauchen zu den Korallen hinunter. Erst wenn er sein Tempo beschleunigt, nehmen sie Reißaus.

Auch bei den Fischen des freien Wassers können wir Lauerer und Jäger unterscheiden. Zu den lauernden Raubfischen gehören zum Beispiel die großen Pfeilhechte und die Hornhechte, die regungslos knapp unter der Wasseroberfläche auf unachtsame Fische harren. Zahlreich sind die einzeln oder im Trupp jagenden Raubfische. Fängt man einen kleinen Riffbarsch, Lippfisch oder irgendeinen anderen Riffbewohner und läßt ihn vom Boot aus wieder frei, so daß er mehrere Meter tief zum schützenden Riff hinuntertauchen muß, dann schafft er das selten. Meist wird er unterwegs von einer Stachelmakrele oder einem Zackenbarsch gefressen. Ein einzelner Fisch wird im freien Wasser sehr leicht von einem Raubfisch eingeholt, fixiert und geschnappt. Aber einzeln schwimmen auch solche Fische nie ins freie Wasser hinaus. Sie schließen sich vielmehr zu Schwärmen zusammen, und da ist die Lage ganz anders. Aus dem Fischschwarm läßt sich die Beute nicht so ohne weiteres herausfangen. Das leuchtet zunächst nicht ein, man meint eher, wo viele sind, da braucht man doch nur ins volle zu stoßen, und schon hat man reiche Beute. Wer so denkt, übersieht jedoch, daß kein Raubfisch blindlings zustoßen kann. Er muß seine Beute vielmehr fixieren und ganz nahe herankommen, um sie dann, meist durch Saugschnappen, bei einigen langschnäbligen Hechten auch durch eine schnelle Seitwärtsbewegung des Kopfes, einzufangen. Dieses für den Beutefang unerläßliche Fixieren des Opfers wird dem Raubfisch durch den Schwarmverband erschwert. Kaum hat er einen einzelnen aufs Korn genommen, ist dieser schon wieder hinter anderen verschwunden. Der Raubfisch muß sich neu einstellen. Die vielen ständig durcheinanderwirbelnden Zielpunkte erschweren das Zielen. Der Konfusionseffekt wird dadurch verstärkt, daß die Schwarmfische sich bei Gefahr eng zusammenschließen, wobei die einzelnen oft auf und nieder wogen. Wer einmal versucht hat, einen bestimmten Fisch aus einem Schwarm zu schießen, weiß, wie schwer das ist.

Das Bestreben vieler Raubfische geht deshalb darauf aus, einzelne Fische vom Schwarm zu isolieren. Nie werde ich vergessen, wie ich das zum erstenmal sah. Wir tauchten damals gerade an einem Tankerwrack im Addu-Atoll. Über dem Wrack fischte ein großer Schwarm von silbrigen, etwa heringgroßen Füsilieren. Auf einmal tauchte ein Trupp von etwa zwanzig flinken, nicht ganz einen Meter langen Stachelmakrelen auf. Einige der Makrelen schoben sich unter den Schwarm, ihm den Weg zum schützenden Wrack abschneidend. Andere umkreisten ihn in ständig enger werdenden Ringen und drängten so den Fischschwarm dichter und dichter zusammen, zugleich auch immer weiter gegen die Wasseroberfläche. Es war eine unheimliche Mühle. An den fahrigen Bewegungen der Füsiliere sah man deutlich, wie sie zunehmend nervöser wurden. Zuletzt gegen die Wasseroberfläche gedrängt, versuchte da und dort einer in panischer Flucht aus der Todesmühle auszubrechen. Darauf hatten die Stachelmakrelen gewartet. Mühelos fingen sie jeden, der den Schutz des Schwarms verließ. Es war geradezu dramatisch zu sehen, wie abgesprengte Füsiliere, nachdem sie wenige Meter ins freie Wasser ausgebrochen waren, sogleich wieder umdrehten und, meist vergeblich, zu dem eingekreisten Schwarm zurückstrebten.

Eine etwas andere Methode beobachtete ich 1960 vor den Guy-Fawkes-Klippen der Galápagosinseln, wo ich schon sechs Jahre vorher einige schöne Tauchstunden verbracht hatte. Ein großer Schwarm von Füsilieren *(Xenichthys jessicae)* zog die Steilwand auf und ab und fischte Plankton. Zwischen ihnen und der Wand standen zwei große Zackenbarsche *(Mycteroperca olfax)*. Langsam, fast regungslos, schoben sie sich näher an den Schwarm heran, bis sie praktisch von den Fischen umflutet waren. Diese hielten zuerst Abstand und bildeten eine Art Vakuole um die Räuber. Aber langsam gewöhnten sie sich an deren Anwesenheit. Sie schwammen näher, und so geschah es, daß der eine oder andere Schwarmfisch zu nahe am Maul des Zackenbarsches vorbeikam. Der schnappte dann zu, schluckte, und nur ein paar langsam zu Boden rieselnde Silberschuppen verrieten etwas von dem Drama. Wenn ein Zackenbarsch schnappte, dann durchzuckte es den Schwarm wie ein elektrischer Schlag. Für kurze Zeit schwammen die Füsiliere daraufhin in enger Schwarmformation. Aber bald löste sich die Spannung, und der Vorgang wiederholte sich von neuem. Allerdings waren die Zackenbarsche nicht bei jedem Angriff erfolgreich; sie mußten viel Zeit und Mühe aufwenden.

Im Schwarm ist das Individuum zweifellos sicherer, als wenn es einzeln durch das freie Wasser zieht. Zum Konfusionseffekt kommt unter anderem noch, daß mehr Augen mehr sehen und eine Gefahr dadurch schneller wahrgenommen wird. Im übrigen ist ein solcher Schwarm ein völlig anonymer Verband; die Tiere kennen sich keineswegs persönlich. Sie werden nur dadurch zusammengeführt, daß jedes das Bestreben zeigt, sich einem Artgenossen anzuschließen und mitzuschwimmen, wobei der einzelne immer der Mehrheit oder dem schneller Schwimmenden folgt. Spezifische Auslöser (Flecken, Punkte, Spiegel und dergleichen) sichern den Zusammenhalt gleichartiger Tiere.

Mittlerweile hat man den Konfusionseffekt auch experimentell nachgewiesen. D. Radakov stellte fest, daß Dorsche (Gadus) Jungfische des Pollack (Pollachius) innerhalb von 26 Sekunden schnappten, wenn sie ihnen einzeln zugesetzt wurden. Sie brauchten aber 135 Sekunden, um einen Fisch aus einem Schwarm herauszufischen. S. Neill und J. Cullen untersuchten den Einfluß der Gruppengröße der Beute auf den Jagderfolg. Sie testeten als Räuber den gemeinen Tintenfisch (Sepia officinalis) mit zugesetzten jungen Meeräschen (Mugil sp.), den gemeinen Kalmar (Loligo vulgaris) mit zugesetzten Ährenfischchen (Atherina), Hechte (Esox) mit jungen Kärpflingen (Cyprinodon) und Flußbarsche (Perca fluviatilis) mit Zahnkärpflingen (Poecilia). Bestimmt man das Verhältnis von Fangerfolg zu Fangversuch, dann stellt man fest, daß dieses Verhältnis mit der Anzahl der dargebotenen Beutetiere absinkt. Besonders interessant war das Verhalten der Flußbarsche, die ihre Beutetiere aktiv verfolgten. Mit Zunahme der Schwarmgröße wechselten sie häufiger ihr Ziel und fielen damit auf ein früheres Stadium der Handlungsabfolge Jagen zurück, was ihren Jagderfolg minderte. Hier liegt also ein klarer Nachweis des »Konfusionseffektes« vor. Die anderen Räuber sind als Lauerer zu klassifizieren. Auch sie wurden in ihrem Jagderfolg behindert.

Die Eroberung des freien Wassers als Lebensraum ging sicherlich mit Schwarmbildung Hand in Hand. Fische, die Feinde haben, können im freien Wasser kaum überleben. Nur wenige Spezialisten machen da eine Ausnahme. So trifft man fliegende Fische oft auch einzeln oder in nur kleinen Trupps. Sie haben sich darauf spezialisiert, bei Gefahr aus dem Wasser zu springen und oft mehrere hundert Meter weit davonzusegeln. Dadurch machen sie es dem Raubfisch unmöglich, sie längere Zeit zu verfolgen. Die Fische, die ihr Heil durch Flucht über die Wasseroberfläche suchen, sind allerdings über Wasser neuen Gefahren ausgesetzt. Hier jagen nämlich Seeschwalben, die sich darauf spezialisiert haben, den übers Wasser Flüchtenden aufzulauern. Außer solchen Spezialisten hat nur der Schwarmfisch im deckungslosen Milieu eine Chance.

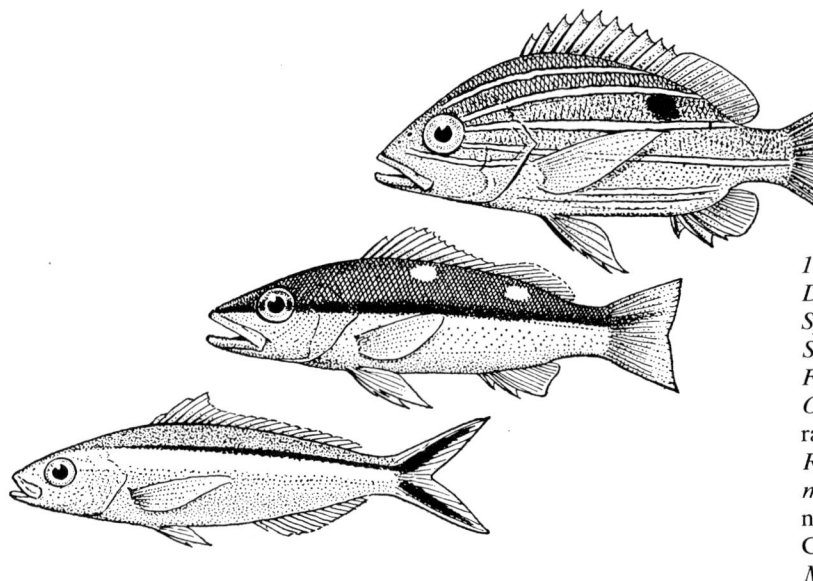

111
Die Entwicklung der Spindelform bei im Schwarm lebenden Freiwasserfischen. Oben: Lutianus kasmira, *der noch nahe am Riff in großen Schwärmen lebt. Mitte:* Lutianus biguttatus. *Unten:* Caesio caerulaureus. *Mit zunehmender Entfernung vom Riff werden in dieser Verwandtschaftsgruppe die Fische immer spindelförmiger.*

Schon jene Fische, die zwar stets im Riff bleiben, aber dabei größere Strecken über unbekanntes Gelände wandern, tun dies sehr oft im Schwarmverband. Da nicht jeder um eine Zuflucht weiß, sind sie so sicherer. So verhalten sich zum Beispiel viele Schnapper, wie der vagabundierende *Lutianus kasmira* und der *Lutianus biguttatus.* Diese Fische sind dann auch schlanker gebaut als ihre hochrückigen ortstreuen Verwandten. Von solchen Formen dürften sich schließlich die den Schnappern nahestehenden Füsiliere ableiten, die im Schwarm das freie Wasser eroberten und sich in weiterer Anpassung an diesen Lebensraum der Spindelform der Heringe annäherten. Ihr Farbkleid wurde zugleich unbunt silbrig.

Die Fischschwärme finden eine Parallele in manchen Vogelschwärmen. Der Raubvogel, der einen Star oder eine Ente aus einem Schwarm erbeuten will, hat die gleichen Zielschwierigkeiten wie ein Raubfisch beim Fischen aus dem Schwarm. Auch er bemüht sich daher, einen Vogel durch Scheinangriffe abzusondern, ehe er ihn schlägt.

So ranken sich Räuber und Beutetier in ihren Anpassungen
160

aneinander empor in einem Wettlauf, der immer neue überraschende Lösungen zeitigt.

Einen sehr wirksamen Schutz genießen viele Fische durch ihre Giftigkeit. Die Steinfische *(Synanceidae)* haben einen richtigen Giftapparat entwickelt, der seinen ganzen Inhalt auf einmal entleert. Die harten Rückenflossenstrahlen haben bei *Synancea* an jeder Seite tiefe Rillen. An der Basis sind sie mit einer Giftdrüse verbunden, die ihren Inhalt entleert, wenn sich ein Feind an dem Fisch vergreift und sich dabei sticht. Bei *Thalassophryne* sind die ersten beiden harten Rückenstrahlen sogar hohl, wie der Giftzahn mancher Schlangen. Die Giftdrüsen münden in diesen Kanal. Aber nur die ostpazifischen, karibischen und atlantischen sind als giftig erkannt. Von der Giftigkeit der *Scorpaeniden,* zu denen auch der Rotfeuerfisch gehört, sprachen wir bereits. Die Kaninchenfische *(Siganidae)* haben stechende dorsale, ventrale und anale Flossenstrahlen, an deren Basis Giftdrüsen münden. Sie schlafen mit aufgerichteten Flossen. Die Vertreter der Gattung *Teuthis* sind besonders giftig. Die Korallenwelse *(Plotosidae),* deren Schwärme man in indopazifischen Riffen oft antrifft, haben Giftdrüsen an der Basis der harten Brustflossenstrahlen und des ersten Rückenflossenstrahls. Der Schleimfisch *Meiacanthus* wird wegen seines giftigen Bisses Giftzahnschleimfisch genannt. Er wehrt sich gegen Raubfische durch Beißen und wird danach oft ausgespuckt und fürderhin gemieden. Davon profitieren als Nachahmer die Schleimfische *Ecsenius bicolor* und *Runula laudandus* (G. Losey 1972). Von den Seebadern haben einige Arten im Jugendstadium Giftdrüsen.

Weit größere Bedeutung als die aktive Abwehr mittels Giftapparaten hat die passive Abwehr durch Giftigkeit. Viele Kofferfische, Lippfische, Feilenfische, Kugelfische, Papageifische, Igelfische, Seezungen und andere sondern einen giftigen Hautschleim aus, der sie ungenießbar macht. Die Mosesseezunge (S. 188) wird von Haifischen ausgespuckt.

Diese Art der Giftigkeit ist von jener zu unterscheiden, die nur zu bestimmten Zeiten bei bestimmten Fischen auftritt. Das Gift wird in diesen Fällen über Nahrungsketten aus der Umwelt aufgenommen. Algen, Pilze oder Bakterien dürften am Ausgangspunkt der Nahrungsketten stehen. Beim Menschen kommt es nach Genuß solcher Fische zu schweren Vergiftungen. Die Erkrankung ist als »Ciguatera« gefürchtet. Raubfischen dagegen schadet das Gift nicht. Besonders toxisch können die Papageifische und Seebader werden und die großen Raubfische, die von ihnen leben; unter diesen wiederum im besonderen die Riffhaie, Muränen, Stachelmakrelen, Schnapper, Lethriniden, Zackenbarsche, einige Thunfischarten und Barrakudas. Die Krankheit ist deshalb besonders heimtückisch, weil sie von Fischarten verursacht wird, die zu anderen Zeiten oder an anderen Orten durchaus als Speisefische genossen werden können. Über 400 Knochenfischarten haben bereits Ciguatera verursacht!

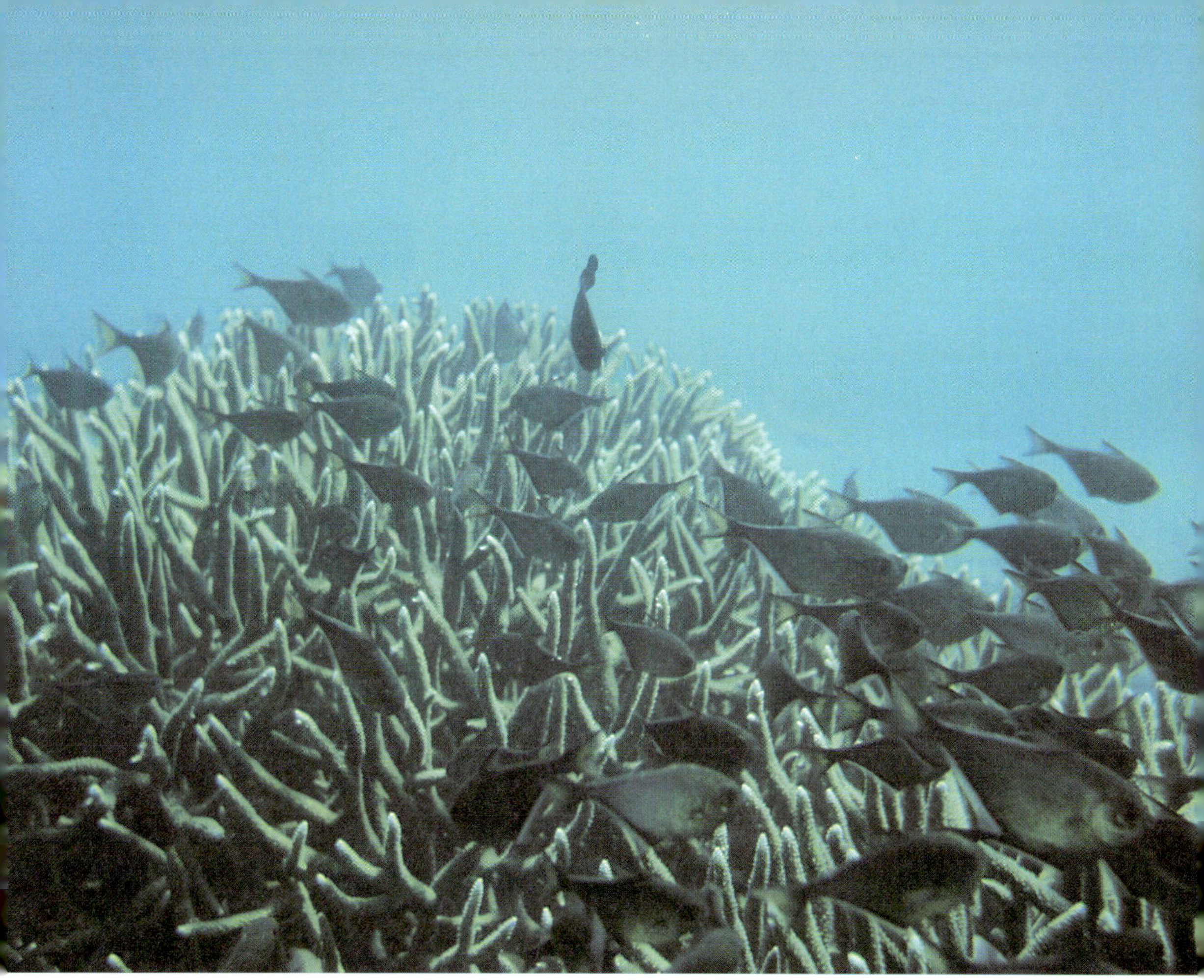

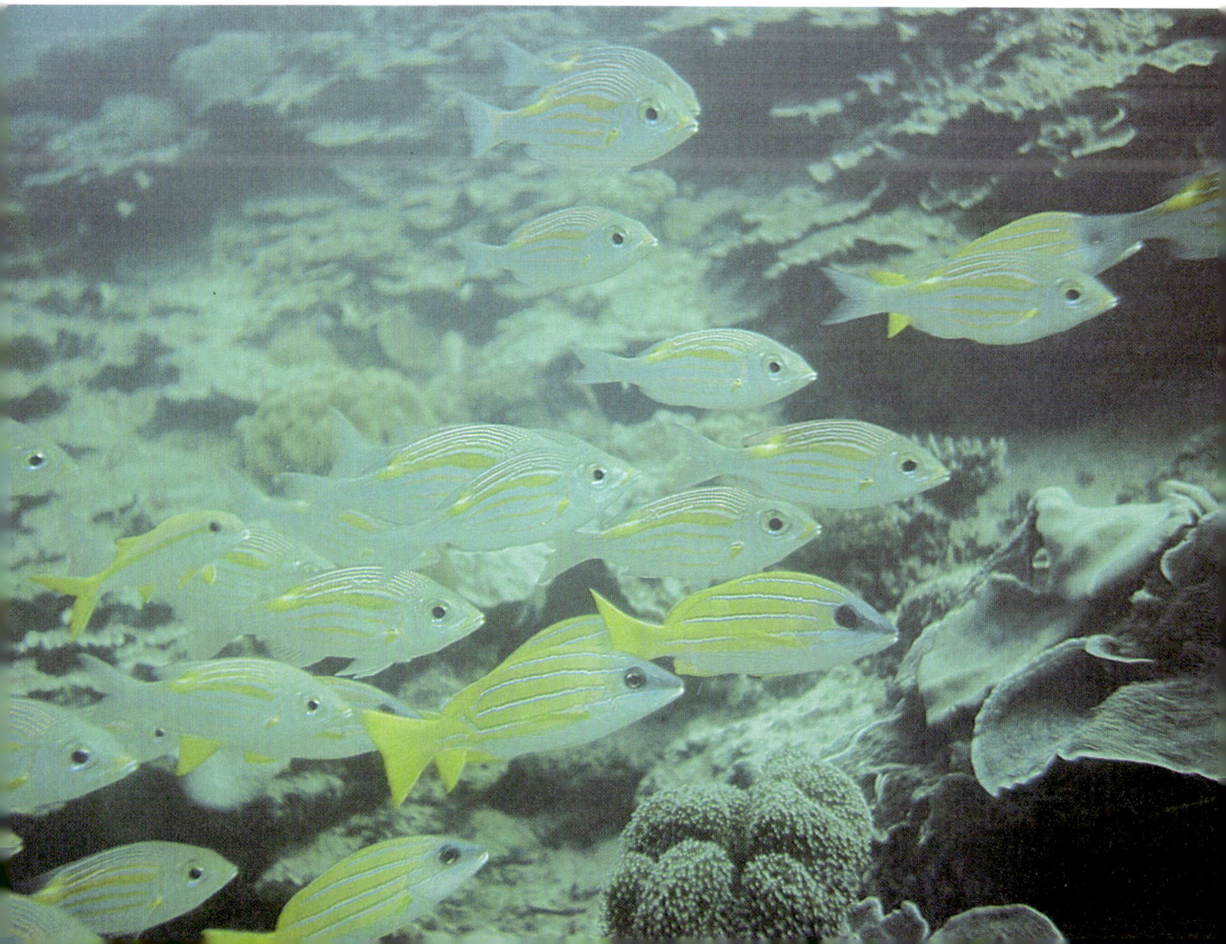

115
Der Skorpionsfisch
(Scorpaenopsis) *sieht
einem veralgten Stein
täuschend ähnlich. Er
ist ein Lauerer und
wartet, daß unachtsa-
me Beute nahekommt.
Photo: D. Reimer
(Malediven).*

116
Der Zackenbarsch
(Epinephelus fusco-
guttatus) *lauert gut
sichtgetarnt auf Beute.
Photo: Verfasser
(Malediven).*

117
Ein Schwarm von
Goldstreifenschnap-
pern (Lutianus kas-
mira).
Photo: D. Reimer
(Malediven).

118
Ein Zackenbarsch
(Mycteroperca olfax)
jagt Füsiliere
(Xenocys).
Photo: Verfasser
(Galápagosinseln).

164

Wir füttern Haie

Vor immer neuen Riffen ankernd, folgten wir langsam der Kette der Malediven-Atolle nach Norden. Suadiva, Ari, Rasdu, Male, Fadiffolu, Miladummadulu – immer weiter wurden die Atollringe, in deren ausgedehnter Lagune nun Korallenpilze und Kleinatolle emporwuchsen. Bald dauerte es Stunden, bis wir an einem solchen Großatoll vorbeigesegelt waren. Eine winzige Insel reihte sich an die andere, verträumt und unbewohnt.

Neue Meeresabgründe taten sich auf, reicher zeigte sich das Fischleben, und gewaltiger wurden die steil abfallenden Riffwände mit ihren dunklen Klüften. Im Ari-Atoll haben wir es erlebt, daß uns Schwärme von Wimpelfischen und Füsilieren so dicht umgaben, daß uns jeder Ausblick genommen war. Furchtlos und neugierig umkreisten sie uns, die Eindringlinge aus einer anderen Welt. An den Außenabhängen dieser Riffe ging es oft steil hinab in ein uferloses Blau. Wolken blauer Drückerfische und Rötlinge standen über den Wänden, schreckhaft zwischen den üppigen Korallen und in den Spalten der Wände Schutz suchend, wenn wir eine raschere Bewegung machten. In 40 Meter Tiefe erfüllte ein gedämpftes blaues Licht die Meereslandschaft. Die Abgründe erschienen nicht mehr dunkelblau, sondern nächtlich schwarz. Großaugenbarsche, Husarenfische, Kardinalfische und andere das Dunkel liebende Fische, die sonst den Tag in Höhlen verbringen, sah man hier auch frei umherschwimmen.

Je weiter wir nach Norden kamen, desto zahlreicher wurden die Haie. Die erste Überraschung erlebten wir im Ari-Atoll, wo wir an einem unterseeischen Riffrücken an der Ostseite tauchten. Die etwa acht Meter tief liegende Oberseite des Riffes war von einer starken Strömung wie leergefegt. Nur niedrige Korallentrümmer lagen umher. Der Abfall an der Außenseite verlor sich grundlos, und nur einige schwarze, verzweigte Korallenstöcke zierten ihn. Vor uns in diesem tiefblauen Wasser aber patrouillierten einige Grauhaie *(Carcharhinus menisorrah)* auf und ab. Jedes der Tiere war gut 2,5 bis 3 Meter lang. Zuerst waren es drei, dann kamen aber noch weitere heran. Neugierig betrachteten sie uns mit ihren lebendigen, kalten Augen, deren Beweglichkeit in einem seltsamen Gegensatz zu dem starren, maskenartigen Gesicht steht. Es war unheimlich, wie eindringlich diese wachen Augen uns festhielten und musterten.

Zwölf Grauhaie zählten wir zuletzt, dazu vier große Schwarzflossenhaie und eine Anzahl kleinerer Weißspitzenhaie. Die großen kamen in ständig enger werdenden Kreisen immer näher an uns heran, schließlich bis auf zwei Meter, und drehten erst ab, als wir sie durch eine Bewegung mit dem Stock erschreckten. So viele Haie auf einem Fleck hatten wir nur einmal vor der Schatz-

119
Der Weißspitzenmarderhai (Triaenodon obesus), *einer der häufigen Riffhaie des Indopazifiks.*
Photo: Verfasser (Malediven).

169

insel Kokos im Pazifik gesehen. Aber das alles war erst der Auf-
takt, wir sollten die Haie bald noch näher kennenlernen.

Im Goha-Faro fanden wir am östlichen Außenriff das Wrack
eines vor etwa 60 Jahren aufgelaufenen Dampfers. Bei Niedrigwasser ragte noch ein Teil der alten Maschine heraus, das Heck
jedoch lag in größerer Tiefe. An einem ruhigen, sonnigen Tag
schauten wir uns das Wrack an. Das auf der seichten Riffplatte
liegende Vorderschiff war bereits durch den Wellenschlag völlig
zertrümmert. Das Heck hing in etwa 30 Meter Tiefe über den
Riffabhang, und hier, im stilleren Wasser, waren auch noch
einige Schiffsräume erhalten geblieben. Wir waren in bester
Laune. Die Besichtigung eines Wracks gehört ja mit zu den auf-
regenden Unternehmungen. Man schwimmt durch Räume, in
denen einst Menschen lebten, durch Wandelgänge und über
schiefliegende Decks, neugierig und voll gespannter Erwartung.
Und es gibt auch mancherlei zu entdecken, ganz abgesehen von
dem seltsamen Reiz, der darin liegt, schwerelos durch Räume zu
gleiten, die man sonst nur als bodenverhafteter Erdbewohner zu
betreten gewohnt ist.

An den Decken der alten Schiffsräume fanden wir oft wunderschöne Muscheln mit zierlichen Fortsätzen. Dieses Wrack hier
war über und über mit prachtvollen Zackenaustern bewachsen,
auf denen sich dekorative Korallen festgesetzt hatten. Und es
wimmelte von Fischen. Im Wrack selbst schlief ein harmloser
Ammenhai. Als Hans Hass ihn mit dem Haifischstock stupste,
schwamm er eilig davon.

Wir durchstöberten das ganze Wrack. Da wir dort nichts
Neues fanden, stiegen wir auch noch den Steilhang unter dem
Wrack weiter ins Tiefe ab. Wir hatten uns mittlerweile so gut an
die Tauchgeräte gewöhnt, daß wir uns wirklich schon als Fische
unter Fischen fühlten.

So paddelten wir vergnügt ins Tiefe. Dabei begegneten wir
einem großen Rochen, der langsam am Riffabhang entlang-
schwamm. Als er uns sah, verschwand er in einer Höhle. Hass,
der ihn gerne filmen wollte, bedeutete mir, ich solle ihn heraus-
jagen. So kroch ich zu dem Kerl hinein. Da er nicht wollte,
sondern im Kreis über dem Höhlenboden schwamm, stupste ich
ihn einmal kräftig mit meinem Stock, und da hatte er es so eilig,
daß er zuerst mich und dann noch einen Korallenblock über-
rannte. Das Poltern lockte zwei große Grauhaie an.

Mit der ihnen eigenen Neugier folgten sie uns in gemessenem
Abstand, als wir höher tauchten. Da überkam mich plötzlich die
Lust, Haie einmal richtig in Aktion zu sehen. Ein großer, schöner
Zackenbarsch kam mir in die Quere, und den harpunierte ich.

Ein Blick sagte mir, daß Hass meine Absichten verstanden
hatte. Er übernahm die Rückendeckung, während ich den Fisch
tötete und von der Harpune schnitt. Ich stopfte den blutenden
Köder in ein Korallenloch; dann setzten wir uns auf den Riffabhang in der Nähe und sahen zu. Zu den beiden Haien hatte

170

120, 121
Die Beziehung zwischen Körperform und Lebensweise: Beim Blauhai (Prionace glauca), *einem typischen Hochseebewohner, ist die Schwanzflosse fast symmetrisch mondsichelförmig und der Körper spindelförmig, was hydrodynamisch vorteilhaft ist. Beim grauen Riffhai* (Carcharhinus menisorrah) *ist die Bauchseite flach und die untere Hälfte der Schwanzflosse kürzer. Dadurch kann der Hai wendig flach über dem Riff schwimmen. Aus W. Klausewitz (1965).*

sich ein dritter gesellt, und dieses Trio schnüffelte nun mit der Schnauze wie Hunde auf einer Fährte knapp über dem Riff dahin. Bald hatte einer von ihnen den Fisch gefunden und packte ihn. Während er mit dem Bissen davonsauste, schüttelte er kräftig den Kopf und sägte so in Sekundenschnelle den Barsch entzwei. Dieses Sägen erregte die anderen in höchstem Grade. Sie folgten dem Davoneilenden und schnappten nach dessen Flossen. Schnell schoß ich einen zweiten Fisch und legte ihn etwa zwei Meter vor mir auf das Riff. Diesmal mühten sich schon fünf große Grauhaie und drei kleine Weißspitzen um den Köder. Noch während ich den Fisch von der Harpune löste, versuchten sie an ihn zu kommen, und ich mußte sie mit meinem Stock abweisen. Sie umkreisten uns erregt, und während sie über uns hinwegschwammen, schüttelten sie die Köpfe, als zersäbelten sie bereits ihre Beute im Geiste. Und kaum sägte einer wirklich am Köder, da durchzuckte es die anderen wieder wie ein Blitz, und sie schnappten wahllos nach allem, was sich links und rechts bewegte. Das wiederholte sich auch bei den folgenden Versuchen. Wir lernten, daß dies einer der besonders gefährlichen Augenblicke war, in dem sie auch uns angreifen würden, wenn wir nicht stillhielten. Unsere Haistöcke haben sich damals besonders bewährt.

Saßen wir ruhig, dann nahmen die Haie von uns kaum Notiz; der Köder lenkte sie ab. Nur zu mir verirrte sich manchmal einer, weil vom Zerlegen der Fische an meinen Händen frisches Blut und Fischschleim hafteten.

Einmal zersägte einer einen Bissen, während er über mich hinwegschwamm. Ich folgte mit meinen Blicken dem Davonschwimmenden, als eine heftige Bewegung über mir mich hochschauen ließ. Da sah ich gerade noch, daß ein anderer Hai über meinem Kopf die abgesägte Fischhälfte aufschnappte, die beinahe auf mich herabgesunken war. Das ernüchterte mich für diesen Tag, und wir brachen unsere Versuche zunächst einmal ab.

An Bord aber unterhielten wir uns lange über diese gelungene Fütterung. Das war endlich einmal eine Gelegenheit, das Haiabwehrmittel Kupferacetat zu erproben, über dessen Wirksamkeit die Ansichten auseinandergingen. Nach einigem Hin und Her beschlossen wir, an den folgenden Tagen die Versuche zu wagen.

Haie gelten im allgemeinen als die Tiger der Meere. Die erste Frage an einen Taucher lautet deshalb meist: »Und was machen Sie, wenn ein Hai kommt?«

Die Frage ist nicht so einfach zu beantworten. Aber eines kann man mit Gewißheit sagen: Die Gefahr wird schrecklich übertrieben. Ein geradezu groteskes Beispiel bot der Film »Der weiße Hai«, der viele ganz unnötig erschreckte. Alljährlich tummeln sich Millionen sonnenhungriger Menschen in den gemäßigten und tropischen Meeren; dennoch sind aus dem Mittelmeerraum zwischen 1900 und 1973 nur 30 Haiunfälle bekannt geworden.

Man rechnet heute für das Mittelmeergebiet mit etwa zwei Unfällen pro Jahr. Das ist nun gewiß keine erschreckende Zahl. Die Gefahr, durch Bienenstich oder Blitzschlag umzukommen, ist um ein Vielfaches größer! Für die tropischen Meere gilt ähnliches. Allein an der Küste Floridas tummeln sich im Jahr 3,5 Millionen Menschen. Dennoch sind aus diesem Raum, die Atlantikküste und den Golf von Mexiko eingeschlossen, bisher nur 107 Haiangriffe registriert worden. Von den Hawaii-Inseln wurden 1886 bis 1973 nur 39 Angriffe bekannt, darunter 15 mit tödlichem Ausgang. H. Baldridge hat in seinem Buch »Shark Attack« alle bis 1973 aus allen Teilen der Welt bekannt gewordenen Haiangriffe zusammengestellt. Das waren insgesamt 1652 Fälle. Die meisten von ihnen stammen aber gar nicht von Augenzeugen, und über die Hälfte wurde erst ein Jahr nach dem angeblich stattgefundenen Ereignis berichtet. Aber selbst wenn die Zahl stimmen sollte, würde sie nur unsere These belegen, daß in Anbetracht der vielen Badenden die Zahl der Haiunfälle nicht besonders hoch ist. Sie dürfte sich global auf 40 bis 80 Fälle pro Jahr belaufen. 1959 wurden zum Beispiel insgesamt 39 Menschen von Haien angegriffen. Von diesen starben 14 an den Folgen dieser Attacken. Mit der Zunahme der Fische jagenden Schwimmtaucher nimmt in dieser Gruppe die Zahl der Unfälle zu. Für ihn, der direkt in das Revier des Haies eindringt und dort unter Umständen Beute macht, stellt sich die Frage, wie er sich in Gegenwart von Haien verhalten soll.

Sie kann nicht pauschal beantwortet werden; denn es gibt mehr als 300 Haiarten, deren verschiedene Lebensweisen wir keineswegs kennen. Die meisten von ihnen sind wohl harmlos. Das gilt unter anderem auch für die Giganten dieses Geschlechtes wie die bis zu 14 Meter langen Riesenhaie, die sich von aus dem Wasser gefilterten Kleinlebewesen ernähren. Ebenso harmlos sind die gewaltigen Walhaie.

In einem Anhang an die Liste der Tiernamen am Ende dieses Buches geben wir eine von H. Baldrige erarbeitete Aufstellung von Unglücksfällen, aus der man entnehmen kann, welche Haiarten nachweislich an Angriffen auf den Menschen beteiligt waren. Sie ist nicht vollständig, weil potentiell gefährliche Haie, wie der Eishai *(Somniosus microcephalus),* nicht aufscheinen. Aber die Art kommt eben nur im Eismeer vor, und dort schwimmt selten ein Mensch umher. Walfängern allerdings, die über Bord gehen, könnte die Art durchaus gefährlich werden. Als besonders gefährlich treten in Baldriges Aufstellung hervor: der an sich seltene Weiße Hai *(Carcharodon carcharias)* mit 32 verbürgten Angriffen, die Sandhaie der Gattung *Odontaspis* mit 31 Angriffen, die umfangreiche Gattung der Grauhaie *(Carcharhinus)* mit 67 Angriffen, der Tigerhai *(Galeocerdo cuvieri)* mit 25, die Makohaie *(Isurus)* mit 18 und die Hammerhaie *(Sphyrna)* mit 13 Angriffen. Die gefürchteten Blauhaie *(Prionace glauca)* waren dagegen nur für zwei Unfälle verantwortlich.

172

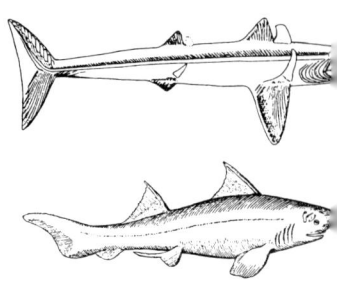

122
Oben: Der bis zu zwei Meter lange Hai Cladoselache *lebte vor etwa 350 Millionen Jahren. Von den modernen Haien unterscheidet er sich unter anderem durch sein endständiges Maul. Vor jeder Rückenflosse befindet sich ein Dorn. Unten: Den modernen Haitypus verkörpert der bereits vor etwa 160 Millionen Jahren lebende, bis zu zwei Meter lange* Hybodus. *Aus W. Bölsche (1932).*

Als Hochseehaie kommen sie mit dem Menschen seltener in Berührung. Dagegen erscheinen die Ammenhaie *(Orectolobidae)* mit 36 Angriffen gefährlicher, als sie wirklich sind. Die Angriffe wurden nämlich immer durch Taucher provoziert, die mit den am Boden oder in Höhlen ruhenden Fischen spielten.

Bis zum Zweiten Weltkrieg hat man sich nur wenig um die Haie gekümmert. Außer vereinzelten Schwimmern oder den seltenen Opfern von Schiffskatastrophen kam ja kaum jemand in Berührung mit diesen Räubern. Mit der Zunahme der Schiffs- und Flugzeugkatastrophen im Zweiten Weltkrieg, ferner auch des Badetourismus und des Tauchsports wurden die Haie zu einem Problem, mit dem man sich auseinandersetzen mußte. Als zum Beispiel die »Nova Scotia« vor Südafrika torpediert wurde, fand man am anderen Morgen die beinamputierten Körper der Seeleute in den Rettungsgürteln. Sie waren von Haien getötet worden.

Das Problem der Haiabwehr beschäftigt die Behörden immer mehr. Und dazu mußte man sich erst einmal mit der Biologie dieses Raubfisches befassen. Mit welchen Sinnen ist er ausgestattet? Welche leiten ihn auf seinen Beutezügen? Wann greift ein

123
Übersicht über die heute lebenden Unterordnungen der Knorpelfische (Seekatzen, Rochen und Haie). In Anlehnung an G. v. Wahlert.

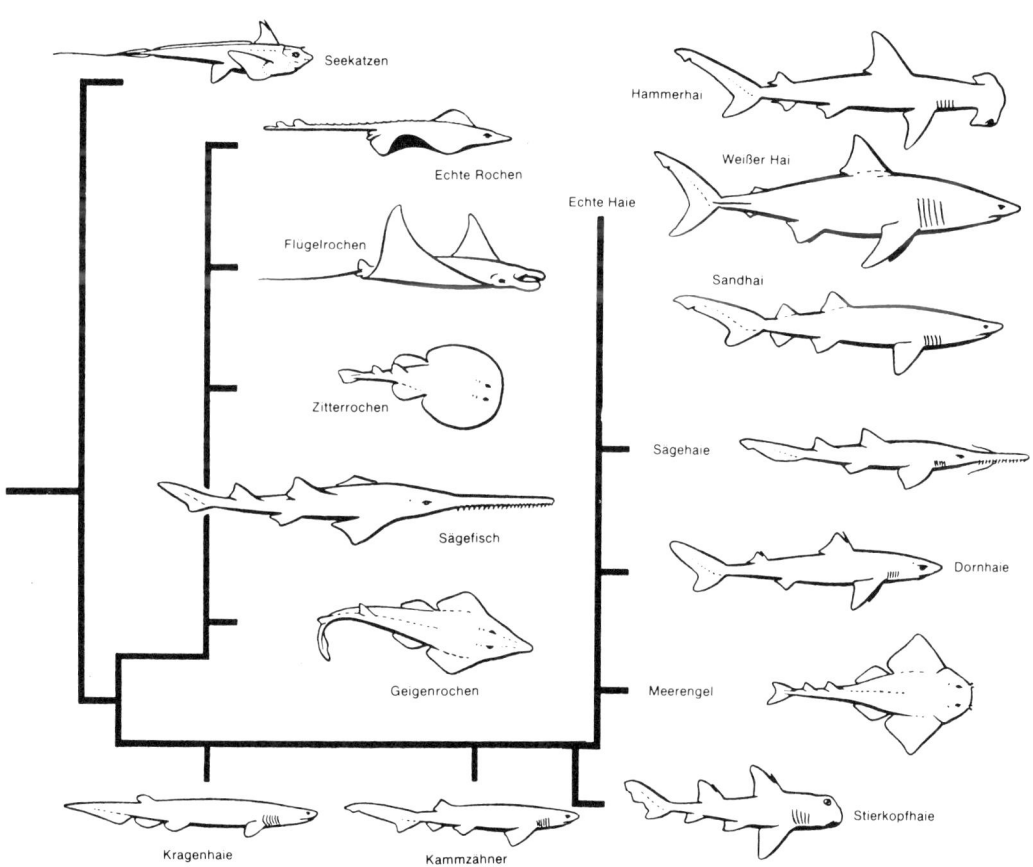

Hai an? Sind alle Angriffe als Beuteangriffe zu deuten? Diesen und anderen Fragen ist man in den Jahren nach dem Zweiten Weltkrieg systematisch nachgegangen.

Zunächst, was zeichnet die Haie vor den Knochenfischen aus? Kann man überhaupt vom Typus des Haies sprechen?

In unserer Vorstellung verbindet sich mit dem Begriff Hai das Bild eines großen, grauen bis graublauen Raubfisches mit muskulösem, spindelförmigem Körper, einem unterständigen, mit Zähnen bewehrten Maul, seitlich wie Tragflächen abstehenden großen Brustflossen, einer auffälligen dreieckigen Rückenflosse und einer großen halbmondförmigen Schwanzflosse, die den Antrieb vermittelt. Dazu kommen noch als weniger auffällige Merkmale die paarigen Bauchflossen, eine Afterflosse und eine zweite Rückenflosse.

Nun gibt es eine Reihe von Haien, die dem Typus nicht unbedingt entsprechen: die Meerengel *(Squatina)* etwa, die abgeflacht sind und als Bodenfische fast an Rochen erinnern, die Stierkopfhaie *(Heterodontidae)*, die mit Hilfe eines Pflastergebisses Muscheln und Schnecken knacken, oder die Sägehaie *(Pristiophoridae)*, die mit ihrer zahnbewehrten Schnauzenverlängerung Beutetiere aus dem Schlamm stöbern. Auch die Ammenhaie sind Bodenbewohner. Die Walhaie und Riesenhaie leben zwar in der Hochsee, filtern aber nur Kleinlebewesen aus dem Wasser. Die überwiegende Mehrzahl der Haie entspricht jedoch dem Typus des Freiwasserräubers, den wir oben beschrieben. Die Abwandlungen sind gering. Haie, die in der Hochsee jagen, haben zum Beispiel eine symmetrisch mondsichelartige Schwanzflosse, während bei Riffhaien die untere Hälfte der Schwanzflosse weniger stark ausgezogen ist. Die Fische können daher knapp über dem Riff jagen, ohne anzustoßen.

Der Hai hat sich als Raubfisch des freien Wassers zweifellos bewährt. Weißflossenhochseehaie *(Carcharhinus longimanus)* sind nach Unfällen schnell in so großer Zahl bei der Unfallstelle, daß man annehmen muß, sie bevölkern in großer Populationsdichte den freien Ozean. Einige Fischkenner meinen sogar, daß es sich um das zahlenmäßig häufigste über 50 Kilogramm schwere Raubtier unserer Erde handelt.

Eine perfekte Konstruktion also, soweit man das von Organismen überhaupt sagen kann, denn irgendwelche konstruktiven Mängel lassen sich immer nachweisen. Ein entscheidender Mangel des Haies ist zum Beispiel das Fehlen eines Knochenskeletts; wir werden darauf gleich eingehen. Dieser Mangel wird aber durch andere Vorteile des »perfekten Räubers« ausgeglichen. Daß der »Entwurf« nahezu perfekt ist, geht schon aus der Tatsache hervor, daß sich die Haie über Jahrmillionen recht wenig änderten.

Die ältesten Haifossilien kennt man aus dem Devon. Damals vor etwa 350 bis 375 Millionen Jahren zog *Cladoselache* seine Kreise. Er wurde bis zu zwei Meter lang und hatte, anders als die

124
Lungen und Schwimmblasen entwickelten sich aus einfachen Luftatmungsorganen. Das kann man aus dem Vergleich heute lebender Fischarten rekonstruieren. Links in unserer Darstellung sind unten die Schwimmblasen und darüber die Atmungsorgane von Fischen gezeichnet, die zusätzlich auch Luft atmen. Im Schaubild sind diese Fische noch einmal abgebildet, wobei der Anteil der Luftatmung durch die Schraffierung des von der Wasserlinie durchschnittenen Kreises dargestellt wird. Man sieht aus den schematischen Zeichnungen (links), daß Schwimmblasen und Luftatmungsorgane bis zu den Lungen hinauf Ausstülpungen des hier als waagrechte Röhre gezeichneten Vorderdarms sind. Beim afrikanischen Lungenfisch Protopterus sind sie paarig wie die Lungen der Landwirbeltiere. Beim Flösselhecht Polypterus ist ebenfalls ein paariger Aufbau erkennbar. Ein Lappen ist jedoch reduziert. Beim Kaimanfisch Lepisosteus und beim Schlammfisch Amia handelt es sich um einen einfachen Sack. Er dient sowohl als Atmungsorgan als auch als Schwimmblase. Darunter Schwimmblasen, die prinzipiell den gleichen Aufbau zeigen. Bei den Physostomen besteht eine Verbindung zwischen Schwimmblase und Vorderdarm; bei

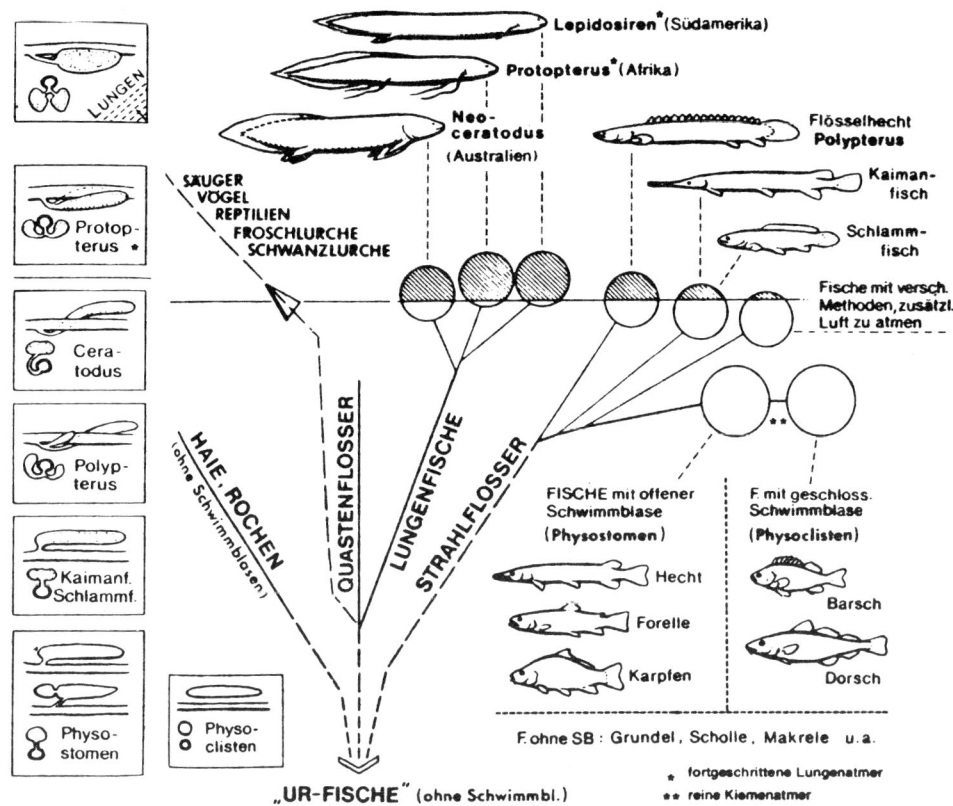

den Physoclisten ging sie verloren. Man darf die heute lebenden Arten nicht ohne weiteres in einer Ahnenreihe ordnen. Sie führen uns nur modellhaft vor, wie die Entwicklung wahrscheinlich verlief. Die zum Teil noch unklaren stammesgeschichtlichen Beziehungen zwischen den großen Fischgruppen werden durch die gestrichelten (angenommen) und ausgezogenen (durch Fossilfunde belegt) Linien angegeben. Entwurf und Zeichnung: H. Kacher. Aus H. Hass und I. Eibl-Eibesfeldt (1977).

»modernen« Haie, ein engständiges Maul. Im übrigen war er jedoch einem heutigen Hai schon recht ähnlich. Und das zu einer Zeit, als noch keine Insekten auf dem Lande lebten und Landwirbeltiere noch nicht existierten. Vor 160 Millionen Jahren gab es bereits moderne Haitypen mit unterständigem Maul. Und die hielten sich als Herrscher der Hochsee bis heute. Sie haben allerdings im Vergleich zu den Knochenfischen keine große Artenfülle und wenige verschiedene Anpassungstypen hervorgebracht. Das war allerdings nicht immer so. In den Bergen von Montana entdeckte der Zoologe Richard Lund 320 Millionen Jahre alte Fossilschichten, die eine große Zahl von Hairesten bargen. Sie belegen, daß Haie damals mit einer Vielfalt verschiedener Formen und Größen sehr verschiedene ökologische Nischen füllten. Es scheint also, als wären sie erst sekundär durch die aufkommenden Knochenfische in ihrer Weiterentwicklung beschränkt worden.

Die Schwimmblase dürfte dabei die entscheidende Schlüsselerfindung gewesen sein, welche die Überlegenheit der Knochenfische begründete. Es ist lehrreich, diese Entwicklung zu verfolgen; zeigt sie doch, über welche Zufälligkeiten neue Tore der Entwicklung aufgestoßen werden. Der Vorteil der Schwimmblase ist schnell beschrieben. Das Organ vermittelt den Fischen Auftrieb. Sie können sich daher ein Knochenskelett mit harten

Fleischgräten leisten, an denen die Muskeln Ansatz finden. Die Haie, die kein solches hydrostatisches Organ haben, mußten ihr Gewicht verringern, als sie ins freie Wasser vordrangen. Sie taten dies durch Abbau der Knochensubstanz. Ihr Skelett besteht aus Knorpeln. Damit haben die Muskeln aber weniger festen Widerhalt. Haie können also weniger Kraft entfalten. Das wird einem sofort klar, wenn man einmal versucht, eine einen Meter lange Forelle in der Hand zu halten. Das wird kaum glücken. Die Forelle ist viel zu kräftig. Ein ebenso langer Hai hängt dagegen wie ein Lappen herab, wenn man ihn aus dem Wasser nimmt. Die Schwimmblase war sicher die entscheidende Erfindung, die es den Knochenfischen ermöglichte, in einer großen Formenmannigfaltigkeit das Meer zu füllen. Nur Knochenfische können ruhig im Wasser stehen, sich auf der Stelle drehen und wenden. Haie müssen unentwegt schwimmen, wenn sie nicht absinken wollen.

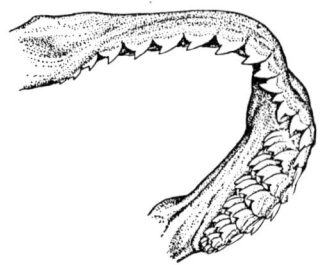

125
Oberkiefer eines Tigerhaies (Galeocerdo cuvieri), *der die Zahnleisten mit den noch umgeklappten Reservezähnen zeigt. Der Hai gebraucht nur die vorderste Zahnreihe.*

Man meinte sogar, Haie müßten auch schwimmen, um das Atemwasser durch die Kiemen zu treiben. Das allerdings entpuppte sich als Irrtum. Eugenie Clark fand, daß typische Haie des freien Wassers gelegentlich in Höhlen rasten und dabei aktiv atmen*.

Haie sind immer etwas schwerer als das sie umgebende Wasser. Sie können ihr Gewicht nie so austarieren, daß es ihnen möglich wäre, nach Art der Knochenfische mit nur geringem Kraftaufwand im freien Wasser zu stehen. Es gibt keinen Hai, der etwa nach Art der Pfeilhechte im freien Wasser auf Beute lauern könnte. Wie aber kam die Entwicklung der Schwimmblase zustande, die den Knochenfischen so viele Möglichkeiten erschloß? Wir wissen heute, daß sie sich aus einem zusätzlichen Atmungsorgan entwickelte. In den sauerstoffarmen Lagunengewässern entwickelten die Vorfahren der modernen Knochenfische eine Ausstülpung der Speiseröhre als zusätzliches Atmungsorgan, eine einfache Lunge gewissermaßen. Sie war die Schlüsselerfindung zur Eroberung des Landes, ebenso aber auch der Riffe. Während nämlich ein Teil dieser Fische das Atemorgan weiter zur Lunge entwickelte, so daß sie sich auch an Land wagen konnten, kehrten andere mit ihrer neuen Erfindung ins Meer zurück. Als zusätzliches Atmungsorgan half ihnen die Ausstülpung der Speiseröhre nun nicht mehr. Sie bewährte sich aber als hydrostatisches Organ und wurde zur Schwimmblase umgebildet, die ihnen viele Möglichkeiten eröffnete. Oft hört man die Vorstellung, die Lunge der Landwirbeltiere hätte sich aus der Schwimmblase der Fische entwickelt. Das stimmt nicht. Die Lunge stand am Anfang dieser Entwicklung.

Eine weitere Eigenart der Haie ist ihr Gebiß. Das Maul der Großräuber ist mit mehreren Reihen dreieckiger Zähne besetzt. Sie bilden eine schreckliche Säge, mit deren Hilfe der Hai nach dem Zupacken rasch ein Stück aus seinem Opfer sägen kann. Er schüttelt dazu den Kopf mit schnellen seitlichen Bewegungen.

* Hochseehaie ruhen sich jedoch schwimmend aus. Bei der Galápagosinsel Wenman beobachtete Friedemann Köster etwa 60 drei bis vier Meter lange Hammerhaie, die in einer Bucht wie dösend stundenlang im Wasser kreisten. Ihm kam dabei der Gedanke, daß es sich um Schlafgemeinschaften handeln könnte. Ich selbst habe Hammerhaie in ähnlicher Weise um einzeln stehende Felsklippen kreisen gesehen, so beim MacGowen-Riff des Galápagosarchipels. Ich vermochte aber das Verhalten nicht zu deuten. Der Hinweis, den mir Köster kürzlich schrieb, ist bemerkenswert. Man sollte ihm nachgehen.

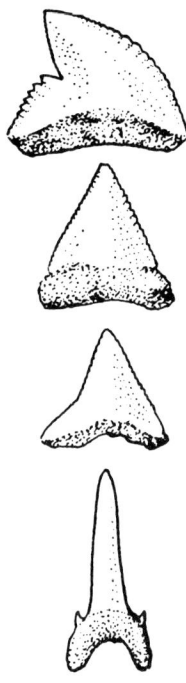

126
Die verschiedenen Zahnformen der Haie. Von oben nach unten: Tigerhai *(Galeocerdo cuvieri),* Menschenhai *(Carcharodon carcharias),* Walfängerhai *(Carcharhinus macrurus)* und Sandhai *(Carcharhinus arenarium).*

Die Zähne bestehen aus einem knöchernen Basalteil und einem mit Schmelz überzogenen Zahn. Es handelt sich dabei um umgewandelte Schuppen, die den Körper des Hais bedecken. An Hand der charakteristischen Zahnform lassen sich die meisten Haie eindeutig bestimmen. Die Härte der Haizähne erreicht die Härte von Stahl, und beim Zubiß entfalten Haie große Kräfte. Drei Meter lange Hochseehaie entwickeln dabei 28 bis 33 Kilogramm Druck auf den Quadratmillimeter.

Die Zähne der heute lebenden Haie werden auch bei großen Arten selten über zwei Zentimeter hoch. In Ablagerungen des Tertiärs und in oberflächennahen Bodenschichten der Tiefsee findet man jedoch Haizähne, die in der Form jenen des Weißen Hais gleichen, aber um ein Vielfaches größer sind. Man hat Zähne von 12,5 Zentimeter Höhe gefunden! Diese Tiere *(Carcharodon megalodon)* dürften 20 Meter Länge erreicht haben und vor etwa 50 000 Jahren ausgestorben sein. Der bekannte Fischkundler J. Smith hält es allerdings für möglich, daß solche Riesenhaie im tieferen Wasser überlebt haben. Er schreibt: »Diese Ungeheuer leben möglicherweise noch im tiefen Wasser. Aber es ist besser, man glaubt daran, sie sind ausgestorben. So ein Hai könnte einen ganzen Ochsen verschlingen« – vorausgesetzt, er trifft einen solchen auf seiner Weide. Entwicklungsgeschichtlich sind die Zähne der Haie deshalb bemerkenswert, weil sich aus ihnen die Zähne aller übrigen Wirbeltiere ableiten. Auch unsere Zähne zeigen noch prinzipiell den gleichen inneren Aufbau wie der Haizahn und die Haischuppe.

Haie sind gut mit Sinnesorganen ausgerüstet. Über größere Distanzen leitet sie in erster Linie ein Vibrationssinn, ferner das Gehör. Wenn wir einen Fisch harpunierten, rief das Zappeln des Opfers mit Sicherheit einen Hai herbei. Wenn wir vom Boot aus ins Wasser sprangen oder den Anker auswarfen, waren Haie gleich zur Stelle, schwammen neugierig einen Bogen und verschwanden zumeist wieder – sehr zu unserer Enttäuschung. Wir wollten die Haie ja gerne vor die Kamera bekommen, sie erwiesen sich aber eher als scheu. Die Erschütterungen des Wassers werden mit dem Seitenliniensystem wahrgenommen, einem in die Haut des Haies eingebetteten Kanalsystem, das sich am Kopf verzweigt und über die Seiten des Fisches bis zur Schwanzwurzel hinzieht. Die mit Flüssigkeit gefüllten Kanäle sind durch kleinste Kanäle mit der Körperoberfläche verbunden, so daß Erschütterungen des Außenwassers auf die Flüssigkeit der Kanäle des Seitenliniensystems übertragen werden. Sinneszellen am Grunde der Seitenlinienkanäle mit haarartigen Fortsätzen nehmen diese Erschütterungen wahr und melden sie über Nervenfasern dem Zentralnervensystem.

Es scheint, als seien viele Haie geradezu darauf spezialisiert, auf unkoordinierte, gestörte Bewegungen von Fischen mit Annäherung zu reagieren. Ich erinnere mich an eine Beobachtung, die William Beebe in einem seiner interessanten Bücher beschrieb. Er hatte bei der Kokosinsel einen Fisch gefangen und beobachtete nun durch einen Guckkasten das Verhalten der Haie. Wann immer er den Fisch zum Boot zog, so daß er zappelte, stellten die Haie ihm nach. Ließ er dann die Leine nach, woraufhin der Fisch wieder normal schwamm, verloren die Haie das Interesse. Hans Hass, der beobachtet hatte, daß Haie vor allem auf das Gezappel harpunierter Fische reagierten, kam schon vor 25 Jahren auf die Idee, das Gezappel auf Tonband aufzunehmen und über Unterwasserlautsprecher abzustrahlen. Es blieb bei Vorversuchen, bei denen 1954 unser Tauchkamerad Jimmy Hodges vor Bonaire den Tod fand. Damals brachen wir die Versuche ab.

127
Zahn eines ausgewachsenen Tigerhaies und darunter die gewaltigen Zähne der tertiären Haie.

Daß Hass aber mit dieser Idee auf dem richtigen Weg war, zeigt ein Artikel, der 1963 in »Science« erschien. D. Nelson und S. Gruber von der Universität von Miami strahlten über Tonband Aufnahmen harpunierter Zackenbarsche ab und lockten damit Haie herbei. Sie experimentierten danach auch mit künstlich erzeugten Geräuschen. Dabei erwiesen sich niederfrequente Sequenzen bis zu 60 Hertz als wirksam, wenn sie rhythmisch pulsierten. Als Dauerton gesendet, lockten sie keine Haie an. Arthur Myrberg baute diese Versuche noch weiter aus, mit dem gleichen Ergebnis. Die Haie tauchten beim Abspielen der Tonbandaufnahmen auf, schwammen zielstrebig auf den Schallsender zu, und einer biß sogar in ihn hinein. Hochseehaie wurden nachweislich noch aus 400 Meter Entfernung herbeigelockt. Für die Wahrnehmung dieser niederfrequenten Schwingungen ist sicherlich das Seitenliniensystem zuständig. Höherfrequente Schwingungen werden mit dem Gehör wahrgenommen. Das eigentliche Gehörorgan gleicht in seinem Aufbau prinzipiell dem unseren. Nur fehlen die schalleitenden Zusatzapparate wie Trommelfell und Gehörknöchelchen. Myrberg und seine Mitarbeiter fanden, daß es Lautäußerungen gibt, die Haie offensichtlich fürchten. Strahlte er über Tonband den Schrei eines Mordwales *(Orcinus orca)* ab, dann schwammen die zuvor mit niederfrequenten Schwingungen angelockten Haie schnellstens davon. Allerdings nicht alle. Während die Seidenhaie *(Carcharhinus falcifornis)* flüchteten, reagierte der küstenfern lebende Weißflossenhai *(Carcharhinus longimanus)* nicht mit Flucht.

Die Reaktion mancher Haiarten auf den Ruf des Mordwales läßt vermuten, daß sie ihn als Freßfeind fürchten. Wir haben bei den Azoren im Magen eines Pottwales drei Haie gefunden. Der größte war über drei Meter lang.

Gehör und Seitenlinie bilden die wichtigsten Organe der Fernorientierung. Geräusche, Druckwellen und Vibrationen breiten sich im Wasser sehr schnell und über weite Distanzen aus. Die Sichtweite beträgt dagegen bestenfalls 50 Meter, meist jedoch wesentlich weniger. Auch der Geruch breitet sich im Wasser langsamer aus.

Die Augen der Haie sind im allgemeinen lichtempfindlich.

Hinter der Netzhaut liegende reflektierende, plattenartige Zellen werfen das eingestrahlte Licht noch einmal durch die lichtempfindliche Netzhaut zurück. Das verdoppelt die Reizwirkung. Das Auflösungsvermögen ist mäßig, Bewegungen werden jedoch gut gesehen. Ist ein Hai erregt, dann kann eine Arm- oder Handbewegung einen Angriff auslösen. Lange Zeit hielt man die Haie für farbenblind. Nachdem Eugenie Clark mit Dressurversuchen Farbensehen beim Zitronenhai nachgewiesen hatte, entdeckte man in der Retina einer ganzen Reihe von Haien Stäbchen und Zapfen. Die meisten oberflächennah lebenden Haie dürften demnach Farbe sehen.

Haie sind ferner in der Lage, elektrische Reize wahrzunehmen und damit Beutetiere auf Grund ihrer bioelektrischen Felder zu orten. Die darauf spezialisierten Sinnesorgane nennt man nach dem Entdecker »Lorenzinische Ampullen«. Es handelt sich um zahlreiche mit Gallerte gefüllte Kanäle, die durch die Hautoberfläche ein kurzes Stück in die Tiefe führen und die an ihrem blinden Ende Sinneszellen tragen.

Sehr empfindlich ist der Geruchssinn der Haie. Einmal harpunierte ich einen kleinen Fisch, streifte ihn aber nur. Mit dieser geringfügig blutenden Verletzung zog er sich in ein Wrack zurück. Eine Minute später kam ein schlanker Weißspitzenhai und folgte genau der Duftspur des verletzten Fisches bis ins Wrack hinein.

Nimmt ein Hai Blut wahr, dann sind seine Reaktionen völlig verändert. Er sucht unruhig umher, und auch Bewegungen, die er vordem nicht beachtete, lösen mitunter heftige Angriffe aus. Sitz des Geruchssinns sind zwei Riechgruben auf der Unterseite der Schnauze. Beim Hammerhai liegen sie weit voneinander entfernt am Ende der hammerartigen Verbreiterung des Schädels.

Wann greift nun ein Hai an? Kann man seine Angriffsstimmung vorher erkennen? J.-Y. Cousteau und F. Dumas verneinen das. Sie meinen, man könne bei einem Hai nie vorhersagen, was er im nächsten Augenblick tun werde. Das trifft jedoch nicht immer zu. Nach unseren Beobachtungen schütteln angriffslustige Haie im Vorbeischwimmen den Kopf – eine Bewegung, die uns schon lange bekannt war, die wir aber nicht zu deuten wußten, bis wir die gleiche Bewegung oft genug bei Haien sahen, die gerade einen Brocken entzweisägten. Das geschah mit der formal gleichen Bewegung. Der angriffslustige Hai schüttelt den Kopf in vorweggenommener Sägeintention, so wie unsereins vor dem Schaufenster einer Konditorei zu schlucken beginnt. Die Angriffe selbst erfolgen selten unvermittelt, es sei denn, der Hai ist bereits durch Blut hochgradig erregt. Dafür gibt es eine ganze Reihe von Beispielen. Der im Zentralpazifik abgeschossene Leutnant A. Reading trieb 16 Stunden neben seinem Funker in haiverseuchten Gewässern. Seinen dramatischen Bericht entnehme ich einer Arbeit von G. A. Llano:

»Nachdem ich zu mir gekommen war, erzählte mir A., daß das

Flugzeug innerhalb von zwei Minuten gesunken sei und er daher keine Zeit gehabt habe, das Rettungsboot zu bergen. Er benutzte unsere beiden Farbmarkierungen und hatte den Fallschirm neben sich. Er hatte nur kurze Hosen an ... Bald verloren wir den Fallschirm und trieben aus der farbmarkierten Zone. Bereits nach kurzer Zeit (etwa einer halben Stunde) schwammen Haie um uns herum. A. und ich waren mit einer Schnur zusammengebunden, und das erschwerte das Vorankommen. Nach einer Stunde hörten wir ein Flugzeug, und ich sagte zu A.: ›Laß uns umherschlagen und spritzen, damit wir Aufmerksamkeit erregen!‹ Es blieb aber ohne Erfolg. Plötzlich sagte A., er habe gespürt, wie etwas gegen sein rechtes Bein gestoßen sei, und es schmerze. Ich sagte ihm, er solle auf meinen Rücken klettern und sein rechtes Bein aus dem Wasser halten; aber bevor er das tun konnte, hatten die Haie wieder angegriffen, und wir wurden für eine Sekunde unter Wasser gedrückt. Ich wußte, daß die Stunde geschlagen hatte; denn fünf Haie umgaben uns, und das Wasser war von Blut gerötet. Er zeigte mir sein Bein; die Bisse bedeckten nicht nur seinen ganzen rechten Fuß, sondern auch die linke Hüfte war arg zugerichtet. Er empfand aber keinen sonderlichen Schmerz, nur ich fühlte, wie sein Körper jedesmal, wenn ihn die Haie trafen, zusammenzuckte. Ich packte schließlich mein Fernglas und hieb damit nach den vorbeischwimmenden Haien. Innerhalb von Sekunden griffen sie neuerlich an. Wir wurden wieder untergetaucht, und diesmal wurde ich von A. getrennt. Ich bekam einen Schlag über mein rechtes Wangenbein von der Schwanzflosse eines vorbeischwimmenden Haies. Von diesem Augenblick an sah ich, wie A. von den Haien herumgestoßen wurde. Sein Kopf war unter Wasser, und sein Körper ruckte, wenn ihn die Haie trafen. Als ich abtrieb, schwammen noch immer Haie um mich herum; ich fühlte hin und wieder einen mit meinen Füßen. Um Mitternacht sah ich das Patrouillenboot und wurde gerettet, nachdem ich um Hilfe gerufen hatte.«

Dieser Bericht ist in mancher Hinsicht typisch. Viele Schiffbrüchige berichten, daß die Haie sich erst nach längerem Zögern zum Angriff entschließen, wenngleich es auch Ausnahmen von dieser Regel gibt. Ferner sind bekleidete Menschen besser geschützt als unbekleidete. Hat ein Hai einmal ein Opfer erkoren, dann bleibt er im allgemeinen dabei. M. Coppleson hat in einem Buch über Haiangriffe eine Reihe von Beispielen gesammelt. Kurz vor Weihnachten des Jahres 1948 wurde der dreizehnjährige Tony Latona im Rettungsgürtel an die Küste Kubas gespült, nachdem er 40 Stunden im Meer getrieben hatte. Er hatte mit seinem vierzehnjährigen Freund Bent Jeppsen auf dem dänischen Schiff »Grete Maersk« gespielt, als Jeppsen über Bord fiel. Um ihn zu retten, warf der andere Junge einen Rettungsgürtel über Bord und sprang selbst nach. Niemand an Bord bemerkte etwas von dem Unfall. So trieben die beiden etwa zwei Stunden im Meer, bis Haie herankamen. Ein Hai biß Jeppsen in den linken Fuß; der Junge schrie auf. Die weitere Erzählung Latonas ist bei Coppleson wörtlich wiedergegeben:

»Wir stießen und stießen mit den Beinen und trieben die Haie weg. Ich sagte Jeppsen, daß das Blut im Wasser die Haie verrückt machen würde, und riet ihm, die Hose auszuziehen und um den verwundeten Fuß zu binden, um die Blutung zu stillen. Wir sahen keine Haie, aber sie mußten sich in der Nähe aufgehalten haben, denn als Jeppsen die Hose nach einer Stunde verlor, waren die Haie ein paar Minuten später da. Wir vertrieben sie, aber sie kamen alle 15 Minuten wieder. Jeppsen verlor Blut und wurde schwächer. Dann biß ihn ein Hai noch einmal in denselben Fuß. Er sagte, daß es ihn schmerze. Die Haie kamen nun öfter zurück, immer weniger auf unsere Abwehr achtend. Bald traf einer Jeppsen unter dem Arm. Er schrie auf, als er verletzt wurde. Ein anderer Hai zerfetzte sein Bein. Jeppsen schrie auf und ging unter. Beim Untergehen rief er: ›Mein Fuß!‹ Kämpfend und schreiend kam er nochmals hoch. Das war das letzte, was ich von ihm sah. Ich sah Blut im Wasser. Ich setzte mich in den Rettungsring und paddelte mit meinen Händen, bis ich dazu zu müde wurde ...«

Badende werden nur selten von Haien angegriffen. Gefährlich sind allerdings Häfen, die von großen Schiffen angelaufen werden. Haie folgen diesen Schiffen, um die täglich über Bord gehenden Abfälle zu fressen. Sie sind gewohnt, an der Oberfläche Treibendes anzunehmen. Dieser Gefahr war sich eine 20 Jahre alte deutsche Studentin offenbar nicht bewußt, die am 7. September 1974 mit ihrem Freund etwa einen halben Kilometer vor der Nordküste von Eilat an einen Frachter heranschwamm. Beide näherten sich dem Frachter auf 50 Meter und schwammen dann zurück. Als sie etwa 150 Meter vom Frachter entfernt waren, wurde sie von einem Makohai *(Isurus oxyrhinchus)* angefallen. Er versuchte sie am linken Arm in die Tiefe zu ziehen. Die Studentin konnte sich jedoch durch energisches Schwimmen mit den Beinen über Wasser halten. Sie versuchte unterdessen mit der Rechten die Kiefer des Haies zu öffnen, wobei sie sich erheblich an der Handfläche und den Fingern verletzte. Der Hai ließ los, biß sie aber, während sie verzweifelt weiterschwamm, noch einmal in beide Hände und Arme. Auf ihre Hilferufe näherte sich ein Boot mit drei Touristen. Als die im Boot befindliche Frau jedoch den Hai und sein blutendes Opfer sah, drängte sie ihre Gefährten, das Mädchen wieder loszulassen, was diese ganz unbegreiflicherweise taten. Da die Studentin ihre Hände nicht mehr gebrauchen konnte, schwamm sie allein mit den Beinen weiter, in die der Hai wiederholt biß. Dennoch konnte sich die junge Frau noch einige Minuten an der Oberfläche halten, gerade so lange, bis ein Boot mit drei Soldaten ankam und sie herauszog. Der Hai hatte sich mittlerweile an ihrer Seite verbissen, und die Retter mußten ihm mit dem Ruder auf den Kopf schlagen, damit er losließ. Die Studentin konnte gerettet werden.

Sie verlor den linken Unterarm, der völlig zerfleischt war. Der Hai hatte sein Opfer zwölfmal gebissen! Man fing ihn zwei Tage später. Er war nur 2,33 Meter lang. Zweifellos hat die Studentin durch ihre Gegenwehr viel zu ihrer Rettung getan.

Man kann Haie abwehren, auch nachdem sie zugefaßt haben. Berühmt ist der Fall des Perlentauchers Treacle, der bei der Prince-of-Wales-Insel in der Torresstraße von seinem Kutter ins Meer sprang und kopfvoran im aufgerissenen Maul eines Hammerhaies landete. Treacle tastete geistesgegenwärtig nach den Augen des Haies und drückte diese ein. Der Hai spuckte ihn aus, und Treacle gelangte in sein Boot zurück – und hat von nun an eine neue Einnahmequelle: Er ließ seine Narben auf Jahrmärkten für Geld sehen. Die Zahnreihen des Haies hatten auf beiden Seiten seines Halses eindrucksvolle Spuren hinterlassen.

Haie sind vor allem dort gefährlich, wo sie normalerweise große Beutetiere angreifen. Vor der kalifornischen Küste, vor der Südinsel Neuseelands und im Süden Australiens stellt der Weiße Hai Robben nach. In diesem Gebiet wurden wiederholt auch Taucher angegriffen, und David Baldridge meint, daß sie von den Haien in ihren dunklen Tauchanzügen für Robben gehalten wurden. Henry Bource machte am 29. November 1964 den Fehler, vor der Lady-Julia-Percy-Insel unter Wasser mit Robben zu spielen. Er war mit einigen Gefährten einige hundert Meter von der Küste entfernt inmitten einer Seelöwengruppe. Alle Taucher trugen schwarze Neoprenanzüge. Bource beschäftigte sich gerade mit einem Seelöwenbullen, als ihn ein etwa 4 bis 4,5 Meter langer Hai angriff. Bource beschrieb das Ereignis später:

»Wir tauchten ohne Geräte ..., um engen Kontakt mit den Seelöwen zu haben und deren Reaktionen zu studieren. Wir wählten uns einen großen Seelöwenbullen aus und begannen mit ihm zu spielen. Er hatte offenbar nichts dagegen, sondern schien sich an der Gegenwart der Taucher zu erfreuen. Einmal tauchte der Seelöwe zum Meeresgrund, und als ich mich drehte, um seine Rückkehr zur Oberfläche abzuwarten, spürte ich einen festen Griff an meinem linken Bein ... Ich wußte an der Art des Zupakkens sofort, daß es sich nur um einen Hai handeln konnte. Der Zusammenprall stieß mich über die Wasseroberfläche empor, und ich rief wiederholt: ›Hai!‹ Dann wurde ich unter Wasser gezogen. Schnorchel und Maske hatte ich bei dem Zusammenprall verloren. Ich wurde etwa 20 Fuß in die Tiefe gezogen und fühlte die ganze Zeit das charakteristische Schütteln des Haikopfes ... Ich konnte den Haikopf mit der linken Hand berühren und erinnere mich genau, daß ich versuchte, seine Augen als die einzigen verwundbaren Stellen zu finden. Mit meinem rechten Fuß versuchte ich, nach dem Maul des Haies zu stoßen ... Ich schätze, daß ich ungefähr eine dreiviertel Minute untergetaucht war, ehe ich fühlte, wie mir das Bein abgerissen wurde ... Wäre es nicht abgerissen worden, würde ich ertrunken sein. Ich war

182

noch imstande aufzutauchen und fand mich von Blut umgeben ...«

Zwei seiner Gefährten nahmen Bource in die Mitte und brachten ihn ans Ufer. Der Hai griff nicht mehr an. Bource wurde gerettet und taucht seither mit einem Bein.

Haie können also durchaus gefährlich werden. In dem von Hans Hass und mir 1977 veröffentlichten Buch »Haie« haben wir eine ganze Reihe von Haiunfällen untersucht und auch gezeigt, daß die meisten Angriffe auf Fehlverhalten der Angegriffenen zurückzuführen sind. Haie sind keineswegs so angriffslustig, wie sie immer wieder geschildert werden. Wenn Jacques-Yves Cousteau schreibt: »Haie stürzen sich für gewöhnlich ohne jede Furcht auf alles, was an der Wasseroberfläche treibt«, dann ist das eine gewaltige Übertreibung. Kein Raubtier kann es sich leisten, blindlings alles anzugreifen, auch das, was es nicht kennt. Wenn es nämlich bei jeder Nahrungsaufnahme auch nur eine leichte Verletzung davonträge, dann würde sich das zuletzt doch in gefährlicher Weise summieren. Ein Raubtier, das von großer Beute lebt, muß besonders vorsichtig sein. Und jeder, der Haie kennt, weiß, daß es sich bei den meisten Arten um vorsichtige Tiere handelt. Wenn sie etwas nicht genau kennen, dann erkunden sie es zunächst lange, ehe sie sich zum Angriff entschließen.

Außerdem sind sicher mehr als die Hälfte der Angriffe auf Menschen gar nicht vom Beutefang motiviert. David Baldridge meint, daß 50 bis 75 Prozent aller Attacken dadurch erfolgten, daß Haie sich von Menschen in einer Bucht in die Enge getrieben fühlten. Bei Überschreitung der kritischen Distanz gehen diese Tiere zum Angriff über. Sie beißen in diesem Fall nur kurz zu, quasi im Vorbeischwimmen, oder rempeln den Menschen mit der Körperseite an, was schmerzhafte Hautabschürfungen verursachen kann. Manche der riffbewohnenden Grauhaie, wie zum Beispiel *Carcharhinus menisorrah*, bewohnen einen territorial bestimmten Riffbezirk, den sie gegen Eindringlinge verteidigen.

Der amerikanische Taucher Ron Church beschrieb so einen Vorfall. Bei der Wake-Insel schwamm einer seiner Begleiter auf einen Hai zu, der zwischen ihm und dem Riff stand. Der zeigte daraufhin ein recht auffälliges Verhalten: »Der Hai schwamm gerade vor uns einen kleinen Kreis, und als er damit fertig war, begann sein Körper – während er schwamm – sich zu wenden und zu biegen sowie vor- und zurückzurollen. Der Hai schwamm mit seinem ganzen Körper, sein Kopf bewegte sich fast genauso stark hin und her wie sein Schwanz. Dabei lavierte er mit den Brustflossen.« Unmittelbar danach griff der Hai an und biß Jim Steward, den Begleiter von Church, zweimal gefährlich oberhalb des Ellenbogens.

Der Hai hatte zuvor, wie wir mittlerweile wissen, durch Drohen gewarnt. Nur wußte man damals sein Verhalten noch nicht zu deuten. Heute wissen wir, daß Haie durch diese Drohgeste Eindringlinge warnen. Beachtet man die Warnung und zieht man

183

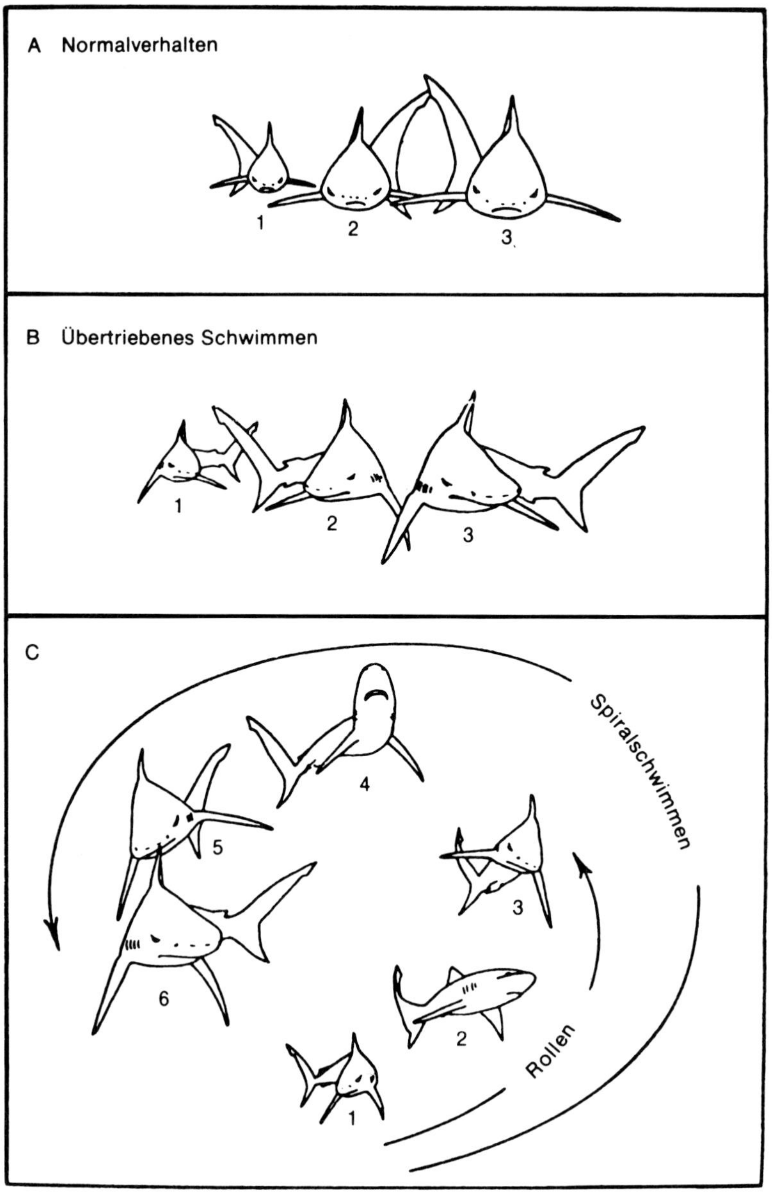

A Normalverhalten

1 2 3

B Übertriebenes Schwimmen

1 2 3

C

Spiralschwimmen

Rollen

4 5 3 6 2 1

128
Drei Vorderansichten eines sich nähernden Grauen Riffhaies (Carcharhinus menisorrah). *A: Normales Anschwimmen (die Zahlen geben die zeitliche Aufeinanderfolge des Bewegungsablaufes an); B: mimisch übertriebenes Schwimmen als Ausdruck leichten Imponierens; C: voll ausgebildetes Imponierschwimmen mit Rollen (1–3), aus dem sich oft ein Spiralschwimmen (4–6) entwickelt.*
Nach R. H. Johnson und D. R. Nelson (1973).

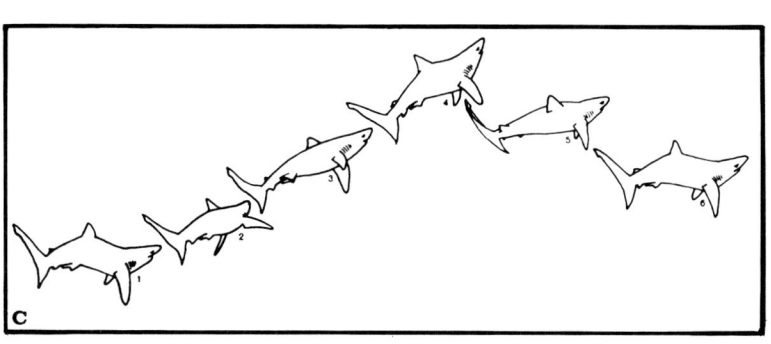

C

129
Seitenansicht des voll ausgeprägten Imponierschwimmens.
Aus R. H. Johnson und D. R. Nelson (1973).

184

sich vorsichtig zurück (schnelle Flucht ist immer zu vermeiden), dann passiert in der Regel nichts.

Die beiden Amerikaner Richard Johnson und Donald Nelson filmten und beschrieben dieses Verhalten vom Grauen Riffhai. Es handelt sich bei diesem Drohschwimmen um ein mimisch übertriebenes Schwimmen, das sich wohl aus dem Konflikt zwischen Flucht- und Angriffsmotivation ergab. Der Hai schwimmt dabei mit starken seitlichen Ausschlägen des Kopfes und Schwanzes, ohne dabei schnell voranzukommen. Ein Anheben des Kopfes überlagert sich, was zu einem Rollen und im weiteren Verlauf zu einem Spiralschwimmen führt. Bei voll entwickeltem Drohen ist der Kopf stark angehoben, der Rücken ist gekrümmt, und eine oder beide Brustflossen werden nach unten gehalten. Das Kopfheben ist dabei wohl als Zubeißintention zu deuten. Dazu paßt auch die Flossenhaltung. Wenn Haie nämlich aus einem größeren Beutetier ein Stück durch Kopfschütteln heraussägen, dann drücken sie die Brustflossen senkrecht nach unten, was stabilisierend wirkt wie der Kiel eines Segelschiffes. Das Tier verankert sich so im Wasser.

Weiß man um diese Verhaltensweisen, dann kann man eine Gefahrensituation meiden. Wie soll sich aber ein Taucher verhalten, wenn er angegriffen wird? Kann er sich auch in einer solchen Situation schützen?

In der Karibischen See entdeckte Hans Hass, daß ein unter Wasser ausgestoßener lauter Schrei einen angreifenden Hai verjagt. Darauf kam er ganz zufällig, nachdem er mit Jörg Böhler an der Nordküste von Curaçao einen Zackenbarsch harpuniert hatte.

»Wir schwammen hoch«, schreibt er, »und hatten die Oberfläche noch nicht erreicht, als sich plötzlich etwas ganz und gar Ungewöhnliches zutrug. Drei Haie tauchten in der Ferne auf und kamen direkt auf uns los, so unglaublich schnell, daß wir ihre wildpeitschenden Schwänze nicht sehen, aber dafür deutlich hören konnten. Der Anblick dieser anstürmenden Kolosse war so schreckenerregend, daß wir keiner Bewegung fähig waren. Einer von uns stieß einen gellenden Schrei ins Wasser aus. Und dieser Schrei hatte eine erstaunliche Wirkung! Wie von einem Zauberwort zurückgeschlagen, riß es alle drei Haie knapp vor uns wieder herum, und sie jagten davon, ebenso schnell, wie sie gekommen waren. Einer allerdings, ein gut drei Meter langer, längsgestreifter Bursche, machte wieder kehrt und stürmte abermals auf uns zu. Aber diesmal schrien wir bereits zu dritt im Chor, und das hat ihn endgültig in die Flucht geschlagen.«

Diese Methode hat unter anderen drei deutschen Seeleuten, die 1943 vor der Westküste Afrikas trieben, das Leben gerettet. Allerdings reagieren nicht alle Haie mit Flucht. Als Hass später im Mittelmeer angreifende Haie durch Schreie verscheuchen wollte, mußte er zu seiner Überraschung feststellen, daß dies hier nicht half. Die Tiere waren durch die dort übliche Dynamitfischerei absolut unempfindlich gegen Geräusche. Im Gegenteil, Lärm lockte sie sogar herbei.

Hass hat ferner betont, daß man sich einem Hai gegenüber so verhalten muß wie ein Dompteur gegenüber seinen Raubtieren. Man darf nicht davonlaufen beziehungsweise davonschwimmen; denn Flucht löst bei Raubtieren immer Verfolgung aus. Am besten stellt man sich oder schwimmt sogar im Gegenangriff auf den Angreifer zu. Das hilft, denn auch ein Hai hat Feinde und dementsprechend ein ausgeprägtes Fluchtverhalten. Raubfische stellen den kleineren Fischen nach, aber auch die großen sind nicht sicher. Bei den Azoren fanden wir im Magen eines 16 Meter langen Pottwales unter anderem drei unzerteilt verschluckte Haie. Der längste von ihnen maß 3,10 Meter.

Hat ein Taucher überdies einen Stock mit einer Eisenspitze, so kann er sich gut wehren. Der Haistock soll allerdings nicht zu lang sein, sonst kann man ihn nicht schnell genug gegen den Wasserwiderstand bewegen. Auch soll die Eisenspitze glatt, ohne Widerhaken, sein; sonst verliert man unter Umständen seine Waffe. So ausgerüstet und mit einer Deckung durch Felsen im Rücken ist der Taucher praktisch sicher. Gefährlich wird es nur, wenn er auftauchen will und erregte Haie um ihn sind, denn dann kann ihn einer von hinten überraschen. Ohne Rückendeckung ist man ziemlich hilflos. Das erlebte ich einmal, als ich bei der Kokosinsel im Pazifik von fünf großen Hammerhaien angegriffen wurde. Ich hatte gerade das Boot verlassen, da sah ich die Haie unter mir vorbeischwimmen, einschwenken und auf mich loskommen. Zum Glück war ich dem Boot so nahe, daß ich zu ihm flüchten konnte. Hier hätte der Haistock kaum geholfen.

Bei dem empfindlichen Geruchssinn der Haie lag es nahe, an chemische Haiabwehrmittel zu denken. Man versuchte verschiedene und glaubte schließlich, in Kupferacetat ein wirksames Abwehrmittel gefunden zu haben. Mit einem blauen Färbemittel und einer weiteren Chemikalie versetzt, die eine allzu schnelle Auflösung des Kupferacetats verhindert, wird es seit 1945 in Beuteln der Notausrüstung von Fliegern und Seeleuten der USA beigefügt. Sporttaucher, die sich auf diese Mittel verließen, bemerkten jedoch bald, daß sie wenig halfen. So beschreiben J.-Y. Cousteau und F. Dumas, wie sie vor der afrikanischen Küste von drei zudringlichen Haien belästigt wurden, die ganz unbekümmert durch die Kupferacetatwolken schwammen.

Hier im Goha-Faro hatten wir nun eine einmalige Gelegenheit, eigene Erfahrungen zu sammeln. Nachdem die erste Fütterung so gut geklappt hatte, zogen wir am anderen Morgen gleich wieder los. Wir saßen kaum am Riff, da waren die Haie auch schon da und schwammen sichtlich erwartungsvoll vor uns auf und ab. Ich schoß wieder einen Zackenbarsch und mußte schnell arbeiten, um den Köder von der Harpune zu lösen; sie hätten ihn sonst mit dem Harpunenschaft gefressen. Wir legten den Köder in unserer Nähe auf die Korallen und photographierten die Haie.

186

Das wiederholten wir ein paarmal und beobachteten sie dabei. Was uns zunächst einmal überraschte, war die erstaunliche Wendigkeit der Haie. Hatte einer im Darüberschwimmen den Köder geortet, dann konnte er seinen Körper herumreißen und den Köder packen oder auch die Vorwärtsfahrt abbremsen, indem er die sonst nur als Tragfläche dienenden Brustflossen richtig hochkantete. Auch das Maul war sehr beweglich, und die Kiefer konnten, wie die Aufnahme zeigt, beim Ergreifen der Beute vorgestreckt werden. Erstaunlich leicht beschleunigten sie mit wenigen lässigen Schwanzschlägen ihr Tempo. Hatte ein Hai den Köder gepackt, dann schwamm er eilig ins freie Wasser davon, verfolgt von seinen Gefährten. Die Geschwindigkeit ließ sich schlecht abschätzen, aber 60 bis 80 Stundenkilometer mochten die Tiere schon erreichen. Die bisher gemessene Maximalgeschwindigkeit betrug für einen Makohai 56 Stundenkilometer, doch sollen andere Haie ohne weiteres mit rund 74 Stundenkilometern fahrende Kriegsschiffe überholt haben.

Gleich zu Beginn bemerkte ich artbedingte Unterschiede im Verhalten der Haie. Die Grauhaie und die Schwarzflossenhaie waren weniger geschickt, wenn es darum ging, einen Köder aus einer Vertiefung im Riff herauszuholen. Die schlanken Weißspitzenhaie dagegen schlüpften gewandt auch in Spalten und Löcher und holten sich den Köder, selbst wenn man ihn in einer Höhle versteckte. Offenbar suchten sie so auch normalerweise ihre Nahrung, während die anderen mehr über dem Riff und im freien Wasser zu jagen pflegen.

Mit den Haien schwammen einige Begleitfische. Bei einem der uns schon bekannte Schiffshalter, mit einem anderen schwamm ein kleiner Trupp von Lotsenfischen, und zwar meist um die Körpermitte des Haies gruppiert. Diese quergestreiften Fische sollen nach Meinung der Seeleute den Hai zu seiner Beute führen. Das ist ein Irrglaube, der auf einer an sich richtigen Beobachtung beruht. Wir haben es nämlich des öfteren erlebt, daß Lotsenfische ihren Hai vorübergehend verließen und zu uns schwammen. Sie kehrten dann meist gleich wieder zum Hai zurück. Es sah so aus, als wollten sie uns auf die Möglichkeit, sich uns anzuschließen, prüfen, ähnlich wie das der schon erwähnte Schiffshalter bei unserem Ingenieur K. Hirschel getan hatte. Der Lotsenfisch findet in der Nähe der Raubfische vor allem Schutz, aber auch Nahrung. Er putzt nämlich Parasiten weg und nützt damit wiederum dem Hai.

Über unserem Haiwrack lebte auch ein Schwarm gut einen Meter langer Regenbogenmakrelen, die sich ebenfalls von Zeit zu Zeit an die Haie heranmachten. Kam einer vorbei, dann schwammen die Fische schnell von hinten an ihn heran und scheuerten sich geschickt an dessen Rücken. Die rauhe Haut der Haie ist ja auch vorzüglich dazu geeignet, lästige Hautparasiten abzustreifen. Wir haben diese Gewohnheit der Regenbogenmakrelen auch in der Karibischen See beobachtet.

Das Bedürfnis, sich zu kratzen, scheint bei vielen Fischen recht groß zu sein. Thor Heyerdahl und andere berichten, daß Haie sich an Flößen oder Rettungsbooten scheuern. Von Mantas erzählt man, daß sie sich an ankernden Fischerbooten scheuern, wobei sie mitunter die Ankerkette entlangfahren, sogar den Anker heben, hängenbleiben und dann erschreckt mit dem Boot im Schlepp davonsausen.

Am Nachmittag wiederholten wir die Fütterung nach der bewährten Methode. Die Lage wurde allerdings zuletzt etwas unübersichtlich, weil vierzehn größere Haie und mehrere kleinere uns umtummelten. Mehrere Male kam mir einer beim Photographieren zu nahe, und ich mußte ihm mit der Kamera auf die Schnauze schlagen.

Die Haie erwarteten uns auch am folgenden Morgen, und wir gingen daher gleich zu den Versuchen über. Dem nächsten Köderfisch steckte ich ein Beutelchen mit Kupferacetat ins Maul. Für einen Augenblick störte das die Haie. Einer schwamm in die blaue Wolke, wich aber sogleich aus, und die anderen machten ebenfalls einen Bogen. Aber dann lockte der Blutgeruch doch zu stark. Der erste kam wieder zurück, schwamm in die Kupferacetatwolke und schnappte vergeblich nach dem Fisch, wobei das Beutelchen Kupferacetat zu Boden fiel. Köder und Haiabwehrmittel lagen nun nebeneinander auf dem Boden. Beim nächsten Angriff packte der Hai den Köder und verschlang ihn, obgleich ihm die konzentrierte Kupferacetatlösung noch aus Maul und Kiemen »rauchte«.

Die weiteren Versuche ergaben das gleiche Bild. Die Haie waren zwar etwas vorsichtiger, aber ihre Gier nach dem blutenden Fisch überwog alles. Das Kupferacetat unterdrückte nicht einmal ihre Neugier, denn sie umschwammen uns auch, wenn wir die Kupferacetatbeutel am Körper trugen. Es ist wohl nur die Scheu vor Neuartigem, die sie kurze Zeit zögern läßt. Das haben neuere Versuche von P. W. Gilbert bestätigt, der Haie in großen Gehegen untersuchte. Das Färbemittel erwies sich bei seinen Versuchen wirksamer als Kupferacetat. Die Haie mieden zunächst die dunkle Wolke. Als Haiabwehrmittel dürfte Kupferacetat daher nur von geringem Wert sein. Der Angriff wird vielleicht etwas hinausgeschoben; viel wirksamer wäre es aber, wenn sich der Schiffbrüchige aktiv wehren könnte. Ein kurzer Stock mit Spitze und eine Taucherbrille würden das ermöglichen. Im übrigen sollten sich Schiffbrüchige in den Rettungsringen ruhig verhalten und nicht durch Strampeln und Schlagen aufs Wasser die Angriffslust der Haie erregen.

Man sollte aber die Möglichkeit, chemische Abwehrmittel zu entwickeln, wegen erster Mißerfolge nicht aus dem Auge verlieren. Eine Entdeckung der couragierten Taucherin Eugenie Clark könnte hier eine neue Richtung weisen. Sie entdeckte, daß die Mosesseezunge *(Pardachirus marmoratus)* im Roten Meer von den Haien mit allen Anzeichen des Ekels abgelehnt wird. Die

Seezunge produziert eine giftige Substanz, die selbst bei hoher Verdünnung auf viele Meerestiere tödlich wirkt. Eine Einheit der Substanz auf 5000 Einheiten Wasser tötet selbst Riffbarsche. Das Nerven- und Blutgift wird von 240 Drüsen erzeugt, die an der Basis der Flossenstrahlen von Rücken und Afterflosse liegen.

Der vierte Tag war zugleich unser letzter Tauchtag im Goha-Faro. Jeder von uns holte sich als Andenken eine schöne korallenbewachsene Zackenauster vom Wrack; dann fütterten wir die Haie ein letztes Mal. Hans Hass filmte das ganze Gewimmel. Wenn ich mir diese Bilder heute ansehe, keimt eigentlich kein Wunsch nach Wiederholung in mir auf. Aber schön war es doch, und wir genossen den Tag im vollen Bewußtsein der Einmaligkeit unserer Situation.

Haie sind uns seither auf vielen Fahrten begegnet. Wir filmten sie am Barriereriff, bei Neuguinea und vor den Riffen pazifischer Atolle. Wenn ich die Augen schließe, sehe ich sie vor mir, diese stromlinienförmigen Tiere, die mit so mühelosen Schwanzschlägen das Wasser durchschneiden. Ich sehe den kalt musternden Blick des sonst maskenhaft starren Gesichts. Es geht eine seltsame Faszination von diesen Geschöpfen aus, und ich verstehe, weshalb Hass sie bereits in seinen ersten Büchern zu den schönsten Bewohnern des Meeres zählt.

Über das soziale Verhalten der Haie weiß man noch nicht sehr viel. Man kann sie schlecht über längere Zeit beobachten. Das wenige, was man weiß, läßt sie aber recht interessant erscheinen. So hat A. Myrberg festgestellt, daß sich unter Hammerhaien Rangordnungen ausbilden. Sonst ist über das Sozialverhalten herzlich wenig bekannt. Über das Liebeswerben gibt es nur vereinzelte Beobachtungen. Hass sah zum Beispiel, wie ein *Triaenodon*-Männchen einem Weibchen werbend folgte und es dabei wiederholt zart in die Kiemenregion biß, wohl im Versuch, sich für die Kopulation festzubeißen. Daß dieses rauhe Liebeswerben keine Ausnahme darstellt, belegen neuere Beobachtungen von Dieter Reimer. Er beobachtete mehrere Männchen, die einem Weibchen folgten und es dabei recht rauh in die Seiten bissen, wohl ebenfalls in dem Versuch, sich festzuhalten. Die Haimännchen haben ja aus den Bauchflossen gebildete paarige Kopulationsorgane, und um diese in die Geschlechtsöffnung der Weibchen einführen zu können, müssen sie sich offenbar in ihnen verbeißen.

Haie lernen, auf bestimmte Signale Bestimmtes zu tun, wenn man sie mit Futter belohnt. Zitronenhaie konnte man darauf dressieren, beim Ertönen einer Glocke mit der Schnauze gegen eine Platte zu drücken. Als Belohnung wurde ihnen ein Fisch zugeworfen. Ammenhaie lernten das nicht – wohl nicht deshalb, weil sie dümmer waren als die Zitronenhaie. Sie warteten vielmehr darauf, daß die Zitronenhaie ihre Platte drückten, und schnappten ihnen den Fisch vor der Schnauze weg: Sie ließen die Zitronenhaie gewissermaßen für sich arbeiten.

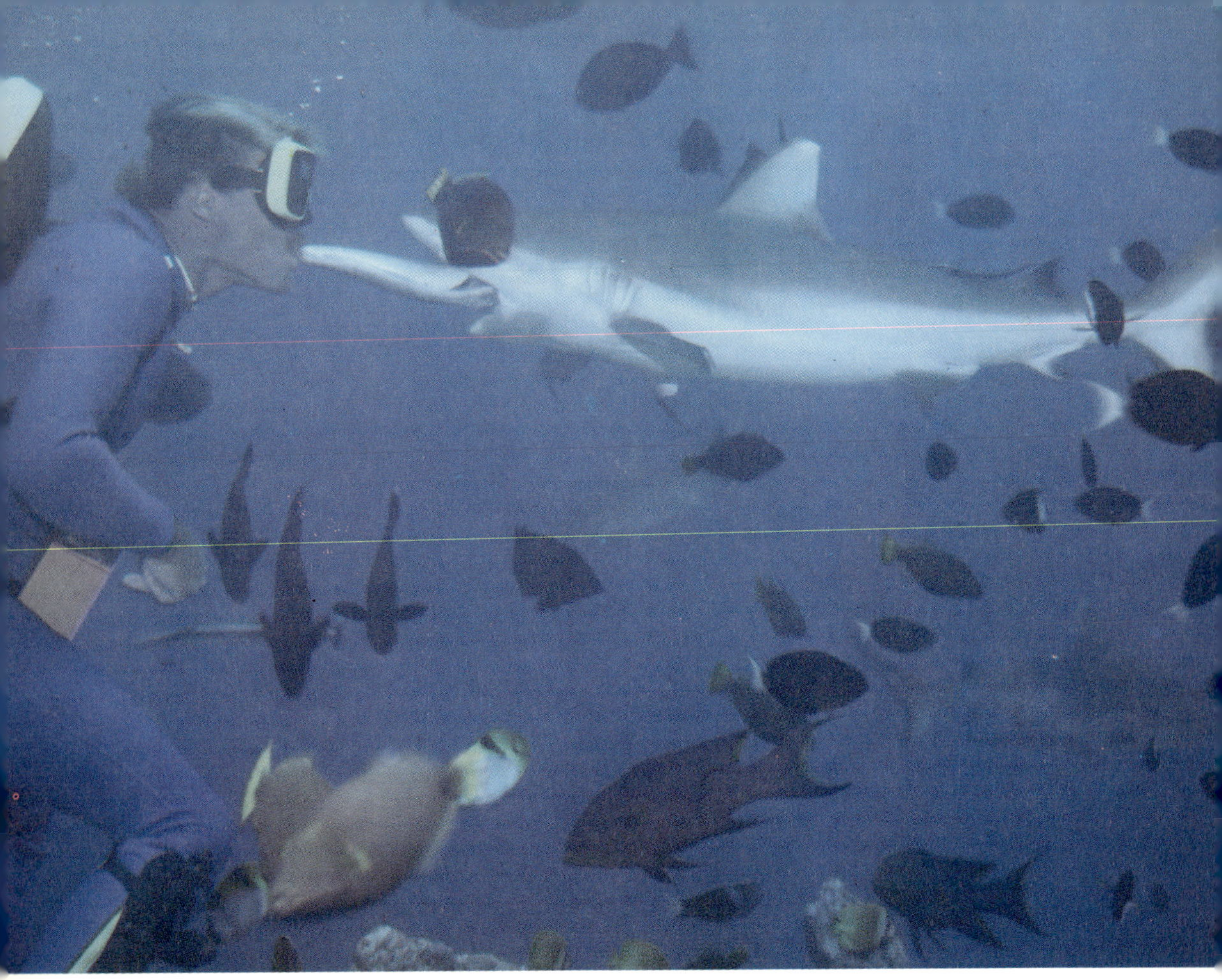

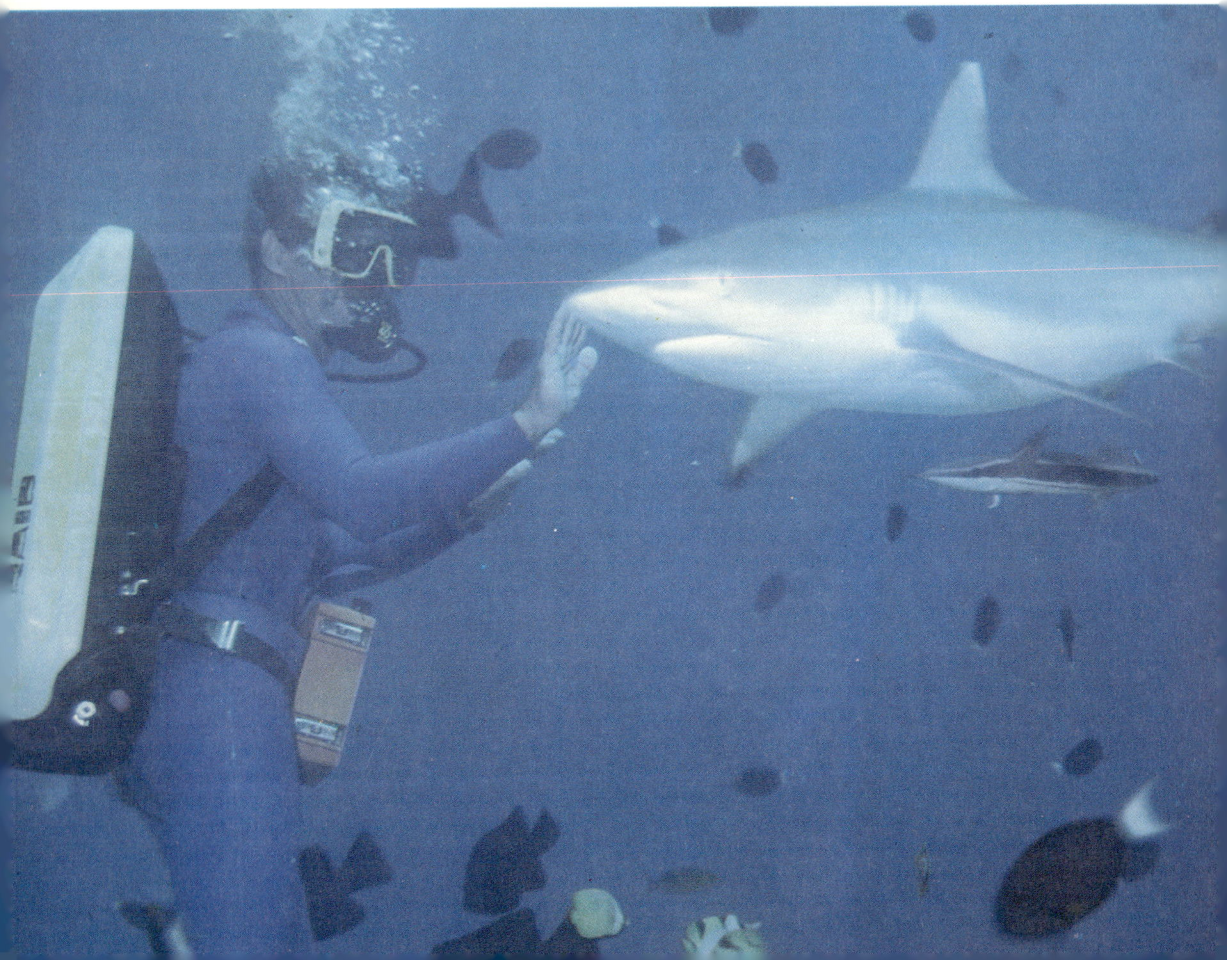

130 a, b
Die Haifischfütterung, die wir zu Experimentierzwecken 1958 begannen, wurde mittlerweile zur Touristenattraktion ausgeweitet. Die Tauchlehrer füttern die Grauhaie von Mund. Ernsthafte Unfälle sind bisher nicht vorgekommen, doch ist die Praxis nicht ganz unbedenklich. Photo: Verfasser (Malediven).

131
Weibchen eines Grauen Riffhaies. Deutlich sind die Bißspuren stürmischen Werbens zu sehen. Photo: D. Reimer (Malediven).

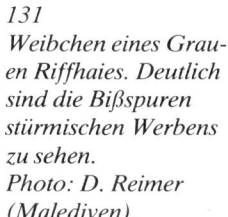

132
Grauer Riffhai (Carcharhinus menisorrah) nimmt einen ausgelegten Köderfisch auf. Man beachte die bremsend und stabilisierend aufgestellten Brustflossen. Photo: Verfasser (Malediven).

133
Unsere Experimente mit Köderfischen wurden von einigen Tauchern wiederholt. Hier eine Aufnahme von H. Voigtmann (Malediven). Man beachte den Schiffshalter (Echeneis).

Zu den Inseln der Geister

Die farbenprächtig bewachsenen Höhlen des Miladummadulu-Atolls bildeten einen schönen Abschluß der ersten Etappe unserer Expedition. Zwei Tage tummelten wir uns in den Höhlen, die von Schwärmen roter Husarenfische und unzähligen Langusten bevölkert wurden; der Abschied von diesem Taucherparadies fiel uns schwer. Genau vier Monate nach unserer Ankunft in den Malediven lichteten wir Anker und segelten nach Ceylon, das wir vier Tage später erreichten. Unser Schiff wurde hier überholt, neuer Proviant gefaßt und ein Teil der Mannschaft ausgetauscht. Georg Scheer und ich nutzten diese Zeit für Landexkursionen und Tauchabstiege an der Ostseite der Insel.

Die große bergige Insel hat viele Gesichter. Kokoshaine wachsen in den feuchten Niederungen der Westseite, Reisfelder bedecken in malerischen Terrassen die Berghänge, in den höheren Lagen gibt es auch Teeplantagen. Wo die Berge nicht kultiviert sind, wachsen üppige Regenwälder. Weite Teile der Insel aber, vor allem im Südosten und im Norden, sind trocken und erinnern in ihrem Bewuchs an die Savannen Afrikas. Hier sind große Nationalparks und Wildschutzgebiete angelegt, in denen 1959 noch etwa 17000 Elefanten, 11400 Büffel, 10000 Sambarhirsche, 44000 Axishirsche, 1500 Leoparden, 2000 Bären, 28000 Wildschweine, 2700 Pfauen und eine große Zahl anderer Vögel lebten. Von den insgesamt 65610 Quadratkilometern Bodenfläche der Insel sind 1619 Quadratkilometer Nationalparks und Schutzgebiete, 606 Quadratkilometer strenge Schutzgebiete und 815 Quadratkilometer Wildschutzgebiete.

Dennoch steht es um den Ceylon-Elefanten nicht gerade zum besten. Da die Nationalparks hauptsächlich in den Trockengebieten liegen, wandern die Tiere zur Trockenzeit oft in die vom Menschen kultivierten feuchten Regionen und werden dort dann verständlicherweise getötet. Umgekehrt dringen bisweilen Hausrinder und domestizierte Wasserbüffel in die Nationalparks ein und vermengen sich mit dem Wildbestand. Die Abwanderung des Großwildes sucht man neuerdings durch die Anlage von Tränken zu unterbinden.

Von den vielen alten Kulturstätten Ceylons machten die Fresken von Sigirija auf mich den größten Eindruck. Vor 1500

134
Eine dämonenabweisende Frauenfigur der Insel Kondul (Nikobaren). Man beachte den starren Blick, die Haltgebärde der Hand und den phallisch drohend vorgestreckten Daumen.
Photo: Verfasser.

195

Jahren erbaute ein singhalesischer König seine Burg auf dem 200 Meter hohen Felsen. Er hatte allen Grund dazu, sich dorthin zurückzuziehen, hatte er doch seinen Vater gestürzt und fürchtete jetzt die Rache seines Bruders. Den Felsen selbst schmückte er zur Erbauung des Berggeistes, und um ihm den Schutz der Burg nahezulegen, mit vielen gemalten Frauengestalten, von denen heute noch einundzwanzig erhalten sind. Sie schweben auf Wolken, die ihren Unterkörper halb verhüllen. Der nackte Oberkörper ist mit Geschmeiden reich verziert, und ein prächtiger Haarschmuck krönt das Haupt. Zierliche Hände halten Blumen oder streuen sie aus; dunkelhäutige hübsche Dienerinnen reichen hellhäutigen Damen Blumenschalen. Die hauptsächlich in Rötel und in, ockergelben und grünen Erdfarben ausgeführten Fresken leuchten noch heute in frischen Farben.

Durch die Jahrhunderte sind viele Besucher an diesem Felsen vorbeigezogen. Unter oft großen Mühen haben sie den Felsen erklettert, um die Wolkendamen zu bewundern. Und was sie dabei empfanden, das schrieben sie in zierlicher singhalesischer Schrift in eine Wand am Fuße des Felsens. S. Paranavitana hat diese Sgraffiti 1956 entziffert. Die reizenden Verse preisen die Schönheit dieser Felsenmädchen, deren Anmut die Stürme der Jahrhunderte überdauert hat.

Drei Monate genossen wir das Gastrecht auf der Insel, die man mit Recht die Perle des Ostens nennt. Die Unruhen zwischen den Tamilen und Singhalesen verzögerten unsere Abreise etwas. Am 24. Juli segelten wir schließlich von Ceylon ab und erreichten nach sechs Tagen die Nikobaren.

Die nord-südlich verlaufenden Faltengebirge Burmas gabeln sich im Süden des Landes in zwei parallel verlaufende Gebirgsketten. Die östliche bildet die Halbinsel von Malaya, die westliche verläuft im Abstand von etwa 600 Kilometern parallel dazu. Von dieser Bergkette ragen nur die höchsten Gipfel, also die Inselkette der Andamanen und weiter im Süden die Nikobaren, aus dem Meer. Die Kette findet in den indonesischen Inseln ihre natürliche Fortsetzung.

Der Nikobarenarchipel bedeckt mit seinen 19 Inseln zusammen rund 1600 Quadratkilometer Land. Von den 12000 Einwohnern, die man 1952 zählte, sind rund 10000 Nikobarer. 1961 zählte man 15000 Einwohner. Nach einer Zählung im Jahre 1931 verteilen sich diese Menschen folgendermaßen auf das Inselgebiet: 7492 leben auf der nördlichen Insel Kar Nikobar. Es folgen die Inseln Chowra (615), Camorta (548), Teressa (437), Katchal (317), Nankauri (201) und Bompoka (105). Die Inseln Trinkat, Pulo Milu, Kleinnikobar und Kondul sind jede von weniger als hundert Menschen bevölkert. Die südlichste Insel, Großnikobar, die etwas größer ist als alle übrigen Inseln zusammengenommen, ist nach Schätzungen von nur 300 Menschen bewohnt. Sie ist jedoch die interessanteste. Hier leben außer den

196

135
Geisterabweisende
Figur mit Blattkrause
vor einer Hütte.
Photo: Verfasser
(Kondul, Nikobaren).

malaiischen Nikobarern (etwa 100) noch die praktisch unerforschten Schompen (etwa 200), von denen wir noch mehr hören
werden. Sie bevölkern auch das Landinnere von Großnikobar,
während die Nikobarer auf allen anderen Inseln nur die Küsten-
region bewohnen und das bewaldete Inselinnere meiden.

Die Nikobarer betreiben Landwirtschaft, wobei die Kultivie-
rung der Kokospalmen im Vordergrund steht. Durch Eigenver-
brauch wird etwa ein Drittel verzehrt, zwei Drittel werden an die
Schweine verfüttert. Eine große Anzahl von Nüssen wird von
den nördlichen Inseln, vor allem von Kar Nikobar, exportiert;
1949 waren es 15 Millionen Nüsse.

Aus der Frucht der Schraubenpalme *(Pandanus)* gewinnt man
durch Kochen ein mehliges Mus. Getreide und Mais werden
nicht kultiviert. Auf Kar Nikobar und Camorta führte man Ana-
nas, Bananen und Zitrusfrüchte ein. Als Haustiere halten die
Nikobarer Schweine und Hühner, Fischfang wird auf allen Inseln
eifrig betrieben.

Von den »Segnungen« der Zivilisation blieben die Inseln
durch eine lange Zeit verschont. Auf Kar Nikobar ist jedoch
bereits europäische Kleidung eingeführt, und viele Nikobarer
tragen Schuhe. Von alldem war auf der Insel Großnikobar 1958
noch nichts zu spüren. Hier lebten noch Menschen, die nie mit
der Zivilisation in Berührung gekommen waren, wie wir selbst zu
unserer großen Überraschung erlebten.

Das hat sich geändert, seit die indische Verwaltung sich um die
Besiedelung der Inselgruppe bemüht. Da sie keine Ausländer ins
Land läßt, kann ich über die neuen Entwicklungen nicht berichten. Zum Zeitpunkt unseres Besuches war Großnikobar praktisch unerforscht.

Der Name Nikobaren leitet sich vom Sanskritwort Wakka-
waram – Land der Nackten – ab. Die erste verläßliche Schilde-
rung von Land und Leuten verdanken wir William Dampier.
1711 versuchten französische Jesuiten die Einwohner von Kar
Nikobar zu bekehren, mußten diese Bemühungen aber bald wieder einstellen, da sie von außen keinerlei Hilfe bekamen. 1778
besuchte Wilhelm Belts mit dem österreichischen Schiff »Joseph
und Theresia« die Nikobaren. Im Auftrag der Kaiserin Maria
Theresia sollte er Pflanzungen anlegen, doch scheiterte das Un-
ternehmen an dem ungesunden Klima. Auch der gleichzeitig von
den Dänen unternommene Versuch, auf Nankauri eine Missions-
station der Mährischen Brüder einzurichten, schlug fehl. Von
den 25 mährischen Brüdern, die sich 1778 um die Seelen der
Eingeborenen bemühten, starben die meisten innerhalb kurzer
Zeit; 1787 verließ der letzte überlebende Missionar die unge-
sunde Insel.

1831 versuchten die Dänen die Insel Camorta zu missionieren.
Dänemark nahm die Inseln zugleich formell in Besitz. Das Expe-
riment wurde bereits drei Jahre später aufgegeben, und 1837
verschwand die Kolonie. Dänemark gab die Hoheitsansprüche
198

136
Strand der Insel Kon-
dul mit zwei Häusern.
Photo: Verfasser.

auf, und 1846 holte die dänische Korvette »Galathea« die beim Siedlungsversuch hinterlassenen Flaggen und Flaggenstöcke ab. Von da ab wurden die Inseln von England verwaltet, bis sie mit der Unabhängigkeit Indiens an die Inder fielen.

1858, genau 100 Jahre vor unserem Besuch, bereiste die österreichische Fregatte »Novara« die Nikobaren. Die Expedition vermaß das ganze Inselgebiet, und noch die heutigen englischen Admiralitätskarten basieren auf diesen Messungen. 1899 kam das deutsche Expeditionsschiff »Valdivia« und 1951 die zweite dänische »Galathea«-Expedition in dieses Gebiet.

Mit großer Spannung sahen wir am Morgen des 30. Juli dem Auftauchen der südlichen Nikobareninseln Kleinnikobar, Kondul und Großnikobar entgegen. Dunkle Wolken, aus denen da und dort schwarze Regenstreifen niederstürzten, hingen über den scharfen, bewaldeten Bergrücken. In den Tälern brodelten Nebelschwaden. Die See lag vor uns wie flüssiges Blei. Es sah aus, als würde hier nie die Sonne scheinen. Aber als wir um elf Uhr vormittags im Kanal zwischen Großnikobar und Kondul unseren Anker auswarfen, strahlte die Sonne auf dampfende Urwälder, und das Meer leuchtete in blauem Glanz.

Wir freuten uns auf die Tauchabstiege an diesen unerforschten Küsten und auf die Exkursionen landeinwärts. Vor allem hofften wir auch auf die interessante Begegnung mit Naturvölkern, deren kulturelle Eigenart noch nicht durch europäischen Einfluß gelitten hatte. Wir sollten auch in dieser Hinsicht nicht enttäuscht werden, zunächst allerdings erlebten wir eine unangenehme Überraschung.

Von der im Norden unseres Ankerplatzes liegenden Insel Kondul her näherte sich ein Auslegerboot mit zwei Segeln. Ein freundlicher Anblick, und wir warteten freudig erregt auf den ersten Kontakt mit uns unbekannten Menschen. Diese Stimmung schlug jedoch schnell um, als dem Boot drei unrasierte indische Soldaten in schmutzigen Khakiuniformen entstiegen. Sie entsicherten ihre Gewehre und kletterten mit finsteren Mienen an Bord. Eine unfreundliche Begrüßung. Sie fragten uns, was wir eigentlich hier wollten, und wir berichteten von unserer Forschungsfahrt, wechselten aber angesichts der völligen Verständnislosigkeit gleich das Thema und erzählten von einem tatsächlich eingetretenen Motorschaden, der eine Weiterreise unmöglich mache.

Für den Besuch der Nikobaren benötigt man nämlich eine eigene Bewilligung der indischen Regierung. Da wir ursprünglich nach Indonesien wollten und uns erst im letzten Augenblick wegen der dort herrschenden Unsicherheit für die Nikobaren entschieden hatten, war es nicht mehr möglich gewesen, diese Erlaubnis einzuholen. Hans Hass hatte jedoch unseren Besuch beim indischen Konsulat angemeldet und gebeten, man möge die Regierung informieren und um Unterstützung dieser Expedition bitten. Offenbar war dies nicht bis zu den hiesigen Behörden durchgedrungen. Zum erstenmal war uns ein Motorschaden hochwillkommen!

Die Soldaten machten es sich im Decksalon bequem. Lotte Hass servierte Limonade und zeigte Presseartikel über die verschiedenen Etappen unserer Fahrt. So konnten wir die Herren wenigstens davon überzeugen, daß wir keine illegalen Fischer waren, sondern eine zoologische Expedition. Das Eis schmolz ein wenig, und sie sicherten umständlich ihre Gewehre. Wir boten Zigaretten an, die der Führer dieser Gruppe zunächst ablehnte, dann aber doch nahm. Und das ermunterte seinen Begleiter, uns zu erzählen, daß seine Frau gerade ein Kind bekäme, ob er nicht eine Flasche Whisky haben könne. Er bekam sie, das Tauwetter griff um sich. Nur der Führer der Gruppe lehnte Alkohol ab. Er forderte uns auf, die Militärstation am Ufer der Insel zu besuchen. Wir könnten dort dem Chef der kleinen Telegraphenstation unser Anliegen unterbreiten und auch Telegramme aufgeben. Bevor wir loszogen, erbat er sich dann doch eine Flasche Gin.

Der Chef der kleinen Station kam uns am Ufer entgegen. Er war sauber gekleidet und benahm sich höflich und korrekt. Vor seiner Wohnbaracke bot er uns Tee an, und wir erzählten ihm von unseren Aufgaben. Er bedauerte, daß wir ohne ausdrückliche Bewilligung weder filmen noch sammeln könnten, erklärte sich jedoch bereit, Telegramme zur Einholung einer solchen Erlaubnis weiterzuleiten. Freundlicherweise ließ er uns ohne Bewachung an Bord zurückkehren. Wir hatten den Eindruck, daß er uns ganz gerne geholfen hätte, doch hinderte ihn daran der Respekt vor seiner vorgesetzten Behörde.

Wir suchten uns für die Reparatur der Maschine einen ruhigen Ort, begreiflicherweise der Militärstation nicht allzu nahe, und verankerten die »Xarifa« im Gangeshafen an der Nordküste Großnikobars.

Der Platz war zauberhaft. In weitem Bogen dehnte sich ein gelbbrauner Sandstrand, hinter dem sich als unüberschaubare Kulisse ein mächtiger Urwald aufbaute. Im Osten und Westen war die Bucht von vorspringenden Felsriegeln eingefaßt, die sich landeinwärts zu grünen Hügeln aufbauten. Hier konnte der Blick bis ins nebelverhangene Hinterland wandern. Vor dem östlichen Felsriegel mündete der breite Jubileefluß.

Wir tauchten, beobachteten und sammelten hier vier Wochen lang, immer wieder bei der Militärstation anfragend, ob denn schon Nachricht für uns eingetroffen wäre. Und da man uns zuletzt doch freundlicher als vorher entgegenkam, konnten wir auch das kleine Dorf der Nikobarer auf Kondul besuchen. Wir nutzten dazu den ersten Sonntag.

Der Landungsplatz war durch vier mehrere Meter hohe Stöcke markiert, die mit Krausen aus Blattbüscheln geschmückt waren. Aus Beschreibungen wußten wir, daß diese Pfähle der Abwehr böser Geister dienen sollten, die offenbar recht schreckhaft sein müssen. Am Ufer lag ein mehrere Meter langer Einbaum mit einseitigem Ausleger, und etwa 50 Meter landeinwärts stand eine Pfahlbauhütte. Sie ruhte auf über zwei Meter hohen Pfählen und sah aus wie ein riesiger Bienenkorb. Kokospalmen wuchsen malerisch im Umkreis.

Kaum waren wir an Land, da begann es auch schon zu regnen. Kein Mensch zeigte sich, und da ein Leiterchen zum Hütteneingang führte, stiegen wir ein. Der Raum war unbewohnt, Büschel verdorrten Grases schmückten die Pfähle am Eingang, und Palmwedel hingen in regelmäßigen Abständen frei vom Dach in den Raum. Im Hintergrund der Hütte befand sich eine offene Feuerstelle, über der gebündelt rauchgeschwärzte Schweineschädel und -unterkiefer hingen, vermutlich die Trophäen zahlreicher Feste. Auf dem Bretterboden standen runde, unverzierte Tongefäße, und auf kleinen Regalen an der Wand lagen Fischspeere, Trommelschlegel und Kopfschmuck für die Tänzer und breite, geflochtene Stirnbänder aus Bast, die in der Mitte durch einen roten umlaufenden Stoffstreifen verziert waren. Rechts und links ragte eine Gerte hoch, jede mit einer roten, schwarzen und zuoberst weißen Quaste geschmückt. Wir waren offenbar im Festhaus des Dorfes. Schön geschnitzte Pfähle stützten das überaus sorgfältig geflochtene korbartige Dach. In die niedrigen Bretterwände waren quadratische, herzförmige und kleeblattförmige Gucklöcher eingesägt. Wir saßen eine gute halbe Stunde in der Hütte und schauten auf das von Regenböen gepeitschte Meer. Von jedem Palmwedel rieselte ein Wasserfaden auf den Boden, würziger Geruch entströmte der Erde.

So unvermittelt wie der Regen begonnen hatte, hörte er auch wieder auf. Die Sonne schien, und über den dampfenden Boden wanderten wir zur Siedlung. Auch hier glichen die meisten Hütten umgekehrten Bienenkörben, deren jeder am höchsten Punkt etwa vier Meter erreichte, bei einem Hüttendurchmesser von etwa sechs Metern. Auch diese bienenkorbartigen Wohnhütten standen auf übermannshohen Pfählen, und der Eingang war nur über eine Leiter oder durch einen eingekerbten Baumstamm zu erreichen. Diese Bauweise ist offenbar sehr alt. Wir finden sie auch bei den Schompen, dagegen fehlt sie auf dem Festland von Malaya. Dort haben die Pfahlbauten einen rechteckigen Grundriß, und eine Variante dieser Bauweise kam auch hier vor: Zwischen den Korbbauten gab es einzelne Pfahlbauten mit rechteckigem Grundriß und schwerem, tief herabreichendem Blätterdach.

Im Morast unter den Pfahlbauten wühlten schwarze, hochbeinige Schweinchen in friedlicher Gesellschaft zahlreicher Hunde und Hühner. Ein wohlbeleibtes Mädchen saß vor einem kleinen Holztrog, aus dem sich jedes Schweinchen ein Stück Kokosnuß holen durfte. Mit einer Gerte in der Hand wachte sie darüber, daß keines mehr nahm. Sie war so vertieft in dieses Geschäft, daß sie uns gar nicht bemerkte. Erst das Hundegebell verriet uns.

Die Dorfbewohner kamen jetzt neugierig und etwas scheu herbei. Sie waren alle untersetzt bis dicklich. Die rundlichen Gesichter hatten einen kindlichen Ausdruck. Die Männer trugen einen Stoffstreifen, den sie um die Lenden geschlungen und zwischen den Beinen durchgezogen hatten. Das Ende des Streifens baumelte hinten frei nach. Diese Tracht ist alt; bereits die ersten Berichte beschreiben die Nikobarer als »geschwänzt«. Die Frauen und Mädchen trugen lange Wickelröcke aus bunten indischen Baumwollstoffen und eine kurze Bluse.

Wir verteilten Zigaretten, die sie alle gerne nahmen; selbst die kleinen Kinder qualmten munter mit. Lotte Hass schenkte einer Frau einen Lippenstift, doch diese wußte damit zunächst nichts anzufangen, und so schminkte Lotte die Frau. Sie strahlte und begann nun ihrerseits die umstehenden Frauen und Kinder zu schmücken. Bald waren die Dorfbewohner schön und bunt und sehr vergnügt.

Wir gaben nun durch Zeichen zu verstehen, daß wir ganz gerne eine der Wohnhütten besucht hätten, und das wurde uns jetzt auch ohne weiteres gestattet. Vor dem Pfahlrundbau steckte eine bemalte armlose Holzfigur im Boden. Die drohend aufgerissenen

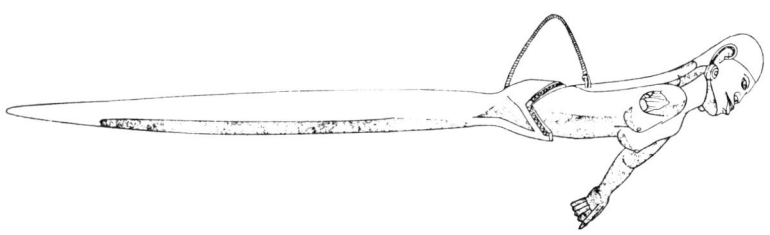

137
Der Geisterabweisung dienende Frauenfigur, die gerade von einer Schlange verschlungen wird. Sie hing unter einem Hüttendach (Insel Kondul).

Augen waren mit Perlmutter ausgelegt, und um den Hals trug der Geisterschreck eine Krause aus Blättern.

Im Hütteninnern mußten wir uns zuerst an die Dunkelheit gewöhnen. Vor der glosenden Feuerstelle schabte eine dicke Frau mit einer Muschelschale das Fleisch von den Fasern einer gekochten Pandanusfrucht. Es roch wie säuerliches Apfelmus. Im übrigen sah es in der Hütte wie in einer mittelalterlichen Apotheke aus. Unter dem Dach hingen Kräuterbündel, halbe Kokosnußschalen, gebündelte Unterkiefer von Schweinen und eine geschnitzte Frauengestalt mit Flügeln und Perlmutteraugen, die geradezu im Dunkel leuchteten. Nicht weit davon hing die Holzfigur einer nackten Frau, deren Unterleib von einer Schlange umschlungen wurde. Je mehr sich das Auge an die Dunkelheit gewöhnte, desto mehr von diesen merkwürdigen Kunstgegenständen entdeckten wir. In allen Winkeln und Ecken standen und hingen Holzfiguren von Männern, die drohend Waffen schwangen, von Frauen, die beschwörend und abweisend die Hände hoben, und von Hunden. Alle hatten Perlmutteraugen; die Iris war durch ein schwarzes Harz- oder Wachskügelchen markiert. Einige der Figuren waren teilweise bemalt. An jeder
202

klebte ein wenig eingetrocknetes Blut. Wie wir später erfuhren, erhalten die Figuren erst durch Hühnerblut ihre magische Kraft.

Die Fetische sahen ganz unterschiedlich aus. Manche stellten möglichst naturgetreu drohende Menschen dar. Andere dagegen zeigten grotesk verzerrte Gesichter mit Schweinsohren, und manche der nackten Figuren trugen einen Zylinderhut. Diese Kopfbedeckung der englischen Kapitäne des vergangenen Jahrhunderts hat die Nikobarer offenbar nachhaltig beeindruckt, denn das Motiv taucht immer wieder auf den Darstellungen auf. Alten Berichten zufolge liefen die Nikobarer der nördlichen Inseln mit Rock und Zylinderhut herum, wenn sie sich besonders vornehm geben wollten, und sie zahlten viele Kokosnüsse für solch geschätzten Besitz.

138
Votivtafel (Mentakoi) der Nikobarer mit Darstellungen aus dem Alltag, flankiert von zwei Iwi-Schrecks: einem drohenden Mann und der in Abb. 134 gezeigten Frau. Am Brett unter der Votivtafel hängt ein geschnitzter, mit Hühnerblut besprengter Fisch. Die dunkelgrau gehaltenen Stellen der Votivtafel sind schwarz, die hellgrauen rot gefärbt. Die Tafel soll die Geister ablenken und freundlich stimmen (Insel Kondul).

An einer Wand hing ein Brett, auf dem in mehreren Zeilen Darstellungen aus dem täglichen Leben eingraviert waren: zuoberst eine Hütte auf Pfählen, ein Auslegerboot und eine Kokospalme, darunter, durch eine horizontale Linie getrennt, vier Männer und drei Frauen im Profil, die sich an den Händen hielten und tanzten. In der folgenden Zeile waren zwei Schweinchen zu sehen, die aus einem Trog fraßen, und zuunterst schön säuberlich nebeneinander Delphin, Hai, Goldmakrele, Muräne und andere Meeresfische. Die Linien und die Flächen der Figuren waren rot und schwarz gefärbt. Zerschlissene Blätter schmückten die Votivtafel an beiden Seiten, und unter ihr hing ein Brett, auf dem zwei geschnitzte Fische lagen.

Nach langem Handeln gelang es mir, diese Votivtafel mit den geschnitzten Fischen und noch vier andere Fetische, unter anderem die Frau mit der Schlange, zu erwerben. Ich zahlte mit Zigaretten. Auch die anderen Hütten waren mit Fetischen vollgestopft, doch trennten sich die Bewohner nur ungern von ihnen. Wir hatten in der ersten Hütte Glück gehabt.

Die fliegenden Figuren kamen wiederholt vor, und auf den Votivtafeln waren meist die gleichen Motive abgebildet, doch wechselte die Darstellungsart. Eine Tafel jüngeren Datums zeigte in der obersten Zeile ein Dampfschiff und zwei indische Soldaten, die auf Stühlen um einen Tisch sitzen. Die Darstellungen aus dem täglichen Leben überwogen auf den Votivtafeln, doch gab es auch abweichende Motive. Auf drei kreisrunden aneinandergefügten Holzplatten war beispielsweise je eine Spinne mit Netz gezeichnet.

All diese verschiedenen Figuren und auch die Votivtafeln dienen dazu, die Geister abzuwehren. Man fürchtet vor allem die Seelen der Verstorbenen, die sogenannten Iwis, die körperlos durch die Gegend irren und heimtückisch danach streben, wieder in einen Körper einzudringen. Dort gerät der Iwi dann allerdings in Konflikt mit dem schon ansässigen, und der Betroffene wird krank. Durch die geschnitzten Iwischrecks versucht man die herumschwirrenden Geisterchen abzuschrecken. Man verwendet dazu vor allem Frauengestalten, denn die nehmen früher die bösen Absichten wahr.

Die Votivtafeln wenden sich an die gutmütigeren Iwis. Die bunten Darstellungen sollen den Blick des Iwi fesseln und ihn so von seiner ursprünglichen Absicht, einen Körper heimzusuchen, ablenken.

Die Furcht vor den Geistern beherrscht das ganze Leben dieser Menschen, und man ergreift eine Menge vorbeugender Maßnahmen, um die Geister gar nicht erst herauszufordern. Stirbt ein Familienmitglied, dann zeigt man dem Sterbenden seine Habe, und alles, wonach er greift, legt man ihm auf sein Grab, damit es ihm im Jenseits nützen möge: eine Vorstellung, die ja weit verbreitet ist. Früher gab man den Toten sogar ihren ganzen Besitz mit, heute noch einen beträchtlichen Teil davon. Auf einem frischen Grab am Rande der Siedlung lagen Eimer, Äxte, Körbe, Matten und Löffel. Letztere sind ein besonders geschätzter Besitz. Man verwendet sie als Schmuck und Statussymbol.

Stellt man sich mit den Toten gut, dann bleiben sie in bestimmten Teilen der Insel, die nur der Medizinmann besuchen darf. Er allein kann die Geister der Verstorbenen sehen und mit ihnen sprechen und ist daher ein wichtiger Vermittler zwischen den Lebenden und den Toten. Manchmal übernimmt auch eine Frau diese Rolle.

Zu den vorsorglichen Maßnahmen gehört es, daß man sich von

139
*Mentakoi-Platte und darunter drei Ahnenfiguren in einer Hütte auf Kondul. Das zerbrochene Glas stammt vermutlich von einem Wrack.
Photo: Verfasser.*

Zeit zu Zeit beim Medizinmann nach dem Befinden und den Wünschen der Verstorbenen erkundigt. Ein derartiges Gespräch mag sich so anhören: »Sag, hast du von meinem verstorbenen Bruder etwas gehört?« – »Komisch, daß du gerade heute nach ihm fragst, ich bin ihm nämlich vor einer Stunde begegnet. Es geht ihm recht gut in den Sümpfen, nur hätte er ganz gerne wieder einmal ein gutes Schweinernes gegessen und ein frisches Pandanusmus; ja, und eine warme Matte könnte er bei dem Wetter auch ganz gut gebrauchen. Ich bring' ihm das gerne.«

So werden die Geister zu aller Zufriedenheit versorgt. Und auch der Medizinmann bekommt eine Kleinigkeit für seinen freundlichen Dienst ab. Und wenn auch der eine oder der andere etwas Skepsis entwickelt, weil die Schweinchen der Medizinmänner tiefe Einschnitte in den Ohren tragen wie sonst nur gestohlene Tiere, denen man die Erkennungsmarken herausschnitt, so fügt er sich dennoch den Bräuchen: Man weiß ja doch nie genau, ob an der Geschichte nicht etwas dran ist. Mit Geistern soll man lieber nichts riskieren.

Recht unangenehm ist, daß man seinen Iwi auch verlieren kann. Man geht spazieren, legt sich gemütlich unter einen Baum und schläft ein. Da erlebt man, während man schläft, wie man auf Jagd auszieht oder zu einer Nachbarinsel hinüberreist und sich mit Freunden unterhält; kurz, man führt im Schlaf ein zweites Leben. Jeder hat schon einmal geträumt, und die Nikobarer erklären dieses Erlebnis damit, daß eben ihr Iwi unterwegs ist, wenn der Körper ruht. Wird nun der Schläfer plötzlich geweckt, dann kann es passieren, daß sein Iwi nicht rechtzeitig zurückkommt. Der Betroffene muß das nicht sofort merken, aber nach ein bis zwei Tagen erkrankt er, und da ist es schon ein Glück, daß man einen Medizinmann hat, der die Iwis sehen und wiederfinden kann. Allerdings hütet er sich, bei aussichtslosen Fällen einzugreifen, denn häufiger Mißerfolg kann ihm den Kragen kosten. Ein guter Medizinmann muß auch ein guter Diagnostiker sein.

Um seine Iwis richtig zu sehen, muß sich der Medizinmann zuerst einmal am vergorenen Kokospalmensaft berauschen. Dann erst begibt er sich auf Jagd. Sie ist keineswegs einfach, denn der Iwi verkriecht und versteckt sich, und hat man ihn endlich ausgemacht, dann sucht er verschreckt das Weite. Es ist eine aufregende Jagd, und die Zuschauer sehen, wie der Medizinmann emsig hin und her springt; den Iwi selbst können sie ja leider nicht wahrnehmen. Dann endlich erwischt er ihn, wickelt ihn in Blätter und bringt ihn zurück.

Da sich die Iwis gern in Winkeln und Ecken verstecken, muß man an solchen Orten besonders aufpassen. Hat zum Beispiel einer eine Grube gegraben, dann fegt er sie anschließend sorgfältig aus und schlägt mit Palmwedeln in alle Ecken, um seinen eventuell dort versteckten Iwi aufzuscheuchen.

Der Geisterglaube durchdringt das ganze Leben. Hat eine

Mutter eine schwierige Geburt, dann ist wahrscheinlich der Iwi des Kindes irgendwo festgeklemmt. Alle Dorfbewohner heben dann die Gegenstände hoch, mit denen sie in den letzten Tagen umgingen. Selbst die Boote am Ufer werden gelüftet, und hat einer gar ein Netz geknüpft, dann öffnet er es Knoten für Knoten, um den vielleicht festgeknüpften Iwi zu befreien. Damit aber so etwas gar nicht erst passiert, darf der Kindesvater eine bestimmte Zeit vor der Niederkunft seiner Frau nichts knüpfen oder stellen. Auch sonst muß er sich vor und nach der Geburt schonen, als würde er selbst das Kind bekommen.

Am gefährlichsten aber sind die fremden Iwis, unter denen es recht renitente Burschen geben soll. Sie lauern an bestimmten Orten, und muß man an solchen Stellen vorbei, dann zieht man sich am besten ganz aus, damit sie nicht in die Falten des Gewandes schlüpfen. Zum Glück sind die meisten recht schreckhaft und sehen auch schlecht, so daß schon ein paar Palmblätter zur Tarnung des Hütteneingangs genügen. Besonders hartnäckige Iwis vertreibt man durch einen geschnitzten Iwischreck.

Ein- bis zweimal im Jahr veranstaltet der Medizinmann Großjagden auf unverbesserliche Iwis. Nach einem Zechgelage sieht er sie in den Lüften herumschwirren, und dann speert er sie mit einer besonderen Lanze. Die übrigen Festteilnehmer sehen auch davon leider nichts, obgleich sie eifrig mitzechen. Sie hören aber, wenn die getroffenen Iwis quieken. – Vorlaute Jugendliche behaupten übrigens, daß man das Geräusch mit einem Betelblatt im Mund nachahmen kann. – Einen Teil der Geister fängt der Medizinmann. Er sperrt sie in Käfige und übergibt sie auf einem eigenen Geisterschiff den Wellen. Sie treiben dann aufs Meer hinaus und sind für immer unschädlich. Angesichts solcher Verfolgung ergreift schließlich die restlichen Iwis eine wilde Panik. In ganzen Scharen flüchten sie von der Insel, von den ermunternden Zurufen des Medizinmanns begleitet.

Der Beruf des Medizinmanns ist jedoch, wie gesagt, nicht ohne Risiko. Ist er nicht allzu erfolgreich, dann kann es geschehen, daß man ihn auf allgemeinen Beschluß ins Jenseits befördert. Ein solcher Teufelsmord hatte sich nach Angaben der hier stationierten Inder drei Jahre vor unserem Besuch auf Kondul zugetragen. Man brachte die Medizinfrau auf eine andere Insel. Dort mußte sie an zehn mit Messern bewaffneten Männern vorbeilaufen, und jeder stach einmal zu. Ohne Abwehr fügte sich die Frau in dieses grausige Schicksal. Auch unverbesserliche Diebe werden auf Beschluß der Dorfgemeinschaft von einigen Burschen in oft brutaler Weise erschlagen. Von solchen vereinzelten Gewalttaten abgesehen, sind die Nikobarer jedoch ein ausgesprochen friedliches und freundliches Völkchen, was jeder Besucher hervorhebt. Es ist zum Beispiel bezeichnend, daß bei Bootswettfahrten keine Mannschaft die andere zu schlagen sucht. Man rudert zwar aus Leibeskräften, bis man einen gewissen Vorsprung erreicht hat, aber dann wartet man auf die Zurückgebliebenen.

140
Die Angst vor den Seelen der Verstorbenen ist bei den Nikobarern so groß, daß man beim Ableben eines Angehörigen all seinen Besitz aufs Grab häuft, um jeden Neid abzuwenden. Photo: Verfasser (Kondul, Nikobaren).

Von Seeigelfischen und anderen seltsamen Schlammbewohnern

Vom zoologischen Standpunkt aus war unser neues Arbeitsgebiet ebenfalls eine Fundgrube. In der weiten Flußmündung mischten sich Salzwasser und Süßwasser, und in den Mangrovenwäldern lebte eine besondere, uns neue Tierwelt. Auf den schlammigen Uferbänken tummelten sich Schlammspringer, jene fast zu Landtieren gewordenen kleinen Fische. Die sandigen Küstenstreifen bevölkerte eine muntere Gesellschaft von Krabben, während die Felsriegel am Rande der Bucht eine wiederum ganz

andere Lebensgemeinschaft aufwiesen, auf die wir noch näher eingehen werden.

Im Wald gleich hinter dem Strand floß ein kleiner Süßwasserbach, in dem es von Fischen wimmelte. Ich fing hier Süßwasserfische und Einwanderer aus dem Meer. Ganz in der Nähe entdeckten wir die Nesthaufen der Großfußhühner, die ihre Eier nicht mehr selbst bebrüten, sondern das Geschäft der Gärungswärme überlassen. Sie scharren Laub und Erde auf große Haufen und legen darin ihre Eier ab. Die Hügel haben oft mehrere Meter Durchmesser und sind bisweilen mannshoch. Sie sind das Werk vieler Tiere. Georg Scheer beobachtete, wie zwei dieser braunen Vögel zusammen arbeiteten. Einer scharrte rückwärtsgehend die Erde aus der Umgebung des Haufens heran, ein anderer glättete die Oberfläche des Hügels.

Die Brut wird bei dieser Art nicht weiter verteidigt. Die ausschlüpfenden Jungen sind bereits weit entwickelt; sie können fliegen und gehen allein auf Nahrungssuche. Warane graben die Eier aus und fressen sie.

In den Zweigen der Bäume tummelten sich grüne, rotköpfige Papageien und die prächtige Nikobarentaube. Hin und wieder tauchte auch ein Trupp Makaken auf und Spitzhörnchen, die auf den ersten Blick an Eichhörnchen erinnerten. Sie sprangen wie jene in den Zweigen umher und zuckten bei Erregung nach Art der Eichhörnchen mit dem buschigen Schwanz in vertikaler Richtung. Die langgestreckte Schnauze und das Gebiß erinnern dagegen an Insektenfresser, zu denen man die Spitzhörnchen auch stellte. Es hat sich jedoch gezeigt, daß sie verschiedene äffische Merkmale besitzen, weshalb man sie neuerdings zu den Primaten zählt. Auch ihr Verhalten spricht dafür, so unter anderem die relativ freie Verwendung der Hand zum Greifen und Halten, ferner die Art, wie sie ihr Fell mit den unteren Schneidezähnen durchkämmen.

Ebenso vielseitig wie das Land erwies sich der Meeresboden. Tauchte man von den Felsriegeln aus, dann kam man in üppige Korallenriffe, und an einigen Stellen bedeckten Seeanemonen in großer Zahl die Felsen: eine einmalige Gelegenheit, die mit ihnen lebenden Anemonenfische zu studieren.

Einen besonders interessanten Lebensraum entdeckten wir durch Zufall. Etwa eine Woche nach unserer Verlegung in den Gangeshafen fiel unserem Maschinisten ein Filtersatz über Bord. Ich hatte gerade Maske und Flossen bei der Hand und tauchte schnell nach. Das Wasser war trüb und gar nicht recht einladend, aber als ich den Grund in zehn Meter Tiefe erreichte, bot sich mir ein überraschender Anblick. Auf dem leicht gewellten Schlickboden lagen in Gruppen zahlreiche rotbraune Seeigel (*Diadema*), deren stachellose Felder leuchtend blau gefärbt waren. Mit jedem dieser Seeigel schwamm ein Schwarm von kleinen Kardinalfischen (*Siphamia versicolor*). Solange sie bei ihm blieben, hatten sie die gleiche rotbraune Farbe. Die Fischchen pick-

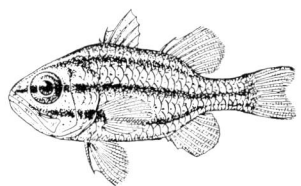

143
Der Seeigelfisch
(Siphamia versicolor).
*Schwimmt der Fisch
einzeln, ist er gestreift.*

ten am Wirt herum, als wollten sie ihn säubern. Und der Seeigel neigte die Stacheln, die Spitzen zu Gruppen zusammengefaßt, so daß die Fische gut an seine Oberfläche herankamen. Bei Gefahr versteckten sich die Fischchen zwischen den Stacheln. Die Kardinalfischchen waren nicht auf bestimmten Seeigeln zu Hause, sie wechselten mitunter ihren Wirt.

Ich fing einige Seeigel samt ihren Begleitern und beobachtete sie im Aquarium. Abends verließen die Fische ihren Schutz und schwammen frei im Wasser herum. Sie wechselten dann die Farbe und bekamen silbrige Längsstreifen. Tagsüber versteckten sie sich wieder bei den Seeigeln. Nur in ihrem Schutz können sie auf der deckungslosen Schlickfläche überleben. Eine ähnliche Gemeinschaft hat man kürzlich am Barriereriff entdeckt. Dort lebt der Kardinalfisch *Siphamia zaribae* mit dem Seeigel *Diadema setosa* zusammen. Auf den Stacheln des Seeigels fand man als weiteren Gast die Garnele *Stegopontonia commensalis.* Sie ist ganz dunkel, hat helle Längsstreifen und sitzt auf den Stacheln, wo sie durch ihr Kleid ganz vortrefflich getarnt ist. Man fand sie immer paarweise. Durch E. Abel wurden auch aus dem Roten Meer Seeigelfische bekannt.

Bei Madagaskar entdeckte Hans Fricke, daß die Garnele *Tuleariocaris zanzibarica* eng mit *Diadema setosa* vergesellschaftet ist. Sie verläßt ihren Seeigel nie. Die Garnelen sitzen entweder im oberen Bereich der Stacheln oder schwimmen kopfabwärts in senkrechter Haltung zwischen diesen, ähnlich wie die Messerfische *(Aeoliscus),* die wir gleich kennenlernen werden. Ein weißer Längsstrich über die Körperseite löst die Gestalt der im übrigen wie die Seeigelstachel gefärbten Krebse auf.

Am Großen Barriereriff lernte ich schließlich noch einen weiteren Fisch kennen, der die Nähe der Seeigel schätzt. Es handelt sich um den Messerfisch, der bei Gefahr zwischen die langen Stacheln der Seeigel flüchtet. Ungestört wandert er in Trupps kopfabwärtsschwimmend durchs Riff. Der völlig steife Körper dieser Fischchen wird durch Rückenflosse, Schwanzflosse und Afterflosse angetrieben, die alle durch Abknickung des Körpers gegen die Bauchseite verlagert sind. Der Fisch schwimmt normalerweise kopfabwärtsstehend mit dem Rücken voran. Bei Gefahr hat er den Drang, abwärts zu flüchten. Das Bedürfnis ist so stark, daß man die Tiere auf der Hand tanzen lassen kann, wenn man geschickt genug ist, die Hand unterzuschieben, bevor sie wegtauchen. Die Angst macht hier quasi blind. Das Programm, abwärts zu flüchten, ist so ausgeprägt, daß die Messerfische gar nicht darauf kommen, seitlich davonzuschwimmen, obgleich sie dies ohne weiteres könnten. Hans Hass konnte das bei Singapur filmen.

Da und dort hatten Kieferfische senkrechte Röhren von drei bis vier Zentimeter Durchmesser gegraben. Aus jedem schaute ein rundlicher Kopf mit großem Maul und Glotzaugen. Ich versuchte einen solchen Fisch zu fangen, aber der zog sich gleich in

144
Die Garnele Tuleario-
caris zanzibarica *auf
einem Stachel des See-
igels* Diadema setosa.
*Aus H. W. Fricke und
M. Hentschel (1971).*

seine tiefe Röhre zurück. Ich grub nach und stellte fest, daß der obere Abschnitt der Röhre wie ein Brunnenschacht mit Korallentrümmern, Bruchstücken von Seeigelpanzern und anderen Muscheln befestigt war. Langsam wühlte ich mich tiefer, und als ich schließlich bis zur Schulter im Boden steckte, da zwickte mich der Fisch in die Finger, und ich hatte ihn. Wie sich später herausstellte, war es eine neue Unterart, die wir *Gnathypops rosenbergi annulata* nannten.

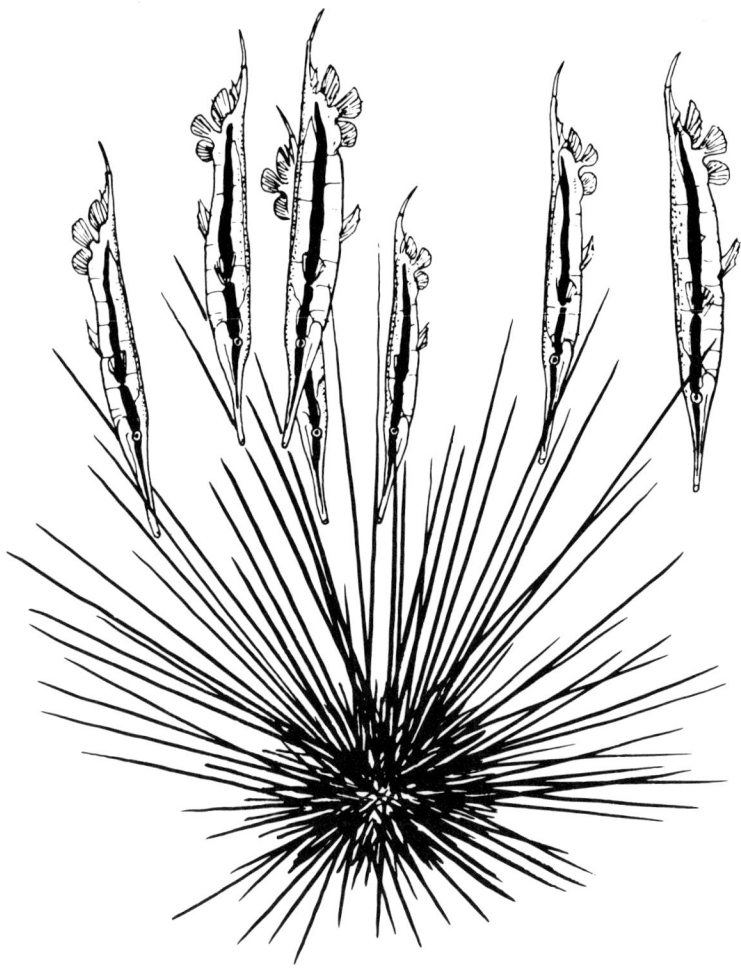

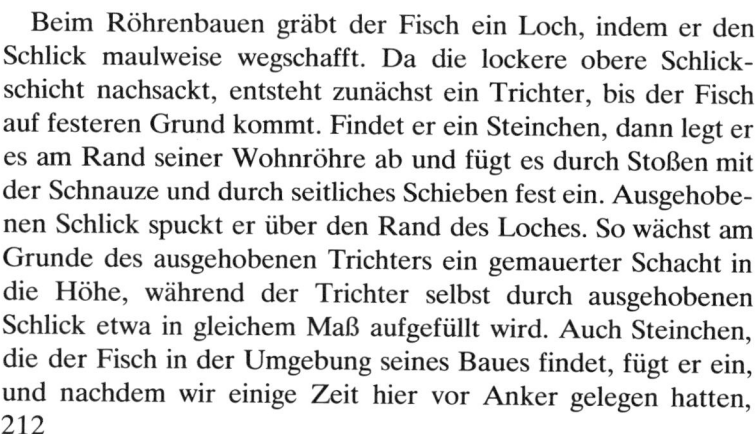

145
Ein Schwarm von Messerfischen (Aeoliscus strigatus), *die mit einem* Diadema-*Seeigel vergesellschaftet sind.*
Aus D. Davenport (1955).

146
Der Kieferfisch Gnathypops rosenbergi *am Grunde seiner gegabelten Wohnröhre, deren oberer Teil durch eingebaute Muscheln, Seedollars und dergleichen befestigt ist. Wie die Röhre aus dem Trichter hochgebaut wird, ist links eingezeichnet.*

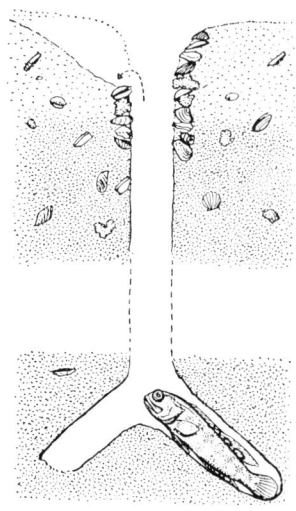

Beim Röhrenbauen gräbt der Fisch ein Loch, indem er den Schlick maulweise wegschafft. Da die lockere obere Schlickschicht nachsackt, entsteht zunächst ein Trichter, bis der Fisch auf festeren Grund kommt. Findet er ein Steinchen, dann legt er es am Rand seiner Wohnröhre ab und fügt es durch Stoßen mit der Schnauze und durch seitliches Schieben fest ein. Ausgehobenen Schlick spuckt er über den Rand des Loches. So wächst am Grunde des ausgehobenen Trichters ein gemauerter Schacht in die Höhe, während der Trichter selbst durch ausgehobenen Schlick etwa in gleichem Maß aufgefüllt wird. Auch Steinchen, die der Fisch in der Umgebung seines Baues findet, fügt er ein, und nachdem wir einige Zeit hier vor Anker gelegen hatten,

147
Eine unbestimmte
Grundel am Grunde
eines ausgehobenen
Trichters.
Photo: Verfasser
(Nikobaren).

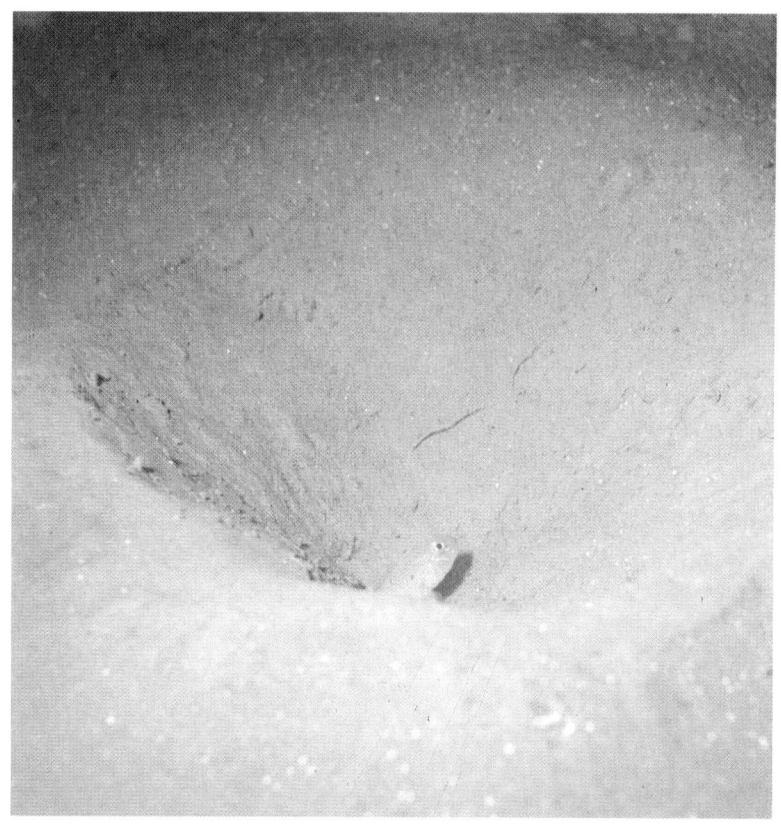

148
Der Kieferfisch Gna-
thypops rosenbergi *im*
Schutze seiner Röhre.
Er hat auch eine Bier-
flaschenkapsel, die wir
über Bord warfen, zur
Verfestigung seiner
Röhre eingefügt.
Photo: Verfasser
(Nikobaren).

waren die obersten Lagen der Wohnröhren fein säuberlich aus den Kapseln von Bierflaschen gemauert.

Es war ganz lehrreich, dem Fisch beim Wohnröhrenbau zuzusehen. Wann immer er mit einem Maul voll Sand im Baueingang erschien, hielt er an und schaute aufmerksam in die Runde. Dann spuckte er den Sand schnell über den Rand der Röhre und sicherte gleich wieder nach allen Seiten. Legte man ihm ein Steinchen etwa zehn Zentimeter vor den Baueingang, so sicherte er, huschte schnell hin, zog das Steinchen ein Stück zur Röhre, ließ es aber gleich wieder liegen, sicherte noch einmal von seiner Wohnröhre aus und holte es. Auch wenn er etwas am Röhrenrand einfügte, sicherte er wiederholt zwischendurch: ein Hinweis darauf, wie sehr die Fische außerhalb ihres Baues gefährdet sind.

Wir versuchten sie zu angeln. Sie packten den Köder aber nur ganz vorsichtig, und kaum spürten sie den Ruck, da ließen sie los, und jede weitere Mühe war darum vergeblich. Sie nahmen den Köder nur noch am äußersten Zipfel und trugen ihn weg. Zuletzt bliesen sie mit einem Wasserstrahl nach ihm, so daß der Köder munter über dem Loch tanzte. So bliesen sie übrigens auch nach anderen lästigen Dingen, die zu nahe kamen, wie zum Beispiel nach den borstigen Seemäusen.

Da und dort steckten große Steckmuscheln im Sand. Über ihnen stand regelmäßig ein Pärchen kleiner Riffbarsche, die bei Gefahr in die klaffende Muschel flüchteten. Wo solche Muscheln fehlten, suchten sie auch in Grundelbauten Schutz, doch sah ich sie nie selbst an einer Zuflucht bauen.

Im Laufe der Zeit sammelte sich allerlei unter unserem Schiff an: alte Kartoffeln, Konservendosen, Säcke, Flaschen und anderer Abfall, und es bildete sich auf der öden Schlickfläche eine Art Oase. Die Riffbarsche, die sonst pärchenweise über Steckmuscheln fischen, standen nun auch über jeder Konservendose. Über der Öffnung eines alten Benzinkanisters schwamm ein blaugelb gefärbter Jungbarsch, und um die alten Säcke wimmelte es von jungen Seebadern, Riffbarschen, Zackenbarschen und Lippfischen. Die Seeigel wurden immer zahlreicher, ebenso die Schnecken. Unter dem Anker hatte sich eine große Krabbe eingenistet, und auf ihm saßen wie Blüten mehrere Rotfeuerfische.

Wir entdeckten ferner im Laufe der Zeit noch eine Reihe von weiteren Sandanpassungen. Georg Scheer fand eine halbkugelförmige, faustgroße Koralle mit großen grünlichen Polypen, die sich durch Ableger vermehrt. Im Magenraum eines Polypen entwickeln sich einige Larven zu Polypen mit eigenem Kalkskelett. Dieses Skelett verwächst nicht mit dem Mutterstock. Ist es etwa erbsengroß, dann blasen sich die Polypen des Ablegers durch Wasseraufnahme auf. Die entstehende walnußgroße Blase reißt ab und wird durch die Strömung verfrachtet. So verbreitet sich die Ablegerkoralle *(Goniopora)* über den Sandboden, den sie anders gar nicht besiedeln könnte, da es kaum feste Gegenstände gibt, an denen sich die Larven festsetzen können.

149
Die Wanderkoralle (Heteropsammia cochlea) *mit dem Sternwurm* (Aspidosiphon), *darunter die Ablegerkoralle* (Goniopora) *mit einem bereits aufgeblähten Ableger. Die Polypen haben ihre Fangarme eingezogen.*

214

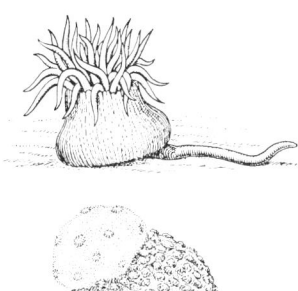

Eine Koralle dieser Zone hat sogar das Laufen gelernt. Diese pfenniggroße Wanderkoralle *(Heteropsammia cochlea)* schiebt sich langsam über die Sandflächen und kann sich auch aus dem Sande befreien, wenn sie einmal verschüttet wird. Sieht man genau hin, dann entdeckt man am Grunde der Koralle einen länglichen Fuß. Der zieht und schiebt den Polypen. Das Merkwürdige an der Geschichte ist nun, daß dieser Fuß gar kein Bestandteil des Polypen ist, sondern ein Sternwurm *(Aspidosiphon),* der sich bis auf eine kleine Öffnung vom Kalkskelett des Polypen umwachsen ließ. Er genießt den Schutz und hat auch so einen Nutzen.

Die Entwicklung dieser Vergesellschaftung beginnt damit, daß ein junger Sternwurm in einem Schneckenhaus Unterkunft findet. Auf diesem Schneckenhaus setzt sich dann eine Korallenlarve fest, und Wurm und Steinkoralle wachsen daraufhin aufeinander abgestimmt. Der Wurm krümmt sich in Fußebene der Koralle in der von der Schnecke vorgegebenen Richtung und wird vom Kalkskelett der Koralle überwachsen. Kleine Seitenkanälchen werden offengehalten, wahrscheinlich für die Zirkula-

150
Die Entstehung der Aspidosiphon-Hetero-cyathus-*Symbiose. Der Wurm besiedelt zunächst ein leeres Schneckengehäuse. Die Korallenlarve setzt sich auf dem Schnek-kengehäuse fest und umwächst dieses sowie den weiter heranwach-senden Wurm, dem eine Hauptöffnung und mehrere Atemwasser-poren offengehalten werden. Darunter links: vermutliche Atemwasserbewegung. Rechts: Blockdia-gramm zur Demon-stration der Wurm-gang- und Epithelver-hältnisse. Links: Scle-roseptum 1. Ordnung; rechts: Mesenterium angeschnitten.*
Aus H. Feustel (1966).

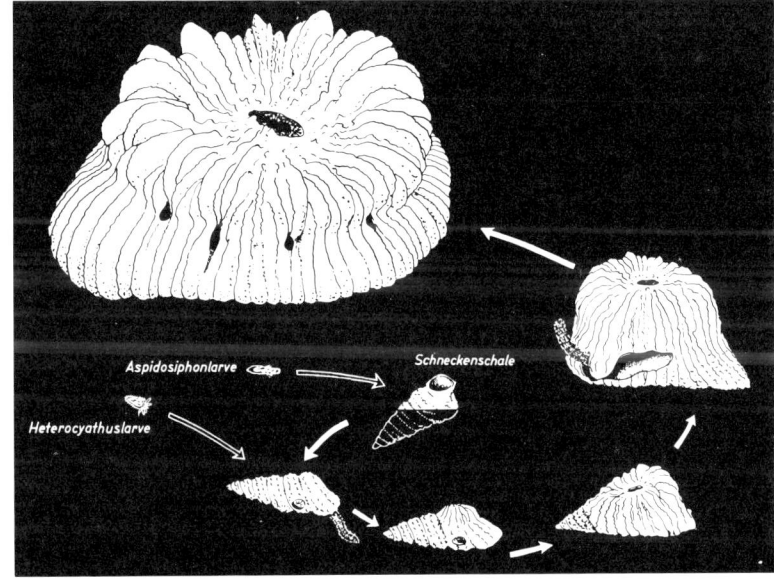

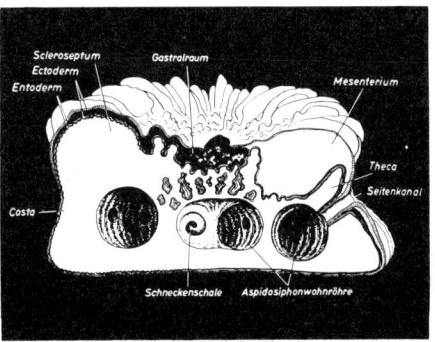

215

tion des Atemwassers. Auf dem Schlickboden unter dem Schiff hatten wir wieder einmal Entdeckerfreuden erlebt. Ein Kapitel Anpassung wurde uns anschaulich vorgeführt.

In gewisser Hinsicht erinnerte die Lebensgemeinschaft an jene, die ich am ersten Tauchtag auf dem sandigen Abhang des Innenriffes im Addu-Atoll entdeckt hatte. Die Artenzusammensetzung war zwar anders. Aber hier wie dort waren die Bewohner der deckungslosen Fläche vor ein besonderes und in beiden Fällen gleiches Problem gestellt, nämlich wie man den Feinden entgehen kann. Sie lösten dies auf verschiedene Weise – der Röhrenaal anders als der Brunnenbauer, aber doch im Prinzip auf ähnliche Art. Und in beiden Fällen gab es Tiere, die sich mit anderen zu Schutzbündnissen zusammenschlossen. Schließlich lebten in beiden Gebieten viele Arten im Boden.

Vergleichende Untersuchungen in anderen Meeresgebieten haben ergeben, daß die Infauna ebener Meeresflächen erstaunlich uniform ist. Auf einem ebenen Boden bestimmter Qualität findet man in ganz verschiedenen Meeresgebieten immer die gleichen Tiergattungen. Nach der jeweils dominanten Tierart, etwa der Plattmuschel *Macoma* oder der Venusmuschel, spricht man von *Macoma*-Gemeinschaften oder Venus-Gemeinschaften. G. Thorson hat solche »parallelen Tiergemeinschaften« genauer studiert. Die Venus-Gemeinschaft fand er sowohl vor Ostgrönland als auch in der Adria und im Persischen Golf. Parallele *Macoma*-Gemeinschaften fand er in der Arktis, im Kattegat, im östlichen Stillen Ozean und vor Mombasa. Mit anderen Worten: die Konkurrenz im Kattegat und im Indischen Ozean spielt sich auf qualitativ ähnlichen Böden, in ähnlicher Tiefe zwischen Repräsentanten gleicher Gattungen ab. Auch die nach dem Borstenwurm *Terebellides* genannte Tiergemeinschaft ist quantitativ dominant auf bestimmten Schlammböden vor Ostgrönland, in der Nordsee, der Adria, der Persischen Bucht und auf bestimmten Meeresböden um Japan.

151
Ein mit Sand bedeckter Stachelrochen (Taeniura) *ruht unter einem* Acropora-*Tisch.*
Photo: Verfasser (Malediven).

Das Wrack
als künstliches Riff

152
An den Aufbauten eines Wracks siedeln sich schnell Korallen an, die wiederum eine Vielfalt von Organismen um sich versammeln.
Photo: Verfasser
(Tillanchong, Nikobaren).

Auf dem ebenen Schlicksandboden unter unserem Schiff akkumulierte mit der Zeit, wie gesagt, allerlei Abfall. Die Dosen, Flaschen und Kistchen schufen Strukturen, welche Fischen Zuflucht boten, die ich vordem nicht gesehen hatte. Da stand ein Pärchen von Riffbarschen über einer offenen Konservendose, dort drückte sich ein kleiner Schwarm von Kardinalfischchen in den Schatten einer Kiste. Wären wir länger geblieben, dann hätte sich wohl vorübergehend um unseren Abfall eine kleine Riffgemeinschaft gebildet. Man kann durch Strukturierung der Umwelt in der Tat eine reiche Lebensgemeinschaft aufbauen, und man nutzt diese Tatsache auch, indem man vor Küsten, in denen Hartbodenstrukturen fehlen, mit Hilfe von Autowracks, Reifen und dergleichen künstliche Riffe aufbaut, die in relativ kurzer Zeit reiches Leben anziehen. Eindrucksvoll wird einem diese

153
Lippfisch (Coris frerei) *am Wrack vor der Marie-Luise-Insel. Rechts im Bild ein mit* Tubastrea-*Korallen bewachsener Wrackteil.*
Photo: Verfasser
(Amiranten).

Tatsache an alten Wracks vor Augen geführt, besonders dann, wenn sie als einzige Hartbodenstrukturen auf einer weiten Sandfläche liegen. Dann erscheinen sie wie Oasen in einer Wüste.

Im November 1980 tauchte ich bei einem solchen Schiffswrack gemeinsam mit Hans und Lotte Hass, die an diesem Tag gerade ihren 30. Hochzeitstag feierten. Das Schiff lag vor der Marie-Luise-Insel der Amiranten auf Sandboden in 20 Meter Tiefe. Von dem 1906 gesunkenen etwa 30 Meter langen Eisenschiff war der Bug noch recht gut erhalten. Die Seitenwände des Mittelteils waren dagegen bereits zerfallen. Nur der Maschinenblock ragte wie ein Felsen in die Höhe. Vom Heck waren die Seitenwände und die wohl einst das Deck tragenden Verstrebungen erhalten. Das Wrack lag auf einer weiten Sandfläche ohne jeden Korallenwuchs. Wir fanden hier alte Bekannte – die Röhrenaale *Xarifania hassi.* Ein großer Geigenrochen lag am Boden.

Das Wrack, dessen Umrisse sich beim Heranschwimmen langsam aus dem leicht getrübten Wasser schälten, war von einer Fischwolke umgeben. Ein großer Schwarm von hochrückigen Fledermausfischen kam uns, quasi als Empfangskomitee, entgegen. Sie taten das auch bei späteren Abstiegen stets, so als wären sie neugierig; ich glaube, dies ist die richtige Interpretation, denn auch andere Fische pflegten uns in jenen nicht bejagten Riffen in Schwärmen zu umkreisen, offensichtlich von uns angezogen. Die Fledermausfische betrachteten uns jedenfalls aus nächster Nähe von allen Seiten. Es folgte ein Trupp gelbrückiger Füsiliere. Dann nahm uns ein Trupp dicht gestaffelter, wohl einen Meter langer Stachelmakrelen die Sicht. Bis auf Reichweite kamen sie heran und umkreisten uns einmal als geschlossene Wand von Flossen und Leibern. Aus starren, maskenhaften Gesichtern musterten uns lebhafte Augen – Dutzende zugleich; dann verschwanden sie, so gespenstisch, wie sie aufgetaucht waren.

Wir waren am Wrack. Ein erschreckter Judenfisch verschwand in einer Höhle. Er war der einzige, der anfangs Scheu zeigte. Bei späteren Abstiegen blieb auch er frei im Wasser über dem Wrack stehen. Das Wrack war über und über mit Korallen und Muscheln bewachsen. Auf den dem Licht und der Strömung ausgesetzten Teilen dominierten Pocilloporenstöcke. Korallenwächter *(Paracirrhites forsteri* und *arcuatus)* saßen hier und Büschelbarsche *(Cirrithichthys aprinus).* Korallenbarsche *(Dascyllus marginatus* und *Chromis cyaneus)* fischten im Wasser unmittelbar über den Stöcken, zwischen deren Ästen sie sich bei Gefahr versteckten. Um Aufbauten und Traversen standen in dichten Wolken Rötlinge *(Anthias bimaculatus).* Unter den überhängenden Wrackteilen wuchsen Drusen von *Tubastraea*-Korallen, und an der überhängenden Außenseite des Bugs, wo Wasser vorbeiströmte, auch Hornkorallenfächer, große Zackenaustern und zart gefiederte Hydrozoenbäumchen.

Im Schatten der verbliebenen Höhlen und Überhänge drängten sich Schwärme von durchscheinend blassen Kardinalfisch-

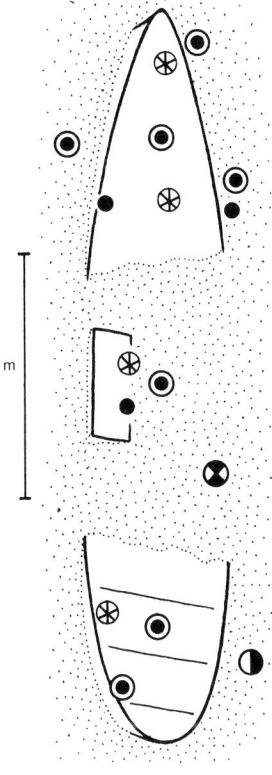

154
Das Wrack vor der Marie-Luise-Insel. Stark vereinfachte Aufsicht mit den eingetragenen Putzerstationen.

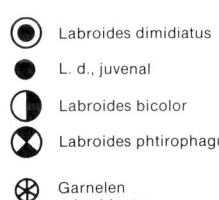

◉ Labroides dimidiatus
● L. d., juvenal
◑ Labroides bicolor
⊗ Labroides phtirophagus
✻ Garnelen
1 Aspidontus

chen. Hier standen auch rote Blaupunktbarsche *(Cephalopholis miniatus)*. Auf dem Maschinenblock saßen Anemonen mit Anemonenfischen *(Amphiprion akallopisus* und *Dascyllus trimaculatus)*. Der Boden des Hecks war mit Sand gefüllt. Die Seitenwände und Deckenverstrebungen umschlossen einen Raum, in dem Großaugen *(Priacanthus)* und Husarenfische *(Myripristis)* den Tag verbrachten. Zwei Kaiserfische zogen durch das Schiff und ein Pärchen von Halfterfischen. Es gab ferner vier Arten von Schmetterlingsfischen *(Chaetodon falcula, Chaetodon auriga, Chaetodon kleinii* und *Chaetodon lunula)* und verschiedene Lippfische, unter anderem den überaus prächtigen großen *Coris frerei*.

Für alle diese Fische war das Wrack Weidegrund und Versteck. Sie entfernten sich nicht von ihrem Riff. Es gab auch mehrere Putzerstationen. Sie sind in der beigefügten Skizze eingetragen. Sieben waren mit je einem Pärchen des Putzerlippfisches *Labroides dimidiatus* besetzt. An einer Putzstation wirkte ein einzelner *Labroides bicolor* und an einer anderen Stelle ein Putzerlippfisch, der in der Färbung an den pazifischen *Labroides phtirophagus* erinnerte. Die Art ist allerdings aus diesem Gebiet nicht bekannt. Schließlich gab es im Wrack noch drei Putzstationen, die mit je einem Paar der Putzergarnele *Stenopus* besetzt war. An einer Stelle fand ich auch einen Putzernachahmer. Das Putzergewerbe florierte. Ich nehme an, daß diese Stationen auch von vielen Fischen besucht werden, die nicht ständig am Wrack wohnen. An Säbelzahnschleimfischen als Putzernachahmer sichtete ich einen *Aspidontus* und zwei Exemplare von *Runula rhinorhynchus*.

Ich zählte an zwei Tauchtagen an diesem Wrack 65 Fischarten. Dabei habe ich nur einen Teil erfaßt, da ich keine systematische Erhebung durchführte. Ich liste die Arten am Ende des Kapitels auf, um dem interessierten Leser eine Vorstellung davon zu geben, wie viele Arten sich um so ein Wrack versammeln.

Wir besuchten das Wrack auch nachts. Riffbarsche und Seebader *(Paracanthurus theutis)* schliefen zwischen den Pocilloporenästen. Ein Papageifisch ruhte in sein Schleimhemd verpackt in einer Nische des Wracks nahe am Boden. Am auffälligsten war jedoch, daß man, über den Boden des Wracks und auf den Traversen und in den Nischen verstreut, überall große Kugelfische *(Arothron)* schlafend vorfand. Tagsüber hatte ich die Fische nicht gesehen, sie waren wohl über der Sandfläche unterwegs gewesen. Für sie war das Wrack eine Art Hotel, in dem sie die Nacht verbrachten. Die Kardinalfische, die tagsüber im Wrack versteckt waren, standen nunmehr in Wolken über dem Wrack. Die Riesenanemonen hatten sich zusammengezogen, aber die Polypen der *Tubastraea*-Korallen waren ausgestreckt und leuchteten orangerot im Licht der Scheinwerfer. Die Wände waren förmlich von ihnen bedeckt. Der Judenfisch schlief in einer Höhle des Wracks, die er praktisch ganz ausfüllte.

Liste der am Wrack vor der Marie-Luise-Insel an zwei Tagen bei sechs Tauchabstiegen gesichteten Fischarten

Über dem Wrack im freien Wasser

Platax pinnatus	Fledermausfisch
Caesio pulcherissimus	Füsiliere
Caesio caerulaureus	Füsiliere
Caranx melampygos	Stachelmakrelen
Gnathodon speciosus	Stachelmakrelen
Aprion virescens	Schnapper

Am Wrack

Synodus variegatus	Eidechsenfisch
Myrispristis murdjan	Roter Eichhörnchenfisch
Holocentrus sp.	Eichhörnchenfisch
Parapercis sp.	Krokodilsfisch
Paracirrhites forsteri	Korallenwächter
Paracirrhites arcuatus	Korallenwächter
Cirritichthys aprinus	Büschelbarsch
Priacanthus hamrur	Großaugenbarsch
Parapriacanthus sp.	Großaugenbarsch
Cephalopholis miniatus	Roter Blaupunktfelsenbarsch
Epinephelus sp.	Zackenbarsch
Promicrops lanceolatus	Judenfisch
Aethaloperca rogaa	dunkler Zackenbarsch
Anthias bimaculatus	Rötling
Apogon sp. 1	transparenter Kardinalfisch
Apogon sp. 2	gestreifter Kardinalfisch
Pseudupeneus barberinus	Meerbarbe
Holocanthus trimaculatus	gelber Dreipunktengelfisch
Pomacanthodes imperator	Kaiserfisch
Chaetodon falcula	Schmetterlingsfisch
Chaetodon lunula	Schmetterlingsfisch
Chaetodon auriga	Schmetterlingsfisch
Chaetodon kleinii	Schmetterlingsfisch
Hemitaurichthys zoster	Schmetterlingsfisch
Forcippiger longirostris	Pinzettfisch
Ctenochaetus striatus	Seebader
Paracanthurus theutis	Seebader
Acanthurus sp.	Seebader

Naso tapeinosoma	hornloser Nasenfisch
Naso brevirostris	Nasenfisch
Zanclus cornutus	Halfterfisch
Pempheris sp.	Beilbauch
Caesio caerulaureus	Füsiliere (besuchten auch das Wrackinnere)
Caesio pulcherissimus	Füsiliere (besuchten auch das Wrackinnere)
Plectorhynchus (Gaterin) diagrammus	Dicklippe
Pomacentrus tripunctatus	Riffbarsche
Dascyllus trimaculatus	Riffbarsche
Dascyllus reticulatus	Riffbarsche
Dascyllus marginatus	Riffbarsche
Amphiprion akallopisos	Anemonenfisch
Abudefduf sexfasciatus	Riffbarsche
Chromis dimidiatus	Riffbarsche
Labroides dimidiatus	Putzerlippfisch
Labroides bicolor	zweifarbiger Putzerlippfisch
Labroides sp.	(im Aussehen an den pazifischen Putzerlippfisch *Labroides phtirophagus* erinnernd)
Thalassoma lunare	Lippfisch
Coris frerei	Lippfisch
Cheilinus diagrammus	Lippfisch
Gomphosus varius	Vogelfisch
Epibulus insidiator	Lippfisch
Lepidaplois axillaris	Lippfisch
Scarus sp.	Papageifisch
Gobiodon	Korallengrundel
Aspidontus tractus	(Putzernachahmer) Säbelzahnschleimfisch
Runula rhinorhynchus	Säbelzahnschleimfisch
Caracanthus maculatus	Pelzgroppe
Lycodontis sp.	(Muräne)
Oxymonocanthus longirostris	Orangegetüpfelter Feilenfisch
Cantherines sp.	Feilenfisch
Hemibalistes sp.	Feilenfisch
Arothron sp.	Kugelfisch

Es handelt sich bei dieser Aufzählung nur um eine Sichtbestimmung. Für die meisten Arten gibt es keinen deutschen Namen. Ich führte in solchen Fällen zur Orientierung den Namen der Fischgruppe an, der die Fischart angehört.

155
Rotfeuerfisch über einem Wrack bei Trincomale, Ceylon. Photo: Verfasser.

156
Ein Pärchen des Half-terfisches Zanclus cornutus, *das an einem bewachsenen Wrack-teil weidet. Photo: Verfasser (Amiranten).*

157
In seltsamer Ausrich-tung standen Groß-augenbarsche (Priacanthus) *bei den Wrackteilen. Photo: Verfasser (Amiranten).*

158
Rötlinge (Anthias sqa-mipinnis) *über den üp-pig bewachsenen Tra-versen eines Wracks. Photo: Verfasser (Malediven).*

222

Anemonenfische

Der Felsriegel im Westen der Gangesbucht sah unter Wasser stellenweise wie ein Blumengarten aus. In einer Tiefe von drei bis acht Metern bedeckten ganze Felder von zart fleischfarbigen Seeanemonen die Felsen. Und so, wie sich Blumen im Winde beugen und wiegen, so wogten auch die Tentakel der Anemonen in der Meeresströmung.

Der Stamm der Anemonen war fleischig und etwa 20 Zentimeter hoch; die entfaltete Tentakelkrone erreichte bei den meisten einen Durchmesser von rund 40 Zentimetern. Es gab mehrere Arten. Die häufigste *(Radianthus ritteri)* hatte weiße, abgerundete Tentakelenden und wuchs oft in dichten Feldern auf dem Gestein. Zwei weitere Arten saßen bevorzugt zwischen Felsspalten auf dem Boden, in die sie sich ganz zurückziehen konnten. Die eine Art *(Radianthus kuekenthali)* sah Ritters Anemone ähnlich, doch verjüngten sich die zart weiß geringelten Tentakel gegen die Spitze zu. Die andere *(Discosoma)* hatte eine flach auf dem Boden ausgebreitete, mit kurzen Tentakeln bewachsene Tentakelscheibe, die bis zu einem Meter Durchmesser erreichte.

Die meisten Riff-Fische mieden diese schönen Blumentiere, und das mit gutem Grund. Ein kleiner Riffbarsch, den ich fing und probeweise zwischen die Tentakel einer Anemone steckte, wurde sofort von den Fangarmen festgehalten und genesselt. In wenigen Augenblicken hatte das Gift der Nesselzellen das Opfer getötet. Gefährliche Blumen sind es, die ihrem Besucher mit tödlicher Umarmung drohen, und dennoch haben sie Freunde.

Fast jede Anemone war von kleinen Fischen bewohnt. Auf Ritters Anemone lebte der gelb-weiß geringelte Clownfisch *(Amphiprion percula)* oder der nah verwandte Weißrücken-Anemonenfisch *(Amphiprion akallopisus)*. Die anderen beiden Anemonenarten wurden vom schwarzweiß gebänderten Anemonenfisch *(Amphiprion clarkii = Amphiprion xanthurus)* bewohnt. Immer nur eine Art besiedelte meist paarweise und mit einigen wenigen Jungtieren eine Anemone.

Ungestört fischten sie über der Anemone Plankton, wobei sie sich meist nicht weiter als einen Meter von ihr entfernten. Bei Gefahr flüchteten sie schnell zwischen die Tentakel. Sie konnten

159
Die Riesenanemonen bedeckten stellenweise in dichten Feldern die Felsenriegel. Einige hatten ihre Tentakel eingezogen.
Photo: Verfasser (Nikobaren).

229

sich fest an die Tentakelkrone anschmiegen, sich heftig in ihr bewegen, ja sogar mit ihresgleichen kämpfen, nie hat die Anemone sie genesselt.

Was schützt sie vor den gefährlichen Nesselbatterien? Sind sie immun? Schützt sie ein besonderer Stoff? Oder werden sie gar von ihrer Anemone persönlich gekannt? Über alle diese Möglichkeiten hat man in letzter Zeit viel diskutiert, und die Beobachtungen verschiedener Forscher widersprechen einander zum Teil. J. Verwey, einer der ersten Beobachter, meinte, die Fische würden sich wohl durch das Fressen der Anemonententakel immunisieren. Wie können aber die kleinen Fische, die ja zunächst im freien Wasser leben, den ersten Kontakt herstellen, wenn sie nicht von vornherein geschützt sind?

Ein anderer Forscher meinte, die Anemone würde ihre Fische persönlich kennen und ihnen deswegen nichts tun. Aber das übersteigt wohl die Fähigkeit, die wir einer Anemone zuschreiben können. Wieder andere vermuten, daß die Anemone ihren Symbionten am Verhalten erkennt.

Angesichts der großen Anemonenfelder beschloß ich, diesen Fragen nachzugehen. Es bot sich hier die einmalige Gelegenheit, sowohl im Freien wie auch an Bord in Aquarien zu experimentieren.

Zuallererst prüfte ich die Reaktionsfähigkeit der von den Anemonenfischen bewohnten Anemonen und stellte dabei fest, daß sie alle einen Fisch nesseln und festhalten konnten, nur den sie normalerweise bewohnenden Anemonenfischen taten sie nichts, auch wenn ich sie von einer Anemone auf eine andere setzte. Die Möglichkeit, die Anemone könnte einen Anemonenfisch an seinem spezifischen Verhalten erkennen, konnte ich ausschließen, indem ich Anemonenfische festhielt und mit ihnen kräftig über die Tentakel strich. Auch bei dieser unnatürlichen Bewegung wurden sie nicht genesselt. Andere Fische wurden dagegen sofort gepackt, auch wenn sie eine Tentakelspitze nur sacht berührten.

Verfütterte ich Stücke von Anemonenfischen, dann klebten die Tentakel an der Wundseite fest, nicht jedoch an der Hautseite. Das erlaubt zwei mögliche Deutungen. Entweder fehlt in der Hautseite ein das Nesseln auslösender Stoff, oder die Tiere besitzen einen schützenden Hautschleim. Ein solcher könnte den auslösenden Stoff maskieren oder auch direkt auf die Nesselzellen wirken, indem er deren Entladung hemmt.

Weitere Versuche ergaben, daß ein intakter Anemonenfisch nicht in jeder x-beliebigen Anemone Zuflucht finden kann. Setzt man einen Clownfisch oder einen Weißrücken-Anemonenfisch in ein Aquarium zu Kuekenthals Anemone, die normalerweise nie von ihnen bewohnt wird, dann meiden sie diese. Selbst wenn man sie scheucht und wenn sonst keinerlei Deckung vorhanden ist, weichen sie jeder Berührung mit den Tentakeln aus. Steckte ich sie gewaltsam in die Anemone, dann wurden sie genesselt. Sie haben demnach durchaus das Nesseln auslösende Eigenschaften,

230

und es ist anzunehmen, daß ein besonderer Hautschleim sie schützt; ob durch Maskierung oder durch Einwirkung auf die Entladungsschwelle der Nesselkapseln, muß noch festgestellt werden.

Weitere Versuche zeigten, daß *Amphiprion percula* und *Amphiprion akallopisus* nur vor den Nesseln der *Radianthus ritteri* geschützt waren. Von *Radianthus kuekenthali* und *Discosoma sp.* wurden beide Anemonenfischarten genesselt. Der Anemonenfisch *Amphiprion clarkii* konnte sich dagegen in allen drei Anemonenarten *(Radianthus ritteri, Radianthus kuekenthali* und *Discosoma sp.)* aufhalten und zwischen ihnen wechseln.

Während ich in den Nikobaren arbeitete, veröffentlichten die Forscher D. Davenport und K. Norris eine bemerkenswerte Arbeit. Auf Grund ihrer sorgfältigen Versuche entwickelten sie unabhängig von mir die Ansicht, daß ein Hautschleim die Fische schützt. Wenn sie zum Beispiel einen Glasstab, der Nesseln auslöste, mit dem Schleim eines Anemonenfisches überzogen, dann reagierte die Anemone nicht mehr.

Die Schutzstoffhypothese wurde jedoch in der Folge von einigen Zoologen abgelehnt. A. Hackinger sah in seinen Anemonen auch Lippfische und andere Nichtanemonenfische Schutz suchen und glaubt, die Fische würden die Anemone in irgendeiner Weise präparieren. Allerdings gibt er nicht an, um welche Anemonen es sich handelt. Auch M. Blösch meint, die Fische würden ihre Anemonen gewissermaßen »zähmen«, denn seine Anemonen nesselten auch Anemonenfische, nachdem sie längere Zeit allein gehalten waren. Sie duldeten jedoch zugesetzte Anemonenfische, wenn sie vorher mit anderen Anemonenfischen zusammengelebt hatten. Ähnlich meint auch G. Graefe, durch den dauernden Kontakt des Fisches mit der Anemone ermüde deren Reaktionsbereitschaft. Dazu kommt seiner Ansicht nach, daß dem Anemonenfisch gewisse das Nesseln auslösende Stoffe fehlen. Das Hauptgewicht der Angewöhnungsreaktion bei dieser Partnerschaft läge jedoch bei der Anemone. Das auffällige Wippschwimmen der Anemonenfische soll dabei von Bedeutung sein, denn dadurch werde die Anemone dauernd massiert. Sie soll sich dabei spezifisch an Fische einer bestimmten Größe gewöhnen.

Hierzu müssen wir bemerken, daß dieses so charakteristische Wippschwimmen fast nur im Aquarium zu sehen ist, und zwar vor allem dann, wenn die Fische allein gehalten werden. E. Abel, der das ebenfalls ausdrücklich hervorhebt, meint, das Wippschwimmen sehe eher wie eine Manegebewegung aus. Auch ich glaube, daß es eine Art »Flucht am Ort« ist. Der Fisch weiß nicht, wohin er fliehen soll, und pendelt zwischen Flucht zum Boden, wo er normalerweise in der Anemone Schutz findet, und Wegschwimmen. Im Freien konnte ich die Fische durch heftiges Scheuchen dazu bringen, daß sie in ihrer Anemone wippten.

Grundsätzlich wäre es natürlich möglich, daß mehrere Mechanismen am Werke sind: Einerseits könnte die Anemone an einen bestimmten Anemonenfisch gewöhnt sein; andererseits könnten diese Fische auch durch einen Stoff geschützt sein. Und dafür sprechen heute alle mittlerweile durchgeführten Experimente. Ungeklärt ist nur die Frage, in welchem Umfang die Fische diesen Schutzstoff selbst produzieren und in welchem Umfang sie ihn normalerweise von der Anemone übernehmen. M. Blösch vermutete auf Grund seiner Experimente, daß sich die Fische mit den Stoffen ihrer Anemone »parfümieren«, die auf gleichartige Anemonen hemmend wirken. Bekanntlich nesseln Anemonen normalerweise ihresgleichen nicht, wohl aber Anemonen fremder Arten. D. Schlichter kommt auf Grund noch umfangreicherer Versuche an in Aquarien gehaltenen Anemonenfischen zum gleichen Ergebnis. Er meint, die Anemonenfische besäßen keinen angeborenen Schutzstoff, der sie vor den Nesseln der Anemone schützt. Angeboren wäre ihnen allerdings die Appetenz, Anemonen aufzusuchen und dort auch nach erstem schmerzlichen Kontakt weiter zu verweilen, während andere Fische, nachdem sie genesselt wurden, die Anemone meiden. Bei der Kontaktsuche gehen die Anemonenfische sehr sorgfältig vor. Sie schleimen sich stufenweise ein. Zuerst übernehmen sie den schützenden Anemonenschleim auf die Maulregion, danach auf die Säume der Bauch- und Brustflossen. Es folgen die Kehl- und Bauchregion und schließlich der restliche Körper. Wieweit das allerdings Artefakt der Aquarienhaltung ist, muß noch geprüft werden.

Zwei japanische Untersucher – Kazuko Miyagawa und Toshita Hidaka – zogen junge Anemonenfische der Art *Amphiprion clarkii* im Aquarium auf, und zwar vom Schlüpfen an von Eltern und Anemonen isoliert. Im Alter von 17 Tagen wurden sie in kleine Behälter zu Anemonen gesetzt, mit denen sie im Freien normalerweise vergesellschaftet sind. Andere wurden mit Anemonen zusammengebracht, die normalerweise nicht bewohnt werden. In beiden Versuchsreihen wurde ein enger Kontakt mit den Anemonen erzwungen: Der Wasserstand war so niedrig gewählt, daß die Fische zwischen den Tentakeln der Anemonen hindurchschwimmen mußten. Sie verbrachten dort drei Minuten und wurden danach in einem anderen Behälter weiter beobachtet. Es stellte sich heraus, daß die Anemonenfische ungestraft ihre Wirtsarten aufsuchen durften, während sie, wie die folgende Tabelle zeigt, auf anderen Anemonen genesselt und getötet wurden.

Kontrollversuche mit anderen Fischen ergaben, daß alle Anemonen Fische nesselten, auch jene, die die Anemonenfische verschonten. Damit ist erwiesen, daß die Anemonenfische durch einen ihnen angeborenen Stoff geschützt sind. Zumindest *Amphiprion clarkii* muß sich nicht erst den Schutzstoff von der Anemone holen. Unsere Schutzstoffhypothese hat sich also bestätigt. In anderen Experimenten wiesen die Forscher nach, daß die un-

232

Ergebnisse erzwungenen Kontaktes von Amphiprion-clarkii-Jungfischen mit symbiotischen und nichtsymbiotischen Seeanemonen

Seeanemone	Anzahl der ge-prüften Fische	Auswirkung des Nesselns	
		Zahl der über-lebenden Fische	Zahl der ge-töteten Fische
symbiotische Arten			
Parasycionis maxima	20	20	0
Parasycionis actinostoroi-des	20	20	0
Stoichactis haddoni	20	20	0
nichtsymbiotische Arten			
Magalactis griffithi	5	0	5
Heterodactyla hemiprichii	5	0	5
Heteranthus japonicus	5	0	5
Dofleinia armata	5	0	5
Anthopleura asiatica	5	0	5

erfahrenen Anemonenfische angeborenermaßen ihre Wirtsart erkannten, und zwar mit Hilfe ihres chemischen Sinnes. Sie schwammen auf Gefäße zu, die Anemonen der Wirtsart enthielten – vorausgesetzt, das Seewasser strömte aus diesen Gefäßen langsam in ihr Aquarium. Sie brauchten die Anemonen dazu nicht zu sehen. Auch wenn ein undurchsichtiger Sack die Anemonen den Blicken entzog, schwammen die Fische auf den Sack zu und versuchten, mit der Schnauze stoßend, zu den Anemonen zu gelangen. Nichtsymbiotische Anemonenarten, die man ihnen auf gleiche Weise bot, lösten in keinem einzigen Fall solche Annäherungsbemühungen aus. Die Unterscheidung erfolgt einzig und allein auf chemischem Wege. Optisch dargebotene Anemonen lösten nicht mehr Annäherungsversuche aus als ein leeres Gefäß. Die Tatsache, daß der Anemonenfisch *Amphiprion clarkii* durch einen selbsterzeugten Schutzstoff vor den Nesselkapseln der mit ihm vergesellschafteten Anemonen geschützt ist, schließt natürlich noch nicht aus, daß es nicht auch Arten geben kann, die sich individuell an ihre Anemone anpassen müssen. Nachdem wir wissen, daß viele Korallenpolypen selbst gegen Artgenossen Unverträglichkeitsreaktionen zeigen und nur Gewebe von Koloniemitgliedern tolerieren, könnten durchaus auch Anemonen existieren, die nur genetisch identische Gewebe, aber nicht alle Artgenossen tolerieren. In diesem Falle müßte sich der Anemonenfisch wohl auch individuell an seine Anemone anpassen.

Der Nutzen, der den Fischen aus der Partnerschaft mit der Anemone erwächst, ist leicht nachzuweisen. Anemonenfische, die man in einiger Entfernung von ihrer Anemone ausläßt, werden auf ihrem Heimweg schnell die Beute von Raubfischen. Das habe ich wiederholt beobachtet, und Hans Fricke hat es an weiteren Experimenten mit *Amphiprion bicinctus* ebenfalls festgestellt. Bei der Anemone ist der Fisch jedoch gegen Angriffe seitens der Raubfische sicher, und diese Sicherheit stärkt sein Selbstgefühl so stark, daß er dann seinerseits selbst die Raubfische angreift, die ihn fressen würden, wenn sie ihn im Riff allein anträfen.

Die Anemone ist stets Fluchtziel der Anemonenfische. *Amphiprion bicinctus* flüchtet in den Magen der Anemone und übernachtet gelegentlich sogar dort, ohne verdaut zu werden!

Über den Vorteil, den die Anemone von der Anwesenheit der Anemonenfische genießt, ist viel geschrieben worden. Verschiedene Beobachter sahen, daß Anemonenfische in Gefangenschaft Futterbrocken zur Anemone schleppten. Sie schlossen daraus, Anemonenfische würden als Gegenleistung ihre Anemonen füttern. Das ist aber sicher ein Artefakt der Aquarienhaltung. Im Freien kommen nämlich Anemonenfische gar nicht an große Nahrungsbrocken heran. Sie fressen hier vor allem Kleinlebewesen (in erster Linie Ruderfüßer) und Algen. Nur zweimal hat G. Allen im Riff beobachtet, daß ein Anemonenfisch *(Amphiprion chrysopterus)* ein größeres Objekt zu seiner Anemone schleppte. In einem Fall handelte es sich um ein vorbeitreibendes Algenstück und das andere Mal um den Kotstrang eines Fisches. Beides ist für die Anemone von zweifelhaftem Nährwert. Ich glaube, man kann die Fütterungshypothese ad acta legen.

160
Beim Anemonenfisch (Amphiprion bicinctus) *lebt ein Männchen mit einem Weibchen in Einehe. Das Paar verteidigt mehrere Anemonen als sein Territorium. Einige andere Männchen, die jedoch nicht geschlechtlich aktiv sind, werden geduldet. Das Weibchen nimmt die ranghöchste Stellung ein. Stirbt es, dann rückt das aktive Männchen nach und verwandelt sich in ein Weibchen, während eines der bisher inaktiven Männchen zu dessen Geschlechtspartner wird. Die Abbildungen zeigen die Territorien links mit den eingezeichneten Anemonen, rechts mit den in ihnen lebenden Fischen. Ausgefüllte Symbole: das geschlechtlich aktive Paar; offene Symbole: inaktive Männchen. Aus H. Fricke (1976).*

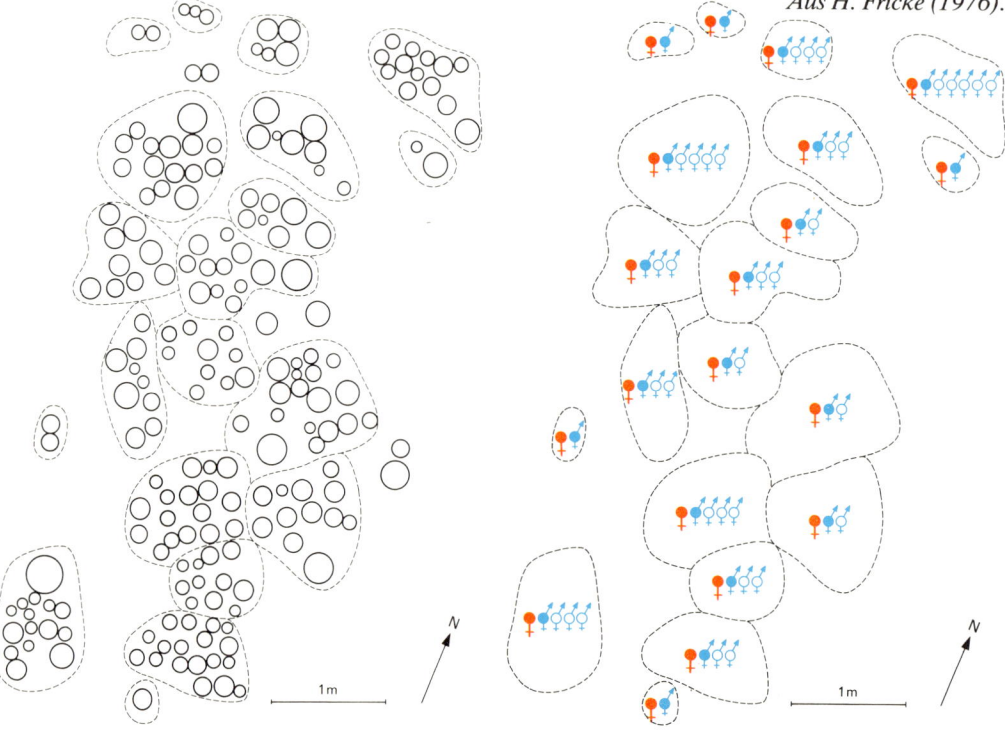

161
Der Anemonenfisch
(Amphiprion nigripes)
und der dunkle
Riffbarsch (Dascyllus
trimaculatus) *bei einer*
Radianthus-*Anemone.*
Photo: Verfasser
(Malediven).

162
Amphiprion bicinctus
und eine Gruppe jun-
ger Riffbarsche (Das-
cyllus trimaculatus) *in*
einer Discosoma-
Anemone.
Photo: H. Fricke
(Rotes Meer).

163
Amphiprion clarkii
in einer Discosoma-
Anemone.
Photo: Verfasser
(Nikobaren).

Der Hauptvorteil dürfte nach den neueren Untersuchungen von Hans Fricke darin liegen, daß die Anemone von den Fischen verteidigt wird. Es gibt nämlich eine ganze Reihe von Anemonenfressern insbesondere aus der Familie der Schmetterlingsfische. Fricke beobachtete, daß der anemonenfressende Schmetterlingsfisch *Chaetodon fasciatus* um jede von Anemonenfischen bewohnte Anemone einen weiten Bogen machte und sich nur an den Tentakeln unbewohnter vergriff. Hier verteidigte *Amphiprion bicinctus* erfolgreich und mit großer Heftigkeit seine Anemone. Fricke selbst wurde einmal von einem dieser Anemonenfische so stark in die Wange gebissen, daß er blutete!

Die Anemonenfische betätigen sich auch als »Putzer« der Anemonen. Ich sah, daß sie nekrotische Tentakelspitzen abbissen und Sand von der Anemonenoberfläche fegten.

Anemonenfische sind in vieler Hinsicht bemerkenswert. So haben die Untersuchungen von Fricke im Roten Meer ergeben, daß *Amphiprion bicinctus* in Einehe lebt, wobei das Weibchen größer, stärker und dem Männchen im Rang überlegen ist. Es hat gewissermaßen die Hosen an. Diese Rangordnung bestimmt die Geschlechtsausbildung. Fällt der Druck seitens des Weibchens weg, dann wechselt das Männchen sein Geschlecht. Es wird zum Weibchen. Setzte Fricke zwei Männchen in einem Aquarium zusammen, dann wurde das stärkere Männchen zum Weibchen. Umgekehrt wird eines von zwei Weibchen zum Männchen, wenn man sie zusammen hält. Immer ist das Weibchen das ranghöhere Tier. Hier haben wir also wieder einen Fall von Geschlechtswandel, der allerdings in umgekehrter Richtung läuft als bei den Lippfischen. Dort waren es, wie wir ausführten, die Männchen, die im Rang dominierten. Unterdrückte Tiere waren Weibchen, die sich zu Männchen wandelten, wenn sie die oberste Rangstufe erreichten. Es handelt sich in beiden Fällen um einen physiologisch normalen Geschlechtswandel. Die Fische sind zwittrig veranlagt und beginnen ihr Leben entweder als funktionsfähige Männchen oder Weibchen, um in einer späteren Lebensphase voll funktionsfähig in die Rolle des anderen Geschlechtes hinüberzuwechseln. Dafür gibt es mittlerweile eine ganze Reihe von Beispielen aus verschiedenen Fischfamilien.

Die verpaarten Anemonenfische halten über viele Jahre zueinander. Fricke beobachtete ein Paar über fünf Jahre! Man kann die Tiere demnach durchaus als monogam bezeichnen. Sie erkennen einander persönlich. Fricke fing wiederholt das Männchen eines Paares und setzte es in einem Glasbehälter vor die Anemone sowie ein anderes Männchen ebenfalls in einem Glasbehälter in gleicher Entfernung zur Anemone daneben. Das Weibchen bekämpfte dann stets nur den fremden Mann durch das Glas. Weitere Experimente ergaben, daß der Partner auch nach 30 Tagen Isolation noch erkannt wird. Das Weibchen laicht nur mit seinem Männchen ab. Es kennt aber Männchen benachbarter Anemonen persönlich und besucht sie auch. Ihr Aktions-

236

raum ist größer als der der Männchen, die an ihre Anemone gebunden bleiben. Fricke sah allerdings nie, daß die Weibchen mit diesen zusätzlichen Männchen abgelaicht hätten.

Bemerkenswert ist ferner das Ortsgedächtnis dieser Anemonenfische. Ein Weibchen, das Fricke ein halbes Jahr im Aquarium hielt, fand sofort wieder zu seinem alten Heim, als man es im Riff aussetzte.

Anemonenfische legen ihre Eier nahe der Basis der Anemonen auf den Untergrund. Sie verteidigen die Eier. Die Larven durchlaufen ein Entwicklungsstadium im Plankton. Bei vielen Arten sind die Jungtiere anders gefärbt als die Erwachsenen, was es ihnen gestattet, auch von Erwachsenen besiedelte Anemonen aufzusuchen.

Amphiprion bicinctus kennt drei verschiedene Feindkategorien: Freßfeinde, Gelegeräuber und Versteckzerstörer (Anemonenfresser). Er lernt diese Fische vermutlich einzeln kennen und greift sie selektiv an. Von den 46 Arten, die im Roten Meer an seiner Anemone vorbeischwammen, griff *Amphiprion bicinctus* 16 Fischarten an, davon sechs Arten bevorzugt, und zwar die Freßfeinde *Epinephelus fasciatus, Lethrinus sp.* und *Variola sp.*, den Anemonenfresser *Chaetodon fasciatus* und die beiden Gelegeräuber *Halichoeres sp.* und *Thalassoma sp.* Außerdem, wie erwähnt, gelegentlich Hans Fricke selbst, wenn er ihnen zu nahe kam.

Bei *Amphiprion akallopisus* leben auf einer Anemone auch mehrere erwachsene und halberwachsene Fische. Das monogame Fortpflanzungsmuster bleibt dabei durchaus erhalten. Auch hier dominiert ein Weibchen. Das im Rang nächste Tier ist ihr Männchen, und nur mit ihm laicht das Weibchen ab. Dieses funktionelle Betamännchen verhindert durch sein Dazwischentreten, daß die anderen auf der Anemone lebenden Männchen mit dem Weibchen sexuell interagieren. Diese sind gewissermaßen »psychologisch kastriert«. Jungtiere können zwischen den Anemonen hin und her wandern. Erwachsene, die zu einer besetzten Anemone kommen, werden bekämpft.

Die innerartlichen Kämpfe der Anemonenfische sind ritualisiert. Ich habe sie beim Clownfisch *Amphiprion percula* studiert. Kämpfen zwei Clownfische miteinander, dann beginnt das mit einem Drohduell. Mit metallisch harten »tack-tack-tack«-Rufen schwimmen die Kämpfenden einander entgegen. Die Lautäußerung erinnert fast an ein entferntes Maschinengewehrfeuer. Weicht der andere nicht, dann kommt es zum Kampf, der auf der Tentakelkrone ausgetragen wird. Ein Fisch macht plötzlich kehrt und peitscht mit einigen kräftigen Schwanzschlägen einen Wasserstrom gegen den Kopf des Gegners. Dann dreht er sich wieder um und droht weiter. Schwanzschläge können auch ausgetauscht werden, wenn die Partner nebeneinander stehen. Zuletzt versuchen die Fische einander in die Seite zu rammen und zu beißen. Der Gegner fängt jedoch die Vorstöße mit der gefächerten kräf-

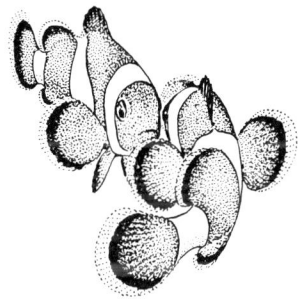

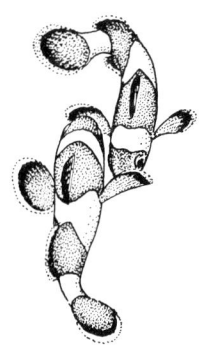

164
Kämpfende Clownfische (Amphiprion percula). *Bemerkenswert ist die Pariertechnik.*

237

tigen Brustflosse auf. Er verwendet sie wie einen Schild, und durch diese hochentwickelte Pariertechnik trägt auch dieser Kampf ausgesprochen turnierhafte Züge.

Anemonenfische der Gattung *Amphiprion* verfügen außerdem über eine Befriedungsgeste, mit deren Hilfe sie die Aggressionen eines Artgenossen abblocken können. Sie zittern kopfstehend am ganzen Körper. Dieses Kopfstandzittern scheint ein abgeleitetes Balzsignal zu sein. Vor der Eiablage reinigen die Ehepartner das Substrat, indem sie den Algenbewuchs wegzupfen. Dabei zittern sie mit dem Körper.

Außer den eigentlichen Anemonenfischen gibt es eine Reihe von Fischen, die sich zwar nicht zwischen den Tentakel der Anemone verstecken dürfen, jedoch gelegentlich in deren Nähe Schutz suchen. Der kleine Büschelbarsch *Cirrithichthys aprinus* sitzt gerne in der Nähe von Anemonen und flüchtet bei Gefahr zu deren Stamm. Gegen das Nesseln ist er nicht geschützt.

Ähnlich verhält sich bei den Nikobaren der Dreifleckkorallenbarsch *(Dascyllus trimaculatus)*. Im Roten Meer sucht dieselbe Art jedoch Schutz zwischen den Tentakeln und verhält sich darin wie ein typischer Anemonenfisch. Er wird hier nicht genesselt. Im Wingate- und Sanganibriff vor Port Sudan sah ich ganze Wolken winziger Dreifleckbarsche über den Anemonen stehen und bei Gefahr zwischen die Tentakel flüchten. Die meisten waren nur einen Zentimeter lang, einige drei bis vier Zentimeter. Man konnte sie auch passiv über die Tentakel führen, ohne daß sie Schaden litten. Allerdings durfte man sie nicht mit dem Netz fangen, denn die schützende Schicht war offenbar dünn und leicht verletzbar. Ich fing sie daher in Plastiksäckchen. Überraschend ist, daß sich diese Art in zwei verschiedenen geographischen Gebieten verschieden verhält. Vielleicht stellt sich bei genauer Untersuchung heraus, daß sie auch morphologisch nicht ganz gleich sind. Auf jeden Fall führen sie uns vor, wie ein Anemonenfisch aus einer zunächst nur losen Assoziierung entstehen kann.

Der Wiener Zoologe E. Abel hat im Mittelmeer eine Anemonen-Fisch-Symbiose entdeckt. In der Wachsrose *Anemona sulcata* fand er die Anemonengrundel *Gobius buchichii*. Die Grundel ist durch einen Schutzstoff geschützt. Kratzt man die schützende Schleimschicht an einer Stelle ab, dann wird der Fisch genesselt. Ob er den Schutzstoff von der Anemone übernimmt oder selbst produziert, ist nicht bekannt.

Seltsamerweise habe ich in der Karibischen See und bei den Bermudas bisher keine Anemonenfische beobachten können. Die Gattungen *Amphiprion, Premnas* und *Dascyllus* fehlen, obgleich die Meere, wie oben erwähnt, bis in jüngere geologische Zeiten in Verbindung standen. Ich sprach bereits oben die Vermutung aus, daß sie bei der eiszeitlichen Auskühlung ausstarben. Die freie ökologische Nische wurde bisher von keinem Fisch fest besetzt. Allerdings gibt es viele Fische, die als Jungfische Schutz bei der Anemone *Condylactis gigantea* suchen, wobei sie den Kontakt im allgemeinen meiden. Es sieht aus, als würden sich verschiedene Fischarten – Helmut Albrecht zählte 30 Arten aus zwölf Familien! – um diese freie ökologische Nische bemühen – eine interessante Parallele zu den Putzerfischen und ein starkes Indiz für die im Putzerkapitel ausgesprochene Hypothese vom eiszeitlichen Aussterben der karibischen Putzer- und Anemonenfische.

Auf den großen Anemonen der Bermudas *(Condylactis gigantea* und *Anemona bermudensis)* fand ich jedoch eine kleine, bisher nicht bekannte Garnele der Gattung *Periclimenes.* In einer Anemone wohnten meist zwei erwachsene und hin und wieder auch einige kleine Garnelen. Die zierlichen, transparenten Geschöpfe waren überraschend schön mit weißen und violetten Linien gezeichnet. Zwei auffallende violette und zur Hälfte weiß gerandete Augenflecke schmückten die Schwanzflosse. Ungestört krochen sie auf den Tentakeln der Anemone umher und zupften mit dem kleineren Scherenpaar etwas von deren Oberfläche ab. Ich vermute, daß sie von dem fraßen, was die Anemone fing. Im Aquarium weideten sie auch auf dem Boden neben der Anemone.

Erschreckt klammert sich die Garnele mit dem vorletzten Schreitbeinpaar an einen Tentakel an. Die davorliegenden Schreitbeine und die Scheren streckt sie nach vorne, das letzte Schreitbeinpaar nach hinten. Ebenso legt sie die Fühler nach hinten über den Rücken. Nur das vorletzte Schreitbeinpaar, mit dem sich die Garnele festhält, tanzt aus der Reihe, und dies ist zum Unterschied von den anderen Schreitbeinen durchsichtig und ohne Musterung, so daß man es kaum sieht. Alle gemusterten Körperteile liegen parallel zueinander. In dieser Schreckstellung wiegt sich das Tier nach den Seiten, eine Bewegung, die man auch von vielen Zweiglein und Blätter nachahmenden Insekten kennt, die auch ähnliche Stellungen einnehmen. Bei der Bewegung könnte es sich um ein Nachahmen der Tentakelbewegung handeln.

Wenn die Garnele auf der Anemone umherklettert, verkürzen sich die Tentakel, oder sie krümmen sich, und einmal sah ich, daß einer auch einen Fühler nesselte. Das geschah aber nur, als ich die Garnele zu einer Anemone setzte, die bereits zwei Tage ohne Garnele war. Sie zeigte eine Zeitlang auch Intentionen, die Arme über die Garnele zu legen, doch entwand sich das Tier geschickt. Legte sich ein Tentakel über die Fühler, so schüttelten sie diese kräftig, und die Fangarme zogen sich zurück. Pistolenkrebschen, die ich in die Anemonen setzte, wurden sogleich gefangen und festgehalten.

Die Anemonengarnele hat sicher großen Vorteil von dem gewährten Schutz, und ich sah auch keine einzige ohne Anemone im Riff. Läßt man sie von ihrer Anemone entfernt aus, dann

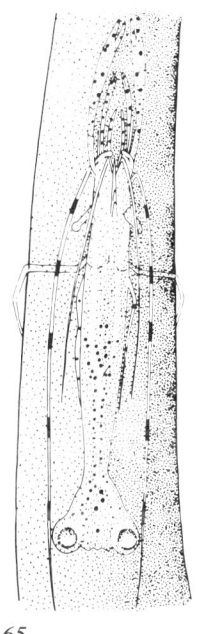

165
Schreckstellung der neu entdeckten Anemonengarnele Periclimenes anthophilus. *Alle gezeichneten Körperanhänge werden parallel zum Körper gehalten. Mit dem durchscheinenden vorletzten Schreitbeinpaar hält sich das Tier am Anemonententakel fest.*
Aus L. B. Holthuis und I. Eibl-Eibesfeldt (1964).

werden sie sehr schnell von den Riff-Fischen gefressen. Die Anemone hat keinen ersichtlichen Vorteil von ihrem Gast.

Daß Meerestiere bei Nesseltieren Schutz suchen, ist eine verbreitete Erscheinung. Viele Fische begleiten Schirmquallen und Staatsquallen, so die Erntefische *Peprilus* und *Poronotus*. Von den Freiwasserfischen der oberen Meeresschichten stellen nach R. Mansueti jedoch nur die Stachelmakrelen *(Carangidae)*, die Quallenfische *(Nomeidae)*, die Erntefische *(Stromateidae)* und die *Centrolophiden* Quallenbegleiter. Manche, wie die Lotsenfische, begleiten die Qualle nur als Jungtier. Sie und die Erntefische vergreifen sich an ihrem Wirt und fressen von ihm. Was alle diese Quallenbegleiter vor dem Genesseltwerden schützt, weiß man nicht. Mansueti vermutet, auch sie hätten Schutzstoffe. Die Jungfische des Wittlings *(Gadus merlangus)* können die nesselnden Tentakel der Feuerqualle *(Cyanea capillata)* ohne weiteres berühren. Dagegen muß der Quallenfisch *(Nomeus gronovi)* die Tentakeln der Portugiesischen Galeere meiden, obgleich er sein ganzes Leben zwischen ihnen verbringt. Wird er genesselt, stirbt er.

Der Vollständigkeit halber sei noch auf die schon lange bekannten Schutz- und Trutzbündnisse hingewiesen, die zwischen verschiedenen Einsiedlerkrebsen und Anemonen bestehen. Verschiedene Einsiedlerkrebse der Gattung *Eupagurus* tragen auf ihrem Gehäuse Anemonen der Art *Calliactis parasitica*. Die stark nesselnden Anemonen schützen die Krebse vor Tintenfischen und anderen Räubern. Worin ihr Vorteil besteht, ist dagegen weniger klar. Man nimmt an, daß sie vom häufigen Standortwechsel profitieren und von der Nahrung des Krebses etwas abbekommen. Sicher sind sie ihrerseits an den Krebs angepaßt. Sie steigen in der Nordsee auch ohne Hilfe des Krebses auf die Schale eines Einsiedlerkrebses auf. Solange sie ohne Schale sind, reagieren sie auf Kontakt mit der hornigen Außensubstanz von Schneckengehäuse mit Entladung von Nesselkapseln, so daß die Tentakel auf der Schale klebenbleiben. Die Anemone löst sich dann von der Unterlage und steigt auf die Schneckenschale. Sitzt sie einmal dort mit der Fußscheibe fest, dann erlischt ihre Bereitschaft, auf Schalensubstanz mit Entladung zu reagieren. Der Einsiedlerkrebs *Pagurus arrosor*, der im Mittelmeer lebt, hilft seiner Anemone *(Calliactis parasitica)* beim Aufsteigen. Trifft der Einsiedlerkrebs beim Umherwandern auf eine Anemone, dann streichelt und betrillert er sie mit den Scheren und bringt sie so dazu, sich von der Unterlage zu lösen, und er hilft ihr mit den Scheren beim Übersiedeln. Die Anemone macht dabei aktiv mit, indem sie sich mit den Tentakeln auf der Schale festhält und auf die Schale klettert. Ohne ihr Zutun wäre es dem Einsiedlerkrebs gar nicht möglich, die Anemone vom Untergrund abzulösen. Die Partner sind also voll aufeinander abgestimmt. Man kennt mittlerweile 36 Einsiedlerkrebsarten, die mit 22 verschiedenen Anemonenarten mehr oder weniger eng vergesellschaftet leben.

240

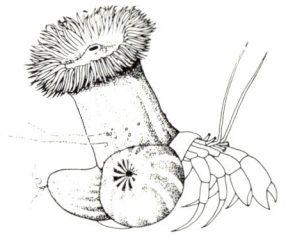

166
Ein Einsiedlerkrebs (Eupagurus) *mit der* Anemone Calliactis parasitica. *Aus D. Matthes (1978).*

167
Die Anemonengarnele Periclimenes brevicarpalis. *Die Garnele ist auf der Anemone bestens sichtgetarnt, da sie auf ihrem Körper helle Flecke aufweist, die die Tentakelenden der Anemone nachahmen.* *Photo: H. Kacher.*

168
Amphiprion akallopisus *(Nikobaren) zwischen den Tentakeln einer* Radianthus-Anemone. *Photo: Verfasser.*

Kleine Wunder
um Strand und Lagune

Jener schmale Streifen um Inseln und Kontinente, wo Meer und Land einander begegnen, ist von einer ganz besonderen Lebensgemeinschaft besiedelt. Ihre Zusammensetzung wechselt je nachdem, ob die Küste felsig, sandig oder verschlammt ist, und je nach Heftigkeit der Brandung und der Höhe des Gezeitenhubes. Wer an sandigen Küsten lebt, muß sich eingraben können, wer eine stark bebrandete Felsenküste bewohnt, muß sich festheften können und durch Panzerung dem Wellenschlag entgegenwirken.

Die Gezeitenzone ist mit Ebbe und Flut drastischen Wechseln ausgesetzt. Was eben noch von kühlen Fluten bedeckt war, kann nun für Stunden der Sonnenglut ausgesetzt sein. Das muß ein Organismus ebenso ertragen können wie einen plötzlichen Regenfall. Für ein Meerestier, das normalerweise an ganz gleichförmige Bedingungen mit geringen Temperaturschwankungen gewöhnt ist, bedeutet das eine ungeheure Umstellung. Man würde erwarten, daß dieser Lebensraum daher nur spärlich besiedelt ist, aber gerade das Gegenteil ist der Fall. Selbst über der Gezeitenzone, deren Grenze durch den Hoch- und Niedrigwasserpegel bestimmt wird, gibt es Meerestiere, obgleich diese Spritzwasserzone nur bei Wellengang und bei Springfluten befeuchtet wird und oft tagelang trocken liegt. Diese Zone wird allerdings nur von sehr wenigen widerstandsfähigen Tieren bewohnt.

In der Gangesbucht von Nordnikobar hatte ich alle verschiedenen Lebensräume vor mir. An die vorgeschobenen Steinriegel im Osten und Westen brandeten die Wellen, die Bucht hatte einen Sandstrand, der gegen die Flußmündung zu verschlammte und in einen üppigen Mangrovenwald überging. Bei ablaufendem Wasser ging ich hier sehr gerne spazieren, und da man beim westlichen Felsriegel das Boot gut verankern konnte, begannen meine Exkursionen meist dort.

In der Spritzwasserzone dieses Felsriegels lebte nicht allzuviel. In den Mulden und Spalten der sonnendurchglühten Felsen saßen jedoch Seepocken und kleine Schnecken. Die Seepocken schienen tot. Ließ man aber etwas Wasser über die Felsen rinnen, dann öffneten sich nach einer Weile die Schalenklappen. Rankenartige Füßchen breiteten sich netzartig aus und zogen sich mit einer Greifbewegung wieder ein. Das wiederholte sich in gleichmäßigem Rhythmus, solange das Wasser floß. So fischten sie Kleinlebewesen, und kam kein Wasser mehr, dann schlossen sie wieder ihre Schale.

Die Seepocken dieser Region sind äußerst widerstandsfähig. Ein italienischer Forscher hielt einmal 100 Seepocken (Chthamalus stellatus) trocken auf seinem Schreibtisch. Alle zwei bis drei Monate steckte er sie für ein bis zwei Tage ins Wasser. Von insgesamt 1036 Tagen waren sie nur an 59 Tagen untergetaucht. Dennoch starben jährlich nicht mehr als zehn bis zwölf Tiere.

Die Seepocken sind kleine Krebstiere, was man den erwachsenen zunächst gar nicht ansieht. Man würde sie bei oberflächlicher Betrachtung eher für irgendein Muscheltier halten. Die Larve gleicht jedoch durchaus jenen anderer niederer Krebse. Sie schwimmt frei im Wasser umher, macht einige Häutungen durch, bis sie etwa wie ein Muschelkrebschen aussieht. Ihr Körper ist dann von einer zweiklappigen Schale bedeckt. Die Cyprislarve verläßt das freie Wasser und sucht auf festem Grund nach einem Platz zum Festsetzen. Sie prüft den Boden mit den Fühlern und bevorzugt eine rauhe Unterlage. Auch ein chemischer Reiz scheint eine gewisse Rolle zu spielen, denn dort, wo schon einmal Seepocken saßen, siedeln auch andere gern. Schabt man die Seepocken von der Unterlage, dann wird dieser Fleck bald wieder besiedelt, selbst wenn es nach menschlichem Ermessen daneben genausogut ginge. Das ist eine sehr zweckmäßige Anpassung, denn dort, wo schon andere lebten, kommt man sicher auch selbst durch.

Die Tiere heften sich mit dem Drüsensekret des ersten Fühlerpaares fest und verändern ihre Form. Das mit dem Kopf festsitzende Tier scheidet einen Kranz von sechs miteinander verfugten Mauerplatten ab. Diese Mauerkrone ist unten durch eine verkalkte Basisplatte abgeschlossen. Nach oben kann sich das Tier durch zwei Paar in die Mauerkrone eingesenkte Schalenklappen abschließen. Zwischen ihnen streckt es seine Fangbeine vor.

Am oberen Rand der Gezeitenzone bildeten die Seepocken einen breiten Gürtel. Sie waren größer und gehörten einer anderen Art an als jene der Spritzwasserzone. In der Gezeitenzone wimmelte es von verschiedenartigen Schnecken. Besonders zahlreich war die rundliche, zwei bis drei Zentimeter lange Schnecke Nerita polita. Sie waren überraschend vielfältig gemustert. Da gab es rein weiße neben grauen und einfarbig schwarzen Schnecken, weiß und schwarz gesprenkelte, braune mit roten Längsbinden, rotbraune mit schwarzen Längsbinden, graue mit weiß eingefaßten schwarzen Binden und viele andere mehr. Ob diese Vielfalt eine Anpassung ist?

Als ich die Schnecken aufsammelte, griff ich anfangs nur nach den gebänderten, bis ich auch die gescheckten und danach die einfarbigen bemerkte. Die hatte ich nämlich zunächst für Steinchen gehalten. Ich kann mir vorstellen, daß es irgendeinem

170
Die flugunfähigen Meeresmücken. Oben: Clunio tsushimensis, *deren geflügelte Männchen wie ein Flugboot über die Wasseroberfläche gleiten. Mitte:* Pontomyia natans, *deren Männchen mit den paddelförmigen Flügeln rudern. Ihr mittleres Beinpaar ist verkürzt, damit es den Flügeln nicht im Wege ist. Die Weibchen (♀) beider Arten haben weitgehend verkümmerte Gliedmaßen. Unten: Die an Wasserläufer erinnernde* Tethymyia aptena. *Aus H. Hashimoto (1962).*

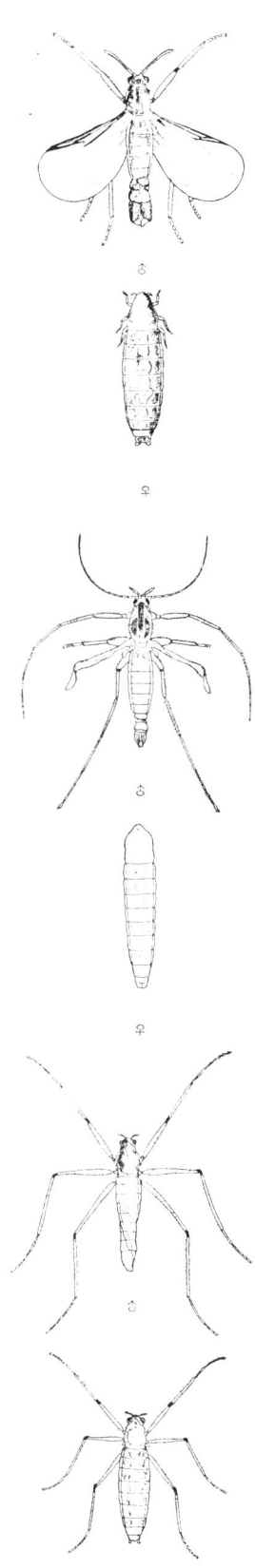

♂

♀

♂

♀

♂

♀

Schnecken fressenden Vogel ähnlich ergeht. Die Vielfalt der Muster könnte es ihm erschweren, das Suchen zu rationalisieren. Er kann sich ja nicht auf eine bestimmte Sorte einstellen.

Die uferbewohnenden Schnecken sind besonders interessant, weil sie uns verschiedene Stufen der Landtieranpassung vorführen. In England hat man die Schnecken der Gattung *Littorina* genauer untersucht. Man findet auf demselben Uferstreifen mehrere Arten, jede in einer bestimmten Zone. In der untersten Gezeitenzone, die nur bei tiefster Ebbe trocken liegt, lebt *Littorina littorea*. Sie ist noch ganz Meeresschnecke, und ihren Eiern entschlüpft eine Larve, die sich frei im Meerwasser entwickelt. Etwas höher in der Gezeitenzone lebt *Littorina obtusata*. Sie entwickelt noch eine Larve, doch ist ihre Entwicklungszeit erheblich abgekürzt. Die nahe der Hochwassergrenze lebenden Uferschnecken *Littorina rudis* und *Littorina neritoides* schließlich haben überhaupt keine freien Larvenstadien. Sie sind vielmehr lebendgebärend. Die Gezeitenregion ist in dieser Beziehung eine Brücke zum Land. Auch manche Krabben sind von hier aus landeinwärts vorgedrungen, ebenso Asseln, ja sogar einige Fische, die wir gleich näher kennenlernen werden.

Umgekehrt dringen auch Landtiere gegen das Meer vor. Allerdings sind es nur wenige Arten. Von dem großen Heer der Insekten gelang es nur einigen »Außenseitern«, hier Fuß zu fassen. Verwandte der Wasserläufer sind zu Meerläufern *(Halobatos)* geworden. Selbst auf der hohen See tummeln sie sich an der Oberfläche. Sie sind aber Luftatmer geblieben, und ihre Eier verankern sie auf treibenden Vogelfedern.

Höchst bemerkenswert sind einige Meeresmücken, deren Larven sich im Meere entwickeln. Bei den Vertretern der Gattung *Clunio* und *Pontomyia* bleiben sogar die fertigen Weibchen im Meer. Sie besitzen keine Flügel, nur winzige, oft stummelförmige Beine, und erinnern in ihrem Aussehen eher an eine Made als an eine Fliege. Sie werden unmittelbar nach dem Schlüpfen an der Wasseroberfläche befruchtet, legen ihre Eier und sterben. Die ebenfalls kurzlebigen Männchen der genannten Gattung sehen noch wie Fliegen aus, allerdings sind ihre Flügel bereits reduziert. Ohne einzusinken, stehen sie mit ihren Beinen auf der Wasseroberfläche und treiben sich mit ihren Flügeln voran. Die Männchen von *Clunio* schwirren mit ihren kurzen Flügeln wie ein kleines Flugboot dahin. Bei den Männchen der Gattung *Pontomyia* sind die Flügel zu schmalen Rudern umgewandelt, mit denen die Fliege richtig auf der Wasseroberfläche dahinpaddelt. Damit ihr dabei das mittlere Beinpaar nicht im Wege ist, ist dieses verkürzt. Es dient in erster Linie dazu, die Weibchen festzuhalten.

Wieder einen anderen Weg der Anpassung haben die Meeresmücken der Gattung *Tethymia* beschritten. Hier sind Männchen und Weibchen gleich gut entwickelt. Beide sind aber völlig flügellos. Sie erinnern entfernt an Wasserläufer und laufen mit ihren langen Beinen auf dem Wasser und den nassen Uferfelsen

247

umher. Einzelheiten sind aus den beigefügten Abbildungen zu ersehen, die einer vorzüglichen Arbeit des Japaners H. Hashimoto entnommen wurden.

All diese Meeresfliegen gehören der Gruppe der Zuckmücken an, und man fragt sich, weshalb gerade diese eine Fliegengruppe einen solch eigenwilligen Weg beschritt. Einige besondere Voranpassungen dürften ihr das ermöglicht haben. Zunächst entwickeln sich auch bei uns die Larven der Zuckmücke unter oft extremen Umweltbedingungen, zum Beispiel im Faulschlamm unserer Gewässer. Man kann sich vorstellen, daß solche Arten von Faulgewässern der Inseln in brackige Gewässer und zuletzt ins Salzwasser vordrangen. Inselinsekten zeigen ferner oft ein reduziertes Flugvermögen, und das ist sicher eine Voraussetzung für das Leben an einer Küste, wo die Gefahr, aufs Meer hinaus verweht zu werden, groß ist.

Auch eine Lungenschnecke *(Siphonaria)* ist in die Gezeitenzone vorgedrungen. Sie wurde äußerlich zu einer Napfschnecke. Wie die echten Napfschnecken *(Patella)* hat sie ein hütchenförmiges Gehäuse und einen breiten Fuß, mit dem sie sich am Gestein festhält. Die Ähnlichkeit erstreckt sich jedoch nicht allein auf die Gestalt. Die »falschen« Napfschnecken sind ebenso ortstreu wie die richtigen. Nach ihren Weidegängen kehren sie immer wieder zu einer bestimmten Stelle zurück, wo sich ihre Schale jeder Unebenheit der Unterlage anfügt. Nur das ermöglicht es diesen Schnecken, sich fest genug der Unterlage anzuschmiegen und so der Austrocknung bei Ebbe zu widerstehen. Auf kalkiger Unterlage fräsen sie oft eine Sasse ins Gestein. Das sieht man vor allem auf großen Siphonarienschalen deutlich, die oft von Jungen bewohnt werden.

Die Tiere einer bebrandeten Felsenküste haben solcherart in Anpassung an den Lebensraum eine Reihe Ähnlichkeiten erworben. Sie sind oft bauchseitig abgeplattet und heften sich fest durch Kittsubstanzen, Haftsohlen oder, wie die Stachelhäuter, durch zahlreiche Saugfüßchen. Viele sind gepanzert, so der Panzerseeigel *(Podophora),* dessen Stacheln zu einem kurzen schützenden Pflaster umgewandelt sind.

Ganz andere Lebensbedingungen konnten wir an der Sandküste gleich neben dem Felsriegel studieren. Hier gab es keinerlei Anheftungsmöglichkeiten und keine Spalten und Höhlen, in denen sich die Organismen verbergen könnten. Schutz fand nur, wer sich schnell vergraben konnte. Dann allerdings war er auch vor Austrocknung gut geschützt, und Nahrung gab es immer genügend, denn jede Welle spülte eine Unzahl Kleinlebewesen an Land. Diese Zone haben vor allem die Krabben erobert.

Bei Ebbe wimmelte der Sandstrand der Gangesbucht von den kaum daumennagelgroßen Kugelkrabben *Dotilla sulcata.* Sie kamen bei fallendem Wasser aus ihren Löchern und begannen sofort zu fressen. Mit ihren kleinen Scheren, die sie geschlossen wie Löffel benutzten, schaufelten sie in schneller Folge Sand zwi-

248

schen das dritte Kieferfußpaar. Wenige Sekunden nach Freßbeginn erschien an der Oberkante des dritten Kieferfußes, also auf dem »Kopf« des Tieres, ein sich schnell vergrößernder Sandtropfen. Nach 15 bis 20 Einschaufelbewegungen faßte eine Schere von hinten den Sandtropfen und wischte ihn unter den Körper, wo er von den letzten Schreitbeinen übernommen und weiter nach rückwärts befördert wurde. Etwa alle zehn Sekunden wurde eine Pille abgelegt.

R. Altevogt hat den Mechanismus des Nahrungserwerbs bei einer verwandten Art genauer untersucht. Mit Hilfe besonderer Borsten des dritten Kieferfußpaares trennten sie den Sand von den organischen Bestandteilen. Das mit der Fraßpille austretende Atemwasser strömt über den Rücken der Tiere nach hinten. Dabei belädt es sich von neuem mit Sauerstoff. Unter dem Tier tritt es durch die Kiemenöffnung ein und kommt durch den Kiemenraum schließlich wieder in die Aussiebkammer, wird wieder zum Ausschlämmen benutzt und so fort im Kreislauf. Da der Sand selbst feucht ist, geht kaum etwas von diesem Atemwasser verloren.

Bald nach Eintritt der Ebbe war der ganze Sandstrand mit winzigen Sandkügelchen, den abgelegten Fraßpillen der Kugelkrabben, übersät, und zwar in einer überraschend regelmäßigen Anordnung: Die Fraßpillen lagen in mehreren konzentrischen Ringen um das zentrale Wohnloch der Krabbe.

Eine breite, gerade Straße, die senkrecht zu diesen Wällen vom Wohnloch wegführte, blieb frei. Diese Ringburgen fesselten die Aufmerksamkeit des Ehepaares Hass. Viele Stunden lagen sie mit der Kamera vor diesen winzigen Wesen auf dem Bauch, beobachtend, filmend und in der Sonne bratend. Das Ergebnis war ein hochinteressanter Film, der im Rahmen der »Encyclopaedia cinematographica« des Göttinger Instituts für den Wissenschaftlichen Film veröffentlicht wurde.

Beim Fressen läuft die Krabbe im Seitwärtsgang geradlinig vom Wohnloch fort. Die abgelegten Fraßpillen schiebt sie hinter sich, und zwar immer in Gruppen, zwischen denen ein ziemlich regelmäßiger Abstand eingehalten wird. Bemerkt die Krabbe eine Fraßpille, die zufällig einmal zwischen zwei solchen Gruppen liegt, dann schiebt sie diese mit den Laufbeinen zur einen oder anderen Gruppe. Hat sich die Krabbe etwa einen halben Meter vom Baueingang entfernt, dann huscht sie zurück und beginnt von neuem. Ihr Gesicht ist immer der unbeweideten Fläche zugewandt, die Fraßpillen schiebt sie hinter sich vor die Gruppen der zuletzt abgelegten. So beackert das Tier den Sandboden um sein Wohnloch, und die Fraßpillen formen zuerst eine vom Wohnloch wegführende Reihe, die sich mit dem Fortschreiten der Freßtätigkeit zu Ringwällen auswächst. In diesen Ringwällen werden ein bis zwei breite Radiärstraßen ausgespart. Wozu dient nun das schöne Muster?

Unsere Beobachtungen weisen darauf hin, daß sich die Krabben auf diese Weise Fluchtwege freihalten. Schnitt man ihnen den kürzesten Weg zum Wohnloch ab, dann flitzten sie einen Viertel- oder Halbbogen in einer Ringstraße entlang zur Radiärstraße, die dem Loch am nächsten liegt. Auf dem Wege liegende Kügelchen würden die Tierchen beim Flüchten erheblich behindern.

Die Kugelkrabben fraßen die meiste Zeit während der Ebbe. Nur wenn ein Nachbar zu nahe kam, unterbrachen sie diese Tätigkeit und drohten, indem sie wie ein Trommler mit der Außenseite der Scheren gegen den Boden klopften und zwischendurch beide Scheren gleichzeitig drohend hochhoben. Vor dem Einsetzen der Flut gruben sie ihr Wohnloch tiefer und verschwanden in ihm, die Öffnung mit einem Sandpfropf schließend. Sie halten so Luft im Bau und überdauern in dieser Luftblase die Flut. Woran sie merken, daß die Flut kommt oder wann wieder Ebbe ist, hat man noch nicht untersucht.

Gegen die Mangrovenzone zu sah man auch Winkerkrabben. Sie siebten den Sand nach dem gleichen Prinzip durch wie die Kugelkrabben, nur erschien die Fraßpille an der Basis der Mundwerkzeuge. Sie legten die Pillen ferner nicht so schön geordnet ab, vielleicht weil sie weniger davon produzierten. Zum Unterschied von den Kugelkrabben ist ihr Aussiebmechanismus nämlich viel wirksamer. Während jene nach R. Altevogt nur 12 bis 16 Milligramm Eiweiß aus einem Gramm Sand heraussieben, bekommen die Winkerkrabben 40 bis 63 Milligramm aus der gleichen Sandmenge. Da sie also weniger lang zu fressen brauchen, bleibt ihnen auch mehr Zeit zu anderer Beschäftigung, und die besteht bei den Männchen vor allem in eifriger Balz. Mit ihrer auffällig vergrößerten Winkschere lenken sie die Aufmerksamkeit der Weibchen auf sich. Sie heben und senken sie in gleichmäßigem Rhythmus, und nähert sich ein Weibchen, dann nimmt die Winkfrequenz zu. Kommt es heran, dann läuft er ihm voran in sein Wohnloch und lädt so zum Nachfolgen ein, worauf es sich bisweilen auch einläßt.

In dem am Strand angeworfenen Seegras und anderen Pflanzenresten tummelten sich Strandflöhe, die in Größe und Gestalt an unsere Seitenasseln erinnern. Sie halten sich stets im Strandanwurf auf. Setzt man sie landeinwärts, dann flüchten sie zur See, und setzt man sie ins Meer, dann flüchten sie heraus. Diese Richtungstendenzen sollen nach L. Pardi und F. Papi übrigens bei italienischen Strandflöhen angeboren und nach dem Standort verschieden sein. Tiere, die in ihrer Heimat ostwärts zum Meer flüchten, bleiben bei dieser Richtung auch dann, wenn ihr Fluchtweg sie am neuen Ort nur noch weiter landeinwärts führt, und im Laboratorium aufgezogene Nachkommen verhalten sich ebenso. Als Kompaß benutzen sie die Sonne, deren Wanderung sie mit einer »inneren Uhr« verrechnen. Erst dieser Mechanismus ermöglicht es, die tägliche Richtungsänderung zu kompensieren und die Sonne als Kompaß zu nutzen.

250

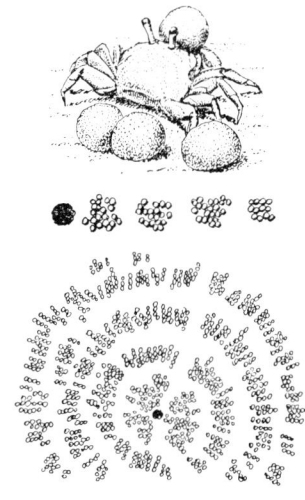

171
Die Kugelkrabbe (Dotilla sulcata). *Oben: fressend. Eine Freßpille wächst gerade auf der Stirn des Tieres, drei weitere bereits durchgesiebte Sandpillen sind neben ihr abgelegt. Darunter: Muster der abgelegten Pillen zu Beginn der Freßtätigkeit und (zuunterst) die nach längerer Freßtätigkeit entstehenden Ringwälle und Fluchtstraßen. Aus H. Hass und I. Eibl-Eibesfeldt (1964).*

Eine Sonnenkompaß-Orientierung wurde übrigens bei einer ganzen Reihe von Tieren wie Bienen, Vögeln und Fischen nachgewiesen. Die Entdecker des erstaunlichen Phänomens waren K. v. Frisch und G. Kramer. Kramers gekäfigte Stare flatterten zur Zugzeit stets in die gleiche Richtung: im Herbst nach Süden und im Frühjahr nach Norden. Lenkte er nun die Sonnenstrahlen durch Spiegelung um einen bestimmten Betrag ab, dann änderte sich die Richtungstendenz der Vögel um den gleichen Betrag. Die Richtung wurde unabhängig von der Tageswanderung der Sonne beibehalten. Nun dressierte Kramer Stare darauf, ihr Futter in bestimmter Richtung zu suchen. Sie mußten dabei die Sonne zur Orientierung nutzen, da es sonst in der Versuchsanordnung keinerlei Anhaltspunkte gab, nach denen sich die Tiere hätten richten können. Als die Dressur gefestigt war, prüfte er sie zu verschiedenen Zeiten in einem Kellerraum unter einer künstlichen, feststehenden Sonne. Hier bewirkte nun der innere Verrechnungsmechanismus, daß die Wahlrichtung der Vögel in gesetzmäßiger Weise wechselte. Sie verhielten sich so, als würde die feststehende Sonne wandern, und kompensierten dementsprechend.

Wo die Brandungswellen das Sandufer bespülten, lebten zahlreiche Maulwurfskrabben. Mit dem Vorderende zum Meer orientiert, lagen diese zwei bis drei Zentimeter langen Tierchen, den gewölbten Rückenschild nach unten, im Sand vergraben. Spülte eine Welle ans Ufer, sah man nichts von ihnen, lief sie aber ab, dann streckten auf einmal Hunderte dieser Krebschen ihre beiden gefiederten Fühler aus dem Sand und fischten Kleinlebewesen aus dem abströmenden Wasser. Wenn die nächste Welle kam, zogen sie ihre Fühler wieder ein und verzehrten ihre Beute.

Auch ein Fisch lebt im Spülsaum der Sandregion im Sand verborgen. Ich habe ihn erst viel später in Samoa und bei den Trobriandinseln entdeckt. Er ist nur zwei bis drei Zentimeter lang und blaß. Sein Körper ist schlank, die Schnauze spitz, und er lebt stets im Sand vergraben. Holt man das kleine Fischchen heraus, dann bohrt es sich, wenn man es freiläßt, sogleich wieder ein. Der Fisch heißt *Kraemeria samoensis*. Er wird in der Literatur auch als *Psammichthys nudus,* der nackte Sandfisch, beschrieben, und dieser Name ist sicher zutreffender. Über seine Biologie ist kaum etwas bekannt.

So ist auch der Ufersand voller Leben, und geht man erst mit dem Mikroskop auf Suche, dann nehmen die Überraschungen kein Ende, denn selbst zwischen den Sandkörnern in dem vom Wasser gefüllten feinen Lückensystem lebt eine eigene Tiergemeinschaft, die A. Remane vor vielen Jahren entdeckt hat. Es handelt sich meist um langgestreckte kleine Tiere aus den verschiedensten Tiergruppen, die zum Teil recht abweichende Formen bilden. Manch neuen Organisationstypus haben er und seine Mitarbeiter im Sand gefunden. »Es konnte hier im 20. Jahrhun-

172
Schlammspringer (Periophthalmus gracilis) an Land. Das linke Tier droht durch Aufrichten der ersten Rückenflosse.

173
Der winzige Sandfisch (Kraemeria samoensis).

dert noch einmal die Begeisterung über eine neue Welt organischer Formen erlebt werden, die den Plankton- und Tiefseeforschern des vorigen Jahrhunderts einen so mächtigen Impuls gegeben hat«, schrieb Remane.

Bei den Mangroven begann das Reich der Schlammspringer. Diese glotzäugigen Fischchen sind zu halben Landtieren geworden. Sie saßen am Ufer, kletterten um die Mangrovenwurzeln und suchten Krebschen, Insekten und anderes. Der Vorderkörper ruhte auf den kräftigen Brustflossen, auf denen sie auch dahinrobbten. Der Schwanz half nach, und mit seiner Hilfe konnten die Tiere auch kleine Sprünge ausführen. Scheuchte man sie ins Wasser, dann schwammen sie, den Kopf über Wasser haltend, an der Oberfläche dem nächsten Uferstreifen zu. Sie konnten sich auch in einer Serie von Sprüngen auf der Wasseroberfläche fortbewegen, wenn sie es eilig hatten. Störte sie eine Fliege, dann schlugen sie mit der Brustflosse nach ihr, und sie wischten sich mit der Flosse auch über die Augen.

Von Zeit zu Zeit krochen sie zum Wasser, steckten das Maul in die Fluten und pumpten ihre Kiemenhöhle voll. Es sah aus, als würden sie trinken. Auch wälzten sie sich, seitlich überkippend, im Wasser oder im nassen Sand und befeuchteten so die Haut, wie wir es bereits von anderen uferbewohnenden Fischen hörten. Auf Java und Sumatra gibt es einen Schlammspringer, der eine trockene Haut besitzt und dies nicht mehr nötig hat. Obgleich die Schlammspringer kein Übergangsglied zu den Lurchen sind, kann man sie doch gut als Modell einer Landtierwerdung ansehen. In ähnlicher Weise mochten die Quastenflosser der Steinkohlezeit in der Uferregion herumspaziert sein.

Die Lebensgemeinschaft auf den Mangrovenwurzeln erinnerte in vielem an die der Felsregion, allerdings fehlten die typischen Anpassungsformen an starke Brandung, wie wir sie im Panzerseeigel vor uns haben. Es gab jedoch Uferschnecken, Seepocken, Krabben und zahlreiche Austern.

Bei Flut tauchten wir öfter zwischen den Mangroven der Flußmündung. Das Wasser war dann klar, und für kurze Zeit stand es still. Vor den Mangroven im freien Wasser lauerten Hornhechte und Halbschnabelhechte, und häufig begegnete uns ein Trupp von Stachelmakrelen und Meeräschen. Auf dem Schlickboden fand ich unsere alten Freunde, die emsig baggernden Garnelen mit ihren wachsamen Grundeln.

Im Dickicht der Stelzwurzeln schwammen Rotfeuerfische langsam wie Segelschiffe umher. Seebader, Kaninchenfische, Wimpelfische und selbst die langschnäuzigen Pinzettfische *(Forcipiger)* kamen bei der Flut aus dem Riff zu Besuch. Zahlreiche Grundeln, Schleimfische, Kardinalfische, Argusfische, Schwärme des Silberflossenblattes und ein dunkler Mangrovenriffbarsch mit orangerotem Bauch und gelblicher Schwanzflosse gehörten zu den häufigen ortsansässigen Fischen. Vereinzelt traten auch Schützenfische auf. Sie wurden um so zahlreicher, je weiter man

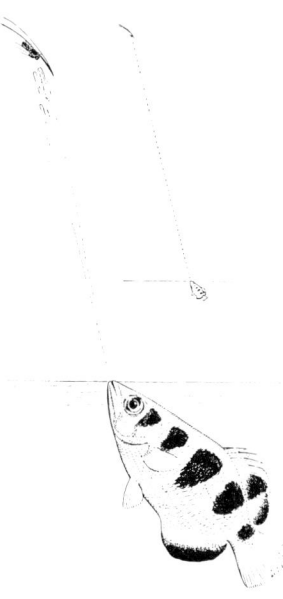

174
Nach Insekten spukkender Schützenfisch (Toxotes jaculatrix). *Der Fisch kann um das Zehnfache seiner Körperlänge gezielt übers Wasser hinaus spucken.*

252

in die Flußmündung eindrang. Als wir einmal den Fluß hinauffuhren, fanden wir sie bis in die Süßwasserzone hinein.

Manch einer wird diesen Fisch aus einem Verslein und einer Skizze von Wilhelm Busch kennen:

> »Der Spritzefisch ist ein
> Gar listiger Geselle.
> Gib acht und hüt dich fein,
> Leichtsinnige Libelle!«

So schreibt er und zeichnet einen Fisch, der mit einem Wasserstrahl eine Libelle aus der Luft schießt.

Daß es so einen Fisch aber wirklich gibt, wird manchen vielleicht überraschen. Die kleinen Fischchen jagen wirklich Insekten, die über dem Wasser leben, und holen sie durch gezieltes Spucken herunter. K. H. Lüling, der das näher untersuchte, berichtet, daß erwachsene Schützenfische von 20 Zentimeter Länge bis zu 1,5 Meter hoch spucken; drei Zentimeter lange Jungfische spucken 20 Zentimeter hoch. Der Fisch lauert normalerweise knapp unter der Wasseroberfläche. Sieht er ein Insekt, dann schwimmt er so nahe wie nur möglich heran, fixiert die Beute beidäugig und stellt sich möglichst steil unter ihr auf: Je steiler er steht, desto geringer ist die Brechung des Lichtes, und er braucht nichts zu kompensieren. Nun nimmt er Wasser in die Mundhöhle und preßt es durch plötzliches Andrücken der Kiemendeckel zwischen der angepreßten Zunge und einer Rinne im Munddach aus dem Maul. Die Oberkieferspitze durchstößt dabei die Wasseroberfläche. Die Kraft ist erheblich, und eine Schabe wird durch einen solchen Beschuß leicht von der Unterlage, auf der sie sitzt, abgehoben. Der Fisch spuckt so nach Insekten, die auf vertikalen Flächen sitzen, daß der Wasserstrahl etwas unterhalb auftrifft und die Beute abhebt. Bleibt sie weiter sitzen, dann schießt er einige Male hintereinander. Unmittelbar nach dem Schießen ist der Fisch ganz darauf eingestellt, aufs Wasser Fallendes zu schnappen, und nimmt dann auch blindlings Ungenießbares, wenn man es ihm vorwirft.

Wie dieses Verhalten sich im Laufe der Stammesgeschichte entwickelt hat, weiß man nicht. Eine Reihe von Fischen, die im Sande oder zwischen Pflanzen ihre Nahrung suchen, blasen durch einen Wasserstrahl die oberste Sandlage oder Pflanzenteile weg und legen dabei Beutetiere frei. Das tun zum Beispiel Igelfische. Wir hatten zwei Igelfische in unserem Institut, die an der Oberfläche gefüttert wurden. Wenn wir uns dem Becken näherten, kamen die zahmen Tiere in Futtererwartung herauf und spuckten dabei in ihrer Freßerregung ungezielt Wasser über die Oberfläche. Ein bodenbeweidender Fisch, der zum Fressen an der Oberfläche übergeht, könnte das Spucken gewissermaßen als Voranpassung mitbringen und hier weiterentwickeln. Aber wie immer sich auch der Schützenfisch entwickelt haben mag, daß es ihn gibt, gehört zu den vielen kleinen Wundern um uns.

Unsere Begegnung mit den Schompen

Wenn sich der Vorhang der Regenwolken lichtete, dann konnten wir von unserem Ankerplatz über die Flußmündung und den östlichen Felsriegel hinweg die grünen Hügelketten von Großnikobar sehen. »Dort leben die Schompen«, erzählten uns die Inder, »ein wildes Volk, das keine Besucher duldet. Wir haben versucht, durch Geschenke den Kontakt herzustellen, und was wir ihnen hinlegten, das holten sie auch nachts ab. Aber wenn wir folgen wollten, dann vertrieben sie uns mit ihren Holzspeeren. Vor zwei Jahren wollten einige von uns trotzdem in das Gebiet eindringen, aber von denen kam keiner zurück.«

Die Schompen sind ein praktisch unbekanntes, scheues Völkchen, das nur auf Großnikobar lebt. Man schätzt die Bevölkerung auf 300 Seelen. Zum Unterschied von den Nikobarern bewohnen sie auch das Innere der Insel, und sie gehören nach spärlich vorliegenden Berichten auch anderen Rassen an. Man vermutet, daß es sich bei diesem Völkchen um Überreste einer Urbevölkerung handelt, die von den später ankommenden ma-

257

laiischen Nikobarern verdrängt wurden. Bis zu unserem Besuch hatten zwei Wissenschaftler über kurze Begegnungen mit den Schompen berichtet, und das liegt lange zurück. Erst 1961 gelang es den Indern, Kontakt mit den Schompen aufzunehmen. Wir werden darauf am Ende des Kapitels kurz eingehen.

Die erste Erwähnung der Schompen verdanken wir dem dänischen Pastor Rosen, der 1831 bis 1834 auf Kamorta lebte: »Im Inneren von Großnikobar soll eine wilde Völkerschaft, wahrscheinlich von höherem Altertum als die übrigen, wohnen. Die Nikobaresen betrachten sich als jenen Wilden sehr überlegen und vergleichen sie mit Affen. Sie sollen keine Kleider tragen, keine Häuser besitzen, wie Tiere in dichten Wäldern wohnen, den Anblick der Menschen scheuen und ihre Schlupfwinkel nie verlassen, außer um Lebensmittel zu suchen, die sie zuweilen aus den Hütten am Strande rauben, wenn diese verlassen sind.«

Die Mitglieder der »Galathea«-Expedition fanden 1845 eine frisch verlassene Siedlung, als sie den Galatheafluß hinauffuhren. Als erstem Europäer gelang es F. Roepstorff, den Kontakt mit den Schompen herzustellen. Er besuchte mit einigen Nikobarern das Nikobarerdorf Laful im Gebiet des Gangeshafens und traf dort einen jungen Schompen: »Es war ein Mongole mit kleinen schiefen Augen, seine Nase war gerade, aber unten flach, sein Mund weniger hervorragend als bei den Strandbewohnern, die Zähne klein und wohlgeformt, aber schwarz. Das Haupthaar war wild und ungekämmt und über den Augen abgeschnitten. Er zeigte sich anfangs bereit, uns zu der Siedlung zu führen, zögerte aber dann und versprach schließlich, in vier Tagen wiederzukommen. Während wir sprachen, kam ein Schwein heran, und er erzählte uns, daß dieses Schwein ihm den ganzen Weg, von seiner Wohnstätte an, wie ein Hund gefolgt sei und überall mit ihm gehe.«

Im Oktober 1880 besuchte Roepstorff neuerlich den Gangeshafen und stellte wieder über die uferbewohnenden Nikobarer den Kontakt mit einem Schompen her. Diesmal begegnete ihm ein ganz anderer Typ: »Sobald ich ihn erblickte, war ich sicher, Papua-Blut vor mir zu haben. Sein Haar war üppig, buschig und leicht gekräuselt (curled), bedeckte gleichmäßig den Kopf und wuchs nicht, wie bei den Negritos, in Büscheln. Sein Antlitz war angenehm, besonders wenn er lächelte, Stirne hoch, Nase wohlgeformt, die Oberlippe ragte merklich vor, Unterlippe klein, Zähne schwarz, aber nicht groß wie die der Strandbewohner. Ein Zahn war lose, der Mann war indessen nicht zu bewegen, ihn herzugeben. Seine Hautfarbe war kupferbraun, heller als die unserer Führer aus Großnikobar und Nankauri.« Erst im März des folgenden Jahres drang Roepstorff bis zu einer Siedlung vor. Mit einem Boot fuhren er und sein Führer zuerst von der Nikobarsiedlung Laful aus etwa eineinhalb Meilen flußaufwärts. Nach einem anschließenden Landmarsch von einer halben Meile gelangten sie in eine Bananenpflanzung, wo er den papuaähnlichen

258

Mann wiedersah, außerdem aber einen Mann von »mongolischem« Aussehen. Sonst war niemand da, und auch die beiden liefen davon. Nach einer Weile kam aber der Papuaähnliche wieder, und reich beschenkt versprach er auch die Seinen zu holen. Er kam mit einer Frau, zwei Männern und einem Jüngling zurück. Leider rief man Roepstorff unmittelbar danach wegen eines Bootsunfalles weg, und es kam zu keiner weiteren Begegnung.

Im Jahre 1884 besuchte der Engländer E. H. Man wie Roepstorff das Dorf Laful, dessen Bewohner mit dem nächsten Schompendorf auf freundlichem Fuße standen. Der Dorfhäuptling erklärte sich bereit, ihn zu den Schompen zu führen. Sie ruderten eine halbe Stunde den Fluß hinauf und bestiegen dann einen Hügel. Sie erreichten in 330 Meter Höhe ein Plateau mit einer Lichtung, auf der zwei Pfahlbauten nebeneinander standen. Beide hatten die Form von Bienenkörben und ruhten auf etwa drei Meter hohen Pfählen. Die Bewohner hatten sich versteckt, kamen aber hervor, und es gelang ihm, zwei Brüder zu überreden, mit nach Nankauri zu kommen, von wo er sie reich beschenkt wieder heimbrachte. Man erarbeitete bei dieser Gelegenheit ein kleines Vokabular und photographierte einige Schompen.

Einer der beiden Schompen namens Ateo begleitete Man auf einer weiteren Exkursion. Man wollte mit seiner Hilfe den Kontakt mit anderen Schompen im Süden der Insel herstellen. Sobald Ateo jedoch die Absicht merkte, wurde er sehr unruhig, und als das Boot den Galatheafluß hinauffuhr, sprang er, geradezu in Panik, über Bord und mußte gewaltsam zurückgeholt und gefesselt werden. So groß war seine Furcht vor fremden Stammesgenossen!

Man entdeckte bei diesen Kontakten, daß auch die Schompen Boote herstellen, und zwar nicht nur für den eigenen Gebrauch, sondern auch als Tauschobjekt für die Nikobarer. Die Boote sollen von jenen der Nikobarer nicht verschieden sein. Die Schompen fischen auch an der Küste.

Bei einer weiteren Exkursion besuchte Man wieder die Siedlung hinter dem Gangeshafen und lud noch einmal eine Gruppe von Eingeborenen nach Nankauri ein. Der Versuch mißglückte, da sich die Besucher in die Wälder flüchteten und mit einem kleinen Boot auf eigene Faust heimkehren wollten. Sie kamen nie an, und das hat wohl das angebahnte Vertrauen der Zurückgebliebenen erschüttert.

Wir wollten diese Schompen allzugerne kennenlernen, und da wir gerade im Gangeshafen ankerten, dachten wir zunächst einmal daran, von unserem Liegeplatz aus landeinwärts vorzudringen. Wir nahmen nur eine Vogelflinte mit, um durch unsere Waffenlosigkeit die ängstlichen Schompen zu beschwichtigen, und gingen auch nur zu zweit.

Den ersten Versuch, auf dem Landwege ins Inselinnere vorzudringen, gaben wir sehr schnell auf. In den Wäldern war es dunkel und tropfnaß. Die lehmigen Steilhänge waren so glitschig, daß wir immer wieder ausrutschten, und die Palmen, an denen man sich hätte festhalten können, hatten unglaublich lange Stacheln. Es gab Unannehmlichkeiten zur Potenz, und bereits auf dem ersten Hügel waren wir völlig zerstochen und lehmverschmiert und hatten keinen einzigen trockenen Faden am Leib.

Kapitän Hein Becker und ich versuchten es wenig später auf dem Jubileefluß, der in unsere Bucht mündete. Wir nahmen dazu unser kleines Klepperboot und fuhren zeitig am Morgen mit auflaufender Flut los. Der Meeresspiegel wogte bleiern träge, aber unter Wasser schien allerlei los zu sein, denn immer wieder durchstießen Fische in eiliger Flucht die Wasseroberfläche, manchmal einzeln, manchmal in ganzen Schwärmen. Die Raubfische frühstückten wohl gerade. Im Fluchtverhalten der Gejagten fielen mir einige artliche Besonderheiten auf. Die Meeräschen flüchteten meist in Gruppen mit einer Serie schneller Kopfsprünge. Die Halbschnabelhechte dagegen beendeten ihren Luftsprung nicht, indem sie kopfvoran wieder eintauchten. Wenn sie an Geschwindigkeit verloren, sanken sie zuerst mit der Schwanzflosse ins Wasser, wedelten sogleich wieder mit ihr, gewannen Geschwindigkeit und erhoben sich von neuem über Wasser. Aus solchen Oberflächenläufern haben sich (wie S. 73 gesagt) die fliegenden Fische entwickelt, die in die Luft springen, die Flossen ausbreiten und dahinsegeln. Verlieren sie an Geschwindigkeit, so sinken sie ebenfalls zuerst mit der Schwanzflosse zum Wasser und nehmen neuen Anlauf.

Ist der Wind günstig, dann können sie sich mehrere Meter über den Wasserspiegel erheben und mehrere hundert Meter weit segeln. Sie halten beim Flug die Brustflossen wie Tragflächen zu den Seiten gestreckt. Das gelegentlich beobachtete schnelle Vibrieren dieser Flossen ist kein aktives Schlagen, sondern eine durch Luftwirbel hervorgerufene Bewegung. Mit den Brustflossen schlagend kann nur der südamerikanische Beilbauchfisch fliegen. Dieser Süßwasserfisch hat dazu eine gewaltige Brustmuskulatur. C. Breder sah diese Fische auffliegen, wenn er sie mit einem Netz gegen das Ufer drängte. Sie flogen immer nur vom Ufer weg gegen den freien Wasserspiegel, und zwar stets geradlinig. Man hörte das Summen ihrer schnell schlagenden Brustflossen. Im Aquarium gehaltene Beilbauchfische fliegen nie. Da sie im Flug nicht steuern können, verhindert diese angeborene Hemmung, aus kleinen Tümpeln zu springen, ein Unglück.

Ich ruderte die ersten zwei Stunden, während Becker mit einer Schrotflinte auf den Knien um sich sah. Hin und wieder fluchte er, dann war ein besonders schöner Reiher oder ein anderer Vogel davongeflogen, bevor er sein Gewehr angelegt hatte. Im übrigen brummte er unentwegt »Junge – Junge« in seinen dichten Bart. Die Landschaft übertraf auch an Üppigkeit alles, was ich bisher gesehen hatte. Stelzwurzelige Mangrovenbüsche

260

säumten das Ufer, und dahinter schloß sich ein Hochwald von Mangrovenbäumen an. Sie standen dicht nebeneinander, und als wir einmal hineinliefen, machte uns die Stille doch beklommen. Es gab keinerlei Unterwuchs, und man stolperte im Halbdunkel über Wurzeln, unter denen das Wasser gurgelte.

Der Fluß war in zahlreiche Arme aufgespalten, und wir fürchteten, uns in dem Labyrinth zu verirren. Manchmal rückten die Pflanzenwände so dicht von beiden Seiten an uns heran, daß wir kaum paddeln konnten, und stellenweise schlossen sich die grünen Lauben über unseren Köpfen.

Die Flut drückte Wasser in den Fluß, und so kamen wir ganz gut voran. Bald säumten Nipapalmen die Ufer. Die langen, gefiederten Wedel schienen direkt aus dem Wasser zu wachsen. Hin und wieder sprang ein Hornhecht aus dem bereits brackigen Wasser, und einmal sah ich besonders günstig ganz nahe am Ufer zwei Schützenfische. Nach einigen vergeblichen Versuchen, sie vom Boot aus zu fangen, stieg ich ins Wasser, das mir bis zu den Schultern reichte, schob mein Netz unter den einen und hatte ihn. Während ich ihn verstaute, ruderten wir an einer Schlammbank vorbei. Ein schleifendes Geräusch ließ uns aufblicken, und wir sahen gerade noch ein vielleicht fünf Meter langes Estuarienkrokodil die Böschung hinunterrutschen und im Fluß verschwinden. Die Lust, weiter im trüben Fluß zu fischen, verging mir gründlich, denn diese Krokodile sind als sehr gefährlich bekannt. Jetzt, nachdem wir auf dieses Tier aufmerksam geworden waren, sahen wir da und dort eines, am Ufer schlafend oder wie ein Baumstamm im Seichten treibend. Wenn wir vorbeifuhren, dann tauchten sie völlig geräuschlos unter.

Fünf Kilometer von der Mündung waren wir bereits in reinem Süßwasser. Wir mußten jetzt gegen die Strömung rudern, doch kamen wir noch gut voran. Der Fluß war nurmehr vier bis fünf Meter breit und zwei Meter tief. Zu beiden Seiten war er von einer hohen, lehmigen, mit Farnen und einer Art Bambus bewachsenen Uferböschung eingefaßt. Streckenweise ging es auch durch Wald, doch wuchsen hier keine Mangroven. Zweimal versperrte uns ein Urwaldbaum den Weg, und wir mußten das Boot über das Hindernis wuchten. Nach sieben Stunden zügigen Ruderns verwehrten uns ein entwurzelter Bambusstrauch und dichtes Gestrüpp die Weiterfahrt. Wir waren etwa zwanzig Kilometer von der Flußmündung entfernt und hatten keine Spuren von Menschen gesehen. Wir stärkten uns mit einer Dose Kondensmilch und Sardinen und gingen ein Stückchen zu Fuß weiter, Becker mit der Flinte und ich mit Netz und Eimer zum Fischfang. Wir hatten Jagdglück. Becker schoß ein Spitzhörnchen und mehrere Vögel für Georg Scheer, und ich sammelte in einem Süßwasserbach 15 verschiedene Arten von Süßwasserfischen: eine interessante Ausbeute. Damit war Kapitän Becker jedoch nicht zufrieden. Er mußte auch etwas für sein Schiff haben, und als wir an einer kerzengeraden schlanken Palme vorbeikamen, fällte er sie. Wir nahmen dieses hinderliche Trumm in Schlepp und brachten es mit viel Mühe auch auf die »Xarifa«, wo es für den Rest der Reise auf dem Vorderdeck herumlag. Die Schompen hatten wir nicht gesehen, aber auch ohne sie war dieser Ausflug ein besonderes Erlebnis.

Länger als vier Wochen konnten wir die Reparatur nicht hinauszögern, und da bis dahin noch immer keine Bewilligung von der indischen Regierung eingetroffen war, beschlossen wir, uns offiziell zu verabschieden. Wir gaben vor, einige Wochen auf hoher See zu fischen und danach wiederzukommen. Unser eigentlicher Plan war aber, in einem ungestörten Winkel dieser Inselgruppe unsere meeresbiologischen Arbeiten fortzusetzen. Hier lebten wir ja in dauernder Furcht vor einem Militärboot, das unsere Sammlungen und Filme beschlagnahmen könnte.

Die unbewohnte Insel Tillanchong im Norden der Inselgruppe schien uns ein geeigneter Platz, aber zuerst wollten wir doch noch die Ostseite von Großnikobar besuchen. So verlegten wir unseren Standort in die Pigeonbucht und blieben dort über Nacht.

Zeitlich am anderen Morgen rief uns Scheer an Deck. Er zeigte auf einen Eingeborenen, der in einem Auslegerboot langsam im weiten Bogen das Schiff umkreiste. Wir winkten, und da kam er zaghaft näher. Es war ein junger, kräftig sonnengebräunter Mann mit malaiischem Gesichtsschnitt. Das lange, ungekämmte Haar war mit einem Stück Bast über der Stirn zusammengebunden, und in den Ohren steckten nach vorne zugespitzte Holzpflöcke. Bis auf einen schmalen, um die Lenden geschlungenen und zwischen den Beinen durchgezogenen Stoffstreifen war er nackt. Um den Hals trug er ein dünnes, enganliegendes Kettchen aus kleinen, runden, in der Mitte durchbohrten Perlmutterblättchen. Wir reichten ihm ein paar Angelhaken über Bord, und er gab uns einige handtellergroße Blätter. Da diese jedoch kein Betelpfeffer waren, halte ich das Ganze für eine symbolische Gabe. Die ganze Zeit über zeigte er keine Regung; Angst und Beherrschung zeichneten sein Gesicht. Schneller, als er gekommen war, strebte er dem Ufer zu.

Etwa zwanzig Minuten später kam er mit zwei erwachsenen Männern zurück, die ebenso bekleidet und geschmückt waren wie er. Der vorderste lachte uns freundlich an, und die anderen lächelten, doch merkte man, daß sie dadurch nur ihre Angst überdeckten. Sie hatten den Jüngling offenbar zuerst einmal probeweise losgeschickt, und nachdem wir ihm nichts angetan hatten, kamen auch sie. Aber ganz wohl war ihnen noch nicht zumute. Wir luden sie durch Gesten ein, an Bord zu kommen, und sie folgten und kletterten mit langsamen, unsicheren Bewegungen die Leiter hoch.

Dabei taten sie aber, als wäre dies alles überaus lustig. Sie lachten betont hahaha, nickten uns dabei dauernd aufmunternd zu und rieben sich mit der flachen Hand über den Bauch. Wir lachten ebenso und kamen auf dieser Basis zu einer ersten Verständigung. Sie fürchteten sich schrecklich und schwitzten vor Aufregung. Aber das Lachen löste die Spannung. Wieder durch Gesten luden wir sie ein, auf dem Achterdeck Platz zu nehmen. Wachsam und betelkauend folgten sie uns, und wir setzten uns nebeneinander nieder. Wir plauderten, ohne einander zu verstehen, und doch war es eine richtige Unterhaltung und Kontaktaufnahme.

Auf einmal begann der Jüngste mein Hemd an der Seite anzufassen und den Stoff mit Daumen und Zeigefinger reibend zu prüfen. Ich gab es ihm. Zum erstenmal strahlte er über das ganze Gesicht. Er zog es gleich an, aber falsch herum, so daß die Knöpfe auf dem Rücken saßen. Wir halfen ihm, und dabei fiel auf, daß selbst ein so einfacher Vorgang wie das Zuknöpfen eine eigene Technik erfordert, die gelernt sein will. Aus dem Verhalten unseres neugewonnenen Freundes mußten wir schließen, daß diese Erfindung offenbar noch nicht bis in diesen Winkel der Erde vorgedrungen war.

Da die Nikobarer auf Kondul gerne rauchten, boten wir auch diesen hier Zigaretten an. Aber wie groß war unsere Überraschung, als sie gar nichts damit anzufangen wußten. Sie steckten die Zigarette in den Mund und wollten darauf herumkauen, was wir noch rechtzeitig verhinderten. Wir zeigten daraufhin, wie man das macht, und boten Feuer an. Nun hielten sie die Zigarette in die Flamme und bliesen hinein. Erst als wir es noch einmal zeigten, zogen sie heftig mehrere Male hintereinander, sahen uns erstaunt an, husteten, lachten dazwischen und spuckten aus. Wir deuteten ihnen, sogleich das Zeug wegzuschmeißen, was sie nicht ungern taten. Sie lachten und schüttelten den Kopf, und wir lachten auch. Sie hatten offenbar vollkommen verstanden, daß wir ihnen nicht übelwollten und ihnen die Zigaretten nur angeboten hatten, weil wir dachten, sie würden dergleichen kennen. Dazu mag wohl auch beigetragen haben, daß einige von uns rauchten.

Es überraschte uns außerordentlich, daß der Tabakgenuß diesen Menschen fremd war, denn dieses Produkt der Neuen Welt ist ja mittlerweile bis in die entferntesten Winkel der Erde vorgedrungen. In Neuguineas wildesten Gebieten kann man ebensogut mit Tabak zahlen wie in Malayas Urwäldern. Offenbar lebten die Schompen auf dieser kaum besuchten Insel sehr isoliert.

Nun boten uns unsere Gäste als Gegengabe ein Stück Betelnuß, ein grünes Blatt und weißen Kalk an. Nach längerem Kramen holten sie die Gaben aus ihrem Durchziehschurz hervor, wo diese Genußmittel offenbar zwischen Haut und Schurz festgeklemmt waren. Ich machte gute Miene und kaute das Zeug, das mir den Mund zusammenzog und überdies verdächtig salzig schmeckte. Die Spender grinsten breit, als sie merkten, daß es mir nun ganz so erging wie ihnen zuvor mit der Zigarette, und ich durfte ausspucken.

Das Ehepaar Hass hatte unterdessen eifrig photographiert und gefilmt, was unsere Freunde nicht störte; sie erfaßten den Vorgang offenbar überhaupt nicht. Nach einer Weile begann der älteste an dem Hemd von Hans Hass zu zupfen, und so wurde auch er sein Kleidungsstück los. Lotte entzog sich dieser Zeremonie geschickt, indem sie schnell in ihre Kabine huschte und einen zweiteiligen rot und blau geblümten Strandanzug herausholte. Den bekam der Dritte, und alle waren höchst vergnügt. Die Völkerkundler mögen uns verzeihen. Wir haben mit diesen vergänglichen Kleidungsstücken gewiß nicht kulturzerstörend eingewirkt, und die Leute hatten eine solche Freude damit. Sie schnatterten eine ganze Menge, und wir antworteten. Die Konversation bestand darin, abwechselnd auf Dinge zu zeigen, deren Namen der andere dann nachzusprechen versuchte. Schließlich holten wir auch das Buch von G. Whitehead über die Nikobarer und zeigten ihnen die Bilder von Hütten und Einwohnern, auf die sie nickend und lachend zeigten. Zuletzt wurden sie recht munter. Als einer Lottes schönen Rock zum Gegenstand seiner Neugier erkor und schlicht hochhob, meinte Hass in scherzendem Ton, daß dies doch wohl zu weit ginge. Das hat der Schompen auch durchaus verstanden, und es entlockte ihm ein verständnisvolles Grinsen. Unser Freund ging gleich auf ein anderes Thema über. Mit der flachen Hand rieb er sich wieder über den Bauch. Sicher wünschte er etwas zu essen oder zu trinken. Jeder bekam ein Glas Zitronenlimonade, und auch wir schenkten uns ein. Nach dem ersten Schluck nickten sie uns freundlich zu und schmatzten sichtlich betont, um uns ihr Wohlbefinden mitzuteilen. Sie schlossen den Mund fest, rissen ihn schmatzend auf, leckten zwischendurch ihre Lippen ab und tranken dann weiter. Ob es ihnen wirklich schmeckte, ist schwer zu sagen; einer verzog ein wenig das Gesicht. Aber er ließ kaum etwas merken. Die Höflichkeit und Freundlichkeit dieser Menschen waren erfrischend.

Nach einer Weile erhoben sie sich und verließen uns freundlich nickend, zwei im Hemd und einer in Lottes Strandanzug.

Wir winkten ihnen nach, sie winkten zurück, und da beschlossen wir, einen Gegenbesuch zu machen. Wir fuhren ihnen mit unserem Beiboot nach und trafen die Männer am Ufer. Aber sosehr wir uns auch verständlich zu machen versuchten, es gelang nicht. Offenbar wollten sie uns nicht das Dorf zeigen. Nur mit Lotte hätten sie wohl eine Ausnahme gemacht, wenn ich ihr verschmitztes Gebaren recht deutete. Der Jüngste kam zu uns aufs Beiboot, und wir hofften schon, er würde uns vielleicht den Weg weisen. Aber mit durchaus vergnügtem Gesicht zeigte er uns die zahlreichen Mangrovenkrabben, während wir den Fluß hochfuhren, und rieb sich dabei jedesmal den Bauch: die schmeckten sicher gut. Um solche Erfahrung reicher, kehrten wir bald um, und da waren die anderen beiden verschwunden.

Wir trieben uns noch ein wenig am Ufer umher, fingen einige Fische aus einem kleinen Süßwasserbach und wollten dann an

264

Bord. Da kamen unsere Freunde zu unserer großen Freude wieder zurück. Einer trug auf der Schulter ein gefesseltes schwarzes Schweinchen. Das schöne Hemd hatte er noch immer an, aber es war merklich dunkler geworden. Freundlich überreichten sie uns das Schwein als Gegengabe, ein wirklich kostbares Geschenk. Schweine sind für diese Menschen wertvoller Besitz. Es wurde mit großem Hallo ins Boot verfrachtet. Dabei lösten sich die Fesseln, und nur mit Mühe gelang es Kapitän Becker, das schreiende und strampelnde Tier in einen großen Kamerakasten einzusperren. Bis zur Abfahrt mußte er auf dem Deckel sitzen bleiben.

Die Selbstverständlichkeit, mit der die Schompen uns nun ihrerseits beschenkten, war so ursprünglich nett und höflich, daß sie uns wohl nachdenklich stimmte.

Mit unseren Freunden kamen noch ein Jüngling und ein Mann, der wohl den Typus verkörperte, den F. Roepstorff als »Papua« angesprochen hatte. Seine ungekämmten gewellten Haare standen buschig um sein Haupt und machten ihn zu einer besonders eindrucksvollen Erscheinung. Die Gesichtszüge waren angenehm, doch erübrigt sich hier eine lange Beschreibung, da die Aufnahmen wohl einen deutlicheren Eindruck vermitteln. Die Oberlippe schmückte der Anflug eines Bartes. Der Körper war kräftig gebräunt, jedoch keineswegs dunkel. Er verkörperte den alten weddiden Typus, der wahrscheinlich einst die ganzen Nikobaren bevölkerte, später aber durch Neueinwanderer anderer Rasse zurückgedrängt wurde, ähnlich wie das ja auch bei den Weddas auf Ceylon der Fall ist. Der Jüngling, der zuerst den Kontakt mit uns aufgenommen hatte, erinnerte mit seinen fast weiblichen Gesichtszügen eher an einen Mikronesier. Demnach dürften in den Schompen mehrere Rassenelemente stecken.

Die beiden neu Angekommenen saßen zunächst etwas schüchtern abseits und beobachteten uns aufmerksam. Als der Mann merkte, daß ich ihn von der Seite betrachtete, lächelte er und grüßte verlegen und gewissermaßen beschwichtigend durch Hochheben der offenen Rechten, eine uralte und weitverbreitete Gebärde, mit der man unmißverständlich seine friedliche Absicht demonstriert, zeigt man doch, daß die Waffenhand keine Waffe trägt. Ich grüßte zurück. Damit war auch dieser Bann gebrochen, und er kam neugierig zu unserer Gruppe.

Besonders Lotte Hass schien ihn zu interessieren, denn er gesellte sich zu ihr. Sie hatte auch einen besonders attraktiven Badeanzug angezogen. Als er dessen Qualität mit der Hand zu prüfen begann, lenkte Hans Hass ihn mit der Kamera ab, indem er sie ihm zum Durchschauen hinhielt. Darauf zeigte er stolz auch seinen Besitz: ein Stück Eisen, das offenbar kalt zu einem Stößel geschmiedet war. Es mochte wohl von einem Wrack stammen.

Wir verbrachten noch eine gemütliche Stunde am Ufer und luden dann die ganze Gruppe noch einmal ein, an Bord zu kommen. Wir bewirteten sie, sie faßten munter plaudernd mit den

Händen zu und aßen mit gutem Appetit. Dann verabschiedeten sie sich, und wir haben sie leider nicht wiedergesehen, da wir ja weiter mußten. Ein paar Ohrpflöcke, die ich zum Abschied von einem bekam, blieben mir zur Erinnerung an eine besonders nette menschliche Begegnung.

Am Spätnachmittag suchten wir nach einem Weg zum Dorf. Wir streiften durch die finsteren Mangrovenwälder und fanden am Rande der Bucht eine kleine Laubhütte, die kaum mehr als einen Unterschlupf darstellte, aber von unseren Freunden sahen wir keine Spur. Wir mußten uns mit dem begnügen, was wir erlebt hatten, es war interessant genug gewesen und gab unseren Gedanken manch neue Ausrichtung, die unsere weiteren Pläne für die Zukunft entscheidend beeinflussen sollten.

Was uns damals so verblüffte, war die Leichtigkeit, mit der wir uns mit Leuten unterhielten, die einer völlig anderen Kultur angehörten, nie eine Berührung mit Europäern gehabt hatten und deren Wortschatz uns völlig unbekannt war. Mimik, Gestik und Sprachmelodie allein genügten, um das Wesentliche auszudrükken. Sie lachten ja wie wir, schauten in der gleichen Weise verschmitzt, kratzten sich genauso verlegen am Kopf, schmunzelten und grüßten mit den gleichen beschwichtigenden Gebärden.

Soviel auch in unserem Verhalten durch Tradition und Erziehung gebildet und abgewandelt wird und sosehr man daher den Menschen als das Lern- und Kulturwesen bezeichnen kann, ein guter Anteil seines Verhaltens ist ihm dennoch angeboren. Solche angeborenen Verhaltensweisen, wie etwa Lachen oder Weinen, entwickeln sich in jedem Individuum unserer Art, ohne daß es dafür eines Vorbildes oder einer besonderen Anleitung bedürfte. Sie sind uns primär verständlich. Das gilt zum Beispiel für das Lächeln, eine Ausdrucksbewegung, die bereits das Neugeborene beherrscht. Aber auch eine Reihe von Verhaltensweisen, die das Neugeborene noch nicht zeigt, reifen offenbar unabhängig von Lernvorgängen heran. Sie sind dem Menschen gleichermaßen angeboren wie jene Organe, die ebenfalls erst im Laufe der Jugendentwicklung funktionsfähig werden.

In der ersten Auflage dieses Buches führte ich aus, daß nur kulturenvergleichende Studien Aufschluß über den Umfang des uns Menschen als stammesgeschichtliche Anpassungen im Verhalten Vorgegebenen geben könnten, daß wir aber leider kaum über Dokumente ungestellten menschlichen Verhaltens verfügten, um diese Frage zu entscheiden. Die völkerkundlichen Dokumente befaßten sich in erster Linie mit vorgeführten Fertigkeiten – Töpfern, Weben, Hüttenbauen und dergleichen –, führten jedoch nicht die ungestellten Dokumente der Wirklichkeit vor: wie man einander in verschiedenen Kulturen grüßt, wie man Kinder herzt oder flirtet. Ich wies auf die dringende Notwendigkeit hin, solche Dokumente im Kulturenvergleich zu erarbeiten, da mit zunehmender Akkulturierung der Naturvölker die Möglichkeiten dazu rapide dahinschwänden. Und hätte man einmal die Gelegenheit zur Dokumentation verpaßt, dann wäre das nie mehr nachzuholen; denn soziale Interaktionen hinterlassen ja keine »Fossilspuren«. Während man die Technik des Webens oder Töpferns auch nach dem Untergang der betreffenden Kulturen aus den Produkten ablesen könne, würde man nie mehr erfahren, wie eine Mutter einer untergegangenen Kultur ihr Kind geherzt habe. Ich sprach damals den Wunsch aus, die Schompen wieder einmal zu besuchen.

Mittlerweile sind viele Jahre vergangen, und ich habe zusammen mit meinem Freund Hans Hass ein umfangreiches kulturvergleichendes Dokumentationsprogramm aufgebaut, über das ich bereits an anderer Stelle ausführlich berichtete. Ich besuche seit nunmehr über fünfzehn Jahren regelmäßig Völker, die noch auf steinzeitlicher Stufe leben – in den Gebirgen Neuguineas, in den Urwäldern am oberen Orinoko und in der zentralen Kalahari. Die mittlerweile erarbeiteten 160 Kilometer Film belegen die Universalität einer ganzen Reihe elementarer Handlungsstrategien. Nur ein Wunsch hat sich nicht erfüllt: Das liebenswerte Völkchen der Schompen durfte ich nie wieder besuchen. Alle Eingaben bei den indischen Behörden um eine Besuchsgenehmigung für dieses Gebiet blieben bisher vergeblich. Großnikobar ist nicht mehr so ruhig, wie es damals war, als wir mit der »Xarifa« vor seinen Riffen ankerten.

1960 stellten die Inder die ersten Kontakte mit den Schompen her. Heute kennt man 13 Dörfer, die sich über einen weiten Bereich des nordöstlichen, nördlichen und westlichen Inselgebietes verteilen. Sie leben hier tief im Forst, und man schätzt ihre Zahl gegenwärtig auf etwa 350 (S. M. Krishnatry 1971). Sie kultivieren Bananen, Zuckerrohr, Kokosnüsse und Betelnüsse, halten Schweine, jagen und sammeln Wildfrüchte. Die Inder bemühen sich um eine Besiedlung der Inseln, und es ist daher abzusehen, daß diese kleinen Reste alteingesessener Bevölkerung über den Kulturenkontakt ihre alte Lebensweise aufgeben und in der neuankommenden Bevölkerung aufgehen werden.

Im Norden der Nikobaren, auf den Andamanen, leben noch zwei weitere wenig bekannte Naturvölker – die Jarawas und die Sentinelesen. Beide gehören zu den Negritos, und beide sind wild und weisen Fremdkontakte ab. Mit den Nordsentinelesen, die auf der nur 47 Quadratkilometer großen Nordsentinelinsel leben, hatte man bisher überhaupt keinen Kontakt, da sie auf jedermann Pfeile schießen, der das Ufer zu betreten versucht. Im »National Geographic Magazine« gab es einen dramatischen Bericht von einem solchen Kontaktversuch (R. Singh 1975). 1978 hatte ich Gelegenheit, mit einigen indischen Anthropologen an einem Kongreß über Stammeskulturen in Port Blair (Andamanen) teilzunehmen, und ich hoffe nach wie vor, daß es uns einmal in Zusammenarbeit mit indischen Kollegen vergönnt sein wird, eine Dokumentation über das Verhalten dieser wahrscheinlich letzten Gruppen altsteinzeitlicher Inselbewohner vorzunehmen.

177
Einen Höhepunkt unseres Aufenthaltes in der Pigeonbay bildete der Kontakt mit den Schompen. Freundlich, aber auch etwas ängstlich suchten sie in ihrem Auslegerboot unsere Bekanntschaft. Photo: Verfasser (Großnikobar).

Tillanchong

In der wunderschönen weiten Castlebucht an der Ostseite der Insel gingen wir vor Anker. Die Aussicht auf den weiten Sandstrand und auf die grünen Berge war bezaubernd, weniger allerdings der Ankerplatz. Die Bucht bot kaum Schutz, und so rollten wir in der Dünung so arg, daß in der ersten Nacht alles durcheinanderfiel. Zu allem Übel ergoß sich eine ganze Flasche Salmiakgeist auf den Boden eines Labors, und wir übersiedelten für die Nacht fluchtartig an Deck. Dort war's zwar kühl, aber man konnte wenigstens atmen und hatte außerdem einmal Ruhe vor den Schaben, die mittlerweile in großen Scharen das Schiff bevölkerten. Wir hatten sie irgendwie auf Ceylon an Bord bekommen, schöne große Exemplare mit breiten Flügeln – aber wer glaubt, daß Zoologen an jedem Getier ihre Freude haben, der irrt. Diese Schaben, die unser kleines Zoologenschiff in eine Arche Noah verwandelten, haßten wir. Wer liebt es schon, wenn einem diese Tiere über Nacht die Bücherrücken verspeisen oder einen nachts wecken, weil sie gerade einmal flügelschwirrend den Rücken des Schläfers als Balzplatz aussuchen. Einmal erwachte ich durch ein schmerzliches Brennen am Fuß. Saß da eine fette Schabe und nagte in aller Gemütsruhe an meiner Fußsohle! Ich verjagte sie und schaute nach – und siehe da, das Untier hatte Löcher in die Hornhaut meiner Sohle genagt. Rosige ausgenagte Löcher, ich konnte ein paar Tage kaum darauf laufen.

Am folgenden Vormittag verspannten wir einen weiteren An-

178
Die Insel Tillanchong.
Blick durch die
Pandanuswälder auf
die Küste.
Photo: Verfasser.

ker nach der Seite, und da auch die Dünung nachließ, konnten wir an dem Platz schließlich ganz gut arbeiten. Wir schauten uns zunächst einmal den Grund unter dem Schiff an, aber da war nicht allzuviel los, zumindest auf den ersten Blick. Es war eine leicht gewellte Schlammfläche. Wir sollten gerade hier noch eine besondere Überraschung entdecken, doch darüber später.

Am Nachmittag machten Georg Scheer und ich einen Landausflug. In der Bucht fanden wir praktisch alle Biotope, Mangroven-, Felsen- und Sandstrand, ähnlich wie in der Gangesbucht, nur fehlte ein Fluß. Dafür erschreckte uns ein schönes großes Krokodil, als es an uns vorbei ins Wasser rauschte. Im Seichten jagte ein Hai Sardinen. Langsam schwimmend drängte er sie gegen das Ufer.

Ein schwarzweiß geringelter, etwa fingerdicker Aal entwischte mir, weil ich mich nicht getraute, fest zuzupacken. Dabei hatte das Tierchen ein winziges Maul und konnte gar nicht beißen. Aber so fest sitzt einem die Scheu vor auffällig Geringeltem in den Knochen. Als Landbewohner haben wir ja mit den ebenfalls geringelten Wespen einige schlechte Erfahrungen gesammelt. Ich ärgerte mich über mein Zaudern und nahm mir fest vor, den nächsten Aal ohne Hemmung anzupacken. Dazu bot sich auch gleich die Gelegenheit. Allerdings war es eine braune, etwas größere Muräne, und sie biß mich prompt durch den Fingernagel hindurch kräftig in meinen Mittelfinger. Mir tat das nach Tagen noch weh.

Nach einer kurzen Küstenwanderung verließen wir das Ufer und wanderten durch einen Wald von Schraubenpalmen (Pandanus). Die hohen Stelzwurzeln waren recht hinderlich, und wir waren froh, als ein dunkler, hoher Wald ohne Unterwuchs die Schraubenpalmen ablöste. Da und dort huschten schlanke Schönechsen (Calotes) die Stämme hoch, und einmal erwischte ich einen großen Skink. Wenig später fand ich eine dicke Grubenotter, und da ich mich schon von Kindesbeinen an für Reptilien interessierte und offenbar meinen mutigen Tag hatte, brach ich mir schneller als überlegt eine Astgabel zurecht, drückte die Schlange, die einen Teller formte, schnell nieder und packte sie mit der Hand im Nacken. Dann allerdings erschrak ich über meinen Mut und wußte nicht recht wohin mit der heftig sich ringelnden kräftigen Giftschlange, die sich in mehreren Windungen um meinen Arm legte und sich so dem Griff zu entwinden trachtete. Ich hatte nur eine kleine Plastikflasche, in die hinein ich die Schlange mit dem Hinterende voran gleiten ließ. Als sie bis zum Kopf drinnen war, gab ich ihr einen kleinen Schubs und atmete auf. Weitere habe ich nicht gefangen.

So erkundeten wir am ersten Tag unsere neue Insel, wanderten auch zum anderen Ufer, das einer argen Brandung ausgesetzt war, und legten uns die Arbeit für die nächste Zeit zurecht. Scheer hatte seine Nikobarentauben und Großfußhühner wiedergefunden. Lotte Hass lag bereits wieder auf dem Bauch im

Schlamm und photographierte die kleinen Kugelkrabben, und ich hatte im Seichten eine dichte grüne Seegraswiese entdeckt, einen Lebensraum, den ich bisher noch nicht aus eigener Anschauung kannte. Die Pflanzen hatten schmale, riemenförmige, bis zu 50 Zentimeter lange Blätter, in denen es von Kleingetier und mir unbekannten Fischen wimmelte. Da gab es zum Beispiel grüne pflanzenfressende Papageifische und mehrere Arten grüner Lippfische. Einer davon lauerte wie ein kleiner Hecht zwischen den Seegrasbüscheln. Aber was hier alles lebte, sah ich erst, als ich ein kleines Stück dieser Seegraswiese vergiftete. Da quollen aus dem Sand die merkwürdigsten Aalformen: drehrunde weiße mit schwarzen Flecken, weiß und schwarz geringelte, braune, grau gesprenkelte, fadenförmige, orangerote und viele andere. Beinahe wäre ich um diese kostbare Sammlung gekommen. Kapitän Becker holte mich nämlich mit dem Klepperboot ab; dahinein mußten nicht nur zwei Eimer voll mit Fischen, sondern auch Scheer und ich. Als eine Welle überschwappte, war's beinahe zuviel. Zum Glück sprang ich rechtzeitig aus dem Boot und entlastete es. Scheer blieb in einem Aquarium voll toter Fische ruhig sitzen; ein Aal hing ihm hinten aus der Badehose, was der Mode der Inseln entsprach. Ich schwamm die ganze Strecke zum Schiff hinter dem Boot her und kämpfte in der Dämmerung gegen die aufquellende Angst an. Immer wieder mußte ich an die Krokodilspur am Ufer denken!

In den folgenden Tagen entdeckten wir in der Mitte der Bucht eine bis knapp an die Oberfläche reichende Felsklippe. Es war gar nicht so einfach, das Boot zu verankern, denn die Klippe ging ganz steil in die Tiefe, und die Wellen schäumten und gurgelten über dieses Hindernis, so daß das Boot wie von einer Riesenschaukel gehoben, gesenkt und hin und her gezerrt wurde.

Die Strömung um die Klippe war sehr stark, aber im Strömungsschatten ging's flott in die Tiefe. Viele Bekannte tauchten auf. Der wunderschöne märchenhaft blaue Seebader *Paracanthurus theutis* schwamm nahe der Wand und versteckte sich in einem Loch. Blaue Drückerfische und dichte Wolken von Rötlingen standen nahe an der Wand, die in ihrem Fischreichtum an die steilen Außenriffe der Malediven erinnerte. Und als zuletzt noch ein gut drei Meter langer und sehr emsiger Hai auftauchte, waren wir ganz heimisch hier, allerdings erst, nachdem wir den Kerl verscheucht hatten.

In etwa 25 Meter Tiefe endete die steile Wand in einer Sand- und Schutthalde mit ganzen Wiesen von Röhrenaalen. Sie alle trugen einen auffallend das Licht reflektierenden ovalen Fleck auf dem Hinterkopf. Zwischen ihnen hatten Kieferfische ihre Röhren, und eine kleine, rot geringelte Grundel lebte hier mit einer Garnele zusammen. Wir umschwammen die Felsklippe in der Tiefe und stiegen dann wieder auf, um uns auszuruhen und an einer Dose Sardinen zu stärken.

Es dauerte aber gar nicht lange, da fühlten wir deutliche Unlustgefühle in uns hochkriechen. Wir überließen die Sardinen schnell dem Meer und gesellten uns selbst gleich zu ihnen, denn unten im Wasser war's schön ruhig, während es hier oben ganz fürchterlich schaukelte. Unser Bootsmann war auch schon ganz grün, aber der mußte oben bleiben und das Boot hüten. Wir erholten uns unter Wasser schnell und blieben mit ganz kurzen Pausen zum Wechseln der Geräte etwa drei Stunden unten. Ich sammelte und photographierte die Röhrenaale, die sich als neue Art entpuppten. Und unter den vielen anderen Fischen erbeutete ich drei kleine Engelfische mit schönen orangeroten Querlinien über den ganzen Körper. Ich schickte sie später meinem Freund Wolfgang Klausewitz und erhielt daraufhin eine Arbeit von ihm mit dem Titel »*Centropyge eibli* n. sp. von den Nikobaren«. Auch die Fischchen waren also neu, und einem alten freundlichen Brauch folgend hatte er mir diese Art gewidmet. Er wollte mir eine besondere Freude bereiten, was ihm bestens gelang, denn ich durfte zu der Ehre auch noch herzlich lachen, als ich den Namen übersetzte: *Centropyge* heißt auf deutsch schlicht »Stachelsterz«, und so schwimmt nun künftig ein Fischchen mit dem Namen »Eibls Stachelsterz« um die Felsklippen der Nikobaren, wo vordem nur ein namenloses Wesen umherflösselte, das es offiziell nicht gab. Ob ich ihm wohl einmal wieder begegne? Dann werde ich meinen Namensvetter nicht sammeln, sondern freundlich füttern.

An einem schönen sonnigen Tag schwamm ich von der Felsklippe etwas weiter hinaus. Das Wasser war ausnehmend klar, und ich sah bis auf den Grund 20 bis 30 Meter unter mir. Fischschwärme umkreisten Korallenblöcke, dazwischen schimmerte heller Sand. Auf einmal sah ich die Umrisse eines Wracks. Wie ein riesiges dunkles Tier lag es da. Es war in der Mitte auseinandergebrochen, und das Heck war arg zertrümmert. Die Platten und Eisenteile lagen verbogen und wirr durcheinander, und auf jeder hatten sich Korallen angesiedelt. An einer Stelle ragte eine Reihe von Spanten wie Rippen hoch. Das Vorschiff war noch relativ gut erhalten.

Die Entdeckung regte mich sehr auf, spinnt sich doch allerlei Romantik um so ein versunkenes Schiff. Eilig schwamm ich zurück und alarmierte Hans Hass. Dabei schilderte ich das Schiff wohl etwas gewaltiger, als es bei nüchterner Betrachtung war. Zumindest meinte Hass nach flüchtigem Blick: »Wegen dem Schifferl lockst du mich heraus?«

Da wies ich erst recht auf die schönen Trümmer unter uns. Der korallenbewachsene Mastkorb sah wirklich nett aus und auch das gut erhaltene Vorderschiff, auf dessen Reling Venusfächer wuchsen.

Als wir dann noch hinuntertauchten, wurde alles auch wieder ein wenig größer, und als wir an der Seite des Vorderschiffes gar noch ein Loch entdeckten, in das wir hineinschwimmen konnten, da schien es auch Hass zu gefallen. Wir kamen in einen dunklen

Raum, in dem eine Wolke von Husarenfischchen und ein finster blickender Zackenbarsch standen. Im Boden dieses Raums war wiederum ein Loch, durch das wir in einen ganz zusammenge-drückten Raum gelangten. Man konnte darin umherschwimmen. Weicher Schlamm bedeckte den Boden, und in ihm steckten alte Messinglampen. Man erkannte kaum die Form, denn eine dicke Kalkschicht überzog sie. Dennoch nahm jeder von uns zwei Lampen mit. Wir konnten mit ihnen nicht schwimmen, sondern mußten zu Fuß über den Grund wandern. Wir waren nahe daran, die Last abzuwerfen, taten es dann aber doch nicht und wurden reich belohnt.

Als wir an Bord mit einem Hammer ganz sachte die Kalk-schicht losklopften, da kamen gut erhaltene, wunderschöne Lam-pen zum Vorschein. Alles war erhalten, sogar das Glas. Es waren zwei Wandleuchten mit kleinen Petroleumbrennern. Die ande-ren beiden Lampen entpuppten sich als Ankerlampen. Die Ker-zen, die sie einst erhellten, steckten noch in ihren Halterungen. Und wie schön waren diese Lampen gearbeitet!

Nun packte uns der Lampenrausch! Wir zogen gleich wieder los und holten noch weitere herauf. Das war nicht ganz leicht, weil die meisten tief im Schlamm verborgen steckten. Daß selbst so ein Vergnügen nicht ganz ungefährlich ist, sollte ich an diesem Tag erfahren.

Der Raum war, wie gesagt, ganz flachgedrückt, und durch die kleine Öffnung in der Decke drang nur wenig Licht. Als ich im Schlamm wühlte, um eine besonders tief vergrabene Lampe her-auszuholen, verfinsterte sich der Raum um mich durch den auf-gewühlten Schlamm, und ich fand den Ausgang nicht mehr. Im-mer wieder stieß ich mit dem Kopf und den Preßluftflaschen gegen die Decke, und einmal verhedderten sich die Atemschläu-che an einer Eisenstange, so daß ich Angst bekam. Ich merkte, daß meine Bewegungen hektischer wurden, denn meine Atem-luft ging langsam zur Neige. Um meine Erregung nicht weiter zu steigern, zwang ich mich, für einige Augenblicke völlig ruhig zu bleiben. Nach einer halben Minute etwa hatte ich mich so weit beruhigt, daß ich systematisch nach dem Loch in der Decke su-chen konnte, das ich dann auch schnell fand.

Auf einigen der geborgenen Lampen entdeckten wir beim Put-zen die Firmenaufschrift »Pulpitt and Sons, Birmingham 1914«. Und als Hans Hass im Fernsehen über diese nette kleine Episode unserer Expedition berichtete, da meldete sich die Firma, deren Lampen nach so vielen Jahren an Deck unserer »Xarifa« wieder ihr schönes Licht verbreiteten. Unser Kompliment zu der guten alten Handarbeit.

Eines Tages erhielt Hass dann sogar einen Brief von einem Herrn, der den Schiffbruch miterlebt hatte. Hass hat alle näheren Angaben darüber und auch den Wortlaut des Briefes in seinem Buch veröffentlicht. Heute schmücken die Lampen unser Heim und erinnern an die vielen schönen Tage dieser Fahrt.

Geschichte um einen Kraken

Wieder einmal goß es in Strömen. Die »Xarifa« schaukelte unruhig hin und her, und es war ausgesprochen ungemütlich an Bord. An eine Ausfahrt mit dem Beiboot war nicht zu denken, und wir wurden langsam grantig. Da meinte Hans Hass, wir könnten uns doch einmal wieder den Boden unter dem Schiff anschauen. Der Vorschlag fand nicht gerade ein enthusiastisches Echo, hieß es doch auf dem schaukelnden Schiff die ganze Ausrüstung hervorkramen und im Regen frieren – kurz, wir hätten uns lieber in die Kojen verkrochen. Recht lustlos machten wir mit, und ich bewundere nachträglich die Energie, mit der Hass in solchen Situationen die träge Masse in Schwung brachte.

Mißmutig stiegen wir also die Leiter neben dem Schiff hinunter. Bei dem trüben Wetter war es auf dem Meeresboden in etwa 30 Meter Tiefe recht dunkel. Zahlreiche Spuren liefen über den leicht gewellten Schlammboden, da und dort hatte eine Grundel einen Trichter ausgehoben, dann entdeckte ich eine große Qualle, die schirmabwärts auf dem Boden lag und heftig pumpte. Ich hob sie auf und entließ sie im Wasser, aber sie schwamm gleich wieder zu Boden. Offenbar behagte es ihr hier im stillen Wasser besser als oben.

Wie ich später erfuhr, ist das eine Eigentümlichkeit aller Saugschirmquallen *(Cassiopeia)*. Sie liegen immer mit dem Mund nach oben und der Schirmseite nach unten und breiten ihren in ein gelapptes Tentakelsystem aufgelösten Mund aus, um Plankton zu fischen, ganz abweichend von den übrigen Wurzelmundquallen, die nach Quallenart im Wasser umherschwimmen. In der Karibischen See beobachtete ich 1979 ein ganzes Feld solcher Saugschirmquallen *(Cassiopeia xamacha)* im seichten Wasser einer vom Meer abgetrennten Lagune. Die Tiere lagen alle schirmabwärts auf dem Grund und drehten sich auch gleich wieder in diese Lage, wenn man sie umkehrte. Symbiontische Algen färbten sie grün. Ich vermute, daß sie es den Quallen erst ermöglichten, die sauerstoffarme stagnierende Lagune zu besiedeln.

Beim Weiterschwimmen sah ich einige Seefedern. Ich berührte eine, und sie zog sich schnell zusammen. Ein Kuhfisch folgte mir neugierig; er wartete wohl darauf, daß ich irgend etwas Genießbares aufwühlte. Langsam erwachte unser Interesse. Es war doch eine gute Idee gewesen, hier abzusteigen. Georg Scheer entdeckte ein ganzes Feld seiner Wanderkorallen. Hass folgte den Spuren im Sand und wühlte schöne Schnecken heraus, was ich gleich nachmachte. Es gab vor allem zwei Arten: eine Stachelschnecke mit besonders zarten langen Stacheln, die wohl verhindern, daß das Tier im lockeren Schlamm einsinkt; die zweite Art

179
Kurze Zeit, nachdem wir die Herzmuschel ins Aquarium gesetzt hatten, erlebten wir eine Überraschung: Die Schale öffnete sich ein wenig, und die neugierigen Augen eines Kraken sahen heraus. Photo: Verfasser.

277

hatte einen langausgezogenen Stachel am Vorderende des spindelförmigen Gehäuses.

Beim Wühlen entdeckten wir einen schönen Herzseeigel. Diese Art lebt stets im Sande vergraben und steht nur durch einen Atemkanal mit der Oberfläche in Verbindung, der anfangs mit einer Stachelgruppe offengehalten wird. Sinkt das Tier tiefer, dann verkleben einige Kittfüßchen die Röhre. Mit anderen Füßchen tupfen die Seeigel Kleinlebewesen auf. Wir packten den Seeigel in einen Eimer, wo er unruhig einige Runden lief und sich dann einwühlte. Wir gesellten noch einen Sanddollar dazu, einen ganz flachen Seeigel, den man immer nur knapp unter der Sandoberfläche antrifft, erwischten dann eine große Schamkrabbe, die sich ebenfalls sofort einwühlte, und zuletzt noch eine große Herzmuschel.

Reich beladen kehrten wir an Bord zurück und entließen alles ins Aquarium. Es dauerte nicht lange, und die meisten Sandbewohner hatten sich unseren Blicken entzogen. Nur die Herzmuschel steckte noch so im Sand, wie wir sie hineingesteckt hatten. Die Schalen blieben fest geschlossen, offenbar war die Muschel recht verschreckt. Wir wollten uns schon anderen Dingen zuwenden, da öffneten sich die Schalen ein klein wenig, und aus dem Spalt schob sich zu unserer großen Überraschung ein langer, saugnapfbewehrter Arm. Flink tastete er die nähere Umgebung ab, und da nichts weiter störte, schoben sich zwei Augen wie Teleskope über den Schalenrand. Wir hatten einen kleinen Kraken gefangen! Er saß aufrecht in der Muschel, je vier Arme jederseits mit den Saugnäpfen nach außen so über den Rumpf geschlagen, daß er die Schalenklappen öffnen und schließen konnte. Störte man ihn, so schloß er die Schale und war durch nichts zu bewegen, seine Wohnung zu verlassen. So saß er in der Muschel und rührte sich nicht vom Fleck, bis wir einen Einsiedlerkrebs zusetzten. Dieser neue Insasse wanderte, seine neue Umgebung erkundend, unruhig umher, und aus einem uns zunächst unerfindlichen Grund erregte er unseren Kraken ganz außerordentlich. Wann immer er an ihm vorbeikam, streckte der Krake seine Augen über den Schalenrand, und rote Farbwellen huschten über seinen Kopf. Zuletzt hielt er es einfach nicht länger aus. Zwei Arme schossen aus der klaffenden Schale hervor, packten das Gehäuse des Einsiedlers und schubsten es energisch weg. Der Einsiedlerkrebs zog sich sogleich in sein Gehäuse zurück. Aber damit gab sich der Krake nicht zufrieden. Als ein die Umgebung abtastender Arm noch einmal den Einsiedlerkrebs ertastete, kam er sogar ganz hervor, packte das Schneckengehäuse mit allen Armen und schleppte es ein Stückchen weiter weg. Nur mit einem Arm behielt er den Kontakt mit seiner Wohnung. Und nun sahen wir auch den Grund für seine Erregbarkeit. Der kleine Krake war Mutter und bewachte ein ganzes Bündel von Eischnüren.

Wir bauten sogleich die Kamera auf und setzten neue Tiere ins

278

Becken. Zunächst eine kleine Schnecke. Ahnungslos kroch sie außen an der Muschelschale hoch. Sie kam fast bis zum Schalenrand, da wischte sie der Krake mit einer Armbewegung weg. Einem kleinen Muschelkrebs, der auch hinauf wollte, erging es schlechter, er verlor eine Schere. Kurz danach mußte sich der Krake mit einer großen Steinkrabbe auseinandersetzen. Als sie über seine Muschel hinwegstieg, wölbte er seine saugnapfbewehrten Arme wie einen Schild gegen die Krabbe vor. Die zwickte ihn, und da schoß der Krake ihr eine ganze Ladung Tinte entgegen, was die Krabbe sehr erschreckte, denn sie purzelte förmlich von ihrem Sitz.

Die kleine Krakenmutter verteidigte ihre Brut mit einem wahren Löwenmut und hatte alle unsere Sympathien gewonnen. Wir ließen sie nun in Ruhe und warteten mit Spannung darauf, ob denn aus den Eiern auch etwas würde. Die Mutter saß eine ganze Woche auf dem Gelege. Unentwegt strich sie mit ihren zarten Armenden über die Eier, und kam einmal Sand zwischen die Schale, dann kroch sie an der Scheibe hoch und schüttelte ihn heraus. Wir versuchten sie mit Krabbenfleisch zu füttern, aber sie nahm keinerlei Nahrung zu sich.

Am achten Tag ihrer Gefangenschaft schlüpften die ersten Tintenfische. Heftig atmend und sichtlich erschöpft saß die Mutter zwischen der weit klaffenden Schale. Die dünnen Armenden strichen emsig über die Eier, und sah man genauer hin, dann konnte man erkennen, wie die Saugnäpfe da und dort ein Ei umfaßten, das unmittelbar danach platzte. Ob das eine Schlüpfhilfe war? Es hatte den Anschein.

Die kleinen Kraken strebten sogleich nach oben. Sie schwammen mit dem Hinterende voran und trieben ihr Atemwasser stoßweise durch ihr Atemrohr. Es waren etwa 18 000 Jungtiere. Wie wenige von ihnen haben Aussicht, selbst Mutter zu werden! Am folgenden Tag wimmelte es in dem Aquarium von munteren kleinen Tintenfischen. Nun erst verließ die Mutter die Muschelschale. Die Eischnüre festhaltend, kroch sie an der Glasscheibe des Beckens hoch. Oben angekommen, ließ sie die Schnüre los, und im gleichen Augenblick erfaßte eine Lähmung die Arme. Die Enden rollten sich ein, und langsam löste sich die gelähmte Mutter von der Scheibe. Mühsam schwamm sie eine Runde, dann sank sie zu Boden. Immer langsamer wurde der zunächst hektische Atem, dann starb sie, während die Kleinen munter ins Leben tanzten. Selten berühren sich Leben und Tod so unmittelbar!

Nachdem wir auf Tillanchong die wichtigsten Taucharbeiten erledigt hatten, fuhren wir wieder nach Kondul zurück, um bei den Indern nach unserer Aufenthaltsbewilligung zu fragen. Wir hofften, daß sie mittlerweile eingetroffen sei, wurden aber enttäuscht. Man antwortete ausweichend, und wir hatten das Gefühl, daß man uns nicht gerne sah. So beschlossen wir schweren Herzens, weiterzufahren.

180
Der Krake entpuppte sich als Mutter, die ihr Gelege verteidigte. Ein Einsiedlerkrebs löste bei ihr besonders starke Verteidigungsreaktionen aus. Die Krakenmutter hat ihn schon einmal weggeschubst, aber der tastende Arm hält ihn noch für zu nah. In einem neuen Angriff schiebt sie das störende Objekt weiter weg. Danach säubert sie ihr Gelege vom Sand, bevor sie sich auf ihm wieder niederläßt. Photo: Verfasser.

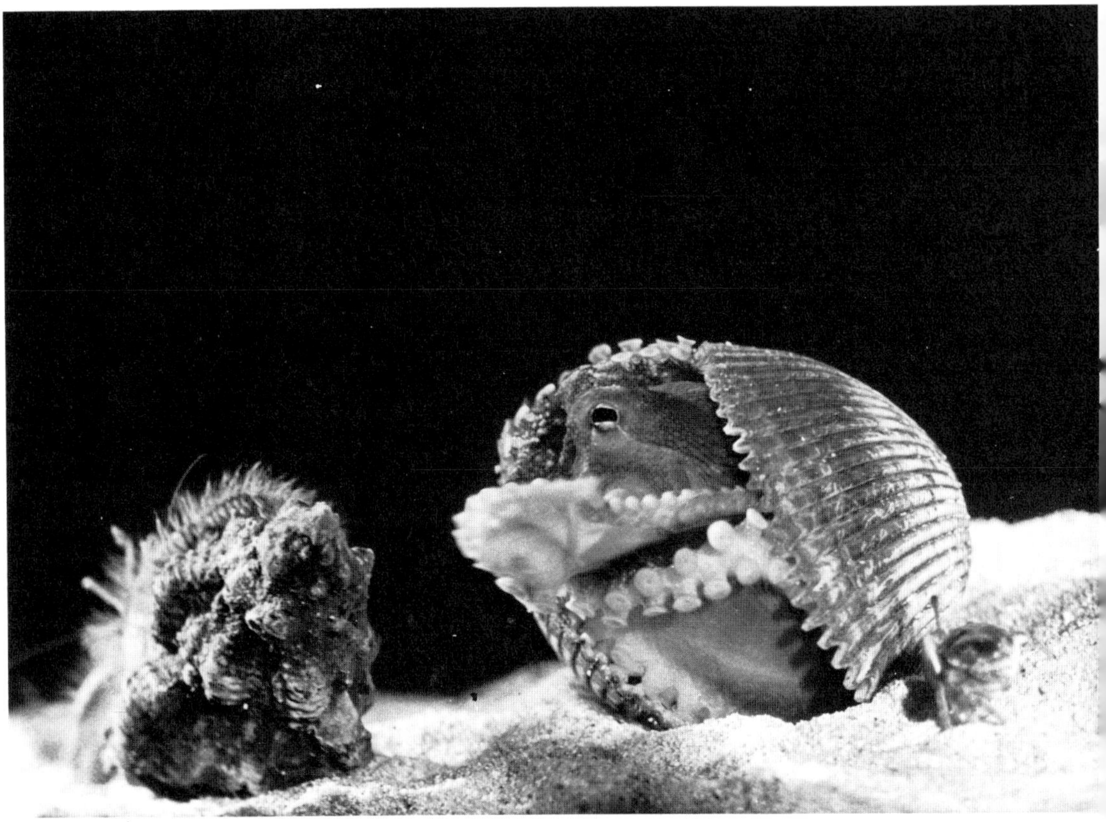

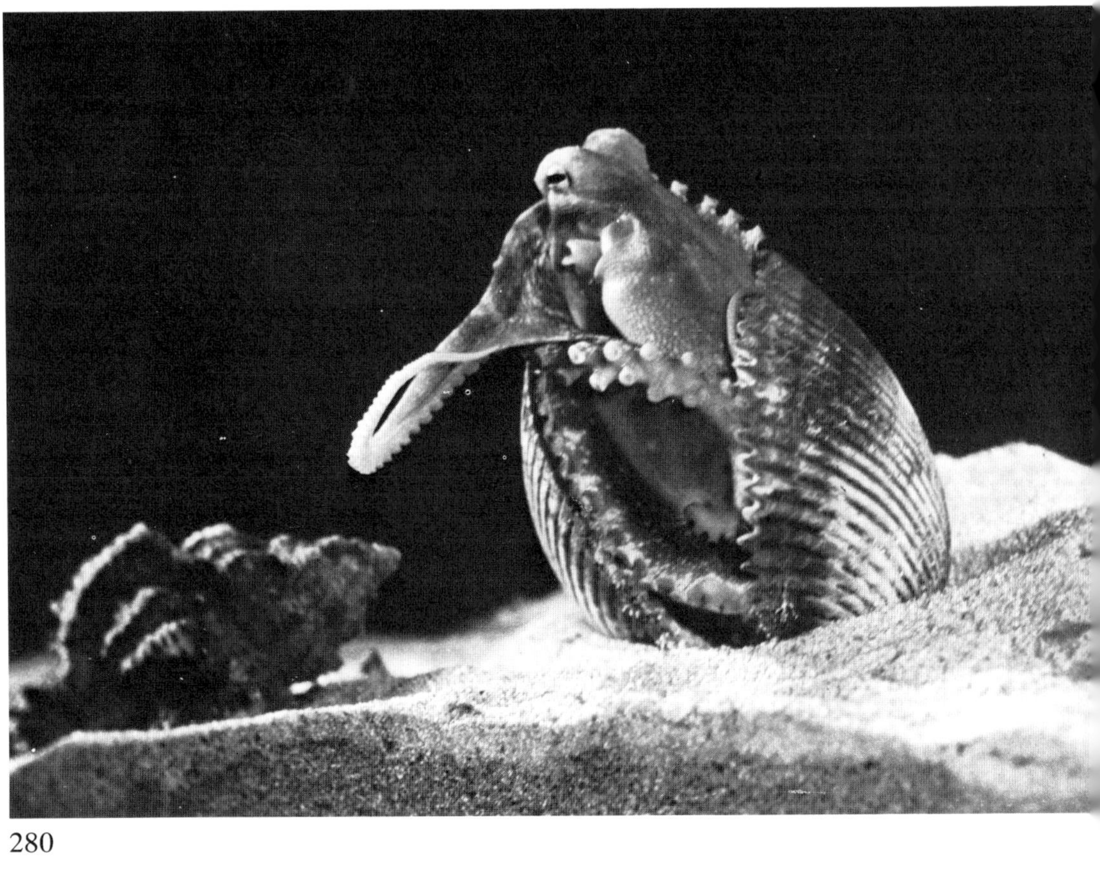

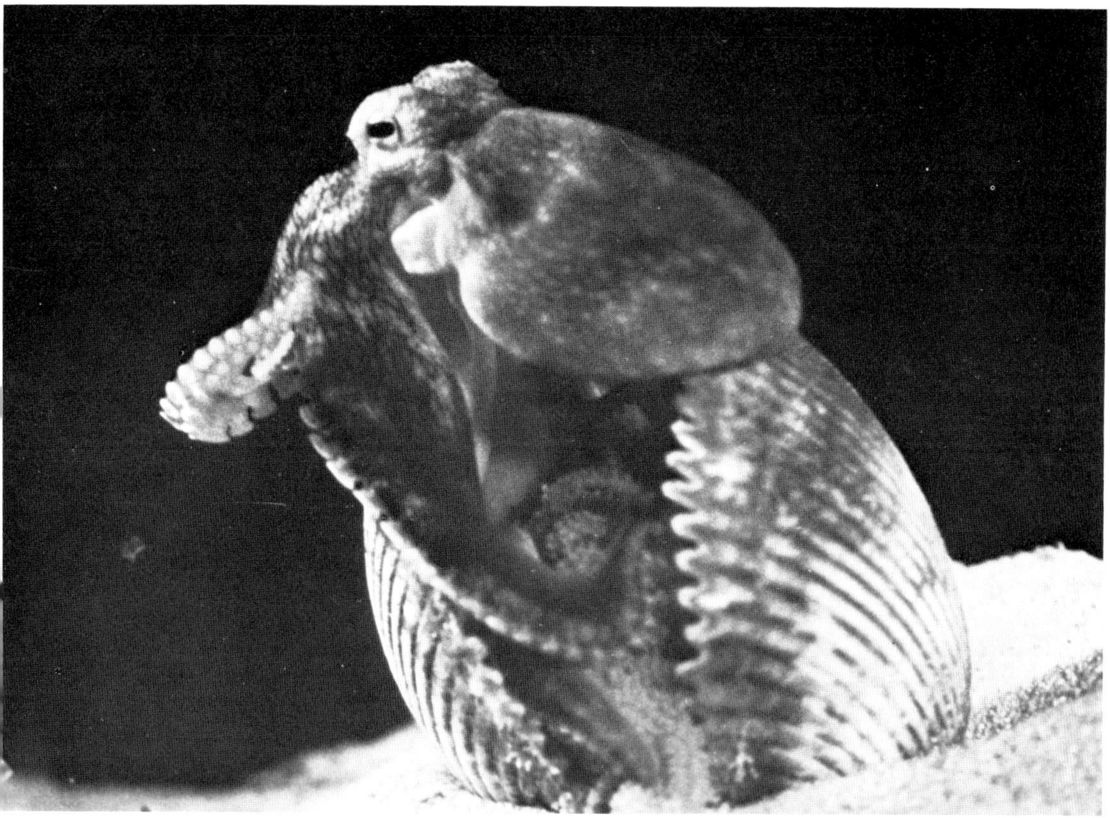

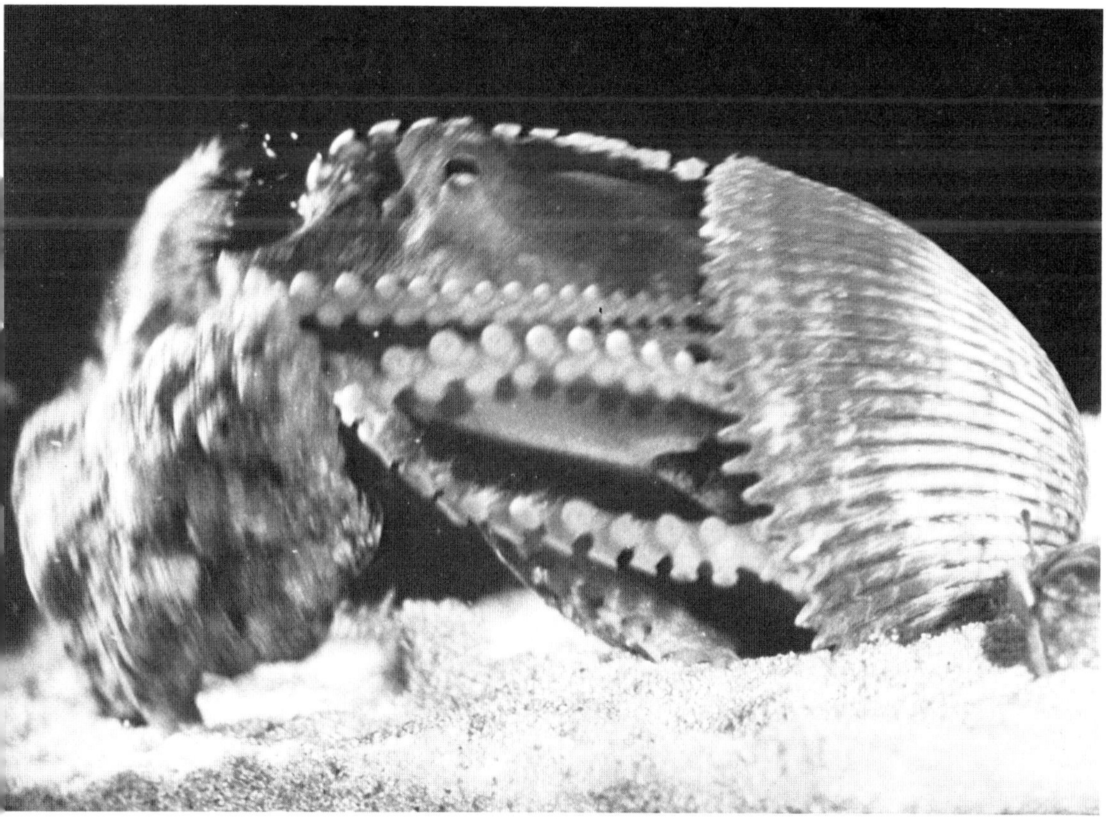

Die Malediven heute

Die DC 10 hat ihre Reiseflughöhe verlassen und befindet sich im Anflug auf die Malediven. Wir überfliegen das Malosmadulu-Atoll. Die Riffringe der Faros heben sich hell vom blauen Meer ab, weiß die Sandbänke, braun die lebenden Riffe, hellgrün die Untiefen. Da und dort kleine grüne Inseln. Keine Spur von Menschen. Nur die bunte Palette von Kringeln in der blauen See.

Vor genau zehn Stunden, am ersten Weihnachtsfeiertag des Jahres 1981, bestiegen wir in Frankfurt bei Schneetreiben die Chartermaschine für den Direktflug nach Male. Jetzt fliegen wir in den sonnigen Morgen und blicken voll gespannter Erwartung auf die Riffe, in denen wir vor nunmehr 24 Jahren tauchten. Damals vergingen vom ersten Ahnen der Inselnähe bis zu unserer Ankunft Stunden gespannter Erwartung. Wie anders erleben wir diesmal die Annäherung! Sie beschränkt sich auf wenige aufregende Minuten. Schon sind die Landeklappen ausgefahren. Wir überfliegen das Male-Atoll. Auch hier die hellen Ringe der Faros und die grünen Inseln. Sie sind fast durchwegs mit Bungalows bebaut – Touristenboote in großer Zahl. – Male liegt seitlich vor uns. Ich erkenne es schwer wieder. Das malerische portugiesische Fort fehlt, es wurde niedergerissen, ebenso der Sultanspalast. Neue mehrgeschossige Gebäude entstanden. Am Kai dominieren die Wellblechhallen des Zolls. Viele Boote liegen an dem Pier. Mehrere Frachter und ein großes Touristenschiff ankern vor dem Hafen.

Norbert Schmidt – Herausgeber des »Tauchmagazin« – und seine Frau Hannah hatten meine Frau und mich sowie das Ehepaar Hass zur Jungfernfahrt ihres Bootes »Femunu« (Tigerhai) eingeladen – eine Freundlichkeit, die wir gerne annahmen, bot sich uns doch dadurch Gelegenheit, die Riffe wiederzusehen, in denen wir während der ersten »Xarifa«-Expedition so manche Entdeckerfreuden erlebt und so manche Abenteuer bestanden hatten, und nun diese Stätten unseres Wirkens auch unseren Frauen zu zeigen. Wie würden wir die Riffe wiederfinden?

Die Abfertigung der 373 Passagiere durch Immigration und Zoll geht reibungslos und schnell. Die Stimmung ist freundlich. Vor dem Flughafengebäude warten die Vertreter der verschiedenen Reisegruppen, um die Gäste zu den einzelnen Touristeninseln zu bringen. Es handelt sich um Inseln, die ursprünglich unbewohnt waren und auf denen man in den letzten zehn Jahren

181
Bewuchs am Rande eines Höhlendachs. Eine bunte Palette von Arten ist hier auf kleinstem Raum vereint. In der Bildmitte Manteltiere und ein zartgefiederter Hydrozoen-Stock. Man sieht ferner Drusen von rötlichen Tubastrea-Korallen und mehrere Arten von bunten Schwämmen. Photo: Verfasser (Malediven).

Bungalows zur Unterbringung der Touristen sowie Restaurants mit Bar und in der Regel gut ausgerüstete Tauchbasen eingerichtet hat. Die Tauchbasenleiter erteilen Tauchunterricht. Bis zum Zeitpunkt dieses Berichtes waren 37 Inseln zu Touristeninseln umgestaltet worden. Allein im Herbst 1981 wurden sechs neu eröffnet! Eine rasante Entwicklung, die nicht unproblematisch ist, doch darüber später mehr. Auf den Inseln sind die Touristen unter sich. Malediver lernen sie nur als Dienstpersonal kennen. Wer Erholung sucht, kommt aber durchaus auf seine Rechnung. Nur empfiehlt es sich, im voraus über eine der großen Reiseagenturen zu buchen. Norbert Schmidt hat in seinem schon zitierten Reiseführer alles für den Besucher Nützliche zusammengefaßt, so daß ich mir hier technische Details ersparen kann. Ich möchte sein Buch ausdrücklich noch einmal empfehlen!

Viel hat sich auf Male geändert. Es gibt Autos, Fernsehen – Radiomusik ertönt aus den Häusern, und von den jungen Mädchen trägt kaum eines das traditionelle Kleid. Die bauliche Tätigkeit konzentrierte sich vor allem auf die Front am Hafen, wo nunmehr auch mehrgeschossige Verwaltungsgebäude entstehen. Bedauerlich ist der Abbruch des alten Forts. Die Kanonen hat man ins Wasser geworfen. Eine lag am Kai des Fischerhafens. Sie dient zum Festmachen der Boote. Geblieben sind die niedrigen Wohnbauten in den Nebenstraßen mit den kleinen Gärten. Wir sind aber nicht mehr Gegenstand des scheuen Interesses der Malediver. Vielmehr fordert man uns freundlich auf, »shops« zu besuchen und T-Shirts, Haigebisse, Muscheln und Lackdöschen, indischen Schmuck und andere Souvenirs zu kaufen. Radfahrer beherrschen die Straßen.

Geblieben ist der Friedhof mit seinen malerischen Grabsteinen – ein Ort würdiger Besinnung. Geblieben sind die Werkstätten der Handwerker, in die man von der Straße aus Einblick nehmen kann. Da schreinert einer Betten, dort sitzt ein Schneider hinter seiner Nähmaschine. Unverändert der malerische Markt, auf dem Trockenfisch, Frischfisch, Obst, Holz und vieles andere vertrieben wird – die malerischen Boote der Anlieferer liegen am Pier unmittelbar davor. Sie erinnern mich mit ihrem regen Bordleben in gewisser Hinsicht an die chinesischen Dschunken im Taifun-Hafen von Hongkong.

Wir haben eine Nacht bei einer Familie in Male verbracht. Sie vermietete ein Zimmer für fünf Dollar pro Person. Dafür wurden Bett und Zimmer und die Mitbenutzung des Waschraumes geboten, der akzeptabel war. Auf diese Weise kann man Anschluß an eine Malediver-Familie finden, vorausgesetzt, man hat die Zeit dazu.

Unsere Neugier galt jedoch der Welt unter Wasser, und deshalb zogen wir bereits am ersten Tag zu einer Schnorchelexkursion zu dem direkt vor Male liegenden Riff der Insel, die den Flughafen trägt. Viel erwarteten wir nicht in so unmittelbarer Nähe der Stadt. – Um so angenehmer war die Überraschung:

klares Wasser, Korallengärten und reiches Fischleben! Im Seichten war gerade ein Schwarm von sicher über zweihundert Sträflingsseebadern *(Acanthurus triostegus)* dabei, die Reviere anderer Fische kahlzufressen. Sie quirlten emsig durcheinander, während die ortsansässigen Weißbrustseebader *(Acanthurus leucosternon)* sichtlich konfus dahin und dorthin schossen, um die Eindringlinge zu verjagen. Sie vermochten sie kaum zu stören, und »schrabb, schrabb« fraßen Hunderte gieriger Mäuler den Algenbewuchs von der fremden Weide. Die Sträflingsseebader haben sich auf dieses Vagabundendasein spezialisiert. Ich habe sie auch bei anderen Gelegenheiten beim Leerfressen fremder Reviere beobachtet. Sie überfielen diese immer in so dichtem Schwarm, daß die Verteidiger nicht wußten, wen sie zuerst angreifen sollten, und ziellos hin und her flitzten.

Nasenfische warben im freien Wasser über der Riffkante. Am steilen Abhang stand ein Schwarm der Gelbrückenrötlinge *(Mirolabrichthys evansi)*, ihre violette Unterseite erschien im Wasser als leuchtend blau, in starkem Kontrast zur hellgelben Rücken- und Schwanzpartie. Sie mischten sich mit Rötlingen *(Anthias squamipinnis)* und Riffbarschen der Gattung *Chromis*. Wir sahen Halfterfische, Schmetterlingsfische, Lippfische, Blaupunktbarsche, Papageifische, kurz, die ganze bunte Gesellschaft der Korallenfische, und auch meine alten Freunde, die Putzerfische und die Anemonenfische. Zwei Arten von Anemonenfischen fand ich; *Amphiprion nigripes* wohnte in kleinen Gruppen auf *Radianthus ritteri*. Um ihre Anemonen lebten auch kleine Schwärme von Dreifleckriffbarschen *(Dascyllus trimaculatus)* und bei einer Anemone auch ein kleiner Trupp junger Lippfische *(Thalassoma)*, die geschickt knapp über den Tentakel schwammen. Zu prüfen, ob sie auch gegen die nesselnden Tentakel geschützt waren, fehlte mir die Zeit. Die zweite Anemonenfischart *(Amphiprion clarkii)* lebte mit einer anderen Anemone *(Stoichactis giganteum)*.

Die Riffe waren offensichtlich intakt und voll reichen Lebens, und das an einer Stelle, die gegenwärtig viel besucht wird, denn genau hier lief am 13. Februar 1981 der Frachter »Maldive Victory« gegen das Riff und sank. Taucher bergen bis heute Frachtgut aus dem großen, nunmehr in 35 Meter Tiefe ruhenden Schiff. Wir haben es auch besucht – es wird sicher einmal eine Taucherattraktion, denn schon jetzt siedeln Weichkorallen dekorativ auf Schraube und Aufbauten.

Das erste Wiedersehen mit einem maledivischen Riff vermittelte gute Eindrücke. Gespannt sahen wir den kommenden Exkursionen entgegen. Wir besuchten in der Folge auf der »Tigerhai« mehrere »Hotelinseln« im Nord- und Süd-Male-Atoll. Von den Leitern der Tauchbasen wurden wir überall herzlich aufgenommen und zu den schönsten Riffstellen geführt. Dadurch erlebten wir die Malediven in einer Konzentration wie nie zuvor.

Jede Insel hat ihre Besonderheiten. Bei Villingili und Baros erfreuten wir uns an den großen Schwärmen der Wimpelfische. Warum sie gerade hier in so großer Zahl auftreten und nicht auch anderswo, weiß kein Mensch. Man findet sie praktisch immer an der gleichen Stelle. Das gilt übrigens auch für andere Schwarmfische. An einem Grundriff bei Baros (»Shallow Point«) kann man an einer bestimmten Stelle, und nur dort, einen Trupp ausgewachsener und an einer anderen Stelle einen Schwarm kleiner Barrakudas finden. Im selben Riff steht an anderer Stelle ein Schwarm Großaugenbarsche *(Priacanthus)* über den Korallen. Da die Tauchbasenleiter diese Stellen regelmäßig und über Jahre besuchen, ergäbe sich die Möglichkeit, Langzeitstudien über die Ortstreue der verschiedenen Fischarten anzustellen. Viele Fragen sind offen, so zum Beispiel die, ob es Traditionen gibt, die den Schwarm an einen bestimmten Ort binden. Ich vermute es, denn nach meinem Dafürhalten sind die ökologischen Bedingungen für die verschiedenen Arten auch an vielen anderen Orten gegeben. Daß sie sich dennoch nur an einer Stelle aufhalten, spricht für tradierte Ortstreue.

Die nördlichen Großatolle der Malediven sind, wenn ich das in Erinnerung rufen darf (S. 35), aus lauter kleineren Riffringen, den sogenannten Faros, aufgebaut. Die Außenriffe dieser Faros sind allseits von frischem Meerwasser umströmt, ohne dabei einer so starken Brandung ausgesetzt zu sein wie etwa das Außenriff des geschlossenen Addu-Atolls. Der Korallenbewuchs und das Fischleben der oft steil abfallenden Faro-Außenriffe sind daher besonders üppig. Blockbildende Korallen, Pocilloporen und Acroporenstöcke dominieren in den oberen Lagen. An den steileren Wänden und in den tieferen Schichten werden sie von der schwarzen Baumsteinkoralle *(Dendrophyllia)* abgelöst. Es gibt wunderschöne Höhlen in diesen Wänden. Am Ostriff von Wadu fand ich solche von einer Pracht, wie ich sie eigentlich nur einmal zuvor im Miladummadulu-Atoll gesehen hatte. Die Höhlen befanden sich in Tiefen von 10 bis 35 Metern. Die Höhlenwände waren über und über mit weißen, gelben und roten Weichkorallen bewachsen. Dazwischen standen gelbe, violette und rote Schwämme, Drusen von *Tubastrea*-Korallen und da und dort Fächer von Hornkorallen, vor allem um die Höhlenränder, Zackenaustern und Felsaustern wuchsen an den Wänden. In den Höhlen wimmelte es von Fischen. Husarenfische *(Myripristis murdjan)* dominierten. Viele schwammen rückenabwärts unter dem Höhlendach. Aber auch die prachtvollen Kaiserfische *(Pygoplithes diacanthus* und *Pomacanthodes imperator)* waren hier und verschiedene große Barsche *(Cephalopholis argus, Aethaloperca* u. a.). Und ging man ins Detail, dann entpuppte sich jeder Quadratdezimeter als Mikrokosmos. Dutzende von Arten, Manteltiere, Moostiere, zart verästelte Hydrozoen, Schwämme und Korallen wetteiferten um einen Platz. Schaltete man die Scheinwerfer ein, dann erstrahlten die Wände in erstaunlicher

286

Buntheit. Es leuchtete in allen Farben, wobei Rot vorherrschte – Schönheit, die normalerweise niemand sieht. Kostbares Beiwerk der Natur.

Vor den Höhlen auf dem Boden wuchsen einige hohe Büsche jener Hornkoralle, die als »schwarze Koralle« zu Schmuck verarbeitet wird; Peitschenkorallen wuchsen auf dem Korallengeröll; auf manchen saßen Haarsterne (Federsterne). Schwarze Baumsteinkorallen und Pocilloporen standen in Gruppen, umspielt von Rötlingen verschiedener Arten.

Ich habe diesmal die meiste Zeit an solchen Außenriffen und in deren Höhlen verbracht und dabei auch einige Stunden den Putzern gewidmet. Dabei sah ich manches Neue. In besonderer Erinnerung wird mir eine Putzerstation in einer Höhle am Kulifaru-Riff bleiben. Hier waren nämlich mehrere Arten von Putzern zugleich am Werk. Die Höhle befand sich in etwa fünfzehn Metern Tiefe an einem wunderschönen Außenriff und war der Ruheplatz einer Gruppe von Streifendicklippen *(Plectorhynchus diagrammus)*. Sie standen gegen die Strömung ausgerichtet über dem Sand im Vordergrund der Höhle. Unter dem Höhlendach und im Höhlenhintergrund lebten wie üblich Husarenfische *(Myripristis murdjan)*. Am Boden ganz im Höhlenhintergrund ruhten mehrere Zackenbarsche.

Ein Pärchen von Putzerlippfischen war im vorderen Abschnitt der Höhle tätig. Geschäftig wechselten sie von einem Kunden zum anderen. Einmal zupften sie an den Dicklippen, dann wechselten sie zu den Husarenfischen, und dann wieder putzten sie sich gegenseitig. Außerdem kamen unentwegt Besucher von draußen. Ein großer Papageifisch, dann ein Wimpelfisch, dann wieder ein ganzer Schwarm von Füsilieren. Sie alle suchten die Höhle auf, ließen sich absuchen und zogen wieder ab. Nashornfische *(Naso brevirostris, unicornis* und *lituratus)* schwammen herbei und warteten im freien Wasser vor der Höhle. Auch sie wurden sogleich von den Putzern aufgesucht, die also recht beweglich einmal in der Höhle, dann wieder vor ihr ihrem »Geschäft« nachgingen und dabei aber auch nach Plankton schnappten. Die Nashornfische wechselten in auffälliger Weise die Farbe, wenn sie geputzt wurden, und zwar jede Art in anderer Weise. Die Männchen legten dabei das artspezifische Werbekleid an.

Den Dicklippen hatte ich schon auf meiner ersten Maledivenreise stundenlang zugesehen. Mich hatte damals die Kommunikation zwischen Putzer und Dicklippen besonders interessiert. Diesmal machte ich dazu noch eine neue Entdeckung. Ich sah nämlich, daß die Dicklippen, die sich putzen lassen wollten, sich nicht nur auffällig über dem Höhlengrund aufstellten, sie signalisierten auch ihre Bereitschaft auf Distanz, indem sie schnell mehrere Male pro Sekunde die vorderen harten Rückenflossenstrahlen aufrichteten und wieder zurückklappten. Das Zeichen hatte ich bisher nur gesehen, wenn Putzerfische direkt an ihrem Körper tätig waren. Diesmal signalisierten die Dicklippen auch, wenn die Putzer nicht da waren, offenbar um Aufmerksamkeit zu erregen. Und noch ein weiteres Distanzsignal sendeten sie aus: Sie erzeugten ein leises rhythmisches Grunzgeräusch, wobei der Mundboden sichtbar vibrierte. Bisher war mir das nicht aufgefallen, und ich habe auch nichts von einem solchen Signalisieren über Distanz in der Literatur gelesen.

Außer den Putzerlippfischen gab es noch andere Putzer. Zunächst den Zweifarbenlippfisch *(Labroides bicolor),* von dem sich ein Einzelgänger im Hintergrund der Höhle mit einem Zakkenbarsch befaßte. Dann sah ich, daß sich Schweinslippfische *(Lepidaplois [= Bodianus] axillaris)* als Gelegenheitsputzer betätigten. Einmal sah ich einen an einem Naso, das andere Mal an einer Muräne. In beiden Fällen handelte es sich um Formen im Jugendkleid: Sie waren schwarz und hatten auffallend weiße Flecken.

Im Höhlenhintergrund bei den Zackenbarschen sah ich die Jugendform des Putzerlippfisches, die in ihrem leuchtend blauen Kleid selbst im dämmrigen Höhlenteil auffiel. Daß auch er einen Nachahmer hat, erwähnten wir Seite 111. Vom Zweifarbenlippfisch war ebenfalls ein putzender Jungfisch vertreten. Er konkurrierte in derselben Höhle mit dem jungen Putzerlippfisch. Eine auffällig leuchtende Gelbfärbung zeichnete ihn aus.

Ich lag, wie gesagt, mehrere Stunden in dieser Höhle und schaute fasziniert den Putzern zu. Dabei entdeckte ich ziemlich tief im Höhleninneren eine große Muräne, die mit Kopf und Vorderkörper aus einem Loch heraussah. Sie öffnete und schloß das Maul mit langsamen Bewegungen. Sonst verhielt sie sich regungslos. Erst bei genauerem Hinsehen merkte ich, daß kleine, durchscheinende Garnelen auf sie zuschwammen und auf ihrem Kopf und den offenen Kinnladen herumkrabbelten. Es waren Putzergarnelen *(Leandrites cyrtorhynchus).* Bisher hatte ich bei den Malediven nur einmal Gelegenheit gehabt, Putzergarnelen der Gattung *Stenopus* zu beobachten, die gerade einen Rotfeuerfisch säuberten. Nun sah ich ganze Scharen von Putzergarnelen am Werk. Sie krabbelten auch auf den Zackenbarschen umher, die im Ruhekleid auf dem Höhlenboden lagen. Und als ich näherkam, landeten einige Garnelen auf mir. Sepp Zedelmayer führte mir bei anderer Gelegenheit vor, wie die Garnelen gezielt auch auf den Mund des Tauchers zusteuern, wenn man ihn öffnet, so als wüßten sie auf Grund eines ihnen angeborenen Schemas über den Körper der Wirte Bescheid.

Bei diesen Abstiegen an den Außenriffen habe ich auch wiederholt die von uns 1954 entdeckten Röhrenaale angetroffen. Diesmal sah ich auch Jungtiere zwischen Erwachsenen und Garnelen, die, von ihrer Grundel bewacht, eifrig Wohnhöhlen baggerten.

Der Fischreichtum der maledivischen Faro-Außenriffe ist beeindruckend. Unbeschreiblich ist das Leben am späten Nachmittag, wenn sich die bisher verborgene Schar der nächtlichen

288

181a
Muräne bei der »Toilette«. Sie läßt sich von einer Putzergarnele (Leandrites cyrtorhynchus) *säubern. Photo: Verfasser (Malediven)*

Schwärmer in Wolken vom Riff löst und sich mit den noch aktiven Tagfischen mischt, die sich hektisch noch für die Nacht vollfressen und sich putzen lassen. Husarenfische, Kardinalfische, Papageifische und Schmetterlingsfische mischen sich dann zu einer bunten Gemeinschaft. Stachelmakrelen jagen über den Korallen, und Zackenbarsche schleichen aus ihren Verstecken – Tag und Nacht begegnen sich.

Zu den vielen interessanten Erlebnissen gehörten auch vorgeführte Haifütterungen. Wir hatten dazu das Vorbild geliefert, und mittlerweile haben eine Reihe von Tauchführern die Fütterung zu einer Vorführung weiterentwickelt. Fritz Rasshofer und Herwarth Voigtmann sowie dessen hübsche Tochter Fernande Felicitas zeigten uns das. Am Nordostriff von Bandos saßen wir wie in einer Loge in einer durch Abbruch eines Riffstückes geschaffenen natürlichen Bühne in etwa fünfzehn Metern Tiefe. Vor uns hatten sich Voigtmann und seine Tochter aufgestellt. Voigtmann zog einen Fisch aus einem Beutel und schwenkte ihn im Wasser. Drei große Riffhaie patrouillierten im freien Wasser auf und ab, hielten sich aber zurück. Zunächst drängte sich nur ein Schwarm von Nasenfischen, Seebadern, Zackenbarschen und Schmetterlingsfischen um die Taucher und bissen Teile aus dem Köderfisch, dann durchzuckte es sie wie ein Schlag, und sie tauchten weg. Einer der Haie schwamm zielstrebig an und nahm den Köder ganz ruhig aus der Hand, mit einer Wendung schwamm er ins freie Wasser, gefolgt von den anderen. Was mir gegenüber der Haifütterung auffiel, die wir 1954 praktiziert hatten, war die Ruhe der Haie. Wie mir Voigtmann und Rasshofer erzählten, war das nicht immer so. Am Anfang hatten die Haie durchaus aufgeregt reagiert und im »feeding-frency« auch nach den Händen und Flaschen geschnappt. Sie hatten es aber bald gelernt, sich nach dem Zuschnappen still davonzuschleichen, so die Herausforderung der anderen Haie vermeidend. Es mag ferner zur Ruhe beitragen, daß die Köderfische nicht am Ort der Fütterung frisch erlegt werden, daß also kein Blut im Wasser ist. Die Fütterung klappt nur gut, wenn eine Strömung herrscht, denn nur dann nehmen die Haie den Geruch des Köders wahr. Bemerkenswert war auch das Verhalten der Lotsenfische. Sie lösten sich vom Hai und fraßen vom Köder, während ihr Hai draußen umherschwamm. Die Haie waren eher scheu als zudringlich. Sie zögerten oft lange, ehe sie den Köder annahmen. Sie waren schreckhaft, durchaus so, wie wir sie auf unseren Reisen immer wieder kennengelernt hatten (H. Hass und I. Eibl-Eibesfeldt 1977).

Die Fütterungen wurden in letzter Zeit vielfach kritisiert. Man fürchtet, die Haie könnten, an die Fütterung gewöhnt, auch andere Taucher belästigen und sie damit in Gefahr bringen. Die Möglichkeit ist nicht ganz von der Hand zu weisen. Mit Barschen, die man bei den Bahamas anfütterte, mußte man solche Erfahrungen sammeln. Diese griffen auch Taucher an, die keine

182–184
An manchen Stellen der Malediven füttert man die Fische. Dieser Leoparddrückerfisch (Balistoides conspicillum) *ist so zahm, daß man ihn kaum ohne Taucher auf das Bild bekommt (182). Auch die Fledermausfische* (Platax) *begleiten den Taucher in Erwartung der Fütterung (183). Ein Grauhai nimmt einen Köderfisch aus der Hand Voigtmanns (184). Photos: Verfasser (Malediven).*

Fische hatten, und schnappten nach Händen und Masken. Haie allerdings scheinen weniger visuell orientiert, und selbst die dressierten kommen erst heran, wenn man ihnen Fische bietet und sie den Geruch wahrnehmen können. Und auch da nur zögernd. Sie umschwimmen allerdings den Futterplatz in Erwartung der Fütterung. Obwohl seit einigen Jahren gefüttert wird, hat bisher kein Hai einen Taucher ohne Fisch belästigt. Bisher hat die Fütterung ausschließlich zur Gefährdung der Haie beigetragen. Die maledivischen Fischer hatten nämlich herausgefunden, daß an einer bestimmten Stelle bei Rasfari Haie gefüttert wurden. Sie vermuteten, daß die Haie sich hier wohl auch leicht angeln lassen würden. Und sie hatten recht. Mühelos fingen sie die muntere Gesellschaft. Man hat in den Malediven auch andere Fische angefüttert. Beim schon erwähnten Shallow-Point-Riff kann man die Fledermausfische füttern. Sie nehmen Bananen aus der Hand und schnappen wohl auch im Ungestüm nach den Fingern, was man aber kaum spürt. Sie haben jede Scheu verloren und lassen sich anfassen, wegschieben und streicheln – und man gewinnt eine fast persönliche Beziehung zu diesen uns sonst so fremden Geschöpfen. Obgleich also bisher alles gut ging, sollte man doch mit der Fütterung von Raubfischen vorsichtig sein. Sie könnten schließlich zudringlich werden.

Am Ostriff von Bandos zeigte man uns zahme Drückerfische. Ein großer grüner Drückerfisch *(Balistoides viridescens)* und ein Leoparddrückerfisch *(Balistoides conspicillum)* kommen dort regelmäßig herbei, wenn man mit einem Stein gegen einen Fels klopft. Die sonst so scheuen Tiere erwarten hier, gefüttert zu werden. Sie bleiben dann am Taucher, auch wenn dieser nicht füttert. Hans Hass hatte Schwierigkeiten, die zahmen Drückerfische ohne Taucher aufzunehmen. Der große Drückerfisch brachte übrigens einmal eine Taucherin in arge Bedrängnis, weil er beharrlich nach deren Ohrringen schnappte – bei dem kräftigen Gebiß dieser Drückerfische keine ganz ungefährliche Sache.

Man kann über diese Fütterungen verschiedener Ansicht sein. Ich muß gestehen, daß sie mir trotz aller Bedenken die Fische entscheidend näherbrachten. Das gilt vor allem für eine große Muräne, die Fernande Felicitas gezähmt hat. Sie sieht aus ihrem Loch, wenn man mit einem Stein am Eingang klopft, und nimmt Fische aus der Hand. Dabei unterscheidet sie genau zwischen Hand und Fisch. Fernande kann ihre Hand ins Maul der Muräne stecken, sie beißt nicht zu. Noch überraschender ist, was die Muräne sich sonst noch gefallen läßt. Man kann sie an Kopf und Kehle kraulen, anfassen und sogar ein Stück aus der Höhle ziehen. Das geht weit über eine einfache Futterdressur hinaus. Der Muräne scheint der Kontakt zu behagen. Sie erweist sich als ein »Streicheltier«. Welche Voranpassungen befähigen sie dazu? Ich vermute, daß es die Putzsymbiose ist, die sie auf Kontakt positiv einstimmt. Putzer berühren ja ihre Kunden. Durch Betrillern mit den Bauchflossen teilen sie ihnen unter anderem mit, wo sie

185
Gelbrückenrötlinge (Mirolabrichthys evansi) *über den Riff-Fischen. Der Schwarm besteht in erster Linie aus Weibchen. In der Bildmitte ein Männchen im Prachtkleid mit aufgerichteter Rückenflosse. Photo: Verfasser (Malediven).*

294

gerade am Werke sind. Und das, ebenso wie die Säuberung, löst Zuwendung und Kontaktgewährung aus – offenbar wird es als positiv empfunden. Damit sind aber diese Fische auf Kontakt programmiert und gewähren ihn auch nach einiger Gewöhnung dem sie streichelnden Menschen. Dadurch wird quasi eine persönliche Beziehung aufgebaut, und ich habe sie als solche empfunden. Zu der Muräne, die mir bis dahin nicht eigentlich sympathisch war, hege ich nun freundliche Gefühle. Ich habe früher für die wissenschaftliche Sammlung viele Fische gejagt. Das würde mir jetzt schwerfallen. Sicher empfinden andere Taucher ähnlich. Das ist ein positiver Aspekt der Anfütterung.

Wie ist generell die Entwicklung des Tourismus auf den Malediven zu bewerten? »Was denken Sie darüber?« wurden wir oft gefragt. »Stört Sie das Getümmel der Menschen nicht, der Restaurant- und Barbetrieb auf den bis dahin unberührten Inseln?« Nun, es wäre pharisäerhaft, würden wir uns über eine Entwicklung erbosen, zu der wir ungewollt durch unsere lockenden Schilderungen beitrugen. Und es ist auch im Grunde zu begrüßen, wenn Menschen, die sich das Jahr über in den Städten abrackern, sich entspannen und an schöner Natur erfreuen können. Allerdings darf durch ihre Aktivität nicht gerade das zerstört werden, was ihnen Freude und Erholung gewährt, und diese Gefahr ist konkret gegeben. Ich möchte daher auf einige Punkte, die mir auffielen, hinweisen und einige Anregungen für den wirksamen Schutz der maledivischen Biotope vortragen.

Naturschutz für die Malediven: Über die Notwendigkeit wirksamer Schutzmaßnahmen

Bei unserem ersten Besuch im Jahre 1954 schienen uns die Malediven als ungefährdetes Inselparadies fern von jeder zivilisatorischen Bedrohung. Auf Gan im Addu-Atoll gab es zwar einen Militärstützpunkt der Briten, aber dessen Auflösung war bereits abzusehen. Auf den von Maledivern bewohnten Inseln lebten die Menschen beschaulich und in Harmonie mit den Ressourcen. Der Fischfang störte nicht die Lebensgemeinschaft der Riffe. Die meisten Inseln waren unbewohnt. Man erntete zwar die hier wachsenden Kokosnüsse und holte sich auch das Holz, aber die Produktivität der Inseln überwog die Nutzung. Ich war damals mit der Ausarbeitung der Naturschutzvorschläge für die Galápagosinseln befaßt. Für die Malediven schien mir eine entsprechende Aktion nicht nötig. Das hat sich nun allerdings ganz entscheidend geändert. Wird nichts unternommen, dann besteht die Gefahr, daß eines der schönsten Riffgebiete unserer Erde zerstört wird.

Im Nord- und Süd-Male-Atoll sind die meisten der unbewohnten Inseln zu Hotelinseln umgewandelt worden. Die Entwicklung greift nun langsam auch auf das Ari-Atoll, Fadipolu und Felidu über. Es existieren bereits über 40 Hotelinseln! Das bedeutet einen massiven Eingriff in die Pflanzengemeinschaft der betroffenen Inseln. Man hat alles Unterholz und Krautwerk entfernt und nur die größeren Büsche und Bäume übriggelassen.

Nur die üppig grünen *Scaevola-taccada-* und *Tournefortia-argentea*-Büsche blieben als Zierde stehen, ferner die gelbblühenden, meist buschartigen, gelegentlich aber auch zu Bäumen ausgewachsenen *Hibiscus tiliaceus,* deren abfallende Blüten sich wunderschön rötlich verfärben. Da und dort findet man eine *Barringtonia asiatica,* deren große vierkantige Früchte an die Verbreitung durch Meeresströmungen angepaßt sind, und Schraubenpalmen *(Pandanus),* die wegen ihrer Stelzenwurzeln auffallen. Die Kokospalme dominiert. Da der Boden zwischen den Bäumen und Büschen gefegt wird, kommen Kräuter kaum hoch. Nur an wenigen Stellen läßt man Flecken des *Ipomea-pes-capre*-Krauts stehen, eine Pflanze mit bezaubernden blauvioletten Trichterblüten. Es entstand eine Art Parklandschaft, die anmutig, aber eben Kulturlandschaft ist. Man versprüht ferner Insektizide, und das schädigt die ganze ohnedies spärliche Landfauna. Überdies ist ein großer Teil der Inseln bebaut, und für die Häuser ebenso wie für die Molen holte man sich die Korallen vom Riff, und zwar die massiven Stöcke von der Außenriffkante. Das hat weitere Folgen, denn die Inseln wurden damit an manchen Stellen ihres schützenden Panzers beraubt. Gezeiten und Wellentätigkeit können nunmehr den Sand vom Seichten abspülen und ins Tiefe mitnehmen. Er überspült die Korallen am Riffabhang und behindert deren Gedeihen, zum Teil bringt er sie zum Absterben. Die Sandauswaschung der Seichtwasserzone führt aber in weiterer Folge zur Auswaschung der Ufer und damit zur Abtragung der Inseln. Bedenklich ist weiter die zunehmende Verschmutzung der Süßwasserlinsen der Touristeninseln. Die Abwässer versickern und mit ihnen die Waschmittel und andere Chemikalien. Auch ist der natürliche Wasserkreislauf durch das Anzapfen der Süßwasserlinse gestört. Bisher floß bei Ebbe Süßwasser ab, das durch Regenfälle ersetzt wurde. Durch das Abpumpen kehrt sich der Kreislauf um. Meerwasser dringt ein, Pflanzenwurzeln sterben, und das stagnierende Wasser fault. Da man die Inseln der Nutzung durch die Bevölkerung entzog – die Malediver pflegten ihr Brenn- und Bauholz von ihnen zu holen –, müssen sie nunmehr auf die unbewohnten Inseln im Norden und Süden des Male-Atolls zurückgreifen, und das kann zu deren Kahlschlag führen. Viele Inseln werden zur Eiablage von Schildkröten aufgesucht. Auch hier stören Touristen.

Nun ist die touristische Erschließung des Male-Atolls so weit fortgeschritten, daß nichts mehr rückgängig gemacht werden kann. Die Inseln wurden in Ferienatolle umfunktioniert, damit müssen wir uns abfinden. Um so wichtiger ist es, ein unkontrolliertes Ausufern dieser Entwicklung in andere Atolle zu verhindern.

Die Riffe selbst haben nur an einigen Stellen durch den Korallenabbruch für Bauzwecke gelitten. Im übrigen sind sie reich an

Leben geblieben, unter anderem da man das Jagen mit Harpunen untersagte. Es gibt zwar Inseln, deren Verwaltung es versäumte, auf die Einhaltung dieser Gesetze zu achten. So sind die Riffe von Boduhithi ziemlich ausgeschossen worden, und die verbliebenen Fische sind entsprechend scheu. Auf Rasfaru wurden Schildkröten getötet, und man hat frisch geschlüpfte als Souvenirs gedörrt. Solche Vandalismen gehören gottlob eher zu den Ausnahmen. Die Leiter der Tauchbasen achten im allgemeinen darauf, daß Derartiges nicht vorkommt. Sie sorgen auch dafür, daß das Verbot, Korallen und Muscheln zu sammeln, strikt eingehalten wird. Problematisch ist, daß beim regelmäßigen Besuch der stets gleichen Plätze im Riff die Riffkorallen durch das Ankern leiden. Anker und Kette zertrümmern die lebenden Korallen. Die Regenerationsfähigkeit hält an solchen Stellen mit der Zerstörung nicht Schritt. Man könnte diese Entwicklung durch Einrichtung von Bojen in den Griff bekommen. Allerdings erzählte man mir, daß die Malediver diese Bojen schnell einsammeln würden. Zur Zeit könne das noch nicht kontrolliert werden. Wieweit die Tauchgänge selbst Schäden erzeugen, die die Regenerationsfähigkeit des Riffs überfordern, weiß man nicht. Man muß auf die Entwicklung achten! Sicher ist, daß unerfahrene Taucher Korallentische und Heckenhaufen niedertreten, zumal es oft schwierig ist, sich in der starken Strömung am Riff zu halten.

Mir scheint es wichtig, die Öffentlichkeit auf diese Gefahren hinzuweisen. Um ihnen zu begegnen, sollte die Regierung der Malediven eine Naturschutzbehörde einrichten. Sie sollte in Verbindung mit einer zu errichtenden biologischen Station die weitere Entwicklung der Riff- und Inselbiotope überwachen. Ich werde entsprechende Vorschläge ausarbeiten.

Nachtrag 1984: Der Tourismus hat sich mittlerweile weiter ausgebreitet, doch hoffen wir über die von Eurodivers (siehe S. 18) finanzierte biologische Außenstation des Internationalen Instituts für Submarine Forschung die Interessen des Naturschutzes mit jenen des Tourismus in Einklang zu bringen.

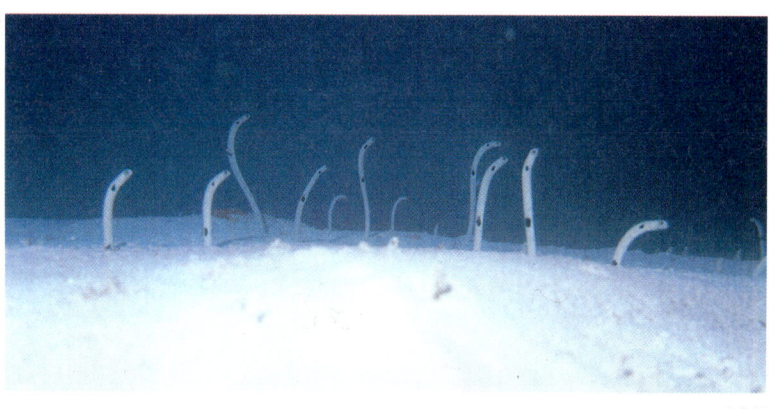

Danksagung

Bereits im Text durfte ich vielen Freunden und Gönnern danken. Es ist mir ein Bedürfnis, meinen Dank noch einmal auszudrücken. Er gilt in erster Linie meinem Lehrer und väterlichen Freunde Prof. Dr. Konrad Lorenz, der mich Tiere beobachten lehrte und der mir als seinem Mitarbeiter so freie Hand in der Wahl meiner Forschungsaufgaben gewährte, und meinem Freunde Dr. Hans Hass, der mich überhaupt erst mit der Taucherei bekannt machte. Mein besonderer Dank gilt ferner der Max-Planck-Gesellschaft. Ich danke meinen eingangs genannten Expeditionskameraden, im besonderen Herrn Dr. Georg Scheer und Herrn Dr. Wolfgang Klausewitz, mit denen mich seit dieser Reise eine enge Freundschaft verbindet. Beide haben bei der Bestimmung von Korallen und Fischen entscheidend geholfen. Unterwegs wurde uns oft wertvolle Hife zuteil, vor allem seitens der Engländer.

Ich danke ferner Hannes Dichand für eine Einladung zu den Seychellen und Amiranten, Hannah und Norbert Schmidt für die gastliche Aufnahme auf ihrem Schiff während unserer letzten Maledivenreise und den Leitern der Tauchbasen Rudi Fuchs, Fritz Rasshofer, Herbert Unger, Herwarth Voigtmann und Joseph Zedelmayer für die Führung zu auserwählten Tauchplätzen. Herrn Hermann Kacher danke ich herzlich für die Hilfe bei der Illustration dieses Buches. Er hat insbesondere für die Darstellung der verschiedenen Formen des Korallenwachstums viele Stunden eigenen Quellenstudiums aufgewendet und dadurch manche der zum Teil recht unklaren Verhältnisse geklärt. Ich danke ferner allen, die durch neue Aufnahmen zur Bereicherung des Buches beitrugen. Ich habe sie als Bildautoren bei den Bildern genannt, da ich wollte, daß ihre Leistung augenfällig wird. Die übliche Form des Vermerkes in Kleindruck am Ende des Buches wird dem, nach meinem Dafürhalten, nicht gerecht. Ganz besonders danke ich ferner allen jenen, die dem beratenden Komitee für die »Xarifa«-Expedition beitraten und die damit auch unseren Plan, die »Xarifa« als dauernd tätige schwimmende Station zu etablieren, befürworteten.

Ich danke schließlich ganz besonders meiner geduldigen und mutigen Frau, die oft mehrere Monate ohne jede Nachricht von uns ausharren mußte.

Schließlich möchte ich der Firma Rolex für die Überlassung einer Unterwasseruhr danken. Sie ist seit der ersten Maledivenexpedition mein treuer Begleiter auf allen meinen Reisen, und, gleich ob sie mich in die Korallenriffe, in die Kalahariwüste oder in die Regenwälder des Orinoko begleitete, sie hat mich nie im Stich gelassen.

1. Liste der in den maledivischen Gewässern gesammelten Fische

(nach W. Klausewitz)

Haie und Rochen

Isuridae (Menschenhaie)
  Isurus sp.
Carcharhinidae (Grauhaie)
  Carcharhinus melanopterus
  Carcharhinus menisorrah
  Eulamia dussumieri
  Triaenodon obesus
Dasyatidae (Stachelrochen)
  Himantura marginata
  Taeniura lymma
  Taeniura melanospila
  Urogymnus africanus

Knochenfische

Megalopidae (Riesenheringe)
  Megalops cyprinoides
Clupeidae (Heringe)
  Harengula punctata
  Sardinella sp.
  Spratelloides japonicus
Chanidae (Lachsheringe)
  Chanos chanos (Milchfisch)
Synodidae (Eidechsenfisch)
  Synodus indicus
  Synodus japonicus
  Synodus variegatus
Cyprinidae (Karpfenfische)
  Barbus vittatus (Süßwasserbarbe)
Muraenidae (Muränen)
  Anarchias maldiviensis
  Echidna delicatula
  Echidna geometrica
  Echidna polyzona
  Echidna zebra
  Gymnothorax fimbriatus
  Gymnothorax flavimarginatus
  Gymnothorax pictus
  Gymnothorax ruppelli
  Gymnothorax thyrsoides
  Gymnothorax undulatus
  Gymnothorax zonipectes
  Gymnothorax sp.
  Uropterygius polyspilus
Echelidae (Wurmaale)
  Echelis punctatus

Leptenchelys labialis
Ophichthyidae (Schlangenaale)
  Leiuranus semicinctus
Moringuidae (Fadenaale)
  Moringua abbreviata
Heterocongridae (Röhrenaale)
  Xarifania hassi hassi
Belonidae (Hornhechte)
  Belone sp.
  Tylosurus leiurus
  Tylosurus sp.
Hemirhamphidae (Halbschnäbler)
  Hemirhamphus far
  Hemirhamphus marginatus
Exocoetidae (Fliegende Fische)
  Exocoetus volitans
Aulostomidae (Trompetenfische)
  Aulostomus chinensis
  Aulostomus valentini
Fistulariidae (Pfeifenfische)
  Fistularia petimba
Syngnathidae (Seenadeln)
  Corythoichthys flavofasciatus
  Corythoichthys haematopterus
  Dunckerocampus multiannulatus
  Micrognathus brevirostris
Holocentridae (Stachelfische)
  Adioryx caudimaculatus
  Adioryx diadema
  Adioryx lacteoguttatus
  Adioryx rubra
  Adioryx spinifer
  Flammeo sammara
  Myripristis adustus
  Myripristis murdjan
  Myripristis sp.
Sphyraenidae (Barrakudas)
  Sphyraena acutipinnis
  Sphyraena picuda
Mugilidae (Meeräschen)
  Liza macrolepis
  Mugil cephalus
Atherinidae (Ährenfische)
  Allanetta forskali
Serranidae (Zackenbarsche)
  Aethaloperca rogaa
  Anyperodon leucogrammicus

Cephalopholis argus
Cephalopholis leopardus
Cephalopholis miniatus
Epinephelus areolatus
Epinephelus caeruleopunctatus
Epinephelus fasciatus
Epinephelus fuscoguttatus
Epinephelus melanostigma
Epinephelus merra
Grammistes sexlineatus
Plectropoma maculatum
Variola louti
Diploprionidae (Harlekinfische)
  Diploprion bifasciatum
Pseudochromidae (Zwergbarsche)
  Plesiops nigricans
  Plesiops sp.
  Pseudochromis dutoiti
  Pseudochromis olivaceus
  Pseudochromis sp.
  Pseudogramma polyacantha
Theraponidae (Tigerbarsche)
  Therapon jarbua
Kuhlidae (Kuhlien, Flaggenschwänze)
  Kuhlia taeniura
Priacanthidae (Bullaugen)
  Priacanthus arenatus
  Priacanthus cruentatus
Apogonidae (Kardinalfische)
  Apogon aureus
  Apogon chrysotaenia
  Apogon erythrinus
  Apogon fraenatus
  Apogon novemfasciatus
  Apogon nubilus
  Apogon savayensis
  Apogon taeniatus
  Apogon thermalis
  Apogon sp.
  Apogonichthys auritus
  Archamia argentea
  Archamia macroptera
  Cheilodipterus caninus
  Cheilodipterus lineatus
  Cheilodipterus macrodon
  Kurandapogon blanchardi
  Pseudamia amblyuropterus

Malacanthidae (Ziegelbarsche)
  Malacanthus hoedtii
Acanthoclinidae (Stachelzwerg-
  barsche)
  Acanthoclinus sp.
Carangidae (Pferdemakrelen)
  Caranx adcensionis
  Caranx fulvoguttatus
  Caranx melampygus
  Caranx stellatus
  Caranx sp.
  Elagatis bipinnulatus
  Selar kalla
  Selaroides leptolepis
  Trachinotus bailloni
  Trachinotus blochi
Lutianidae (Meerbarsche,
  Schnapper)
  Aphareus furcatus
  Aphareus rutilans
  Aprion virescens
  Lutianus argentimaculatus
  Lutianus biguttatus
  Lutianus bohar
  Lutianus fulviflamma
  Lutianus gibbus
  Lutianus johni
  Lutianus kasmira
  Lutianus russelli
  Lutianus vaigiensis
  Macolor niger
Anthiidae (Rötlinge)
  Anthias squamipinnis
  Anthias sp.
  Mirolabrichthys evansi
Caesiodidae (Füsiliere)
  Caesio caerulaureus
  Caesio chrysozonus
  Caesio cuning
Gerridae (Silberlinge)
  Gerres abbreviatus
  Gerres oblongus
Scolopsidae (Großaugen)
  Gnathodentex aurolineatus
  Monotaxis grandoculis
  Scolopsis bilineatus
  Scolopsis ghanam
Plectorhynchidae (Weichlipper)
  Plectorhynchus diagrammus
  Plectorhynchus gaterinus
Lethrinidae (Ruderfische)
  Lethrinella miniata
  Lethrinella ramak
  Lethrinella variegata
  Lethrinus caeruleus
  Lethrinus mahsena
  Lethrinus nebulosus
  Lethrinus ornatus
  Lethrinus rhodopterus
Mullidae (Seebarben)
  Mulloidichthys auriflamma
  Mulloidichthys samoensis
  Parupeneus barberinus
  Parupeneus bifasciatus
  Parupeneus macronemus

Parupeneus trifasciatus
Pseudupeneus luteus
Pempheridae (Gleiter)
  Pempheris vanicolensis
Kyphosidae (Pilotbarsche)
  Kyphosus bigibbus
  Kyphosus cinerascens
Platacidae (Fledermausfische)
  Platax orbicularis
Pomacanthidae (Engelsfische)
  Apolemichthys trimaculatus
  Centropyge bispinosus
  Centropyge multipinnis
  Euxiphipops xanthometopon
  Pomacanthodes imperator
  Pygoplithes diacanthus
Chaetodontidae (Schmetterlings-
  fische, Falterfische)
  Chaetodon auriga
  Chaetodon bennetti
  Chaetodon chrysurus chrysurus
  Chaetodon citrinellus
  Chaetodon collare
  Chaetodon falcula
  Chaetodon fasciatus
  Chaetodon kleinii
  Chaetodon larvatus
  Chaetodon lineolatus
  Chaetodon lunula
  Chaetodon melanotus
  Chaetodon meyeri
  Chaetodon trifascialis
  Chaetodon trifasciatus
  Chaetodon unimaculatus
  Chaetodon xanthocephalus
  Chaetodon sp.
  Forcipiger longirostris
  Gonochaetodon baronessa
  Hemitaurichthys zoster
  Heniochus acuminatus
  Heniochus monoceros
  Heniochus pleurotaenia
Pomacentridae (Riffbarsche)
  Abudefduf saxatilis
  Abudefduf septemfasciatus
  Abudefduf sexfasciatus
  Abudefduf sordidus
  Abudefduf sp.
  Amblyglyphiodon curacao
  Amphiprion clarkii
  Amphiprion ephippium
  Amphiprion nigripes
  Chromis caeruleus
  Chromis dimidiatus
  Chromis pembae
  Chromis ternatensis
  Dascyllus aruanus
  Dascyllus reticulatus
  Dascyllus trimaculatus
  Eupomacentrus albicaudatus
  Eupomacentrus albofasciatus
  Eupomacentrus nigricans
  Glyphiodontops biocellatus
  Glyphiodontops glaucus
  Glyphiodontops leucopomus

Glyphiodontops unimaculatus
Lepidozygus anthioides
Neopomacentrus taeniurus
Paraglyphiodon melas
Plectroglyphiodon albofasciatus
Plectroglyphiodon dickii
Plectroglyphiodon imparipinnis
Plectroglyphiodon leucozona
Pomacentrus albicaudatus
Pomacentrus cyanomos
Pomacentrus melanopterus
Pomacentrus sulfureus
Pomacentrus trichourus
Pomacentrus tripunctatus
Pomacentrus sp.
Labridae (Lippfische)
  Anampses sp. 1
  Anampses sp. 2
  Cheilinus diagrammus
  Cheilinus fasciatus fasciatus
  Cheilinus mentalis
  Cheilinus trilobatus
  Coris angulata
  Coris gaimard
  Coris variegata
  Epibulus insidiator
  Gomphosus varius
  Halichoeres centriquadrus
  Halichoeres scapularis
  Halichoeres scapularis coeruleovittatus
  Hemigymnus fasciatus
  Lepidaplois anthioides
  Lepidaplois axillaris
  Lepidaplois diana
  Platyglossus marginatus
  Pseudocheilinus hexataenia
  Stethojulis albovittata
  Stethojulis axillaris
  Thalassoma amblycephala
  Thalassoma commersoni
  Thalassoma cupido-bipunctata
  Thalassoma hardwicki
  Thalassoma lunare
  Thalassoma purpureum
  Thalassoma trimaculatus
  Thalassoma sp.
Scaridae (Papageifische)
  Cryptotomus spinidens
  Leptoscarus vaigiensis
  Leptoscarus sp.
  Pseudoscarus schlegeli
  Scarus erythrodon
  Scarus ghoban
  Scarus gibbus
  Scarus guttatus
  Scarus harid
  Scarus octodon
  Scarus oviceps
  Scarus pectoralis
  Scarus sordidus
  Scarus sp.
Cirrhitidae (Korallenwächter)
  Cirrhitichthys aprinus
  Paracirrhites arcatus
  Paracirrhites bimaculatus

Paracirrhites forsteri
Paracirrhites sp.
Parapercidae (Krokodilfische)
Parapercis hexophthalma
Parapercis sp.
Trichonotidae (Sandtaucherfische)
Trichonotus sp.
Blenniidae (Schleimfische)
Aspidontus filamentosus
Aspidontus taeniatus
Meiacanthus smithi
Runula tapeinosoma
Salariidae (Schleimfische)
Cirripectus maculatus
Cirripectus variolosus
Cirripectus sp.
Entomacrodus marmoratus
Ecsenius bicolor
Ecsenius frontalis
Ecsenius lineatus
Ecsenius minutus
Istiblennius enosimae
Istiblennius leopardus
Istiblennius lineatus
Istiblennius meleagris
Istiblennius periophthalmus
Istiblennius sp.
Carapidae (Eingeweidefische)
Carapus homei
Callionymidae (Spinnenfische)
Calliurichthys gardneri
Siganidae (Kaninchenfische)
Siganus corallinus
Siganus javus
Siganus spinus
Siganus stellatus
Siganus vermiculatus
Zanclidae (Maskenfische)
Zanclus cornutus
Acanthuridae (Seebader)
Acanthurus bariene
Acanthurus bleekeri
Acanthurus elongatus
Acanthurus fulginosus
Acanthurus leucocheilus
Acanthurus leucosternon
Acanthurus lineatus
Acanthurus nigricans
Acanthurus nigrofuscus
Acanthurus triostegus
Acanthurus xanthopterus
Ctenochaetus striatus
Ctenochaetus strigosus
Paracanthurus theuthis
Zebrasoma flavescens
Zebrasoma scopas
Zebrasoma veliferum
Nasidae (Nasenfische)
Naso brevirostris
Naso lituratus
Naso thymnoides
Naso unicornis
Naso vlamingi
Thunnidae (Thunfische)
Auxis thazard

Katsuwonus pelamis
Xiphiidae (Schwertfische)
Xiphias gladius
Eleotridae (Meergrundeln)
Eleotriodes pallidus
Eleotriodes sexguttatus
Eleotriodes strigatus
Eleotris fusca
Eleotris melanosoma
Eleotris sp.
Laccoeleotris sp.
Ptereleotris microlepis
Ptereleotris tricolor
Gobiidae (Meergrundeln)
Acentrogobius ornatus
Acentrogobius reichei
Acentrogobius spence
Amblygobius albimaculatus
Amblygobius semicinctus
Bathygobius fuscus
Cottogobius bilobatus
Cryptocentrus caeruleopunctatus
Cryptocentrus cryptocentrus
Ctenogobiops maculosus
Eviota nebulosa
Eviota verna
Gobiodon citrinus
Gobiodon quinquestrigatus
Gobiodon rivulatus
Gobius nebulosus
Gobius sp. 1–3
Paragobiodon echinocephalus
Psammogobius durbaensis
Scorpaenidae (Skorpionfische)
Nemapterois biocellatus
Pterois antennata
Pterois miles
Pterois radiata
Scorpaenodes guamensis
Scorpaenodes varipinnis
Scorpaenodes sp.
Scorpaenopsis gibbosa
Sebastapistes hassi
Caracanthidae (Pelzfischchen)
Caracanthus maculatus
Caracanthus unipinnus
Synanceidae (Steinfische)
Synanceja verrucosa
Platycephalidae (Plattköpfe)
Platycephalus sp.
Thysanophrys tentaculatus
Bothidae (Plattfische)
Bothus pardalis
Echeneidae (Saugfische)
Echeneis naucrates
Balistidae (Drückerfische)
Balistapus undulatus
Balistoides conspicillum
Balistoides viridescens
Hemibalistes bursa
Hemibalistes chrysopterus
Melichthys indicus
Melichthys niger
Odonus niger
Pseudobalistes flavimarginatus

Rhinecanthus aculeatus
Rhinecanthus rectangulus
Sufflamen albicaudatus
Xanthichthys auromarginatus
Aluteridae (Einstachler)
Alutera scripta
Amanses pardalis
Oxymonacanthus longirostris
Paramonacanthus oblongus
Pervagor melanocephalus
Pervagor tormentosus
Ostraciontidae (Kofferfische)
Ostracion lentiginosus
Ostracion tuberculatus
Rhinesomus gibbosus
Rhynchostracion rhinorhynchus
Diodontidae (Igelfische)
Diodon maculifer
Lophodiodon calori
Canthigasteridae (Spitzkopfkugelfische)
Canthigaster bennetti
Canthigaster margaritatus
Canthigaster valentini
Tetraodontidae (Kugelfische)
Arothron aerostaticus
Arothron hispidus hispidus
Arothron meleagris
Arothron nigropunctatus
Chelonodon patoca
Lagocephalidae (Kugelfische)
Amblyrhynchotes spinosissimus

2. Wissenschaftliche Ergebnisse der »Xarifa«-Expeditionen

ANKEL, W. E.: Schwimmtauchen als Methode der Zoologie. Gießener Hochschulblätter, H. 4, 1953.

ANKEL, W. E.: Pottwalfang bei den Azoren. Orion 10, H. 15/16, 604–613, 1955.

BATH, H.: Über die Körperhaut des »Röhrenaals« Xarifania hassi (Heterocongridae). Z. f. Zellforschung 51, 728–734, 1960.

CLARK, W. C.: Two new pycnogonids from the Maldive Islands. Annals and Magazine of Natural History 13, H. 3, 291–296, 1960.

DENIS, J.: Description de deux Araignées nouvelles de la Mer Rouge. Bull. Mus., 2. ser., t. 28, no. 5, 1956.

DURHAM, J. W.: Corals from the Galápagos and Cocos Islands. Proc. Calif. Acad. Sci., ser. 4, 32, 41–56, 1962.

EIBL-EIBESFELDT, I.: Über die Galapagos-Expedition 1953/54 des Institutes für Submarine Forschung. Mitt. d. Max-Planck-Gesellschaft, H. 5, 276–280, 1954.

EIBL-EIBESFELDT, I.: Einige Bemerkungen über den Galapagos-Seelöwen, Zalophus wollebaeki Sivertsen. Säugetierkundl. Mitteilungen 3, 101–105, 1955.

EIBL-EIBESFELDT, I.: Ethologische Studien am Galapagos-Seelöwen, Zalophus wollebaeki Sivertsen. Z. Tierpsychol. 12, H. 2, 286–303, 1955.

EIBL-EIBESFELDT, I.: Über Symbiosen, Parasitismus und andere besondere zwischenartliche Beziehungen tropischer Meeresfische. Z. Tierpsychol. 12, H. 2, 203–219, 1955.

EIBL-EIBESFELDT, I.: Der Kommentkampf der Meerechse (Amblyrhynchus cristatus Bell) nebst einigen Notizen zur Biologie dieser Art. Z. Tierpsychol. 12, H. 1, 49–62, 1955.

EIBL-EIBESFELDT, I.: Beobachtungen über territoriales Verhalten und Brutpflege des Galapagos-Seelöwen. Z. f. Säugetierkunde 20, 75–77, 1955.

EIBL-EIBESFELDT, I.: Über das Massenauftreten der Hausmaus auf Süd-Seymour, Galapagos. Säugetierkundl. Mitteilungen 3, 175–176, 1955.

EIBL-EIBESFELDT, I.: Auf unberührten Klippen. Kosmos 51, H. 1, 26–33, H. 2, 60–64, 1955.

EIBL-EIBESFELDT, I.: Eine Nacht unter Seelöwen. Kosmos 51, H. 9, 405–409, 1955.

EIBL-EIBESFELDT, I.: Studien über das Verhalten tropischer Meeresfische. Umschau i. Wissenschaft u. Technik 56, H. 2, 37–39, 1956.

EIBL-EIBESFELDT, I.: Eine neue Rasse der Meerechse, Amblyrhynchus cristatus venustissimus, nebst einigen Bemerkungen über Amblyrhynchus cristatus. Senckenbergiana biol. 37, 87–100, 1956.

EIBL-EIBESFELDT, I.: Das bedrohte Tierparadies der Galapagos-Inseln. Über die Notwendigkeit wirksamer Schutzmaßnahmen. Natur u. Volk 86, H. 5, 145–157, 1956.

EIBL-EIBESFELDT, I.: Neue Methoden der Fischbeobachtung. In: Ladiges, W.: Tropische Meeresfische, A. Kernen Verlag, 63–69, Abb. 90–95, 1956.

EIBL-EIBESFELDT, I.: Bericht von einer Reise zu den Galapagos-Inseln unter besonderer Berücksichtigung verhaltenskundlicher, herpetologischer und ichthyologischer Beobachtungen. Die Aquarien- u. Terrarien-Zeitschr. 10, H. 1–5, S. 14–20, 38–43, 68–73, 103–108, 131–133, 1957.

EIBL-EIBESFELDT, I.: Schützt die Galapagos-Inseln! Kosmos 54, H. 12, 501–505, 1958.

EIBL-EIBESFELDT, I.: Der Fisch Aspidontus taeniatus als Nachahmer des Putzers Labroides dimidiatus. Z. Tierpsychologie 16, H. 1, 19–25, 1959.

EIBL-EIBESFELDT, I.: Survey on the Galapagos Islands. Unesco Mission Reports, H. 8, 1–33, 1959.

EIBL-EIBESFELDT, I.: Begegnung mit Haien. Kosmos 56, H. 6, 229–234, 1960.

EIBL-EIBESFELDT, I.: Röhrenaale – Eine Anpassung an das Leben im Sande. Kosmos 56, 100–101, 1960.

EIBL-EIBESFELDT, I.: Beobachtungen und Versuche an Anemonenfischen (Amphiprion) der Malediven und der Nicobaren. Z. Tierpsychol. 17, 1–10, 1960.

EIBL-EIBESFELDT, I.: Naturschutzprobleme auf den Galapagos-Inseln. Acta Tropica 17, 97–137, 1960.

EIBL-EIBESFELDT, I.: Eine Symbiose zwischen Fischen (Siphamia versicolor) und Seeigeln. Z. Tierpsychol. 18, 56–59, 1961.

EIBL-EIBESFELDT, I.: Putzerfische. Kosmos 57, H. 12, 513–517, 1961.

EIBL-EIBESFELDT, I.: Brutfürsorge beim Tintenfisch. Inst. f. Film u. Bild i. Wissenschaft u. Unterricht, Beiheft F 615, Göttingen 1962.

EIBL-EIBESFELDT, I.: Freiwasserbeobachtungen zur Deutung des Schwarmverhaltens verschiedener Fische. Z. Tierpsychol. 19, 165–182, 1962.

EIBL-EIBESFELDT, I.: Labroides dimidiatus (Labridae): Putzen verschiedener Fische. Encycl. Cinematographica, E 127, Göttingen 1963.

EIBL-EIBESFELDT, I.: Tierleben im Korallenriff. Inst. f. Film u. Bild i. Wissenschaft u. Unterricht, Beiheft F 655, Göttingen 1963.

EIBL-EIBESFELDT, I.: Im Reich der tausend Atolle. Als Tierpsychologe in den Korallenriffen der Malediven und Nikobaren. R. Piper & Co., München 1964.

EIBL-EIBESFELDT, I.: Dotilla sulcata (Brachyura): Fressen und Graben. Encycl. Cinematographica, E 538, Göttingen 1964.

EIBL-EIBESFELDT, I.: Octopus aegina (Cephalopoda): Brutverteidigung und Brutpflege. Encyclop. Cinematographica, E 480, Göttingen 1964.

EIBL-EIBESFELDT, I.: Land of a thousand atolls: A study of marine life in the Maldive and Nicobar Islands. London 1966.

EIBL-EIBESFELDT, I.: Amphiprion percula (Pomacentridae): Kampfverhalten. Encyclop. Cinematographica, E 752, IWF, Göttingen 1966.

EIBL-EIBESFELDT, I.: Siphamia versicolor (Apogonidae): Symbiose mit Seeigeln. Encyclop. Cinematographica, E 755, IWF, Göttingen 1966.

EIBL-EIBESFELDT, I.: Formen der Symbiose. Naturwissensch. u. Medizin 4, 14–27, 1967.

EIBL-EIBESFELDT, I. u. H. HASS: Erfahrungen mit Haien. Z. Tierpsychol. 16, 739–746, 1959.

EIBL-EIBESFELDT, I. u. W. KLAUSEWITZ: Gnathypops rosenbergi annulata n. ssp. von den Nikobaren (Pisces, Percomorphi, Opisthognathidae). Senckenbergiana biol. 42, 421–426, 1961.

EIBL-EIBESFELDT, I. u. G. SCHEER: Das Brutpflegeverhalten eines weiblichen Octopus aegina Gray. Z. Tierpsychol. 19, 257–261, 1962.

EIBL-EIBESFELDT, I. u. G. SCHEER: Die Krakenmutter in der Herzmuschel. Kosmos 59, H. 4, 49–52, 1963.

EIBL-EIBESFELDT, I. u. W. WICKLER: Labroides dimidiatus, Putzen verschiedener Fische (Freiwasser-Aufnahmen). Encyclop. Cinematographica, E 754, Göttingen 1965.

FEUSTEL, H.: Anatomische Untersuchungen zum Problem der Aspidosiphon-Heterocyathus-Symbiose. Zool. Anzeiger, Suppl. 29, 131–143, 1965.

FRANZISKET, L.: Experimentelle Untersuchung über die optische Wirkung der Streifung beim Preußenfisch (Dascyllus aruanus). Behaviour 15, H. 1/2, 77–81, 1959.

FRANZISKET, L.: Die Stoffwechselintensität der Riffkorallen und ihre ökologische, phylogenetische und soziologische Bedeutung. Z. vergl. Physiol. 49, 91–113, 1964.

FRANZISKET, L.: Beobachtungen und Messungen am Flug der fliegenden Fische. Zool. Jahrb. Physiol. 70, 234–240, 1965.

FRÖILAND, E.: Litoralfische der Malediven. V. The hawkfishes of the family Cirrhitidae (Pisces: Perciformes: Percoidei). Senckenbergiana biol. 57, 15–23, 1976.

GERLACH, S. A.: Ein neuer Vertreter des Gnathostomulida (Turbellaria?) aus dem Meeressand der Malediven. Kieler Meeresforschungen 14, 175–176, 1958.

GERLACH, S. A.: Freilebende Nematoden von den Korallenriffen des Roten Meeres. Kieler Meeresforschungen 14, 241–246, 1958.

GERLACH, S. A.: Drei neue Nematoden aus dem Küstengrundwasser der Insel Abd el-Kuri (Golf von Aden). Zool. Anzeiger 163, 361–364, 1959.

GERLACH, S. A.: Über das tropische Korallenriff als Lebensraum. Verh. Deutsch. Zool. Gesellschaft Münster/Westf., 356–363, 1959.

GERLACH, S. A.: Über Gastrotrichen aus dem Meeressand der Malediven (Indischer Ozean). Zool. Anz. 167, 471–475, 1961.

GERLACH, S. A.: The tropical coral reef as a biotope. Atoll Res. Bull. 80, 1–6, 1961.

GERLACH, S. A.: Freilebende Meeresnematoden von den Malediven. Kieler Meeresforschungen 18, 81–108, 1962.

GERLACH, S. A.: Robbea tenax sp. n., ein merkwürdiger mariner Nematode von den Malediven. Int. Rev. ges. Hydrobiol. 48, 153, 1963.

GERLACH, S. A.: Über freilebende Meeresnematoden. Revision der Linhomoeidae. Zool. Jahrb. Syst. 90, 599–658, 1963.

GERLACH, S. A.: Aponchium Cobb, 1920, Typus einer neuen Familie freilebender Meeresnematoden. Abh. Naturwiss. Ver. Hamburg N.F. 7, 157–166, 1963.

GERLACH, S. A.: Die Gattung Haliplectus (Chromadorida, Leptolaimidae), zugleich ein Beitrag zur Morphologie und Phylogenie der Nematoden. Zool. Anz. 171, 96–113, 1963.

GERLACH, S. A.: Freilebende Meeresnematoden von den Malediven II. Kieler Meeresforschungen 19, 67–103, 1963.

GERLACH, S. A.: Neue Cyatholaimidae (Nematoda, Chromadorida) von den Malediven. Veröff. Inst. Meeresforsch. Bremerhaven 9, 70–78, 1964.

GERLACH, S. A.: Revision der Choniolaiminae und Selachinematinae (freilebende Meeres-Nematoden). Mitt. Hamburg. Zool. Mus. Inst., Koswig-Festschr. 23–50, 1964.

GUINOT, D.: Sur une collection de Crustacés Décapodes Brachyoures des îles Maldives et de Mer Rouge (Expédition »Xarifa« 1957–58). Kieler Meeresforschungen 18, 231–244, 1962.

HARTMANN-SCHRÖDER, G.: Polychaeten aus dem Roten Meer. Kieler Meeresforschungen 16, 69–125, 1960.

HASS, H.: Expedition ins Unbekannte. Ein Bericht über die Expedition des Forschungsschiffes »Xarifa« zu den Malediven und Nikobaren. Ullstein, Berlin/ Frankfurt/Wien 1961.

HASS, H.: Central subsidence. A new theory of atoll formation. Atoll Res. Bull. 91, 1–4, 1962.

HASS, H.: A new theory of atoll formation. New Scientist 16, 268–270, 1962.

HASS, H.: Expedition into the unknown: A report on the expedition of the research ship Xarifa to the Maldive and Nicobar Islands. London 1965.

HASS, H. u. I. EIBL-EIBESFELDT: Dotilla sulcata (Brachyura): Fressen und Graben. Encyclop. Cinematographica, E 538. Publikationen zu wissenschaftlichen Filmen 1 A, 165–168, Göttingen 1964.

HUMES, A. G.: New copepods from madreporarian corals. Kieler Meeresforschungen 16, 229–235, 1960.

KLAUSEWITZ, W.: Die Atoll-Riffe der Malediven. Natur u. Volk 88, 380–390, 1958.

KLAUSEWITZ, W.: Fische aus dem Atlantik und Pazifik. Senckenbergiana biol. 39, 57–84, 1958.

KLAUSEWITZ, W.: Biologische Bedeutung der Färbung der Korallenfische. Verh. Dt. Zool. Ges. Frankfurt, 329–333, 1958.

KLAUSEWITZ, W.: Fische aus dem Roten Meer. I. Knorpelfische (Elasmobranchii). Senckenbergiana biol. 40, 43–50, 1959.

KLAUSEWITZ, W.: Systematisch-evolutive Untersuchungen über die Abstammung einiger Fische des Roten Meeres. Zool. Anzeiger, Suppl. Band 23, 1959.

KLAUSEWITZ, W.: Fische aus dem Roten Meer. II. Knochenfische der Familie Apogonidae (Pisces, Percomorphi). Senckenbergiana biol. 40, 251–262, 1959.

KLAUSEWITZ, W.: Fische aus dem Roten Meer. IV. Einige systematisch und ökologisch bemerkenswerte Meergrundeln (Pisces, Gobiidae). Senckenbergiana biol. 41, 149–162, 1960.

KLAUSEWITZ, W.: Fische aus dem Roten Meer. V. Über einige Fische der Gattung Ecsenius (Pisces, Salariidae). Senckenbergiana biol. 41, 297–299, 1960.

KLAUSEWITZ, W.: Eleotriodes pallidus n. sp. aus dem Indischen Ozean (Pisces, Gobioidea, Eleotridae). Senckenbergiana biol. 41, 7–8, 1960.

KLAUSEWITZ, W.: Seenadeln im Korallenriff. Natur u. Volk 91, 48–51, 1961.

KLAUSEWITZ, W.: Das Farbkleid der Korallenfische. Natur u. Volk 91, 204–215, 1961.

KLAUSEWITZ, W.: Wie schwimmen Haifische? Natur u. Museum 92, 219–226, 1962.

KLAUSEWITZ, W.: Taxionomische Untersuchungen an der Gattung Gomphosus (Pisces, Percomorphi, Labridae). Senckenbergiana biol. 43, 11–16, 1962.

KLAUSEWITZ, W.: Meiacanthus smithi n. sp. aus dem Indischen Ozean (Pisces, Percomorphi, Blenniidae). Senckenbergiana biol. 43, 17–19, 1962.

310

KLAUSEWITZ, W.: Ecsenius lineatus n. sp. von den Malediven (Pisces, Blenniidae). Senckenbergiana biol. 43, 145–147, 1962.

KLAUSEWITZ, W.: Ecsenius minutus n. sp. von den Malediven (Pisces, Salariidae). Senckenbergiana biol. 44, 357–358, 1963.

KLAUSEWITZ, W.: Centropyge eibli n. sp. von den Nikobaren (Pisces, Percoidea, Pomacanthidae). Senckenbergiana biol. 44, 177–181, 1963.

KLAUSEWITZ, W.: Zwei neue Arten von aalartigen Fischen aus dem Indischen Ozean (Pisces, Apodes, Muraenidae, Ophichthidae). Senckenbergiana biol. 45, 665–669, 1964.

KLAUSEWITZ, W.: Vergleichend-taxonomische Untersuchungen an Fischen der Gattung Heniochus. Senckenbergiana biol. 50, 49–89, 1969.

KLAUSEWITZ, W.: Nemapterois biocellatus Fowler, ein Neunachweis für den Indischen Ozean (Pisces, Scleropareiformes, Scorpaenidae). Senckenbergiana biol. 50, 347–351, 1969.

KLAUSEWITZ, W.: Biogeographische und osteologische Untersuchungen an Ptereleotris tricolor J. L. B. Smith (Pisces, Eleotridae). Senckenbergiana biol. 51, 67–71, 1970.

KLAUSEWITZ, W.: Sebastapistes hassi n. sp. von den Malediven (Pisces, Scleropareiformes, Scorpaenidae). Senckenbergiana biol. 51, 73–75, 1970.

KLAUSEWITZ, W.: Litoralfische der Malediven. I. Einleitung und Fische der Ordnung Syngnathiformes (Pisces, Teleostei). Senckenbergiana biol. 53, 199–217, 1972.

KLAUSEWITZ, W.: Litoralfische der Malediven. II. Kaiserfische der Familie Pomacanthidae (Pisces, Perciformes). Senckenbergiana biol. 53, 361–372, 1972.

KLAUSEWITZ, W.: Litoralfische der Malediven. III. Kofferfische (Pisces, Tetraodontiformes, Ostraciontidae). Senckenbergiana biol. 54, 39–45, 1973.

KLAUSEWITZ, W.: Litoralfische der Malediven. IV. Die Familie der Drückerfische, Balistidae (Pisces, Tetraodontiformes, Balistoidei). Senckenbergiana biol. 55, 39–67, 1974.

KLAUSEWITZ, W.: Vergleichend-taxonomische Untersuchungen an Hemitaurichthys zoster und polylepis (Pisces, Perciformes, Chaetodontidae). Senckenbergiana biol. 55, 213–221, 1974.

KLAUSEWITZ, W.: Zoogeography of the littoral fishes of the Indian Ocean, based on the distribution of the Chaetodontidae and Pomacanthidae. Senckenbergiana biol. 59, 25–39, 1978.

KLAUSEWITZ, W. u. I. EIBL-EIBESFELDT: Neue Röhrenaale von den Malediven und Nikobaren (Pisces, Apodes, Heterocongridae). Senckenbergiana biol. 40, 135–153, 1959.

LUTHER, W.: Symbiose von Fischen mit Korallentieren und Krebsen im Roten Meer. Natur u. Volk 88, 141–146, 1958.

LUTHER, W.: Symbiose von Fischen (Gobiidae) mit einem Krebs (Alpheus djiboutensis) im Roten Meer. Z. Tierpsychologie 15, 175–177, 1958.

MARCUS, E. u. E. MARCUS: Opisthobranchia aus dem Roten Meer und von den Malediven. Abh. Akad. Wiss. Literat., Mathem.-Naturwiss. Kl., 873–934, 1959.

PILLAI, C. S. G. u. G. SCHEER: On a collection of Scleractinia from the Strait of Malacca. Proc. 2nd Internat. Coral Reef Sympos. 1, Brisbane, 445–464, 1974.

PILLAI, C. S. G. u. G. SCHEER: Report on the Stony Corals from the Maldive Archipelago. Zoologica 43, H. 126, 1976.

RUFFO, S.: Ingolfiella xarifae (Crustacea Amphipoda) nuova specie dell'Oceano Indiano. Mem. Mus. Civico Storia Nat. Verona 14, 177–182, 1966.

SCHEER, G.: Über Messungen der Dämmerungshelligkeit auf einigen Inseln im Atlantik und Pazifik. Meteorologische Rundschau 8, 82–85, 1955.

SCHEER, G.: Die Galapagos-Gruppe im Hessischen Landesmuseum zu Darmstadt. Natur u. Volk 87, 134–137, 1957.

SCHEER, G.: Einige Bemerkungen über die Vögel der Azoren. Vogelwelt 78, 115–120, 1957.

SCHEER, G.: Mit der Xarifa bei den Malediven. Delphin 5, 509–510, 1958.

SCHEER, G.: In den Korallenriffen der Malediven. Jenaer Rdsch. 3, 156–158, 1958.

SCHEER, G.: Im Zelt auf Madewaru. Jenaer Rdsch. 3, 158–160, 1958.

SCHEER, G.: Zur Geschichte der Korallenforschung. Ber. 1958/59 Naturwiss. Ver. Darmstadt, 37–49, 1959.

SCHEER, G.: Contribution to a German Reef-terminology, Atoll Res. Bull. 69, 1–4, 1959.

SCHEER, G.: Die Formenvielfalt der Riffkorallen. Ber. 1958/59 Naturwiss. Ver. Darmstadt, 50–67, 1959.

SCHEER, G.: Viviparie bei Steinkorallen. Naturwiss. 47, 238–239, 1960.

SCHEER, G.: Eine neue Rasse des Teichreihers Ardeola grayii (Sykes) von den Malediven. Senckenbergiana biol. 41, 143–147, 1960.

SCHEER, G.: Der Lebensraum der Riffkorallen. Ber. 1959/60 Naturwiss. Ver. Darmstadt, 29–44, 1960.

SCHEER, G.: Über die Helligkeit während der Dämmerung und über Messungen der
Dämmerungshelligkeit auf einigen Inseln im Indischen Ozean. Jenaer Rdsch. 6,
111–116, 1961.

SCHEER, G.: Twilight brightness and its measurements on some islands in the Indian
Ocean. Jena Rev. 6, 111–116, 1961.

SCHEER, G.: Korallen von Abd-el-Kuri. Zool. Jahrb. Syst. 91, 451–466, 1964.

SCHEER, G.: Korallen von den Sarso-Inseln im Roten Meer. Senckenbergiana biol.
48, 421–436, 1967.

SCHEER, G.: Über die Methodik der Untersuchung von Korallenriffen. Z. Morph.
Ökol. Tiere 60, 105–114, 1967.

SCHEER, G.: Coral reefs and coral genera in the Red Sea and Indian Ocean. Sympos.
Zool. Soc. London 28, 329–367, 1971.

SCHEER, G.: Investigations of coral reefs in the Maldive Islands with notes on lagoon
patch reefs and the method of coral sociology. Proc. Symp. Corals and Coral Reefs
1969, Mar. Biol. Ass. India, 87–120, 1972.

SCHEER, G.: Investigation of coral reefs at Rasdu Atoll in the Maldives with the
quadrat method according to phytosociology. Proc. 2nd Internat. Coral Reef Sympos. 2, Brisbane, 655–670, 1974.

SCHEER, G. u. C. S. G. PILLAI: Report on the Scleractinia from the Nicobar Islands.
Zoologica 122, 1–75, 1974.

SIEWING, R.: Angeliera xarifae, ein neuer Isopode aus dem Küstengrundwasser der
Insel Abd-el-Kuri (Golf von Aden). Zool. Anzeiger 163, 365–370, 1959.

TRIEBEL, E.: Brackwasser-Ostracoden von den Galapagos-Inseln. Senckenbergiana
biol. 37, 447–467, 1956.

Literaturverzeichnis

ABEL, E.: Fische zwischen Seeigel-Stacheln. Natur u. Volk 90, 2, 33–38, 1960.

ABEL, E.: Zur Kenntnis des Verhaltens und der Ökologie von Fischen an Korallenriffen bei Ghardaqa (Rotes Meer). Z. Morph. Ökol. Tiere 49 430–503, 1960.

ABEL, E.: Liaison facultative d'un poisson (Gobius bucchichii Steindachner) et d'une anémone (Anemonia sulcata Penn.) en méditerranée (I). Vie et Milieu 11, 518–531, 1960.

ABEL, E. F.: Zur Ethologie von Putzsymbiosen einheimischer Süßwasserfische im natürlichen Biotop. Oecologia 6, 133–151, 1971.

ALBRECHT, H.: Einige Beobachtungen an Anemonenfischen in der Karibischen See. Bijdragen tot de Dierkunde 47, 1, 109–119, 1977.

ALLEN, G. R.: The Anemonefishes. Their Classification and Biology. T. F. H. Publications, Neptune City, N.J./Reigate, England 1972.

ALTEVOGT, R.: Beiträge zur Biologie und Ethologie von Dotilla blanfordi Alcock und Dotilla myctiroides Milne-Edwards (Crustacea Decapoda). Z. Morph. Ökol. Tiere 46, 369–388, 1957.

ANKEL, W. E.: Die blaue Flotte. Natur und Museum 92, 10, 351-366.

ANTONIUS, A.: Kranke Korallen: Riffzerstörung. Umschau 76, 493–494, 1976

ANTONIUS, A.: Coral Mortality in Reefs: A Problem for Science and Management. Proceed. 3rd Int. Coral Reef Symposium, Rosenstiel School of Marine and Atmospheric Science, Univ. Miami, 61–623, 1977.

APPUKUTTAN, K. K.: Coral-Boring Bivalves of Gulf of Mannar and Palk Bay. Proceed. of the Symposium on Corals and Coral Reefs. The Marine Biological Assoc. of India, Cochin, Dec. 1972, 379–398.

ARONSON, L. R.: Orientation and Jumping Behavior in the Gobiid Fish Bathygobius soporator. Am. Museum 1486, Nov. 1951.

AX, P.: Die Entdeckung neuer Organisationstypen im Tierreich. Neue Brehm-Bücherei, Ziemsen, Wittenberg 1960.

BAINES, G. B. K., P. J. BEVERIDGE u. J. E. MARAGOS: Storms and Island Building at Funafuti Atoll, Ellice Islands. Proceed. of the Second Internat. Coral Reef Symposium, 2, Great Barrier Reef Committee, Brisbane, Dec. 1974, 485–496.

BALDRIDGE, H. D.: Shark attack. Everest Books, R. Clay Ltd., Bungay-Suffolk 1974.

BALLARD, R. D. u. J. F. GRASSLE: Strange World without Sun. Incredible World of the Deep-Sea Rifts. National Geographic 156, 680–688, 1979.

BANNER, A. H.: Ciguatera: A Disease from Coral Reef Fish. In: Jones, O. A. u. R. Endean (Eds.): Biology and Geology of Coral Reefs. Vol. III, Biol. 2. Academic Press, New York/London, 177–213, 1976.

BELL, H.: The Maldive Islands. Ceylon Government Press, Colombo 1940.

BLÖSCH, M.: Was ist die Grundlage der Korallenfischsymbiose: Schutzstoff oder Schutzverhalten? Naturwissenschaften 9, 387, 1961.

BÖLSCHE, W.: Das Leben in der Urwelt. G. Dollheimer, Leipzig 1932.

BRUCE, A. J.: A Review of Information Upon the Coral Hosts of Commensal Shrimps of the Sub-Family Pontoninae, Kingsley, 1878 (Crustacea, Decapoda, Palaemonidae). Proceed. of the Symposium on Corals and Coral Reefs, Marine Biological Assoc. of India, Cochin, Dec. 1972, 399–417.

BRUCE, A. J.: Shrimps and Prawns of Coral Reefs, with Special Reference to Commensalism. In: Jones, O. A. u. R. Endean (Eds.): Biology and Geology of Coral Reefs. Vol. III, Biol. 2. Academic Press, New York/London, 37–94, 1976.

BRUUN, A. F. u. COOP: The Galathea Deep Sea Expedition 1950–1952, London 1956.

BURGESS, W. u. R. AXELROD: Pacific Marine Fishes. T. F. H. Publications, Hongkong 1971/74 (5 Bände; Band 3 behandelt, reich illustriert, die Fische der Malediven).

CAMERON, A. M.: Toxicity of Coral Reef Fishes. In: Jones, O. A. u. R. Endean (Eds.): Biology and Geology of Coral Reefs. Vol. III, Biol. 2. Academic Press, New York/London, 155–176, 1976.

CARSON, R.: The Sea around us. Simon and Schuster, New York 1958.

CASIMIR, M.: Zur Morphologie, Histochemie, Tagesperiodik und Biologie der Operculardrüse bei Labriden und Scariden (Pisces). Mar. Biol. 8, 126–146, 1971.

CAULLERY, M.: Parasitism and Symbiosis. Sidgwick and Jackson, London 1952.

CHUN, C.: Aus den Tiefen des Weltmeeres. Gustav Fischer, Jena 1900.

CLARK, A. M.: Echinoderms of Coral Reefs. In: Jones, O. A. u. R. Endean (Eds.): Biology and Geology of Coral Reefs. Vol. III, Biol. 2. Academic Press, New York/ London, 95–123, 1976.

CLARK, E. The Maintenance of Sharks in Captivity, with a Report on Their Instrumental Conditioning. In: Gilbert, P. W. (Ed.): Sharks and Survival. D. C. Health, Boston, 115–149, 1963.

CLARK, E.: The Lady and the Sharks. Harper and Row, New York 1969.

CLARK, E.: Sharks: Magnificent and Misunderstood. National Geographic Magazine 160, 138–187, 1981.

CLARKE, A.: The Reefs of Taprobane. F. Müller, London 1957.

COLLETTE, B. B. u. S. A. EARLE (Eds.): Results of the Tektite Program: Ecology of Coral Reef Fishes. Nat. Hist. Mus. Los Angeles County Sci. Bull. 14, 1972.

COPPLESON, M.: Shark Attack. Angus and Robertson, Sydney/London 1958.

CORLISS, J. B. u. R. D. BALLARD: Oases of Life in the Cold Abyss. National Geographic 152, 441–454, 1977.

COTT, H. B.: Adaptive Coloration in Animals. Methuen, London 1957.

COUSTEAU, J.-Y. u. P. COUSTEAU: Haie – Herrliche Räuber der See. Droemer, München/Zürich 1971.

COUSTEAU, J.-Y. u. F. DUMAS: Die schweigende Welt. Blanvalet, Berlin 1953.

CRIALES, M. M.: Ecologia y Etologia de los Camarones Limpiadores de Peces Periclimenes pedersoni Chace y Lysmata grabhami (Gordon) en la Bahia de Santa Marta (Colombia). Acta Cient. Venezolana 30, 570–576, 1979.

DAKIN, W. J., I. BENNETT u. E. POPE: Australian Seashores. Angus and Robertson, Sydney/London 1952.

DALY, R. A.: The Glacial Control Theory of Coral Reefs. Proc. Am. Acad. Arts Sci. 51, 155–251, 1915.

DARCY, G. H., E. MAISEL u. J. C. OGDEN: Cleaning Preferences of the Gobies Gobiosoma evelynae and G. prochilos and the Juvenile Wrasse Thalassoma bifasciatum. Copeia 2, 375–379, 1974.

DAVENPORT, D.: Specifity and Behavior in Symbioses. Quarterly Review of Biology 30, 29–46, 1955.

DAVENPORT, D. u. K. NORRIS: Observations on the symbiosis of the sea anemone Stoichactis and the Pomacentrid fish Amphiprion percula. Biol. Bull. 115, 397–410, 1958.

DEWILDE, P. A. W. J.: On the Ecology of Coenobita clypeata in Curaçao. Studies Fauna Curaçao 44, 1–138, 1973.

DUGAN, J.: Man explores the Sea. Hamish Hamilton, London 1956.

EARLE, S. A. und A. GIDDINGS: Exploring the Deep Frontier. The Adventure of Man in the Sea. National Geographic Society, Washington D. C. 1980.

EIBL-EIBESFELDT, I.: Über Symbiosen, Parasitismus und andere zwischenartliche Beziehungen bei tropischen Meeresfischen. Z. Tierpsychol. 12, 203–219, 1955.

EIBL-EIBESFELDT, I.: Der Fisch Aspidontus taeniatus als Nachahmer des Putzers Labroides dimidiatus. Z. Tierpsychol. 16, 19–25, 1959.

EIBL-EIBESFELDT, I.: Beobachtungen und Versuche an Anemonenfischen (Amphiprion) der Malediven und der Nikobaren. Z. Tierpsychol. 17, 1–10, 1960.

EIBL-EIBESFELDT, I.: Eine Symbiose zwischen Fischen (Siphamia versicolor) und Seeigeln. Z. Tierpsychol. 18, 56–59, 1961.

EIBL-EIBESFELDT, I.: Freiwasserbeobachtungen zur Deutung des Schwarmverhaltens verschiedener Fische. Z. Tierpsychol. 19, 165–182, 1962.

EIBL-EIBESFELDT, I.: Liebe und Haß. R. Piper, München 1970.

EIBL-EIBESFELDT, I.: Der vorprogrammierte Mensch. F. Molden, Wien/München/ Zürich 1973.

EIBL-EIBESFELDT, I.: Krieg und Frieden aus der Sicht der Verhaltensforschung. R. Piper, München 1975.

EIBL-EIBESFELDT, I.: Menschenforschung auf neuen Wegen. F. Molden, Wien/München/Zürich 1976.

EIBL-EIBESFELDT, I.: Galápagos. Die Arche Noah im Pazifik. R. Piper, München, 5. Auflage 1977.

EIBL-EIBESFELDT, I.: Grundriß der vergleichenden Verhaltensforschung. R. Piper, München, 7. Auflage 1980.

EIBL-EIBESFELDT, I. u. H. HASS: Erfahrungen mit Haien. Z. Tierpsychol. 16, 739–746, 1959.

EIBL-EIBESFELDT, I. u. W. KLAUSEWITZ: Gnathypops rosenbergi annulata n. sp. von den Nikobaren. Senck. biol. 42, 421–426, 1961.

EIBL-EIBESFELDT, I. u. G. SCHEER: Das Brutpflegeverhalten eines weiblichen Octopus aegina Gray. Z. Tierpsychol. 19, 257–261, 1962.

ELLIS, R.: The Book of Sharks. Grosset and Dunlap, New York 1975.

ENDEAN, R.: Population Explosions of Acanthaster Planci and Associated Destruction of Hermatypic Corals in the Indo-West Pacific Region. In: Jones, O. A. u. R. Endean (Eds.): Biology and Geology of Coral Reefs. Academic Press, New York/London, 389–438, 1973

ENDEAN, R.: Acanthaster Planci on the Great Barrier Reef. Proceed. of the Internat. Coral Reef Symposium, Vol. I, Great Barrier Reef Committee, Brisbane, Oct. 1974, 563–576.

ENDEAN, R.: Destruction and Recovery of Coral Reef Communities. In: Jones, O. A. u. R. Endean (Eds.): Biology and Geology of Coral Reefs. Vol. III, Biol. 2. Academic Press, New York/London, 215–254, 1976.

ENDEAN, R. u. W. STABLUM: A Study of some aspects of the crown-of-thorns starfish (Acanthaster planci) infestations of reefs of Australia's Great Barrier Reef. Atoll Res. Bull. 167, 1–62, 1973.

FEUSTEL, H.: Anatomische Untersuchungen zum Problem der Aspidosiphon-Heterocyathus-Symbiose. Zool. Anz. 29 Suppl. (Verh. Deutsch. Zool. Ges. 1965 Jena), 131–143, 1966.

FOSBERG, F. R.: Coral Island Vegetation. In: Jones, O. A. u. R. Endean (Eds.): Biology and Geology of Coral Reefs. Vol. III, Biol. 2. Academic Press, New York/London, 255–277, 1976.

FOSBERG, F. R.: The Maldive Islands, Indian Ocean. Atoll Res. Bull. 58, 1–37, 1957.

FOSBERG, F. R., E. W. GROVES u. D. C. SIGEE: List of Addu vascular plants. Atoll Research Bull. 116, 75–92, 1966.

FRICKE, H. W.: Behaviour as part of ecological adaptation. Helgoländer wiss. Meeresunters. 24, 120–144, 1973.

FRICKE, H. W.: Öko-Ethologie des monogamen Anemonenfisches Amphiprion bicinctus (Freiwasseruntersuchung aus dem Roten Meer). Z. Tierpsychol. 36, 429–512, 1974.

FRICKE, H.: Bericht aus dem Riff. R. Piper, München 1976.

FRICKE, H. W.: Mating System, Resource Defence and Sex Change in the Anemonefish Amphiprion akallopisos. Z. Tierpsychol. 50, 313–326, 1979.

FRICKE, H. W. u. M. HENTSCHEL: Die Garnelen-Seeigel-Partnerschaft. Z. Tierpsychol. 28, 453–462, 1971.

FRICKE, H. W. u. S. HOLZBERG: Täuschende Signalnachahmung bei jungen marinen Fischen. Umschau 73, 52–53, 1973.

FRISCH, K. v.: Über einen Schreckstoff der Fischhaut und seine biologische Bedeutung. Z. vgl. Physiol. 29, 1–2, 46–145, 1941.

FRISCH, K. v.: Die Sonne als Kompaß im Leben der Bienen. Experienta 6, 210–221, 1950.

GARDINER, J. S.: The Fauna and Geography of the Maldive and Laccadive Archipelagoes. University Press, Cambridge 1903.

GEISTER, J.: The Influence of Wave Exposure on the Ecological Zonation of Caribbean Coral Reefs. Proceed. Third Internat. Coral Reef Symposium, Miami, 1. Biology, 24–29, 1977.

GERLACH, S. A.: Ein neuer Vertreter des Gnathostomulida (Turbellaria?) aus dem Meeressand der Malediven. Kieler Meeresforschungen 14, 2, 175–176, 1958.

GERLACH, S. A.: Die Mangroveregion tropischer Küsten als Lebensraum. Z. Morph. Ökol. Tiere 46, 636–730, 1958.

GERLACH, S. A.: Über das tropische Korallenriff als Lebensraum. Verh. Dt. Zool. Ges., Münster/W., 356–363, 1959.

GILBERT, P. W.: The behavior of sharks. Sci. Amer. 207, 1962.

GILBERT, P. W.: An Evaluation of Some Chemical, Biological and Physical Agents Tested for their Effectiveness as Shark Deterrents. In: Seaman, W. (Ed.): Florida Sea Grant Program Conf. Proc. Sharks and Man, Report No. 10, 19–20, 1976.

GILLET, K. u. F. McNEILL: The Great Barrier Reef and adjacent Isles. Coral Press, Sydney 1959.

GLYNN, P. W.: Acanthaster: Effect on Coral Reef Growth in Panama. Science 180, 504–506, 1973.

GOHAR, H. A. F.: Commensalism between fish and anemone with a description of the eggs of Amphiprion bicinctus Rüppel. Publ. Mar. Biol. Stat. Ghardaqa, Egypt., 6, 35–44, 1948 (Fouad. Univ. Press. Guiza).

GOLDMAN, B. u. HAMILTON TALBOT, F.: Aspects of the Ecology of Coral Reef Fishes. In: Jones, O. A. u. R. Endean (Eds.): Biology and Geology of Coral Reefs. Vol. III, Biol. 2. Academic Press, London/New York, 125–154, 1976.

GOPINADHA, P.C. S. u. G. SCHEER: Report on the Stony Corals from the Maldive Archipelago. Zoologica 126, Schweizerbart'sche Verlagshandlung, Stuttgart 1976.

GOREAU, T. F. u. N. I. GOREAU: The Physiology of Skeleton Formation in Corals, I–IV. Biol. Bull. Woods Hole, 116–119, 1959/60.

GOREAU, T. F. u. W. D. HARTMAN: Boring Sponges as Controlling Factors in the Formation and Maintenance of Coral Reefs. Am. Ass. Adv. Sci. Pbn. 75, 1963.

GRAEFE, G.: Die Anemonen-Fisch-Symbiose und ihre Grundlage nach Freiland-untersuchungen bei Eilat/Rotes Meer. Naturwiss. 50, 410, 1963.

HABERMEHL, G.: Gift-Tiere und ihre Waffen. Springer, Berlin 1976.

HAEFELFINGER, H. R.: Bedarf die marine Fauna der mediterranen Küstenzone eines Schutzes? Schweiz. Zool. Ges. Genf, 252–258, 1963.

HARDY, A.: The open sea. I. The World of plankton. II. Fish and Fisheries. Houghton Mifflin, Boston 1958/59.

HARVEY, N.: The Identification of Subsurface Solution Disconformities on the Great Barrier Reef, Australia, Between 14°S and 17°S, using Shallow Seismic Refraction Techniques. Proceed. Third Internat. Coral Reef Symposium, Miami, Fl., 2. Geology, 46–51, 1977.

HASHIMOTO, H.: Ecological significance of the sexual Dimorphism in marine Chirono-mids. Sc. Rep. Tokyo Kyoiku. Daigaku, Sect. B. 157, 221–252, 1962.

HASS, H.: Beitrag zur Kenntnis der Reteporiden. Zoologica 37, 101, 1–136, Stuttgart 1948.

HASS, H.: Menschen und Haie. Orell Füssli, Zürich 1949.

HASS, H.: Manta. Ullstein, Berlin 1952.

HASS, H.: Ich fotografierte in den Sieben Meeren. Heering, Seebruck 1954.

HASS, H.: Wir kommen aus dem Meer. Ullstein, Berlin 1957.

HASS, H.: Expedition ins Unbekannte. Ullstein, Berlin 1961.

HASS, H.: Central subsidence. A new theory of atoll formation. Atoll Res. Bull. 91, 1962.

HASS, H.: In unberührte Tiefen. Die Bezwingung der tropischen Meere. F. Molden, Wien 1971.

HASS, H.: Welt unter Wasser, der abenteuerliche Vorstoß des Menschen ins Meer. F. Molden, Wien 1973.

HASS, H.: Wie der Fisch zum Menschen wurde. Bertelsmann, München 1979.

HASS, H.: Im Roten Meer – Wiederkehr nach 30 Jahren. Orac, Wien 1980.

HASS, H. u. I. EIBL-EIBESFELDT: Der Hai, Legende eines Mörders. Bertelsmann, München 1977.

HASS, H. u. W. KATZMANN: Tauchführer. Das Mittelmeer. F. Molden, Wien 1976.

HEDGPETH, J. W.: Treatise on Marine Ecology and Paleoecology. Geol. Soc. Am. 1957.

HIATT, R. W. u. D. W. STRASBURG: Ecological Relationships of the Fish Fauna on Coral Reefs of the Marshall Islands. Ecol. Monogr. 30, 65–127, 1960.

HILDEMANN, W. H., R. L. RAISON, C. J. HULL, L. AKAKA, J. OKUMOTO u. G. CHEUNG: Tissue Transplantation Immunity in Corals. Proceed. Third Internat. Coral Reef Symposium, Miami, Fl., 1. Biology, 537–543, 1977.

HOBSON, E. S.: Feeding Behavior in Three Species of Sharks. Pacific Science XVII, 171–194, 1963.

HOFFMEISTER, J. E. u. H. S. LADD: The Anticident-Platform Theory. J. Geol. 52, 388–502, 1944.

HOLTHUIS, L. B. u. I. EIBL-EIBESFELDT: Periclimenes anthophilus n. sp. Senck. biol. 45, 185–192, 1964.

HOLZBERG, S.: Beobachtungen einer Putzsymbiose zwischen der Garnele Leandrites cyrtorhynchus und Riffbarschen. Helgol. wiss. Meeresunters. 22, 362–365, 1971.

HOLZBERG, S.: Beobachtungen zur Ökologie und zum Sozialverhalten des Korallen-barsches Dascyllus marginatus Rüppell (Pisces; Pomacentridae). Z. Tierpsychol. 33, 492–513, 1973.

HOPLEY, D.: The Age of the Outer Ribbon Reef Surface, Great Barrier Reef, Austra-lia: Implications for Hydro-Isostatic Models. Proceed. Third Internat. Coral Reef Symposium, Miami, Fl., 2. Geology, 24–28, 1977.

JAUBERT, J.: Light, Metabolism and Growth Forms of the Hermatypic Scleractinian Coral Synaraea Convexa Verrill in the Lagoon of Moorea (French Polynesia). Proceed. Third Internat. Coral Reef Symposium. Miami, Fl., 1. Biology, 484–488, 1977.

JOHNSON, R. H.: Sharks of Tropical and Temperate Seas. Les Éditions du Pacific, Papeete, Tahiti 1976.

JOHNSON, R. H. u. D. R. NELSON: Agonistic display in the Gray Reef Shark, Carcha-rhinus menisorrah and its relationship to attacks on Man. Copeia 1, 76–84, 1973.

JOHNSON, V. R.: Individual Recognition in the Banded Shrimp Stenopus hispidus (Olivier). Anim. Behav. 25, 418–428, 1977.

316

JONES, O. A. u. R. ENDEAN (Eds.): Biology and Geology of Coral Reefs, Vol. I–IV. Academic Press, New York/London 1973/76.

KAESTNER, A.: Lehrbuch der speziellen Zoologie. I. Wirbellose, 1954/55. G. Fischer, Stuttgart 1963.

KARPLUS, I.: Goby-Shrimp Partner Specificity. II. The Behavioural Mechanisms Regulating Partner Specificity. J. exp. mar. Biol. Ecol. 51, 21–35, 1981.

KARPLUS, I., R. SZLEP u. M. TSURNAMAL: Associative behaviour of the fish Cryptocentrus cryptocentrus (Gobiidae) and the pistol shrimp Alpheus djiboutensis (Alpheidae) in artificial burrows. Marine Biol. 15, 95–104, 1972.

KARPLUS, I., R. SZLEP u. M. TSURNAMAL: The burrows of the Alpheid shrimp with Gobiid fish in the Northern Red Sea. Marine Biol. 24, 259–268, 1974.

KARPLUS, I., R. SZLEP u. M. TSURNAMAL: Goby-Shrimp Partner Specificity. I. Distribution in the Northern Red Sea and Partner Specificity. J. exp. mar. Biol. Ecol. 51, 1–19, 1981.

KAUFMAN, L.: The Threespot Damselfish: Effect on Benthic Biota of Caribbean Coral Reefs. Proceed. Third Internat. Coral Reef Symposium. Miami, Fl., 1. Biology, 560–564, 1977.

KEENLEYSIDE, M. H. A.: Diversity and Adaptation in Fish Behaviour. Springer, Berlin/Heidelberg/New York 1979.

KLAUSEWITZ, W.: Eleotrides pallidus n. sp. aus dem Indischen Ozean (Pisces Gobioidea, Eleotridae). Senck. biol. 41, 7–9, 1960.

KLAUSEWITZ, W.: Fische aus dem Roten Meer. IV. Einige systematisch und ökologisch bemerkenswerte Meergrundeln (Pisces, Gobiidae). Senck. biol. 41, 149–162, 1960.

KLAUSEWITZ, W.: Fischartige und Fische. Handbuch der Biologie 6, 495–628, Athenaion, Konstanz 1965.

KLAUSEWITZ, W.: Centropyge eibli n. sp. von den Nikobaren (Pisces, Percoidea, Pomacanthidae). Senck. biol. 44, 177–181, 1963.

KLAUSEWITZ, W. u. I. EIBL-EIBESFELDT: Neue Röhrenaale von den Malediven und Nikobaren (Pisces, Apodes, Heterocongridae). Senck. biol. 40, 135–153, 1959.

KLINGBEIL, K. u. D. KÜHLMANN: Sporttauchen. Sport und Technik, Neuenhagen b. Berlin 1958.

KLINGEL, H.: Verhaltensanalytische und sinnesphysiologische Untersuchungen am Fisch Fierasfer acus (Kaup). Zool. Anz. 167, 147–149, 1961.

KNAURS Tierreich in Farben: Fische und Wirbellose. Droemer, München 1961.

KNUDSEN, J. W.: Trapezia and Tetralia (Decapoda, Brachyura, Xanthidae) as Obligate Ectoparasites of Pocilloporid and Acroporid Corals. Pacific Science 21, 51–57, 1967.

KOHN, A. J.: Notes on reef habitats and gastropod molluscs of a lagoon island at North Male Atoll, Maldives. Atoll Res. Bull. 102, 1–6, 1964.

KOSTE, W.: Das Rädertier-Portrait. Das Putzer-Rädertier Proales daphnicola. Mikrokosmos 59, 49–51, 1970.

KRAMER, G.: Die Sonnenorientierung der Vögel. Verh. Dt. Zool. Ges. Freiburg, 72–84, 1952.

KRISHNATRY, S. M.: Survival of the Weakest. An Exercise in Tribal Ethnography (Onges, Andamanese, Shompens and Jarawas/Sentinelese). Andaman Adim Janjati Vikas Samiti, Port Blair 1971.

KUENEN, P. H.: Marine Geology. Chapman and Hall, London 1950.

LADD, H. S.: Types of Coral Reefs and Their Distribution. In: Jones, O. A. u. R. Endean (Eds.): Biology and Geology of Coral Reefs. Vol. IV, Geol. 2. Academic Press, New York/London 1–19, 1977.

LANG, J.: Intraspecific Aggression in Corals. Bulletin of Marine Sciences 23, 260–279, 1973.

LASSIG, B. R.: Socioecological Strategies Adopted by Obligate Coral-Dwelling Fishes. Proceed. Third Internat. Coral Reef Symposium, Miami, Fl., 1. Biology, 565–570, 1977.

LEINER, M.: Fierasfer acus, ein schmarotzender Fisch. Natur u. Volk 90, 345–355, 1960.

LEONG, C. Y.: The Quantitative Effect of Releasers on the Attack Readiness of the Fish Haplochromis burtoni (Cichlidae). Z. vergl. Physiol. 65, 29–50, 1969.

LIMBAUGH, C.: Cleaning Symbiosis. Sci. Amer. Aug. 42–50, 1961.

LIMBAUGH, C., H. PEDERSON u. F. A. CHACE: Shrimps that clean fishes. Bull. Marine Sci. Gulf Caribbean 11, 237–257, 1961.

LLANO, G. A.: Airmen against the Sea. ADTIC Publ. G.–104, Alabama 1956.

LORENZ, K.: Die angeborenen Formen möglicher Erfahrung. Z. Tierpsychol. 5, 235–409, 1943.

317

LORENZ, K.: Der Kampf ums Dasein auf dem Korallenriff. Mitt. Max-Planck-Gesellsch. 4, 195–206, 1962.

LORENZ, K.: Das sogenannte Böse. Zur Naturgeschichte der Aggression. Borotha-Schoeler, Wien 1963.

LORENZ, K.: Die Rückseite des Spiegels. Versuch einer Naturgeschichte menschlichen Erkennens. R. Piper, München 1973.

LOSEY, G. S.: Communication between Fishes in Cleaning Symbioses. In: Cheng, T. C. (Ed.), Aspects of the Biology of Symbioses. University Park Press, Baltimore, 45–76, 1971.

LOSEY, G. S.: Predation Protection in the Poison-Fang Blenny, Meiacanthus atrodorsalis, and its Mimics, Ecsenius bicolor and Runula laudandus (Blenniidae). Pacific Science 26, 129–139, 1972.

LOSEY, G. S.: Cleaning Symbiosis in Puerto Rico with Comparison to the Tropical Pacific. Copeia 4, 960–970, 1974.

LOW, R. M.: Interspecific territoriality in a pomacentrid reef fish, Pomacentrus flavicauda Whitley. Ecology 52, 648–654, 1971.

LÜLING, K. H.: Morphologisch-anatomische und histologische Untersuchungen am Auge des Schützenfisches Toxotes jaculatrix (Pallas 1766) (Toxotidae) nebst Bemerkungen zum Spuckgehaben. Z. Morph. Ökol. Tiere 47, 529–610, 1958.

LUTHER, W.: Symbiose von Fischen (Gobiidae) mit einem Krebs (Alpheus djiboutensis) im Roten Meer. Z. Tierpsychol. 15, 175–177, 1958.

MAGNUS, D. B. E.: Über das »Abweiden« der Flutwasseroberfläche durch den Schlangenstern Ophiocoma scolopendrina. Verhandl. Dt. Zool. Ges. Wien 1962, Zool. Anz. Suppl., 471–481, 1962.

MAGNUS, D. B. E.: Ophiocoma scolopendrina (Ophiuroidea) »Abweiden« des Staubfilms von der Flutwasseroberfläche. Inst. f. d. Wiss. Film Göttingen, Encyclop. Cinematographica E 490, 1965.

MAGNUS, D. B. E.: Ecological and Ethological Studies and Experiments on the Echinoderms of the Red Sea. Stud. Trop. Oceanograph. 5, 635–664, 1967.

MAGNUS, D. B. E.: Zur Ökologie sedimentbewohnender Alpheus-Garnelen (Decapoda, Natantia) des Roten Meeres. Helgol. wiss. Meeresunters. 15, 506–522, 1967.

MAHNKEN, C.: Observations on Cleaner Shrimps of the Genus Periclimenes. Nat. Hist. Mus. Los Angeles County Sci. Bull. 14, 71–83, 1972.

MAJOR, P. F.: Predator-Prey Interactions in two Schooling Fishes Caranx ignobilis and Stolephorus purpureus. Anim. Behav. 26, 760–777, 1978.

MAN, E. H.: A brief account of the Nicobar Islanders. J. Anthrop. Inst. Great Brit. a. Ireland 15, 428–451, 1886.

MAN, E. H.: The Nicobar Islanders. J. Anthrop. Inst. Great Brit. a. Ireland 18, 354–394, 1889.

MAN, E. H.: The Nicobar Islands and their people. Billings and Sons, Guildford, 1933.

MANSUETI, R.: Symbiotic Behavior between small fishes and jellyfishes, with new data on that between the Stromateid, Peprilus alepidotus and the Scyphomedusa, Chrasaora quinquecirrha. Copeia, 40–80, 1963.

MATTHES, D: Tiersymbiosen. G. Fischer, Stuttgart 1978.

McGINITIE, G. E. u. N. McGINITIE: Natural History of Marine Animals. McGraw Hill, London/New York 1949.

MERGNER, H.: Quantitative ökologische Analyse eines Rifflagunenareals bei Aqaba (Golf v. Aqaba, Rotes Meer). Helgoländer wiss. Meeresunters. 32, 476–507, 1979.

MERGNER, H. u. H. SCHUHMACHER: Morphologie, Ökologie und Zonierung von Korallenriffen bei Aqaba (Golf von Aqaba, Rotes Meer). Helgoländer wiss. Meeresunters. 26, 238–358, 1974.

MERGNER, H. u. H. SCHUHMACHER: Quantitative Analyse der Korallenbesiedlung eines Vorriffareals bei Aqaba (Rotes Meer). Helgoländer wiss. Meeresunters. 34, 337–354, 1981.

MERGNER, H. u. A. SVOBODA: Productivity and seasonal changes in selected reef areas in the Gulf of Aqaba (Red Sea). Helgoländer wiss. Meeresunters. 30, 383–399, 1977.

MERTENS, R.: Die Warn- und Droh-Reaktionen der Reptilien. Abh. Senck. naturforsch. Ges. 471, 1–108, 1946.

MIYAGAWA, K. u. T. HIDAKA: Amphiprion clarkii Juvenile: Innate Protection against and Chemical Attraction by Symbiotic Sea Anemones. Proc. Japan Academy 56, Ser. B, 356–361, 1980.

MOORE, H. B.: Marine Ecology. John Wiley and Sons, New York/London 1958.

MORSE, D. E., A. N. C. MORSE u. H. DUNCAN: Algal »Tumors« in the Caribbean Sea-

Fan, Gorgonia ventalina. Proceed. Third Internat. Coral Reef Symposium, Miami, Fl., 1. Biology, 623–629, 1977.

MUNROE, I. S. R.: The Marine and Freshwater Fishes of Ceylon. Canberra 1955.

MYLIUS, K.: Wirtschaftsformen auf den Nikobaren-Inseln. Z. Ethnologie 87, 39–50, 1962.

MYRBERG, A. A.: Fish Bio-acoustics and the not so silent world. Env. Biol. Fish. 5, 297–304, 1980.

MYRBERG, A. A., A. BANNER u. J. D. RICHARD: Shark attraction using a videoacoustic system. Marine Biology 2, 264–276, 1969.

MYRBERG, A. A., C. R. GORDON u. A. P. KLIMLEY: Attraction of Free-Ranging Sharks by Acoustic Signals in the Near-Subsonic Range. Univ. of Miami Techn. Report, 4. Rep. to the Office of Naval Res., 1970.

MYRBERG, A. A., C. R. GORDON u. A. P. KLIMLEY: Rapid Withdrawal from a Sound Source by Sharks under Open-Ocean and Captive Conditions. Univ. of Miami Techn. Report, 5. Rep. to the Office of Naval Res., 1975.

NAIR, P. V. R. u. C. S. G. PILLAI: Primary Productivity of Some Coral Reefs in the Indian Seas. Proceed. of the Symposium on Corals and Coral Reefs, Marine Biological Associat. of India, Cochin, 33–42, 1972.

NEILL, S. R. S. J. u. J. M. CULLEN: Experiments on whether schooling by their prey affects the hunting behaviour of cephalopods and fish predators. J. Zool. Lond. 172, 549–569, 1974.

NELSON, D. R. u. S. H. GRUBER: Sharks, Attraction by Low Frequency Sounds. Science 142, 975–977, 1963.

NEWBERY, D. McC. u. R. A. SPICER: The Terrestrial Vegetation of an Indian Ocean Coral Island: Wilingili, Addu Atoll, Maldive Islands. II. A Limited Quantitative Analysis of the Vegetation Distribution. Atoll Res. Bull. 231, 15–25, 1979.

NEWELL, N. D.: An Outline History of Tropical Organic Reefs. Am. Mus. Novitates 2465, 1971.

OHM, T.: Die Gebetsgebärden der Völker und das Christentum. Leiden 1948.

ORMOND, R. F. G. u. A. C. CAMPBELL: Formation and Breakdown of Acanthaster planci Aggregations in the Red Sea. Proceed. Second Internat. Coral Reef Symposium, Vol. 1, Great Barrier Reef Committee, Brisbane, Oct. 1974, 595–619.

OSMAN, W. R.: Mutualism Among Sessile Invertebrates: A Mediator of Competition and Predation. Science 211, 846–848, 1981.

PARANAVITANA, S.: Sigiri Graffiti. Oxford 1956.

PARDI, L. u. F. PAPI: Ricerche sull'orientamento di Talitrus saltator (Montagu) (Crustacea-Amphipoda). Z. vgl. Physiol. 35, 459–489, 1953.

PATTON, W. K.: Animal Associates of Living Reef Corals. In: Jones, O. A. u. R. Endean (Eds.): Biology and Geology of Coral Reefs. Vol. III, Biol. 2. Academic Press, New York/London, 1–36, 1976.

POTTS, G. W.: The Ethology of Labroides dimidiatus (Cuv. and Val.) on Aldabra. Anim. Behav. 21, 250–291, 1973.

POTTS, G. W.: Cleaning Symbiosis among British Fish with Special Reference to Crenilabrus melops (Labridae). J. Mar. Biol. Ass. U.K. 53, 1–10, 1973.

PRESTON, J. L.: Communication Systems and Social Interactions in a Goby-Shrimp Symbiosis. Anim. Behav. 26, 791–802, 1978.

RADAKOV, D. V.: Schooling in the ecology of fish. Viley, New York 1973.

RAJA RAM, M. G.: From my Contact with Shompens of Dogmar River. IAS Bulletin Anthropological Survey of India 9, 2, 1960.

RANDALL, J. E.: A Review of the Labrid Fish Genus Labroides with Descriptions of Two New Species and Notes on Ecology. Pacific Science 12, 327–347, 1958.

RANDALL, J. E.: The Effect of Fishes on Coral Reefs. Proceed. Second Internat. Coral Reef Symposium, Vol. 1, Great Barrier Reef Committee, Brisbane, 159–166, 1974.

RANDALL, J. E. u. H. E. RANDALL: Examples of Mimikry and Protective resemblance in tropical marine fishes. Bull. Mar. Sci. Gulf Caribbean 10, 444–480, 1960.

REBIKOFF, D.: Exploration Sous-Marine. Arthaud, Paris 1952 (dt.: Licht im Meer. Barakuda, Hamburg 1953).

REESE, E. S.: Submissive posture as an adaptation to aggressive behavior in hermit crabs. Z. Tierpsychol. 19, 645–651, 1962.

REESE, E. S.: Duration of Residence by Coral Reef Fishes on »Home« Reefs. Copeia 1, 145–149, 1973.

REESE, E. S.: The Study of Space-Related Behavior in Aquatic Animals: Special Problems and Selected Examples. In: Reese, E. S. u. F. J. Lighter (Eds.): Contrasts in Behavior. John Wiley and Sons, New York, 347–379, 1978.

REIMER, D.: Paradiese unter Wasser. Kunstverlag Weingarten, Weingarten 1980.

319

REMANE, A.: Die Besiedlung des Sandbodens im Meere und die Bedeutung der Lebensformtypen für die Ökologie. Verh. Dt. Zool. Ges. Wilhelmshaven 1951, 1952.

RICHTER, G.: Beobachtungen zum Beutefang der marinen Bohrschnecke Lunatia nitida. Nat. u. Mus. 92, 5, 186–192, 1962.

RICHTER, H.-U.: Unterwasserfotografie. fotokinoverlag, Halle/Saale, 1962. 1958.

RICKETTS, E. F. u. J. CALVIN: Between Pacific Tides. Stanford University Press, 3. Aufl. Stanford 1962.

RIEDL, R.: Fauna und Flora der Adria. Parey, Berlin 1963.

RIEDL, R.: Biologie der Meereshöhlen. Parey, Hamburg/Berlin 1966.

RIEDL, R.: Marine Ecology – A Century of Changes. Marine Ecology 1, 3–46, 1980.

ROBERTS, H. H.: Variability of Reefs with Regard to Changes in Wave Power Around an Island. Proceed. Second Internat. Coral Reef Symposium, Vol. 2, Great Barrier Reef Committee, Brisbane, 497–512, 1974.

ROEPSTORFF, F. A.: Über die Bewohner der Nikobaren. Z. Ethnol. 14, 51–68, 1882.

SALE, P. F.: Mechanisms of Co-Existence in a Guild of Territorial Fishes at Heron Island. Proceed. Second Internat. Coral Reef Symposium, Vol. 1, Great Barrier Reef Committee, Brisbane, 193–206, 1974.

SAUNDERS, P. R. u. P. B. TAYLOR: Venom of the lionfish Pterois volitans. Am. Physiol. Soc. 437–440, 1959.

SCHEER, G.: Viviparie bei Steinkorallen. Naturwiss. 47, 10, 238–239, 1960.

SCHEER, G.: Eine neue Rasse des Teichreihers Ardeola grayii (Sykes) von den Male-diven. Senck. biol. 44, 143–147, 1960.

SCHEER, G.: Der Lebensraum der Riffkorallen. Ber. 1959/60. Nat. wiss. Ver. Darm-stadt, 29–44, 1960.

SCHEER, G.: Investigations of Coral Reefs in the Maldive Islands With Notes on Lagoon Patch Reefs and the Method of Coral Sociology. Proceedings of the Symposium on Corals and Coral Reefs, Marine Biological Association of India, Cochin, 87–120, 1972.

SCHEER, G. u. C. S. GOPINADHA PILLAI: Reports of the Scleractinia from the Nicobar Islands. Zoologica 122, Schweizerbart'sche, Stuttgart 1974.

SCHERZER, K. v.: Die Eingeborenen der Nikobaren. Mitt. k. k. geogr. Ges. Wien, 2. Jg., 1858.

SCHERZER, K. v.: Reise der österreichischen Fregatte Novara um die Erde in den Jahren 1857, 1858, 1859. Wien 1861.

SCHLICHTER, D.: Das Zusammenleben von Riffanemonen und Anemonenfischen. Z. Tierpsychol. 25, 933–954, 1968.

SCHMIDT, H.: On Evolution in the Anthozoa. Proceed. Second Internat. Coral Reef Symposium, Vol. 1, Great Barrier Reef Committee, Brisbane, 533–560, 1974.

SCHMIDT, N.: Malediven. Du Mont, Köln 1981.

SCHNEIDER, H.: Bioakustische Untersuchungen an Anemonenfischen der Gattung Amphiprion (Pisces). Z. Morph. Ökol. Tiere, 53, 453–474, 1964.

SCHUHMACHER, H.: Das kommensalische Verhältnis zwischen Periclimenes imperator (Decapoda: Palaemonidae) und Hexabranchus sanguineus (Nudibranchia: Dori-dacea). Marine Biology 22, 355–360, 1973.

SCHUHMACHER, H.: Korallenriffe. Ihre Verbreitung, Tierwelt und Ökologie. BLV, München/Bern/Wien 1976.

SCHUHMACHER, H.: A Hermit Crab, Sessile on Corals, Exclusively Feeds by Feath-ered Antennae. Oecologia 27, 371–374, 1977.

SCHUHMACHER, H.: Experimentelle Untersuchungen zur Anpassung von Fungiden (Scleractinia, Fungiidae) an unterschiedlichen Sedimentations- und Bodenverhält-nissen. Int. Revue ges. Hydrobiol. 64, 207–243, 1979.

SCHULTZ, L. P. u. Mitarb.: Fishes of the Marshall and Marianas Islands 1. u. 2. U.S. National Museum Bull. 202, Washington 1953, 1960.

SENN, D. G.: Zur Biologie des Putzerfisches Crenilabrus melanocercus. Senckenbergiana marit. 11, 1/2, 23–38, 1979.

SIGEE, D. C.: Preliminary account of the land and marine vegetation of Addu Atoll. Atoll Res. Bull. 116, 61–74, 1966.

SILVA, J. A. DE: Administration Report of the Warden. Dept. of Wild Life for 1959. Colombo, Ceylon.

SINGH, R.: The last Andaman Islanders. National Geographic Magazine 148, 66–91, 1975.

SMITH, C. LAVETT u. J. C. TYLER: Space Resource Sharing in a Coral Reef Fish Community. Nat. Hist. Mus. Los Angeles County Sci. Bull. 14, 125–170, 1972.

SMITH, J. L. B.: Sea Fishes of Southern Africa. Central New Agency, Südafrika, 1961.

SPICER, R. A. u. D. McC. NEWBERY: The Terrestrial Vegetation of an Indian Ocean Coral Island: Wilingili, Addu Atoll, Maldive Islands. I. Transect Analysis of the Vegetation. Atoll Res. Bull. 231, 1–14, 1979.

STEBBINS, R. C. u. M. KALK: Observations on the Natural History of the Mud-skipper, Periophthalmus sobrinus. Copeia 18–27, 1961.

STEERS, J. A. u. D. R. STODDART: The Origin of Fringing Reefs, Barrier Reefs, and Atolls. In: Jones, O. A. u. R. Endean (Eds.): Biology and Geology of Coral Reefs. Vol. IV, Geol. 2. Academie Press, New York/London 21–57, 1977.

STEUBEN, K. S. u. G. KREFFT: Die Haie der Sieben Meere. Paul Parey, Hamburg 1978.

STODDART, D. R. (Ed.): Reef Studies at Addu Atoll, Maldive Islands. Atoll Res. Bull. 116, 1–122, 1966.

STODDART, D. R.: Ecology and Morphology of Recent Coral Reefs. Biological Review 44, 433–498, 1969.

STODDART, D. R. u. J. A. STEERS: The Nature and Origin of Coral Reef Islands. In: Jones, O. A. u. R. Endean (Eds.): Biology and Geology of Coral Reefs. Vol. IV, Geol. 2. Academic Press, New York/London, 59–105, 1977.

SVOBODA, W.: Die Bewohner des Nikobaren Archipels. Inst. Arch. f. Ethnogr. 6, 1893.

THORSON, G.: Bottom Communities (Sublittoral or Shallow Shelf). The Geol. Soc. of America Memoir 67, Vol. 1: Hedgpeth, J. W. (Ed.): Treatise on Marine Ecology and Paleoecology, 461–534, 1957.

TINBERGEN, N.: Instinktlehre. Parey, Berlin 1952.

TINBERGEN, N.: Tiere untereinander. Parey, Berlin 1955.

TSUDA, R. T., H. K. LARSON u. R. J. LUJAN: Algal Growth on Beaks of Live Parrotfishes. Pacific Science 26, 20–23, 1972.

VERWEY, J.: Coral Reef Studies. 1. The symbiosis between Damselfishes and Sea Anemones in Batavia Bay. Treubia 12, 305–366, 1930.

VIDYARTHI, L. P. (Ed.): The Tribes of Andaman and Nicobar Islands. (Special Number) 19 (No. 2), 1976.

WAHLERT, G. v.: Die ökologische und evolutorische Bedeutung der Fischschwärme. Veröff. Inst. Meeresforschung Bremerhaven, 197–213, 1963.

WAHLERT, G. v. u. H. v. WAHLERT: Le comportement de nettoyage de Crenilabrus melanocercus (Labridae, Pisces) en Mediterranee. Vie et Milieu 12, 1–10, 1961.

WAHLERT, G. v. u. H. v. WAHLERT: Beobachtungen an Fischschwärmen. Veröff. Inst. Meeresforschung Bremerhaven 8, 151–162, 1963.

WELLS, J. W.: The Coral Reefs of Arno Atoll, Marshall Islands. Atoll Res. Bull. 9, 1951.

WELLS, J. W.: Coral Reefs. The Geological Soc. of America Memoir 67, Vol. 1: Hedgpeth, J. W. (Ed.): Treatise on Marine Ecology and Paleoecology, 609–631, 1957.

WHITEHEAD, G.: In the Nicobar Islands. Seeley Service, London 1924.

WHITLEY, G.: Fishes from Princess Charlotte Bay, North Queensland. In: Records of the South Australian Museums, 345–365, Hassell Press 1933.

WICKLER, W.: Über das Verhalten der Blenniiden Runula und Aspidontus (Pisces, Blenniidae). Z. Tierpsychol. 18, 421–440, 1961.

WICKLER, W.: Eiattrappen und Maulbrüten bei afrikanischen Cichliden. Z. Tierpsychol. 19, 129–164, 1962.

WICKLER, W.: Zum Problem der Signalbildung, am Beispiel der Verhaltens-Mimikry zwischen Aspidontus und Labroides (Pisces, Acanthopterygii). Z. Tierpsychol. 20, 657–679, 1963.

WICKLER, W.: Mimikry. Signalfälschung in der Natur. Kindler, München 1968.

WICKLER, W.: Verhalten und Umwelt. Hoffmann und Campe, Hamburg 1972.

WIENS, H. J.: Atoll Environment and Ecology. Yale University Press, New Haven/London 1962.

WILLIAMS, H.: Ceylon, Pearl of the East. Robert Hale, London 1956.

WINN, H. E.: Formation of a mucous envelope at night by parrot fishes. Zoologica 40, 145–148, 1955.

WINN, H. E.: The biological significance of Fish Sounds. Marine Bio-Acoustics, Pergamon Press, Oxford/London 1964.

WINN, H. W., M. SALMON u. N. ROBERTS: Suncompass orientation by parrot fishes. Z. Tierpsychol. 798–812.

YONGE, C. M.: A year on the Great Barrier Reef. London 1930.

YONGE, C. M.: The Sea Shore. London 1949.

ZUMPE, D.: Chelmon rostratus (Chaetodontidae). Kampfverhalten. Encycl. cinemat. Göttingen, E 207, 1964.

321

Register

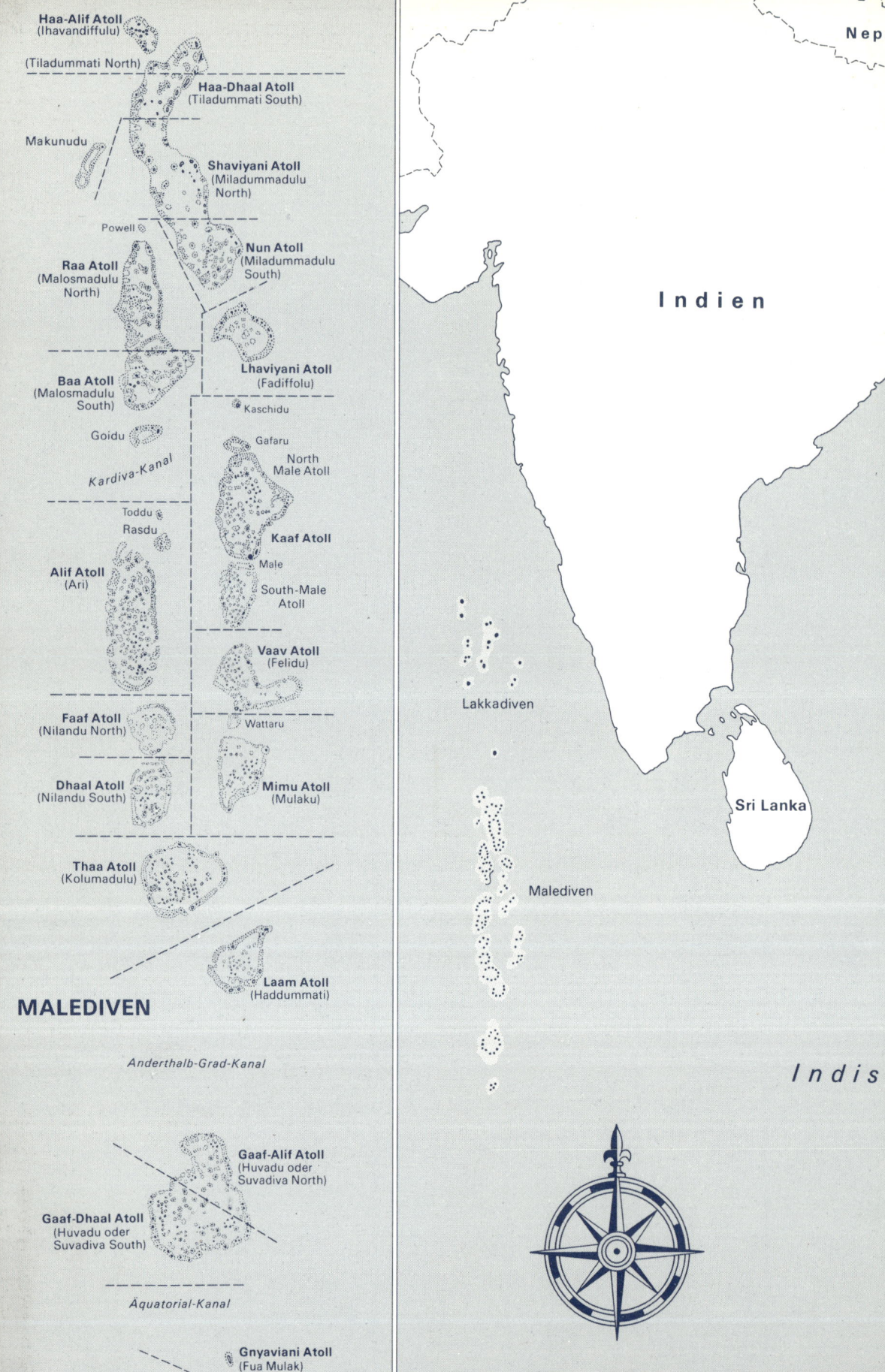

Haa-Alif Atoll
(Ihavandiffulu)

(Tiladummati North)

Haa-Dhaal Atoll
(Tiladummati South)

Makunudu

Shaviyani Atoll
(Miladummadulu
North)

Powell

Raa Atoll
(Malosmadulu
North)

Nun Atoll
(Miladummadulu
South)

Baa Atoll
(Malosmadulu
South)

Lhaviyani Atoll
(Fadiffolu)

Goidu

Kaschidu

Kardiva-Kanal

Gafaru

North
Male Atoll

Toddu
Rasdu

Alif Atoll
(Ari)

Kaaf Atoll

Male

South-Male
Atoll

Vaav Atoll
(Felidu)

Faaf Atoll
(Nilandu North)

Wattaru

Dhaal Atoll
(Nilandu South)

Mimu Atoll
(Mulaku)

Thaa Atoll
(Kolumadulu)

Laam Atoll
(Haddummati)

MALEDIVEN

Anderthalb-Grad-Kanal

Gaaf-Alif Atoll
(Huvadu oder
Suvadiva North)

Gaaf-Dhaal Atoll
(Huvadu oder
Suvadiva South)

Äquatorial-Kanal

Gnyaviani Atoll
(Fua Mulak)

0   25   50 km

Sin Atoll
(Addu)

Nepa

I n d i e n

Lakkadiven

Malediven

Sri Lanka

I n d i s c

0   100   300   500 km